人文社会科学应用研究书系

和在多赢

——西部民族地区发展项目的人文关怀

总主编 张海洋
主 编 贾仲益 副主编 赵建利 胡英姿

中央民族大学出版社

教育部人文社会科学重点研究基地中央民族大学
中国少数民族研究中心
中央民族大学"985"工程二期建设中国当代民族问题
战略研究哲学社会科学创新基地项目

图书在版编目（CIP）数据

和在多赢——西部民族地区发展项目的人文关怀/贾仲益主编.—北京：中央民族大学出版社，2009.9
ISBN 978-7-81108-693-5

Ⅰ.和… Ⅱ.贾… Ⅲ.基本建设项目—关系—少数民族—民族地区—可持续发展—研究—中国 Ⅳ.F282 F127.8

中国版本图书馆CIP数据核字（2009）第093289号

和在多赢——西部民族地区发展项目的人文关怀

主　　编	贾仲益
副 主 编	赵建利　胡英姿
责任编辑	李苏幸
封面设计	秀琴工作室·舒刚卫
出 版 者	中央民族大学出版社
	北京市海淀区中关村南大街27号　邮编：100081
	电话：68472815（发行部）传真：68932751（发行部）
	68932218（总编室）　　68932447（办公室）
发 行 者	全国各地新华书店
印 刷 者	北京宏伟双华印刷有限公司
开　　本	787×1092（毫米）　1/16　印张：19
字　　数	360千字
版　　次	2009年9月第1版　2009年9月第1次印刷
书　　号	ISBN 978-7-81108-693-5
定　　价	48.00元

版权所有　翻印必究

总　序

　　书系者，围绕同一主题陆续推出的丛书系列是也。

　　中央民族大学中国少数民族研究中心推出《人文社会科学应用研究书系》，首先是向社会各界表明一种心志：我们认为人文社会科学必须学以致用并力求在实践中创新。实践创新必须正心诚意持之以恒慎终如始。其次是向学界汇报本团队前期应用研究的一些成果，旨在以文会友交流经验，凝聚中国少数民族研究参与中国和谐社会的构建，把研究范式从社会发展史转向文化生态学的社会共识。

　　本中心是教育部为推动全国哲学社会科学创新而在国内高校设立的人文社会科学重点研究基地之一。其地位相当于国家的自然科学实验室，其社会使命犹有过之。在今日中国，它与"211"和"985"两个学术工程一起，构成支撑高水平大学的三个鼎足。基地与上述两大工程的关系，犹如企业研发机构与生产部门的关系。基地与大学各院系的关系，如同村落庭院与街心广场，或城市居民区与公园的关系。

　　教育部在普通高校创建人文社会科学重点研究基地的目的，就是为了给不同学科院系的学者提供一个交流互动研讨创新的空间。广场或公园的公共性还使它能为不同院校不同国家的学者提供驻足发表言论的场所，即作为校际国际学术交流平台。迄今为止，本中心是国家民族事务委员会直属高校唯一的人文社会科学重点研究基地，也是少数民族研究领域里唯一以"中国"冠名的基地。

　　遥想当年，国家民族事务委员会、中央民族大学和民族学与社会学学院领导和校内专家曾为申办这个基地付出诸多心血。国家民族事务委员会图道多吉、吴仕民两位副主任和教科司俸兰司长为此奔走推荐协调。中央民族大学陈理和喜饶尼玛（郭卫平）两位副校长亲自出面寻觅配置资源。民族学与社会学学院的杨圣敏院长和祁庆富教授亲率团队艰难论证，以大量资料展示本校在中国少数民族研究方面的绩效、能力和潜力。上述努力最终获得教育部领导和评估专家的认可。本中心于2000年获准成立并运行至今已经8年。8年来，本中心在学校支持下完成了机构筹建、队伍组建、平台搭建并有效执行了重大科研项目的招标管理等职能，同时还充分依托学校资源，分别在基础和应用两个研究领域展开创新工作。

基础研究方面，本中心在少数民族非物质文化遗产研究领域成果突出。除了祁庆富教授在文化部专家团队中大力推介少数民族非物质文化遗产资源卓有成效，本中心还为此召开了本领域国内外学术会议6次，出版研究专著55部，《民族文化遗产》专刊2集、《中国少数民族文化遗产集萃》1集，现时委托重大研究项目17个并编辑《工作简报》31期、《成果简报》15期，会议和咨询报告7期。中心5部专著获得中国高校人文社会科学或北京市哲学社会科学奖项。

应用研究方面，本中心以民族学与社会学学院的中青年教师为中坚组成了一支有力的实践创新团队。民族学与社会学学院的前身是中央民族学院研究部。它曾是1950年代中央政府开展少数民族工作的有力臂膀，直接参与了中央访问团、中国的民族识别、中国少数民族社会历史和语言调查及中国少数民族社会形态研究，为国家的民族政策制订和民族地区建设做出直接贡献。改革开放进程中，研究部改名民族研究所并成立了民族学系，从事改革开放时期的中国少数民族研究和民族学教学。1990年后，民族研究所与民族学系合并更名为民族学研究院。2000年随着学科建设和教学需求改制成民族学与社会学学院。在此期间，中国少数民族和民族地区的需求把实践创新团队推到应用研究前沿。

1999年，中国实施西部大开发，中央民族大学各民族中青年学者出于保护生态环境和少数民族权益的责任而创办了跨学科的"西部发展研究中心"。该中心的活动宗旨与教育部在中央民族大学创办中国少数民族研究中心的动机颇多相符，因此其成员顺理成章地成为基地创新团队的骨干。

中国人对邓小平所讲"发展就是硬道理"的论断耳熟能详，甚至一提发展就会对其正面功能和积极价值充满期待。其实从人文社会科学角度做中立观察：实践中的"发展"也跟"进步"、"革命"、"科学"和"市场"一样五味杂陈，最多只能算是中性工具名称。离开人主体的选择意志和道德关怀，它的作恶潜力不低于为善的能力。本书系介绍四个领域里的应用研究案例就揭示了少数民族和民族地区在发展中遇到的诸多问题，同时也提出了相应的对策建议。笔者有幸参与了这些研究的策划实施，所以在此将向读者介绍其缘起梗概。

《发展的代价——西部少数民族地区毒品伤害与艾滋病问题调研文集》的调研始于2000年中英两国政府合作的艾滋病防治项目。在河南农村发生违规采血导致艾滋病在当地爆发引起国家重视之前，中国人文社会学界对于毒品、性病、艾滋病之间的关系及其它们与贫困和社会底边群体之间的共生关系所知甚少。中英合作项目历时两年时间揭示出两个事实：一是毒品、性病、艾滋病与贫困和社会底边阶层共生；二是除河南采血引发的感染病例之外，艾滋病和毒品大体沿着古代中国西南、西北两条贸易路线传播。由于这两条古代丝路沿线的居民多为少数民族，本中心介入这一领域的研究责无旁贷。

中国控制毒品和艾滋病的实践堪与改革开放的过程和成效相媲美。其中的最大亮点是借鉴国际先进经验，重视社会文化因素和卷入人文社会科学研究。本中心的创新团队在此过程中经受实践检验并迅速在少数民族地区创办本土NGO，服务当地社区的妇女儿童，同时借助彝族语言文化编制宣传材料和文艺节目。彝族学者侯远高十年如一日的不懈探索和凉山彝族自治州政府的大力支持，使得本中心团队在这一领域的实践具备了总结经验和概括模式的资质。这一模式的主要内容有三：一是人文社会学者深入实地为底边社区服务；二是高校师生通过团队实践参与少数民族社区发展；三是用少数民族的语言文字编排艺术作品和组织表演团体传播现代防疫理念和知识。

《和在共赢——西部少数民族地区发展项目的人文关怀》收集了本中心另一支创新团队配合国家利用世界银行贷款在少数民族地区实施发展项目的需求作社会评估和少数民族发展计划的案例，还有研究西部少数民族地区水电移民对国家补偿补助和安置政策需求的研究成果。团队带头人贾仲益副教授与笔者分别在1998和2003年介入世界银行在中国少数民族地区开发水电和保护生态项目的社会评估工作。贾仲益副教授从为兄弟单位做少数民族社会文化顾问到带领本单位团队独立承担研究项目，其间的甘苦足以说明应用研究的难度不低于基础研究。本书收集的几篇研究报告未必能算应用研究的典范，但对有志于在这一领域一试身手的同事和同学肯定有所助益。随着科学发展观和构建和谐社会理念的深入人心，中国政府和企业会越来越注意在少数民族地区做建设项目之前，预先做好当地居民社会文化发展需求评估和少数民族社区发展计划的制订，本中心幸能在这个领域先行一步。

《厚德载物——人口较少民族文化保护与发展》是本中心第三支创新团队研究中国人口较少民族发展需求的最新成果。中国人口较少民族发展需求研究在过去8年经历两个阶段：先是费孝通教授生前建议国家民族事务委员会开展此项造福人口较少民族的研究。这一建议得到国家民族事务委员会领导的支持，于是由国家民族事务委员会民族问题研究中心牵头，联合中央民族大学和北京大学对中国人口在10万以下的民族的经济和社会发展需求做系统调查。中央民族大学杨圣敏教授和北京大学马戎教授分别担任两个学校的项目负责人。项目调查报告由国家民族事务委员会上报并引起国务院高度重视，从而给22个少数民族的经济和社会生活带来了重大转机。这一重要成果已由民族出版社先行出版。2007年，国家民族事务委员会文化宣传司又在人口较少民族经济社会发展已得到中央政府全面关注的前提下，注意到他们的文化传承仍然存在严重问题，所以委托本中心王建民教授和张海洋教授牵头开展人口较少民族文化保护与发展专项调查。调查报告曾在《中国少数民族文化发展报告》(2008)里收录，但因其中很多细节不合"蓝皮书"体例而被删减。本次重新结集以为教学案例和应用研究参考。

《持颠扶危——羌族文化灾后重建省思》是本中心青年创新团队2009年春节到汶川实地调查羌族语言文化灾后重建政策需求的应用研究案例。汶川5·12地震的核心区与中国最古老的少数民族羌族的分布区高度重合，造成羌族全民族受灾。灾害极大地唤醒了中国高等院校师生投身应用研究的意识。2008年10月，宋敏副校长根据教育部语言信息司领导指示精神，吩咐本中心履行使命，与南京大学中国语言战略研究中心、中国社会科学院民族学与人类学研究所和四川省民族研究所联合组队，调查羌族语言文化灾后重建需求问题。本中心借助学校多民族师资优势，迅速形成以羌族海归学者张曦博士为核心调查团队在当地羌族干部和学术精英的大力支持下完成了调查使命。这次行动给我们两点启示：

第一，世上没有纯粹的自然灾害，所以也没有能够单靠经济和科技就能消除的灾害后果。2003年非典、2008年初南方冰雪灾和5·12地震都是中国人道德反思、文化重建和社会创新的重要契机。在应付灾害和重建家园方面，传统人文关怀与现代科学技术一个都不能少。

第二，应用研究的时效性极强，及时地完成写作和提交成果跟保证成果质量一样重要。写作期间的任何一点松懈，都有可能失去时效断送成果，甚至影响目标社区人群福祉。

如果按照西方哲人讲的"理论是灰色的，生活之树长青"这句话，应用研究成果应该比基础研究更好看。但笔者读过的许多应用研究作品，都令人失望，感觉它们呆板。这也使学科同行形成一种成见：搞应用研究的人都是因为搞不动基础研究才降格以求。笔者不想为自己和本中心的实践创新团队争辩，也不想用中国古人"信言不美美言不信"的古训来文过饰非。但还是有两点非说不可的个人体会：

一是应用研究的价值不在作品本身可读和可欣赏，而在于它对决策和目标社区人群产生的积极影响。二是基础研究有更大的个人创作空间，而应用研究更讲究团队精神和联合协调。

中国少数民族研究中心既地处北京又贴近边疆少数民族且冠有中国名称，所以应当根据国家目标，发挥特色优势，研究包括内蒙古、新疆、西藏和港、澳、台在内的中国边疆和地方的少数民族权益及其发展需求，努力集成各界的研究成果，注意从成果中提炼理念，从理念中生成战略，把战略转化成政策，把政策凝聚成国民共识和社会行动，通过推动社会公正和维护少数民族权益来促进中国民族团结与社会和谐。

中国是统一的多民族国家。中国少数民族人口不到全国总人口的10%，民族自治地方占中国国土面积的64%，民族文化资源占到全国总量的90%以上。中国的石油、水电、林木及生态资源，多半在少数民族地区。中国西部开发主要在少数民族地区展开。中国2.8万公里陆地边界均有少数民族分布。中国的民族文化创意产业要依托少数民族文化才能取得可持续发展。中国的民族关系和少数民族事务，始终是关系全局和影响深远的国家政务，因而需要学界提供最好的智力支持。30年的改革开放已经深刻地改变了中国的经济和社会基础。民族关系领域的行为和利益主体已经由计划经济时代的简单清晰变为多元多样，但中国的民族理论政策框架和管理体制仍基本维持着1950年代计划经济时期的格局而未能与时俱进，因而导致市场经济体制里的中国公民和公务员关于少数民族的国情知识匮乏，民族平等团结相互尊重共同繁荣发展的意识削弱。中国要在社会转型关键期（人均收入1000—3000美元）重申构建民族关系、管理民族事务和保障少数民族权益的明确导向和有力规范。整个社会要注意填补少数民族地区生态环境、社会公平和文化传承方面出现的社会改革赤字。

本中心确认："三农"和"少数民族"是现代中国的两大难题，也是中国改革创新的两大动力。中共中央十七届三中全会对"三农"问题做出重大改革决定之后，少数民族事务必将凸显为中国深化改革的首要议题。中国需要系统深刻地总结民族工作经验，完善民族区域自治制度，创新民族事务管理体制，维护民族关系和民族文化延续。这些需求将使中国少数民族地区在今后几年取得像改革开放初期的沿海经济特区一样重要的地位。

中国少数民族研究中心基于这一认识，确认今后3年要配合国家提高民族工作的质量与效率的目标，锁定下列三个研究领域：

一是少数民族和民族地区重大现实问题和发展需求研究，包括完善民族理论政策体系，健全民族区域自治和少数民族（包括散杂居及流动少数民族人口）权益保护的法制体系，推动少数民族地区资源开发中的权益分配公平，借鉴周边国家和世界发达国家保护少数人权益的政策，注意少数民族地区的公共卫生和社会服务公平。

二是现代中国管理民族事务和协调民族关系的经验研究,为深化相关领域的改革提供理论依据。同时注重少数民族语言、非物质文化、艺术和文化创意产业研究,为少数民族地区发展探索新的增长点。

三是注重中国边疆边区和周边国家暨跨境民族研究,包括与中国互动密切的欧美、印度和伊斯兰教世界的民族宗教研究并从中总结经验,推动民族地区的政策创新,同时注意研究少数民族地区居民权益保护和发展需求,散杂居及流动少数民族人口和海外华人的人权保护,全面营造各民族和谐发展的社会生态。本中心为承担上述使命,就要在服务社会的前提下不断地凝聚基础研究成果并将其投入应用实践和创新活动。最后,本书系的出版资助来自中央民族大学"985 工程"二期建设中国当代民族问题战略研究哲学社会科学创新基地相关项目。本人代表中国少数民族研究中心和本书系作者、编者向基地和平台的领导与同事衷心致谢,同时向各部著作的主编和作者以及参与过调查和编辑工作的同仁致谢!

高山仰止,景行行止;虽不能至,心向往之。

人心唯危,道心唯微;唯精唯一,允执厥中!

张海洋

2009-7-1

目 录

自序 …………………………………………………………………………（1）

第一章 人挪咋活：水电资源开发与库区少数民族移民可持续发展 ………（1）

 为什么要关注西部少数民族水电移民 ………………………………（1）

 1 "高峡出平湖"与库区少数民族的漂移 ……………………………（4）

  1.1 "人工湖"的涌现 …………………………………………………（4）

  1.2 库区少数民族的漂移 ……………………………………………（6）

  1.3 乡归何处 …………………………………………………………（8）

 2 一方水土养一方人 …………………………………………………（12）

  2.1 山水有灵性 ………………………………………………………（12）

  2.2 民族有特点 ………………………………………………………（15）

  2.3 天人有感应 ………………………………………………………（25）

 3 漂移的失落 …………………………………………………………（26）

  3.1 虚实与显隐 ………………………………………………………（27）

  3.2 轻重的掂量 ………………………………………………………（28）

  3.3 得失谁心知 ………………………………………………………（30）

 4 何以家为 ……………………………………………………………（33）

  4.1 物尽其用 …………………………………………………………（35）

  4.2 宅寓天地 …………………………………………………………（38）

  4.3 阴阳共生 …………………………………………………………（40）

  4.4 血脉地缘 …………………………………………………………（42）

  4.5 意义网络 …………………………………………………………（44）

  4.6 无形有价 …………………………………………………………（46）

 5 挪活之术 ……………………………………………………………（47）

  5.1 化无为有 …………………………………………………………（48）

  5.2 软件创新 …………………………………………………………（52）

  5.3 法律保障 …………………………………………………………（55）

 6 结论 …………………………………………………………………（61）

 附：本项研究采用关键概念释义 ………………………………………（62）

第二章 修路求富：铁路建设与沿线少数民族村寨的命运 ………………（64）

 1 山呼海唤 ……………………………………………………………（64）

  1.1 事情原委 …………………………………………………………（64）

  1.2 山海相依 …………………………………………（65）
  1.3 区域殊相 …………………………………………（66）
  1.4 关注范围 …………………………………………（68）
 2 民族格局 ……………………………………………（70）
  2.1 历史互动 …………………………………………（70）
  2.2 社会文化 …………………………………………（71）
 3 多元主体 ……………………………………………（77）
  3.1 项目业主 …………………………………………（77）
  3.2 世界银行 …………………………………………（77）
  3.3 设计和施工方 ……………………………………（78）
  3.4 项目区居民 ………………………………………（78）
  3.5 少数民族 …………………………………………（78）
  3.6 其他弱势群体 ……………………………………（80）
  3.7 非自愿移民 ………………………………………（80）
 4 铁路影响 ……………………………………………（82）
  4.1 评估方法 …………………………………………（82）
  4.2 评估过程 …………………………………………（83）
  4.3 调查数据 …………………………………………（88）
  4.4 正面影响 …………………………………………（93）
  4.5 潜在风险 …………………………………………（94）
  4.6 具体案例 …………………………………………（96）
  4.7 支持显示 …………………………………………（100）
 5 协商计划 ……………………………………………（101）
  5.1 准备期协商 ………………………………………（102）
  5.2 施工期协商 ………………………………………（103）
 6 发展计划 ……………………………………………（104）
  6.1 社区分类 …………………………………………（105）
  6.2 计划原则 …………………………………………（105）
  6.3 计划内容 …………………………………………（106）
  6.4 资金安排 …………………………………………（108）
  6.5 经费使用 …………………………………………（109）
  6.6 具体案例 …………………………………………（110）
  6.7 移民安置 …………………………………………（121）
 7 监测评估 ……………………………………………（127）

目　录

　　7.1　主体与任务 ……………………………………………………(127)
　　7.2　监评内容 ………………………………………………………(128)
　　7.3　基底调查 ………………………………………………………(129)
　　7.4　监评指标 ………………………………………………………(129)
　　7.5　信息公开 ………………………………………………………(131)
　8　研究结论 …………………………………………………………(131)
　　8.1　项目总结 ………………………………………………………(131)
　　8.2　居民态度 ………………………………………………………(132)
　　8.3　施工建议 ………………………………………………………(132)
　　8.4　协商机制 ………………………………………………………(132)
　　8.5　最后说明 ………………………………………………………(132)
附录　贵广高速铁路沿线少数民族发展计划评估组调查提纲 ………(134)
第三章　治水安民：湟水流域治理与藏回民族发展 …………………(138)
　1　高原治水 …………………………………………………………(138)
　　1.1　水患的故事 ……………………………………………………(138)
　　1.2　治水计划 ………………………………………………………(139)
　2　藏回民族 …………………………………………………………(140)
　　2.1　地理分布 ………………………………………………………(140)
　　2.2　民族概况 ………………………………………………………(142)
　　2.3　民族关系 ………………………………………………………(152)
　3　社评概要 …………………………………………………………(153)
　4　知情协商 …………………………………………………………(156)
　　4.1　准备阶段 ………………………………………………………(156)
　　4.2　协商框架 ………………………………………………………(164)
　5　影响评估 …………………………………………………………(165)
　　5.1　潜在的正面影响 ………………………………………………(165)
　　5.2　潜在的负面影响 ………………………………………………(165)
　　5.3　居民自评 ………………………………………………………(166)
　6　行动计划 …………………………………………………………(167)
　　6.1　项目措施的文化适应性 ………………………………………(167)
　　6.2　项目参与及行动安排 …………………………………………(168)
　　6.3　防范对策 ………………………………………………………(170)
　　6.4　个案分析 ………………………………………………………(172)
　　6.5　融资计划 ………………………………………………………(179)

7 监测与评估 ……………………………………………………………… (180)
　7.1 实施主体 ………………………………………………………… (180)
　7.2 指标体系 ………………………………………………………… (181)
　7.3 申诉机制 ………………………………………………………… (181)
　7.4 信息公开 ………………………………………………………… (182)

第四章 城安乡睦：西宁河道治整中的社会关怀 …………………… (183)
1 "中华水塔" ……………………………………………………………… (183)
　1.1 自然地理 ………………………………………………………… (183)
　1.2 气候条件 ………………………………………………………… (184)
　1.3 人文地理 ………………………………………………………… (184)
　1.4 经济社会概况 …………………………………………………… (186)
　1.5 生态形势 ………………………………………………………… (187)
2 修塔治水 ………………………………………………………………… (189)
　2.1 一揽子计划 ……………………………………………………… (189)
　2.2 项目区概况 ……………………………………………………… (190)
3 学术介入 ………………………………………………………………… (191)
　3.1 世行政策 ………………………………………………………… (191)
　3.2 团队工作 ………………………………………………………… (192)
4 政策审查 ………………………………………………………………… (198)
　4.1 中国政府的政策精神 …………………………………………… (198)
　4.2 中国现有相关法律法规 ………………………………………… (198)
　4.3 世界银行政策 …………………………………………………… (202)
　4.4 小结 ……………………………………………………………… (203)
5 利益相关者 ……………………………………………………………… (203)
　5.1 相关者识别 ……………………………………………………… (203)
　5.2 相关者分析 ……………………………………………………… (204)
6 土地利用模式 …………………………………………………………… (207)
　6.1 土地制度变迁 …………………………………………………… (207)
　6.2 政策框架 ………………………………………………………… (208)
　6.3 土地利用方式 …………………………………………………… (208)
　6.4 项目影响 ………………………………………………………… (210)
7 少数民族 ………………………………………………………………… (212)
　7.1 项目潜在影响 …………………………………………………… (212)
　7.2 项目区民族关系 ………………………………………………… (213)

我们①是一些早晚不一地进入民族研究领域的学人。因为教学、科研关注点的缘故，我们注意到：半个多世纪以来，我国的非自愿移民大量产生于西部民族地区，因为这些地区正是国家自然资源开发、基础设施建设和生态保护工程实施的重点地区。由于这些区域是中国少数民族主要的世居地和聚居地，因此，非自愿移民中有大量的少数民族人口。这些少数民族群体的命运令我们格外关切。

2008年4月至10月，我们围绕西部地区水电资源开发和少数民族移民安置及补偿补助政策体系开发，开展了一次较大范围的实地调查研究②，研究团队的足迹涉及中国西部除四川、西藏和内蒙古之外的新疆、青海、甘肃、重庆、湖北、湖南、贵州、广西、云南等9个省区市。开展这一研究是基于以下考虑：

第一，中国地势西高东低，发展西慢东快，人口西少东多，水电资源储量西多东少。由于东部水电资源开发殆尽，所以今后中国水电的可开发资源主要在西部少数民族地区。青藏、云贵和帕米尔高原是中国和南亚、东南亚和中亚的三大水塔。在全球经济需要中国发展拉动需求、可持续发展又要求中国多用清洁能源的前提下，少数民族地区水电开发势必成为中国的必然选择。少数民族地区因而必将成为中国水电开发建设的主战场。

第二，中国西部地处生态脆弱的亚洲内陆。这里是少数民族的文化根基和国家的边防要地。西部农牧居民主体是蒙古、回、维吾尔、藏、彝、傣等少数民族。他们多在山地或高原滨水处聚落而居，与国家水电资源的分布高度重合。国家在这些地区开发水电，必然会遇到大不同于东部地区的自然生态、民族文化、语言宗教和国防安全等敏感问题。这些问题最终要求国家在现行水电移民政策法规体系的基础上，出台有关少数民族地区水电移民补偿补助和安置的补充条例，以确保当地生态环境和少数民族水电移民的文化安全，确保当地官民关系、民族关系和人地关系和谐，确保西部少数民族地区经济社会可持续发展和国家长治久安。

第三，中国是由西部高原与东部平原两大生态系统、西部少数民族农牧与东部汉人集约农耕两大生计板块组成的多民族统一国家。少数民族占中国人口总数虽然不到10%，但民族自治地方占国土面积60%以上，少数民族文化资源占中国传统文化资源90%以上。因此，少数民族事务管理始终占中国政治的半壁江

---

① 研究团队主要是中央民族大学师生，教师包括项目负责人张海洋、贾仲益，项目主要成员丁宏、杨筑慧、苏发祥、张曦、阿布都热西提，以及中央民族大学民族学与社会学学院的部分在读博士、硕士研究生，他们是：博士研究生敏俊卿、吴中平、李晓非、胡守勇、麻三山、李天翼；硕士研究生袁长庚、梁西宁、韩波、代启福、刘柳、赵富伟、吴洁、张婕、鄢莹、祁蓉。云南大学的在读博士研究生舒丽丽、丁桂芳参加了云南怒江、金沙江流域的调查。

② 我们的调查研究得到了成都勘测设计院的资助。在开展实地调查的过程中，还得到所涉省、区、市及下属各级政府相关职能部门的支持、帮助。虽不能一一具名道谢，团队全体成员依然心存感激！

第一章　人挪咋活：水电资源开发与库区少数民族移民可持续发展

为什么要关注西部少数民族水电移民

人们常说"人挪活，树挪死"，轻信的人很少去深思其中的原因和条件。由于现代科学技术的昌明，我们看到，经济条件稍好一些、人民开始有享受生活条件的国家乃至地方，各种荟萃了本土各处乃至世界各地奇树异木的植物园、"世博园"，越来越不鲜见。"树挪活"对现代园艺而言，已经不再是什么新鲜事儿，而几乎成了家常便饭了。相反的，作为现当代国家大规模自然资源开发、基础设施建设和生态建设伴生物的非自愿移民，或者说各式各样的"挪人"工程，却屡屡为不能很好地解决那些被"挪移"人们的可靠生存和可持续发展，而已经付出或正在付出沉重的经济、社会、文化乃至政治代价，以至于在国际上，"非自愿移民"越来越成为一个十分敏感的话题。

中国是一个发展中国家。自尊自强的中国人，为了实现富民强国的百年梦想，为了永远摆脱近代被侵凌、被奴役的屈辱命运，正在只争朝夕、干劲冲天地建设自己的祖国。今天的中国，自然资源开发、基础设施建设、生态保护工程，其规模之大，涉及之广，960万平方公里的国土俨然成了一个昼夜喧嚣的工地！大规模的开发和建设，一方面固然成就了中国经济迅速的崛起。但是，另一方面，也造成了迄今多达数千万的非自愿移民。在一个比较长的时期里，由于国家建设需要压倒一切，国家利益高于一切，这个日益庞大的被"挪移"的人群的生存状况一直不太受到注意。进入21世纪以来，随着国家和社会越来越关注民生问题，这些被连根拔起的非自愿移民才真正引起政府和社会的关注。众人瞩目之下，非自愿移民的"贫困化"、"不稳定"、"返迁"等现象变成了挥之不去的困扰：为什么非自愿移民会存在这么突出的问题？为什么"挪人"工程没有产生常言所说的"人挪活"的"应然"效果呢？

衣食父母，同时给后来者留下活路和希望的一种努力。民族学者不应当因为被责难对个人收入和 GDP 没有贡献而心虚气短，或负气地逃避现实作壁上观；相反的，正因为这个世界有太多人动辄恬不知耻地提"良心多少钱一斤"这样荒唐的问题，民族学者才更应当明了自己任重而道远，才更应当感到介入现实生活是多么紧迫和必要！

民族学的应用研究领域是宽泛的。举凡存在异文化背景的个人和群体发生互动的地方，民族学都有帮助人们扫清心魔智障的义务。有时候可能是纠正人们待人接物的心态，有时候是提供重新认识事物的角度和方法，有时候是协作形成合宜的策略和方案，有时候是检视过往的经验和教训。关键是帮助人们克服自以为是、自我中心地处理各种事务的习惯，对自身的局限和成见保持充分的清醒，真正学会倾听和尊重他人的意愿和要求。

呈现在读者面前的这本书，是本人和中央民族大学同仁同学近几年来运用民族学的理论和方法，在关乎一方百姓福祉的几个重大建设项目上，试图增进相关各方共识，促成多方共赢，使项目建设取得更好社会效益的点滴努力的记录。面对现实场景中的多方博弈，我们时常有一种进退维谷的困窘。这些文本与其说是用文字写出来的，不如说是被复杂的博弈场刻画出来的。文字是心，博弈是形，应用研究的生涯就是让心与形去不断地见面商谈和博弈的生活。活在共生，和在共赢，笔者相信这样的生活最可持续。

是为序。

编著者
2009 年 8 月 10 日凌晨于南宁旅店

想法和愿望，无限地放大成所有人的欲求，自负地认为我心即人心，人心即天意，我之所欲即人之所好，最终只会弄得怨声载道、人神共愤甚至招来人神共诛。须知，食色虽属本性，但人人各有所爱；所谓"人同此心，心同此理"，指的是人都有一颗主观的心，都有隔着肚皮、难以一眼看穿的嗜好和私狭，有时候彼此悬殊到相互以为对方"不可理喻"。惟其如此，彼此打交道就需要互相尊重，求同存异，不要强加于人，不要强人所难，即"己所不欲，勿施于人"。尤其在涉及切身利益或被视为关乎切身利益的方面，更需要体谅和包容。这才是人与人、集团与集团交往、相处之道。

尊重别人、包容别人、体谅别人，说来容易，其实是人类社会生活中永恒的课题甚或难题。原因很简单，人人都有一颗主观的心，而"人心隔肚皮"，要真正了解、理解并尊重他人，谈何容易！更何况人与人、群与群总是有层出不穷的利益之争，而自私自利的天性又难于一蹴而就地加以约束。所以，人类社会总是充满误会、猜忌、偏见、怨愤、仇恨，演变成各种形式的矛盾和冲突。要化解、避免种种人间悲剧，需要了解人心的复杂；而了解人心的门径，就是了解类聚的人群之心，即在漫长的求同存异的群体生活中逐渐板结化、同质化的人心——文化，就是要彼此"问俗"，并根据不同处境和主客易位而"随俗"，学会客随主便，避免反客为主。唯有"我敬人人"，才会有"人人敬我"；唯有"人敬我一尺，我敬人一丈"，才会时时处处都有主客欢洽。

面对当今现代社会组织和社会关系中比比皆是的主客错位，以及搬出各种冠冕堂皇的理由将种种私心强加于人的世道，民族学这样一门以研究异族文化起家的学科，正是能够给这个有太多倒行逆施、充满矛盾和纷扰的世界以希望的正人心术的学问。民族学不仅有用，而且有大用，大有可为。但是，这种有用不应当是道理上说来如此，实际上却无从证明；也不能是"酒香不怕巷子深"，躲在象牙塔里故弄玄虚或故作清高；更不能狂妄到把外人的无从了解斥为无知或浅薄。民族学的应用研究，正是民族学人从书斋走到田野和现实，还原民族学对人心人性念兹在兹的本来面目，通过参与生活现实、匡正世道人心、促进世界和谐来答谢的学科而竭尽心力。民族学的应用研究这种形而下的学问，恰恰是将一开始就关心俗民的"吃、喝、拉、撒、睡"的民族学，继续强有力地与民众的日常生活世界捆绑到一起的纽带。

学究式地对民族学的应用研究进行定义，或者要严格、准确地界定什么是应用民族学，免不了又要长篇大论。不妨简单痛快地这样说吧，民族学的应用研究，就是将民族学的文化整体观和文化价值相对论作为核心理念，用以观察、理解不同族群的日常生活；在任何可能采取实际行动去影响别的民族或群体的生活的时间、地点，先通过实际接触，了解行动对象的好恶、需求、敬畏，然后尽可能顺其心、体其情地确定行动措施和方案，使行动后果不仅满足行动者的愿望，而且也不违背行动对象的心意。这种体察行动对象内隐的意愿，并据以提出适当的行动方案的过程，就是民族学的应用研究。

我们生活的世界，并非纯然的物理或客观的世界，而是被各种文化群体赋予了意义、充满了主观色彩的人文世界。万物的好坏美丑、圣俗尊卑、可否利用、是否关乎痛痒，都是由人做出判断和选择。这种种的判断和选择，世代累积，就成了左右人们思想、情感、行动的文化。如果拥有不同文化的人们彼此老死不相往来，异文化也就可以是一些可有可无的奇闻趣事，对异文化的了解也就可以是一种纯粹的个人兴趣。但是，人类的各个部分从来就绝少与世隔绝，因此，为了避免冲突，就有了"入乡问俗"和"入乡随俗"的必要。而所谓"俗"，就是那个看不见、摸不着，大家日用而无所知，却又无所不在的"意义世界"或"文化"。

今天，人类被发达的交通、通讯、传媒等现代技术紧紧地绑缚在一起，肤色、语言、嗜好、信仰各不相同的人们生活在同一个国家、同一座城市、同一个社区甚至同一个家庭，呼吸相闻，休戚与共。尽管表面上，服饰、饮食、器具、建筑、语言、技术等等越来越共享化，地域相隔、语言差别、习俗相殊、信仰各异给人们交往造成的障碍和困扰越来越容易被克服，但是，不可否认，人类内部的文化差异依然存在，并出于不同的目的和需要而被坚持着、强调着。因此，被一些文化共相所迷惑，想当然地认为"人同此心，心同此理"，把出自某个人或某个集团的

自　序

　　大学课堂上，教民族学的"前辈"被学生后辈问询最多的问题，大概就是"学民族学有什么用"？或"民族学有什么用"？这样一个看似简单的问题，在这样一个实用至上的年代，实在是一个关乎学科合法性的问题；对于作为职业的民族学，或者"饭碗"的民族学，则是一个关乎正当性的问题。与此同时，在大学里，围绕学科建设的资源分配问题而发生的争执中，民族学也经常受到一些有"身份"的人的诘难：这种对毕业生就业率贡献不大的学科，投入那么多资金建设它有何用？在社会上，无论跟一般人说是教民族学的或是学民族学的，都会让对方陷入片刻的甚至长时间的沉默与尴尬，因为他们弄不清楚"民族学"意味着什么。当然也会遇到例外的情况，对方可能会说："啊！那是研究少数民族的！"也可能会说"那一定很有趣，是研究少数民族语言文字或文学艺术的吧"……

　　不必一一细数包围着民族学的种种困惑、责备或善意的误会。一个有一百多年历史的现代学科，一个在西方大学里作为通识课程存在的"显学"，在传入中国近百年后的今天，依然这样处境难堪，这才是真正值得我们关注和省思的问题。

　　冷静想想，这年头被一般人认为"没有什么用"或"可有可无"的学科，实在不在少数。因此，民族学被视为"无用之学"，在某种意义上也不算不幸，也不值得去多想。但问题在于：如果在社会大众的分类上，民族学总是被置于"无用"或"莫名其妙"的学科之列，则最先、最直接受到伤害的，会是那些由于种种原因而"学"了民族学的人，这些年轻人因为"出身"于这样一个鲜为外人所知的学科而很难以此谋到饭碗，只能拥挤在屈指可数的几所大学或研究机构中，面对日益黯淡和惨烈的前景。惟其如此，端着民族学饭碗的人，无论是出于对学科的责任感，还是出于对学生出路的功利考虑，都需要为打造一个被社会认知和接纳

3.2 中国民族政策法规 ……………………………………………… (244)
3.3 世界银行政策中的"少数民族" …………………………………… (247)
3.4 两种政策框架下"少数民族"的比较 …………………………… (247)
3.5 小结 ……………………………………………………………… (249)
4 土地制度 …………………………………………………………… (249)
4.1 国家基本土地制度 ……………………………………………… (249)
4.2 农村土地制度 …………………………………………………… (252)
4.3 项目区土地制度 ………………………………………………… (252)
4.4 小结 ……………………………………………………………… (253)
5 少数民族 …………………………………………………………… (253)
5.1 少数民族概况 …………………………………………………… (253)
5.2 项目区农村居民生计 …………………………………………… (254)
5.3 壮族社会文化与生计 …………………………………………… (256)
5.4 汉壮民族比较 …………………………………………………… (261)
5.5 小结 ……………………………………………………………… (261)
6 贫困与社会性别 …………………………………………………… (261)
6.1 贫困状况 ………………………………………………………… (261)
6.2 贫困的民族关联性 ……………………………………………… (263)
6.3 妇女 ……………………………………………………………… (264)
6.4 小结 ……………………………………………………………… (265)
7 项目影响分析 ……………………………………………………… (265)
7.1 项目效益 ………………………………………………………… (265)
7.2 负面影响 ………………………………………………………… (266)
7.3 项目影响的族际效应分析 ……………………………………… (269)
7.4 小结 ……………………………………………………………… (270)
8 利益相关者 ………………………………………………………… (270)
8.1 项目相关群体识别 ……………………………………………… (270)
8.2 利益相关者分析 ………………………………………………… (271)
8.3 小结 ……………………………………………………………… (278)
9 结论与建议 ………………………………………………………… (278)
9.1 公众知情参与以及支持度 ……………………………………… (278)
9.2 本项目不适用世行少数民族政策 ……………………………… (278)
9.3 移民安置计划（RAP）适用于壮族 …………………………… (279)
后记 ……………………………………………………………………… (280)

7.3 小结 (213)
8 贫困与社会性别 (214)
8.1 项目区贫困状况 (214)
8.2 社会性别 (215)
9 机构能力建设 (216)
9.1 机构现状 (216)
9.2 机构完善 (217)
9.3 能力建设 (217)
10 公众参与 (218)
10.1 信息公开 (218)
10.2 居民需求 (219)
10.3 参与计划与机制 (220)
11 监测评估 (223)
11.1 主体与任务 (223)
11.2 主要内容 (223)
11.3 基底调查 (224)
11.4 监评指标 (224)
11.5 信息公开 (226)
12 结论与建议 (226)
12.1 项目的必要性和社会适宜性 (226)
12.2 项目参与的设计 (227)
12.3 性别、贫困与发展 (227)
12.4 少数民族 (228)
12.5 移民及土地政策框架 (228)
12.6 文化遗产 (228)
12.7 机构能力建设与公众参与 (229)

第五章 异同之辨：项目影响视角下对桂东南汉壮民族的再认识 (230)
1 两广连线 (230)
2 任务和过程 (231)
2.1 任务及依据 (231)
2.2 评估资质 (232)
2.3 调研方法 (233)
3 政策法规审查 (242)
3.1 民族识别 (242)

山，民族事务始终是中国的最高政务。中国现代化的基础决定了"三农"问题和少数民族问题是中国必须长期面对的两大基本社会难题。在中共十七届三中全会对中国农村做出深化改革的重大决定之后，少数民族将成为中国首要的发展难题。西部少数民族水电移民则成为前述两大难题的交汇点和首要难题中的难点。这是因为西部少数民族在生态环境、生计方式、社会组织、宗教信仰、风俗习惯、文化传统、语言文字和地方知识等诸多方面有别于东部居民。他们的定居农耕程度更低，拥有的私有财产更少，对周边自然资源和公共资源的依赖程度更高，因而在生态资源和共同体基础上的畜牧、狩猎、采集和礼品交换在他们家庭收入中所占的比例也更高。社区生活、集体组织、亲属关系、传统习俗、宗教信仰和节日仪式对他们生活的意义更大，由此造成的消费也更多。简言之，他们对生态资源、社会资源和包括宗教信仰在内的文化共同体资源的依赖更强。他们的生态禁忌、民间习俗和传统仪式更多，他们与周边资源和社区共同体的关联程度更高。他们作为个体独立创业谋生的能力更弱，需要的扶助更多，民族文化传承责任也更大。因此，西部少数民族水电移民需要国家做出更多物质和制度安排来补偿补助和安置扶助。

第四，当今中国要在少数民族地区可持续地开发水电资源，要在两个层次上做出创新。一是观念模式创新。少数民族水电移民不仅是水电行业自身的技术经济问题，而且还关系到生态和民族文化保护、民族宗教信仰、边疆国防、人权保护、社会和谐、国家长治久安和国家文明形象的问题，诚可谓牵动全局影响深远。因此，它需要由国家协调全社会资源，展开全面调查研究，提出综合性政策措施。二是管理体制创新。中国的少数民族政策法规框架定型于计划经济时代并适用于计划经济体制，而水电企业作为中国市场经济的改革先锋，目前已率先孤军深入并要在少数民族地区长期运行。这种格局虽然在短期内能与地方政府和居民的发展追求一致，但如果国家不能及时出台相关政策法规调节各种利益主体之间的关系，企业和政府、移民和政府、移民和企业及居民和移民等种种关系就会恶化，瀑布沟5·12事件、龙滩12·17事件、岩滩7·3事件等震动高层领导的事件就会不断发生，从而危及库区安全和社会稳定。当今中国的大中型水电工程移民已经处于举步维艰动辄得咎的尴尬局面，但国家发展对清洁能源的需求有增无减，中国应对经济难题拉动内需的要求必然把少数民族地区的水电开发作为优先选择。这些都要求国家尽早出台有关少数民族地区水电工程移民补偿补助和安置的补充条例。

在国家倡导科学发展观和构建和谐社会的目标之下，水电行业做出突破和创新的条件已经成熟：各地水电企业和政府在水电移民方面都积累了丰富的地方经验，有了很多创新做法；少数民族维护自身权益和参与移民行动的觉悟已经空前提高；主流社会对于国家通过维护少数民族权益和保护少数民族文化来保护生态和维护可持续发展已经有了高度的社会共识。十七届三中全会对农村土地资源的新决策也为解决少数民族水电移民难题提供了部分答案，唯在少数民族地区文化的可持续发展方面还需要水电部门做出创新。水电行业在这个时刻针对少数民族水电移民做出创新安排，能让自身、企业和少数民族地区一起成为中国深化改革的先锋。这样既能确保西部社会和谐，水电开发顺利，也能通过开发带动当地少数民族经济社会发展，使博弈各方实现共赢，从而能为落实科学发展观和构建和谐社会做出行业贡献。

我们开展本项研究的核心任务是：识别少数民族地区居民和移民比东部汉区多出哪些需求，分析国家现行的水电移民政策在少数民族地区实施和运行缺少了哪些项目，然后根据二者之间的差距和少数民族地区水电移民的实际情况，提出公平补齐的建议方案，争取为国家制定《少数民族地区水电移民补偿补助和安置补充条例》提供决策论证，最终确保少数民族地区水电移民工作顺利开展，确保少数民族居民和水电移民少受损多受益，确保国家水电建设暨社会和谐大局。

我们的工作思路和方法是：基于科学研究的中立立场，主要采用民族学、人类学和社会学的理论方法，尽量利用中国民族研究的最新知识积累，辅以目标明确的实地调查和政策分析，在生物—文化整体论和文化相对论的指导下，分析包括川藏在内的中国少数民族地区水电建设的趋势、国内外水电工程移民的经验教训、少数民族居民和水电移民对国家水电移民政策的特殊需求，并参照世界银行水电移民理念，提出少数民族地区水电移民政策体系创新建议。

1 "高峡出平湖"与库区少数民族的漂移

1.1 "人工湖"的涌现

根据水利部门的有关规划，本世纪我国规划开发的水电重点基地有金沙江、长江上游、雅砻江、大渡河、乌江、南盘江、红水河、澜沧江、黄河上游、怒江、湘西、闽浙赣、东北及黄河北干流13个，未来还将有雅鲁藏布江干流。中国目前在建和拟建的大型水电项目有溪洛渡、向家坝、白鹤滩、锦屏一、二级、糯扎渡、拉西瓦、虎跳峡等40个。此外各地还有已成燎原之势的中小型电站建设项目开发。这些基地和项目几乎都在少数民族地区。东部的少量抽水蓄能电站也多在少数民族人口较为集中的地区。试看表1-1：

表 1-1　西部 12 省市区已建在建和拟建水电项目

工程类别	电站	流域	省市区	装机规模（MW）
已建	溪洛渡	金沙江	四川、云南	12600
	金安桥	金沙江	云南	2500
	糯扎渡	澜沧江	云南	5850
	景洪	澜沧江	云南	1500
	锦屏一级	雅砻江	四川	3600
	瀑布沟	大渡河	四川	3300
	彭水	乌江	重庆	1400
	思林	乌江	贵州	1000
	拉西瓦	黄河	青海	4200
"十一五"规划	向家坝	金沙江	四川、云南	6000
	观音岩	金沙江	四川、云南	3000
	上虎跳	金沙江	云南	2800
	苗尾	澜沧江	云南	2200
	锦屏二级	雅砻江	四川	4400
	两河口	雅砻江	四川	3000
	大岗山	大渡河	四川	2300
	长河坝	大渡河	四川	2200
	双江口	大渡河	四川	1800
	三峡	长江	湖北	4200
	大藤峡	红水河	广西	1200
	光照	北盘江	贵州	1040
	沙陀	乌江	贵州	1000
2020 年前拟建	龙开口	金沙江	云南	1800
	梨园	金沙江	云南	2280
	阿海	金沙江	云南	2100
	鲁地拉	金沙江	云南	2100
	乌弄龙	澜沧江	云南	1200
	古水	澜沧江	云南	2200
	杨房沟	雅砻江	四川	2200
	牙根	雅砻江	四川	1500
	丹巴	大渡河	四川	1300
	巴底	大渡河	四川	1100
	泸水	怒江	云南	2400
	岩桑树	怒江	云南	1000
	班多	黄河	青海	1000
	茨哈	黄河	青海	1000
	白鹤滩	金沙江	云南、四川	12000
	乌东德	金沙江	云南、四川	7400
	两家人	金沙江	云南	4000

表 1-2　西部 12 省市区现有农村移民规模表（截至 2003 年底）

序号	省市区	合计单位/万人	1985 年前 中央 水利	1985 年前 中央 水电	1985 年前 地方 水利	1985 年前 地方 水电	1986 年后 中央 水利	1986 年后 中央 水电	1986 年后 地方 水利	1986 年后 地方 水电
1	新疆	0.3982			0.0227				0.3755	
2	青海	4.8112	2.69	0.1106	0.01			1.12	0.1106	0.77
3	甘肃	12.9582	11.69	1.1861	0				0.0821	0
4	宁夏	6.668	4.002	2.491					0.175	
5	西藏	0.0792							0.0792	
6	四川	35.6346		8.4852	9.3972				2.2675	15.4847
7	重庆	43.9653		6.3976	23.7989	0.9927			10.2126	2.5635
8	云南	15.1753		0.2	9.22714			0.5387	4.4965	0.713
9	贵州	19.2091		10.4169	3.0926	0.3135		3.8171	1.1592	0.4098
10	广西	156.3129		33.6051	96.4179	13.0902		6.0169		7.1828
11	湖北	152.1993		9.7163	77.6931	0.2903		13.4704	0.09	6.2683
12	湖南	243.6807		54.6222	114.68213	26.3421			8.5382	38.08157

1.2 库区少数民族的漂移

半个多世纪以来，西部地区的水电资源开发究竟造成了多大规模的少数民族非自愿移民？这些少数民族移民的区域分布怎样？这是本项研究关注的基础性问题。

遗憾的是，由于水电移民问题在当前是一个很敏感的问题，相关部门出于种种考虑，多不愿意提供相关数据；再加上长期以来，一些政府部门对于少数民族相关数据的积累不多，分类不细，致使相关资料的收集变得十分困难。因此，我们仅能以 2004 年西部 12 省、市、区水项目移民的数据为参照，结合经验分析来推测中国少数民族地区水电移民情况。

需要特别指出的是：由于西部少数民族地区财政困难，所有的地方政府特别是南方多水地方的政府，都把水电资源当成重要的财政来源，因而形成了大江大河承包给大企业，小河小溪承包给小业主的开发局面。一些地方还出现了跨界开发水电形成的推诿移民现象。这意味着少数民族地区实际发生的零散水电移民，特别是占用土地和草场的数字，可能要大于中央和省、市、区级政府掌握的数字。

由于中国的少数民族分布具有较强的地域性，国家近年大中型水电建设项目又都坐落在云、贵、桂、甘青交界和川西少数民族地区，水电资源在山地丘陵的分布与当地少数民族聚居地区的分布基本重合。因此，我们推断：西部各省区近年新增的水利和水电移民数字里，少数民族应不低于总数的40%。在大西北和青藏川滇高原，水库坝址的海拔越高，少数民族移民比例就越高。云贵高原滇黔桂三省区种植水稻（低海拔作物）的壮侗傣等少数民族地区也有相似的分布结构，因此低海拔处少数民族水电移民的比例也能高达40%—60%。试看各省、区、市调查组反馈的材料：

云南组反馈：截至2007年底，云南全省水项目移民33万。按未来规划项目还将增加40—50万。近期和中期少数民族移民约占移民总数50%以上。滇西北的其宗和龙蟠两个项目规划的移民中，少数民族高达70%—80%；金沙江、澜沧江上游少数民族移民不低于90%。怒江干流有2库13级开发规划。怒江傈僳族自治州境有1库8级，规划移民54197人，其中95%以上是少数民族。少数民族移民中90%是傈僳族，其余为怒族、白族和藏族。"十一五"期间，怒江流域要开工1库4级，包括怒江傈僳族自治州的马吉、亚碧罗、六库等电站。这些水电工程共需搬迁移民29280人，其中傈僳族约占90%。

贵州组反馈：贵州全境已建、在建和拟建的水库项目主要在黔西南（布依族、苗族、彝族）、毕节（彝族、苗族、回族）和黔东南（侗族、苗族）等地区。少数民族移民约占移民总数的40%。调查组判断，因为少数民族地区和水电库区具有远离交通要道的共同特点，有些电站坝址处的少数民族比例可达50%或更多。

广西组反馈：自治区境内已建在建和拟建的水工程项目涉及壮、瑶、苗、侗等世居少数民族，总体比例接近30%。如果单算水电项目移民，少数民族的比例可能高于50%。

甘青组反馈：两省境内已建、在建和拟建的水电项目中，少数民族移民约占移民总数的1/4，主要是回族和藏族。该调查组判断：由于甘青的统计数据主要来自西宁以下的水电工程，今后水电建设继续向黄河、洮河和夏河上游推进，少数民族移民所占比例还会大幅提升。

中华人民共和国成立至今，共修建各类水库近9万座，水电装机容量1.2亿千瓦。这些设施在发挥防洪、发电、灌溉、供水等效益的同时，也造成了数以千万计的水库移民。2004年底，全国已建和在建3882座大中型水库的移民原迁人口已经多达1829.8万人。其中农村移民1597.19万人，占总数87.3%。随着近年中国水电向西部少数民族地区的转移提速，加上原有移民人口繁衍，当前全国的水库移民总数约有2500—3000万人，其中多为农民。假设水电移民占上述移民总数50%—60%，其人口应有1300—1500万。再根据近年水电建设多半落在西部的特点，假设移民人口的2/3出自西部12省市区，则其数字应是800—1000万。

中央政府和国家水电主管部门即使能掌握全国的移民总数，也很少有把少数民族单独分列的统计数据。但我们根据少数民族聚居区与水电开发项目区高度粘连的特性，根据甘青和三峡两个少数民族人口比例较低的超大型水电项目也有近1/4少数民族移民的事实，推断全国1300—1500万水电移民中，至少有500万少数民族。今后随着水电开发重心西移，新增少数民族移民人口比例会更高，最终能占全国水电移民总数的1/3，绝对数字会在800—1000万人之间。由于水电移民政策措施具有回溯攀比特点，所以根据地方和民族两个变量推断，全国将有800—1000万人少数民族水电移民。再加上居住在少数民族地区的800—1500万汉族水电移民，少数民族地区水电移民的总数就是1600—2500万人。这应是国家制订少数民族地区水电移民补偿补助和安置系统的目标人群。

1.3 乡归何处

中国是当今世界的水电建设和水电移民大国。中国现有15米以上的大坝数量占到世界注册大坝总数的50%，30米以上的大坝也占世界同类大坝总数的40%。中国目前水电开发程度约为24%，与发达国家相比还有很大潜力。中国目前待开发的水力资源主要分布在西部高原向东部平原过渡的两个大斜坡地带，这也正是广义的西部少数民族聚居区。中国水电资源与西部少数民族聚居地的紧密粘连关系，使得西部地区完全有可能探索出人类水电开发与生态环境、少数民族文化之间的共赢关系，总结出通过水电开发拉动当地发展并维护弱势群体和少数民族权益、追求社会公平和帮助少数民族文化发展的先进经验，从而向世界展示中国社会制度的优越性和社会文化的巨大软实力。

中国历来是以农立国并以治水为要务的"东方型"国家。现代中国政府也一直高度重视水库移民的权益维护。例如2006年以来，国家发改委就多次主持对全国水库移民政策法规做出深度修改，最终颁布实施了《大中型水利水电工程建设征地补偿和移民安置条例》和《国务院关于完善大中型水库移民后期扶持政策的意见》（以下简称17号文件）及一系列配套的法规条例。这些法规条例的颁布实施，提高并统一了水利水电移民补偿补助和安置标准，规范了移民补偿补助资金的发放程序并加强了管理，为今后水库移民补偿补助和安置提供了制度保障，标志着中国的水电移民工作已经具有较好的法治基础。

但目前中国水电的移民政策法规毕竟主要基于东部水电开发的经验制订。由于中国东部的居民和水电移民都以汉族为主，所以适合西部少数民族地区水电移民的政策法规仍然是国家相关政策法规体系中的一个重大空白。例如，现行水电移民实物调查类别和补偿标准，包括《大中型水利水电工程征地补偿和移民安置条例》及相关技术标准，就都缺少针对少数民族地区和社区的实物指标体系，没有针对少数民族的特殊补偿补助和安置标准，更没有顾及少数民族地区的文化重建和发展需求。新修订的《大中型水利水电工程建设征地补偿和移民安置条例》第十一条虽然规定了"编制移民安置规划应当尊重少数民族的生产、生活方式和风俗习惯。"但这样的抽象原则对于高度敏感的水电移民工作缺少可操作的刚性标准和资源配置。这些都与中国的国情、国家《宪法》和《民族区域自治法》的要求相去甚远。

《中华人民共和国宪法》对少数民族的权益有明确的原则规定。作为基本法之一的《中华人民共和国民族区域自治法》第六十五条第一条款更明确规定："国家在民族自治地方开发水资源、进行建设的时候，应当照顾民族自治地方的利益，作有利于民族自治地方经济建设的安排，照顾当地少数民族的生产和生活。国家采取措施，对输出自然资源的民族自治地方给予一定的利益。"

对照国家《宪法》和《民族区域自治法》，中国现行水电移民政策法规的空白和缺陷更加显而易见。这些缺陷不仅制约和影响当前水电建设移民工作在少数民族地区的开展，而且一旦发生重大的移民纠纷，水电行业及其业主就将处于极为不利的法律地位。这些缺陷目前被各地政府招商引资和发展水电的热情冲淡和掩盖着，但新上大中型水电项目移民工作捉襟见肘的形势已经处处可见，业内尽人皆知。因此，推动少数民族地区水电移民政策条例出台以补充现行水电移民政策的不足，已经是国家和水电行业刻不容缓的当务之急。

中国西部少数民族地区在生态环境、生计方式、建筑格局、人文理念和家园意识等方面都既有特殊性和敏感性，又有丰富的多样性，因而也有着制度创新的充分依据和深厚潜力。西部少数民族重视传统社会组织，普遍信仰各类宗教并建有大量相关建筑和其他文化项目。例如藏区的家园除了民居和土地之外，就还有经堂、煨桑点、白塔、转经房、水转经、经幡、箭台、嘛呢堆、嘛呢杆、风马旗（龙达）等设施和碉楼、崖墓、石棺葬、石刻经文、岩画和寺庙建筑壁画等传统文化设施。如何针对这些不同于汉区的特殊设施做出补偿补助和安置恢复，或从设计上采取避让措施，乃是水电移民工作迫在眉睫的难题。

本项研究就是要针对西部少数民族地区水电移民需求，通过实地调查和比较研究，力求跟水电移民、水电业主和地方政府一起，提出建立少数民族地区水电移民补偿补助和安置措施方面的合理建议，并呼请国家尽快出台少数民族地区水电移民相关补充条例，或者由国家有关部委牵头做出更为系统的对策研究。

中国水电行业是国家西部开发、基础设施建设和改革开放的先锋。目前它的生产、投资和利益主体已经随着市场而变得多元化。伴随着国际能源紧缺局面的持续和中国对清洁能源需求的增加，根据必须尽快拉动国家内需的经济形势，西部少数民族地区的水电开发势头在今后几年还会加强。以水电业主和当地政府为一方，以当地少数民族居民和移民为另一方的权益博弈将会愈演愈烈。如果国家不及时出台适合于少数民族地区情况的政策法规，而仅靠基于东部汉族地区经验的水电移民政策条例来指导少数民族地区的水电开发和移民工作，那么少数民族地区的居民和移民在与业主和政府的博弈中，就会成为必然和永远的输家。如果少数民族在国家水电建设中只能长期作输家，他们就会对水电行业、地方政府和国家产生不满，并进而影响民族团结和社会稳定，最终会严重影响水电行业的内在发展和外部形象。

另一方面，中国过去数十年搬迁上千万水电移民的事实，也说明少数民族居民和移民也深深知道水电建设能给当地和自身带来重大发展机遇。他们也都理解"树挪死人挪活"的道理。今天的少数民族地区的中青年更想搭乘水电建设这趟快车实现他们发展生产、改善生活、繁荣民族文化和实现个人追求的目标和理想。当前少数民族地区各级政府对于包括水电在内的所有开发项目仍然十分热衷，尽管他们对水电移民问题已经讳莫如深。

目前中国水电移民累计超过 1500 万人。今后中国农村的水项目还将产生 2300 万移民。无论这些项目是出于水电还是出于生态原因，其中的少数民族移民都不会少于 1/3。水电移民对于现行移民政策及其执行情况的积怨和不满也已经不仅是众所周知的客观事实，而且说明中国水电移民政策需要继续改革完善。表 1-3 和表 1-4 显示水项目移民的处境，它至少说明当前的政策法规在东部运行中已经造成了库区移民大面积贫困、移民生产生活条件未能如期得到应有改善、移民后代上学和就业难等诸多难题。如果这样的后果在西部少数民族地区再现，那么党和国家照顾少数民族和民族地区发展需要、帮助少数民族和民族地区加快发展、促进各民族共同团结进步和共同繁荣发展的政策精神就将落空，边疆少数民族与内地主流社会的两极分化就会愈演愈烈。本课题的意义就在于厘清少数民族的特点及其与水电建设的关系，提出解决问题和避免其政治和社会后果的措施。

表 1-3 各类移民人均收入情况（截至 2003 年底）

序号	工程类别	人均年收入			
		625 元以下人数（万人）	625—825 元人数（万人）	825 元—县均人数（万人）	县均以上人数（万人）
合计		418.6608	512.0052	738.9237	192.1600
一	1986 年前建成工程	382.7793	445.3864	530.8898	164.0463
（一）	中央直属	156.1003	177.2668	197.0824	54.9538

第一章 人挪咋活：水电资源开发与库区少数民族移民可持续发展

续表

序号	工程类别	人均年收入			
		625元以下 人数（万人）	625—825元 人数（万人）	825元—县均 人数（万人）	县均以上 人数（万人）
1	水利工程	86.0980	81.6745	77.1758	20.6821
2	水电工程	70.0023	95.5923	119.9066	34.2717
（二）	地方工程	226.6790	268.1196	333.8074	109.0925
1	水利工程	214.4494	252.5397	311.2951	104.8621
2	水电工程	12.2296	15.5799	22.5123	4.2304
二	1986年后建成工程	35.8815	66.6188	208.0339	28.1137
（一）	中央直属	6.0895	11.0095	36.3706	4.7688
1	水利工程	1.7891	3.9300	10.9970	0.4684
2	水电工程	4.3004	7.0795	25.3736	4.3004
（二）	地方工程	29.7920	55.6093	171.6633	23.3449
1	水利工程	13.0842	29.9989	55.0153	9.3424
2	水电工程	16.7078	25.6104	116.6480	14.0025

表1-4 各类移民生产生活现状（截至2003年底）

序号	工程类别	危房总面积（万平方米）	不通公路村组（个）	不通电村组（个）	饮水困难人数（万人）	失学儿童（人）
合计		4314.9779	67971	4411	626.935	147195
一	1986年前建成工程	4031.377	59546	3777	548.873	129019
	中央直属	706.2289	11357	2110	195.56	31626
1	水利工程	334.1145	2900	733	66.0816	14295
2	水电工程	372.1144	8457	1377	129.478	17331
	地方工程	3325.149	48189	1667	353.313	97393
1	水利工程	3231.65	46391	1528	340.038	92966
2	水电工程	93.4985	1798	139	13.2748	4427
二	1986年后建成工程	283.6005	8425	634	78.0619	18176
	中央直属	38.3884	645	54	11.8134	2337
1	水利工程	1.2756	34	0	0.0639	135
2	水电工程	37.1128	611	54	11.7495	2202
	地方工程	245.2121	7780	580	66.2485	15839
1	水利工程	133.2936	3547	299	47.48	7077
2	水电工程	111.9185	4233	281	18.7685	8762

2 一方水土养一方人

中国是多民族统一国家。历朝历代的民族分类和政策不同，但都承认民族之间有文化差别，因而实行"修其教不易其俗，齐其政不易其宜"的自治制度。中国现有55个少数民族，总人口1.06亿，占全国人口总数的8.7%；少数民族自治地方占国土总面积的64%（自治区5个、自治州30个、自治县120个，合计155个民族自治地方）。

2.1 山水有灵性

中国少数民族地区有广狭二义：其狭义指前述所有少数民族自治地方之总和。其广义指少数民族人口占到当地人口1/3以上的民族乡镇加上前述少数民族自治地方。上述地方主要分布在中国西部。

中国西部的范围随历史而变动。本项研究所讲西部概指中国1999年倡导西部大开发以来，由国务院划定享受优惠开发政策的范围。它包括内蒙古、新疆、西藏、青海、甘肃、宁夏、陕西、四川、重庆、云南、贵州和广西12个省、市、自治区全部，再加以下3个少数民族自治州：湖南湘西土家族苗族自治州、湖北恩施土家族苗族自治州和吉林延边朝鲜族自治州。另有一些靠近西部的地区例如湖南的张家界市、邵阳的绥宁等县比照相关政策。上述地区的面积占全国总面积70%以上，其居民中的少数民族占全国少数民族人口80%以上。由于中国西部山多地少，又由于中国改革开放从沿海向内地梯度发展，所以今日中国贫困人口多半集中在西部。

中国的地势自西向东构成面积大致相等的三个阶梯。各阶梯平均海拔高度分别为4000米以上、500～2500米和500米以下。中国的水资源多出自第一阶梯的青藏高原和第二阶梯的云贵高原。中国的水电资源更是集中在上述两个高原向低处过渡的斜坡地带，其中包括青藏高原向黄土高原和内蒙古高原过渡的斜坡。中国西部的水能蕴藏量约5.6亿千瓦，占全国总量的82.5%。可开发水能3亿千瓦，占全国可开发水能的77%。具体分布如下：

中国水电第一富源是青藏高原的南、北、东三侧。南侧雅鲁藏布江（出印度）、怒江（出缅甸）、澜沧江（出老挝和泰国）的远期潜力较大。其中雅鲁藏布江流域的主体居民是藏族、门巴族和珞巴族。怒江流域的主体民族为傈僳族、独龙族和怒族（独龙族和怒族也是人口在10万以下的人口较少民族）。澜沧江上游为藏族，向下有傈僳族、纳西族、白族，靠近国界和跨境而居的有傣族、景颇族和布朗族。但由于这三条江上游有地理生态和民族文化敏感性，下游有国际敏感性，所以目前难以进行大规模开发。2008年7月，澜沧江流域的思茅地区发生过孟连傣族胶农与地方政府的冲突事件，值得水电行业警觉。

青藏高原北侧的昆仑山和祁连山北坡有多条内流河分别流向新疆、甘肃和内蒙古的沙漠。这些内流河的上游居民为藏族、裕固族、哈萨克族和维吾尔族。下游是喀什、酒泉、张掖、武威等大绿洲城市。其中甘肃三河（石羊、黑河、疏勒）下游居民以汉族为主，回族和蒙古族在这一地区也有分布。目前这三条河流水量支撑下游三个绿洲已捉襟见肘，水电开发潜力殆尽。新疆南部河流较多且水量较大，仍有开发前景。其下游居民主体是维吾尔族和以汉族为主的生产建设兵团。

青藏高原可开发的水电资源都集中在东南和东北两坡上的中国两条母亲河即黄河中上游和金沙江全段上。其中黄河的甘、青、宁和内蒙古地段在中国现代化早期就有密集的工业布局。其水电开发自1950年代持续至今，今后潜力已不大。当地遗留的水电移民问题很多，目前水利和生态移民仍持续不断，因而亟待出台善后政策以防患于未然。上游的青海和甘南藏族自治州仍有较大水电潜力，但也要有专门的少数民族地区移民政策才能确保安全。由于这一区域国家水电开发最早，当地政府积累经验较多，适合作为今后中国制订少数民族水电移民条例政策的参照采集点。

目前青藏高原最大的可开发水电潜力集中在秦岭西端、横断山区和云贵高原的金沙江及其北东两侧的支流。当地主体居民按次序排列为藏族、彝族、纳西族、羌族和少量回族。目前国家在这里规划大中型水电项目最多，受移民工作掣肘程度也最强。当地政府仍然希望借助资源优势多上快上水电项目，但对生态后果和水电移民补偿安置都考虑不足且经验有限。这里水电开发的生态和社会风险高于北坡。

中国水电第二富源是云贵高原，包括云南、贵州和四川三省的边地。这里汇聚着长江上游、珠江上游及其支流的水源，特别是大渡河、岷江、嘉陵江、乌江和汉江等一级支流。这一区段最上游的居民仍是藏族，稍下才是纳西族、彝族、羌族和汉族、苗族、土家族。云南的红河全程有彝族、拉祜族、回族，下游有哈尼族和少量傣族。这里的水电移民形势与青藏高原相似，但人口规模更大，民族成分更多。

第三富源是广西与云、贵两省共享的南北盘江—红水河及都柳江。国家目前在红水河建设和布局的大中型水电项目最多，水电移民数量最大（仅次于三峡工程），积累的水电移民问题最多，收集移民数据也最难。当地政府和水电业主都急于开发这里的水电却忽视了两个事实：这里聚集着古代氐羌（彝族）、苗蛮（苗瑶）和百越（壮、布依等）三系多个少数民族，因而也是民族文化熔炉。第二，这里的少数民族种植水稻,所以地方人口密度极大且稻田集中在水电库区低地。这一地区虽是内陆但又靠近沿海发达地区,当地少数民族人口数量大但与主流社会文化差别较小,民族关系比较稳定,所以民族问题容易被忽视,积累的矛盾和问题也较多。

都柳江流域水电资源丰富,但国家级的大中型水电项目目前开工尚少,所以应能借鉴红水河水电开发的经验教训。都柳江流域水电开发的另一有利条件是国家正在修筑贵阳—广州高速铁路和高速公路。"两高"作为交通干道将在黎平、从江、榕江之间形成构建中型城市的条件,从而有能力吸引较多居民转产,也会有部分农村水电移民自愿迁居城市。协调水电业主的项目建设规划与当地城市发展规划,或有多方共赢的前景。但本项研究同时要指出:近期惊动中央的贵州瓮安6.28事件就发生在这个流域。其原因是当地"社会矛盾长期积累,多种纠纷相互交织,一些没有得到应有的重视,一些没有得到及时有效的解决。矿群纠纷、移民纠纷、拆迁纠纷突出,干群关系紧张,治安环境不够好。"(贵州省委书记石宗源6.30日语)。这与水电无关但与资源开发中的利益分配不均直接有关。

第四富源为四川重庆和鄂西、湘西。这里的水系有贵州北侧的乌江、东侧的清水江和发源于武陵山的清江和酉水河。当地少数民族在高处为苗族,在低处为土家族和侗族。这里的水电移民前景有两负三正:负面之一是其居民生计与红水河相似,水电开发的移民规模较大;负面之二是它靠近三峡库区,三峡库区移民的负面信息让当地居民对水电移民警戒性高。正面之一是当地少数民族的文化与汉族相差不多,民族关系稳固,民族文化地方文化同质性高;正面之二是当地有过水布垭等世界银行贷款的水电移民先例,有先进经验可循;正面之三是它靠近内地且处于武汉、重庆、长沙等大城市之间,具有民族文化生态旅游潜力。水电业主借助水电项目帮助当地居民恢复和发展民族文化,推动生态和民族文化旅游,能有效消化移民就业并减轻移民对立情绪。

第五富源是内蒙古与黑龙江交界的兴安岭东侧嫩江、松花江上游。当地少数民族为蒙古族、达斡尔族、鄂伦春族和鄂温克族。分布在更东部的黑龙江、松花江和乌苏里江的赫哲族虽然不属西部范围,但他们临近三条国界大江,远期有中俄联合开发水电前景。

第六富源是新疆由帕米尔高原、天山北坡和阿尔泰山南坡额尔齐斯河流域组成的北疆地区,包括伊犁哈萨克自治州和准噶尔盆地北、西、南三缘。当地少数民族有维吾尔族、哈萨克族、塔吉克族、柯尔克孜族、蒙古族和锡伯族。目前国家规划的吉林台和恰甫其海两处大电站都建在天山西北叉口伊犁河上游,但所有山坡上的河流都有水电项目。由于当地民族敏感性高且有国际影响,所以新疆维吾尔自治区对一切有关移民的调查都很敏感。但由于这里山高坡陡、土多水少、地广人稀，所以水电开发引起的移民数量较少。受移民影响的少数民族有维吾尔农民和哈萨克牧民。

综上以观，中国水电资源潜力均在少数民族地区，国家级大中型水电项目多在少数民族地区，电站坝址多在少数民族聚居区。各地受影响的少数民族计有30多个。这些民族可分为北方干寒与南方湿热两大系统。北方系统的关键民族是藏、维吾尔、蒙古、回、哈萨克等民族。其内部又可分高山游牧（藏、蒙古、哈萨克、塔吉克、柯尔克孜、裕固）和低地绿洲农耕（维吾尔、回、羌）两个板块。南方系统的关键民族有高山的彝、苗、瑶和低山丘陵的壮、傣、布依等两个类型。其中川滇高原的少数民族有彝、傈僳、普米和景颇。黔桂滇渝的高山板块民族主要有彝、苗、瑶和土家。低地板块的少数民族主要有壮、布依、侗和傣族。

上述"南北两系统及高低四板块"，大体能反映出中国西部水电开发关键地区与少数民族的紧密关联。这些少数民族的语言谱系、宗教信仰、历史亲缘关系和社会组织特点详见表1-6、表1-7。

本项研究确认：上述地区居民的民族文化特点即语言、宗教、社会组织和历史亲缘关系，都有较强的地域相似性，而且同一地域讲相似语言和信仰相似宗教的民族在移民的补偿补助和安置需求上也大同小异。因此，水电行业大可根据各个工程点的居民情况，针对这个"两系四板块"体系来确定补偿补助的项目标准和安置内涵。当前的政策研究只要注重北方系统的藏、蒙古、哈萨克、维吾尔和回族，南方系统只要注重藏、彝、苗、壮、侗、傣族，依据这11个民族做出行业移民规范样板，其他民族就可按相邻类推的原则展开补偿补助和安置。

中国近年出于对少数民族文化保护与发展的关怀，又提出一个"人口在10万以下的人口较少民族"的概念。这样的人口较少民族有22个，主要分布在中国的边疆地区，即怒江傈僳族自治州的独龙族和怒族，西双版纳傣族自治州的基诺族，新疆的塔吉克族、俄罗斯族和东北的赫哲族和鄂伦春族等。这些人口较少民族的分布区域小，民族文化脆弱，语言多半濒危。水电项目碰到这些民族聚居地区，更要谨慎。

2.2 民族有特点

水电移民不仅是中国的难题，也是困扰全球各国水电建设的世界性难题。世界银行前任首席移民专家乔治·塞尼强烈主张水电建设要避免移民，原因概出于此。与主流社会相比，少数民族水电移民更兼有生态、民族、宗教、人权、边疆国防和文化传承等方面的敏感性、特殊性和多样性，因而更需要有严格系统的移民政策法规和条例来指导和规范，才能保证水电资源开发与少数民族地区经济社会同步双赢，最终使民族关系和人地关系持久和谐和可持续发展。

中国少数民族的分布情况和文化特点如下：

历史上，中国的民族情况复杂多变，没有确定的识别标准和统计口径。北方少数民族曾经在中国建立元代和清代两个统一王朝。其间的明代跟北方蒙古地方政权共同控制中国疆土。清代运用宏图大略，把蒙古、新疆和西藏政权再次统一。1911年辛亥革命后，中国形成了汉、满、蒙古、回（维吾尔）、藏"五族共和"的中华民国。抗日战争强化了中国的统一。三年内战中，蒙古分裂为内外两部。外蒙古在苏联支持下独立建国，内蒙古在中国共产党领导下建成了中国第一个民族自治地方。1949年，中国共产党在大陆建立中华人民共和国。国民党统治的中华民国败退台湾。1950年代，新中国为维护少数民族权利、增进民族团结和实行民族区域自治而进行了民族识别，最终由国务院批准确认了55个少数民族。

目前看，中国55个少数民族都是原住民（indigenouspeople）。原住民是国际社会近10年提出的一个比一般少数民族（ethnicminority）更为严格的弱势群体权益保护范畴。它与水电移民有直接相关性。原住民与一般少数民族的区别在于：一般少数民族包括出于自身发展的要求而自愿到发达地区来的移民。这些移民少数民族只要享有与主流社会相同的待遇不受歧视，再加上本民族传承文化的权益就能体现其人权。原住民则是那些没有到主流社会寻求发展，而是主流社会把发展项目推进到他们家园的少数民族。他们应该享有比一般少数民族更多的权益，主要是家园的资源权益。本项研究用如下公式表示原住民少数民族的权益构成：

所有人（无论是否公民）都享有一般人权；

少数民族享有一般人权加上本民族文化权（主要是语言、宗教和习俗）；

原住民少数民族享有一般人权＋民族文化权＋当地家园的资源权益。

中国少数民族与西部水电规划的关系表现为：全国的5个少数民族自治区都在西部，30个少数民族自治州都在西部开发范围之内，120个民族自治县中也有3/4集中在西部。地处西部的青海、甘肃、云南、贵州、四川和重庆等省市虽然不是少数民族自治区，但辖有少数民族人口和自治地方较多。西部各省区（除陕西之外）的少数民族人口情况略如下述：

西藏少数民族占全区总人口90%以上；

新疆少数民族占全区人口50%以上；

青海省少数民族占全省总人口46%，民族自治地方占全省面积98%；

云南少数民族人口接近该省总人口的40%，其中25个少数民族是世居民族，10多个少数民族是云南省独有的民族；

广西和贵州少数民族人口比例都超过当地人口总数1/3；

四川和重庆的少数民族占人口比例虽低，但都分布在水电开发敏感带上。

上述各省、自治区凡有水电建设项目的地方，少数民族人口以县计不会少于

50%；以乡计不低于70%，因此全都适用少数民族地区水电移民政策。唯有陕西省没有少数民族自治地方，但也有较多的回族和蒙古族散杂居人口。中国各少数民族生计和社会文化概要如下：

第一，生计方式（详见表1-5）。

中国的生态环境复杂多样，少数民族生计包括了人类所有传统生计方式。本项研究将其分为三个类型组：采集渔猎、畜牧、农耕。三个类型组包含七个主要类型：

东北山林渔猎采集型3个民族：鄂伦春（猎）、鄂温克（猎牧）、赫哲（渔）；

西北高原畜牧型10个民族：以蒙古、哈萨克族为代表，藏族和裕固族次之；

西北绿洲农商型：以回族和维吾尔族为代表，撒拉、东乡、保安族等次之；

西南高山耕牧型：以藏族和凉山彝族为代表，纳西族、羌族和普米族次之；

西南山林刀耕火种型：以傈僳族为代表，怒族、景颇族等民族次之；

中东南山林耕猎加稻作型：以苗族、土家族为代表，瑶族等次之；

华南丘陵水田稻作型：以壮族、傣族和布依族为代表，侗、水、仡佬族等次之。

以上七个生计类型对应七个历史民族区或文化圈：

东北山林采集渔猎文化圈：依托山林水滨，人数少，民族文化可持续性弱；

内蒙古新疆高原山地畜牧文化圈：定居少流动多，依赖草场水源和农耕邻族；

宁夏到新疆的绿洲伊斯兰教农商牧文化圈：以灌溉农业为主，产权意识强；

青藏高原农牧文化圈：主要包括藏族、彝族等，房屋厚重面积大，禁忌多，信佛教或神灵；

滇西山林河谷刀耕火种民族文化圈：生态复杂文化脆弱，宗教信仰多样；

云贵高原川渝湘鄂西耕猎稻作文化圈：木结构建筑，重水田依赖山林；

滇黔桂河谷水田稻作壮傣文化圈：主要包括壮、布依、傣族等，农田近水易产生大量移民。

表1-5　各民族生计方式类型一览表

民族	主要分布地区	生计方式	主导生计类型
蒙古族	内蒙古、新疆、青海	南农北牧	游牧
回族	甘宁青和全国	农牧工商	绿洲耕牧型
维吾尔族	新疆境内	以农为主兼牧业工商	绿洲农耕型
藏族	西藏、云南迪庆、青海大部、川西、甘南天祝	农牧业为主畜牧发达	山地耕牧类型
土家族	湘鄂川黔交界	农业手工业，刺绣、编织有名	山地耕猎类型
彝族	云贵川交界、凉山	农主牧辅	山地耕牧类型
傈僳族	怒江、迪庆、丽江	农耕兼采集	山林刀耕火种型
纳西族	云南丽江	农主畜辅	山地耕牧型

续表

民族	主要分布地区	生计方式	主导生计类型
普米族	云南怒江、迪庆	农牧兼营青稞	山地耕牧型
景颇族	云南德宏	农猎兼营旱谷	山林刀耕火种型
侗族	黔湘桂边地	农林兼营水稻	水田稻作型
水族	贵州黔东南地区	农林猎兼营	水田稻作型
壮族	广西壮族自治区	农耕兼养殖	水田稻作型
傣族	云南西双版纳、德宏	农耕兼养殖	水田稻作型
布依族	贵州黔西南、黔南	农耕兼养殖	水田稻作型
瑶族	广西壮族自治区	农林猎副	山林耕猎型
苗族	湘鄂渝黔桂山地	农林猎副	山林耕猎型
羌族	川西北	农牧副	山地耕牧型

第二，相关民族语言（详见表1-6）。

语言是构成民族的基本条件之一。中国各民族讲阿尔泰、汉藏、印欧、南亚和南岛等5个语系的语言。其中，汉藏语系最大，有4个语族，分布在长城以南到南亚和东南亚地区。阿尔泰语系次之，有3个语族，分布在从东北到新疆、中亚和西亚地区。其他三个语系的语言和民族主要分布在中国边疆地区：印欧语系在中国东北有俄罗斯族，西北有俄罗斯和塔吉克族。南亚语系分布在云南西南角佤、德昂、布朗族中。南岛语系的语言和民族主要分布在中国东南角的台湾和海南地区。这些语言中的人口较多民族有本民族文字，人口较少民族使用周边人口较多民族的文字。

表1-6 中国各民族语言谱系一览表

语言谱系		少数民族语言
汉藏语系	汉语族	回族
	藏缅语族	藏、土家、彝、白、哈尼、傈僳、拉祜、纳西、羌、景颇、阿昌、普米、怒、基诺、独龙等族
	壮侗语族	壮、傣、布依、侗、水、毛南、仫佬族
	苗瑶语族	苗、瑶、畲族
阿尔泰语系	满—通古斯语族	满族、锡伯族、赫哲族
	蒙古语族	蒙古、东乡、土、达斡尔、保安族
	突厥语族	维吾尔、哈萨克、柯尔克孜、撒拉、裕固、塔吉克族等
南亚语系	孟高棉语族	佤族、布朗族、德昂族
注：	以上省略印欧和南岛两个语系，后者包括台湾、海南两岛原住民，朝鲜族的语系归属目前不明，土家、仫佬两族语族语支不明	

第三，宗教信仰（详见表1-7）。

宗教是人类围绕超自然信仰而组织的仪式性活动。它是人类生活必不可少的要件，也是民族文化的集中体现形式。一般人认为中国人的宗教信仰不成型且不固定。其实这只是汉人主流社会留给外人的印象。实际上汉人主流社会也有强烈的敬天法祖信仰和明确而频繁的祭祀活动。由于中国少数民族处于中外文化交流的前沿或与自然界的交往互惠更为紧密，所以有着更为严密多样的宗教信仰形式。大体上讲，中国西北10个少数民族和云南回族信仰伊斯兰教。青藏和内蒙古两大高原是藏传佛教信仰圈。傣族和部分白族及其周边人口较少民族信仰南传上座部（小乘）佛教。其他南方少数民族都有深厚的道教色彩（彝、纳西族）。由此往东，道教与佛教杂糅。西方近代传来的基督教在苗、傈僳、怒等边疆人口较少民族中有较广传播。这些宗教信仰都已经是中国文化的重要成分。

表 1-7 各民族宗教信仰一览表

民族	主要分布地区	主要流域	宗教信仰
回族	甘、宁、青、滇和全国	黄河	伊斯兰教
东乡族	甘肃南部	黄河、洮河	伊斯兰教
保安族	甘肃积石山	黄河	伊斯兰教
维吾尔族	新疆境内	塔里木内流区	伊斯兰教
撒拉族	甘、青积石山	黄河	伊斯兰教
藏族	西藏、青海 甘南、川西 云南迪庆	雅鲁藏布江 金沙江、黄河 白龙江、澜沧江	藏传佛教
土家族	湘鄂川黔交界	长江、酉水、清江	祖先和白虎崇拜
彝族	云、贵、滇交界 四川凉山	金沙江、元江 大渡河	毕摩和祖灵崇拜
哈尼族	滇南	澜沧江、元江	略同彝族
傈僳族	滇怒江、迪庆、丽江	怒江、澜沧江、金沙江	原始宗教、基督教、天主教
基诺族	云南西双版纳	澜沧江	原始宗教
独龙族	云南怒江贡山县	怒江	自然崇拜
纳西族	云南丽江	金沙江	东巴教略同彝族
普米族	云南怒江、迪庆	怒江、金沙江	略同羌族
白族	滇西	怒江、澜沧江	佛教及本主信仰
拉祜族	云南思茅、临沧	澜沧江	自然和祖先崇拜
景颇族	云南德宏、怒江、临沧、思茅	怒江、澜沧江	万物有灵
怒族	云南怒江	怒江	多种宗教并存

续表

民族	主要分布地区	主要流域	宗教信仰
侗族	黔、湘、桂交界	都柳江、清水江	祖先和萨神崇拜
毛南族	广西河池地区	大小环江	祖先和自然崇拜
水族	贵州黔东南地区	都柳江	自然和祖先崇拜
壮族	广西壮族自治区	珠江、红水河、融江	杂糅佛道及自然
仫佬族	广西北部罗城	融江	略同毛南族
傣族	云南西双版纳及德宏	澜沧江	小乘佛教
布依族	黔西南、黔南	南北盘江、红水河	略同壮族
瑶族	广西、湖南	珠江、红水河	祖先、自然崇拜与道教
苗族	湘鄂西、黔东南等	清水江、都柳江、沅江	略同瑶族重祖先
羌族	四川阿坝、北川	岷江	自然和白石崇拜
佤族	滇西南思茅地区	澜沧江	自然崇拜、基督教

第四，少数民族特色民居（详见表1-8）。

民居是物质文化的重要体现形式，也是水电移民补偿的两大核心成分之一。本项研究要特别指出的是，少数民族的民居除民房之外，还与社区其他公共建筑和民族文化及神圣观念有密切关系。它承载的不仅有生态、生计和社会组织信息，还有社会身份展示和祭祀等功能。在中国民族文化流失严重的背景下，少数民族特色民居还具有文物价值。

表1-8 各民族典型民居

民居类型		民居类型特点	民族
游牧民族	蒙古包	又称"穹庐"、"毡帐"、"毡包"，高7—8尺，直径丈余，由圆形圆壁"哈那"和伞形"窝尼"组成。建筑程序先用木条围扎圆壁（留门）和穹隆顶（留圆形窗），然后视季节盖毛毡、芦苇、柳条、桦皮或兽皮等。便于搬迁拆装，能抵风力，宜于草原牧民游牧生活。	蒙古族哈萨克族毡房类同
	毛毡房	藏族和裕固族牧民游牧期间临时搭盖的住所，俗称"帐篷"，方形为主，也有不规则形。是高山草甸牧民"随畜迁徙，逐水草而居"的装备。	藏族 裕固族 塔吉克族
碉房土墙梁架	平顶碉楼	楼房顶部四角各筑一个墙垛，开有枪眼洞。碉房在部分藏族和羌族、彝族地区盛行，原为防御偷袭抢劫而建，后演变成民族住宅建筑。藏东和羌族地区常见。	藏族、羌族
	平顶土房	西北的新疆、青海、甘肃、宁夏和西南贵州、云南等地民族的主导房型，夯土木架，宽体厚墙，有半地穴功效。	维吾尔族、哈萨克族、撒拉族等
千脚落地木楞房	千脚落地房	多建筑在高山峡谷陡坡中，按山势地形建盖，靠山坡一边为地基，悬空一边用木柱支撑找平。	怒、傈僳、仫佬族
	木楞房	滇藏边境的傈僳、独龙、普米、纳西、怒、白及部分藏族主要房型。结构全用木垛穿榫，尤适合坡地。也是当地生态指标。	傈僳、独龙、普米等族

续表

民居类型		民居类型特点	民族
干栏南方民族传统民居	傣式竹楼	干栏竹楼建筑中的典型。传统用5根通高及数十根长及屋檐的桩柱凿成榫卯衔接为楼房的骨架，直接置地不用打桩。竹楼分上、下两层，下层无壁，隔为两间，一间关牲畜，一间放杂物，楼有上居室和佛龛。	傣、佤、基诺族
	壮族麻栏房	广西、云南壮族除少数仿汉族建篷斗房外，绝大多数仍建成楼房结构，但已用石砌地基，土砖砌墙壁，脊檐攘梁直搭在墙壁上，屋顶铺瓦片。楼为二层，楼上住人，用木板铺楼面，分三开间，中间前半部为堂屋，后半部为家长卧室。	壮族
	布依族干栏楼房	居鄂、湘、滇、黔布依族干栏楼房是随人口增加或依地形而建。在地形倾斜度大的山坡，将住宅盖成"吊脚楼"式，其屋脊分为前后段，前低后高，靠山后半部是平房，前半部是楼房，上铺地板与平房齐，形成半边楼。前半部楼上和后半部平房住人，楼下养牲畜。	布依族
	侗族干栏楼房	为外廊式两层楼房，全部木质结构。用木作桩柱，上凿榫卯以互相衔接，墙壁、地板用木板铺制，屋顶铺石板或杉树皮。正楼两端另搭偏房，构成四面斜坡的流水状态。	侗族
	藏南干栏楼房	居西藏洛瑜地区的珞巴、门巴、僜人和部分藏族住房，木质结构，干栏楼房，四壁和地板用板垫，屋顶铺长1米的34层短木板片，楼高1米，搭木梯，分隔成3—5间，外室客厅设火塘，内室为卧室靠楼侧搭一间晒台，作晒谷物、纺织劳动之所，仓库和畜厩另建于侧庭院。	藏族

第五，非物质文化（详见表1-9）。

文化是人类生活和行动意义的知识导向和规范体系。文化的核心内容不是物质硬件而是价值软件。物质设施是体现文化的外围载体或产品。鉴于现代唯物主义流行，重物轻人的现象严重，国际学界政界才特别提出非物质（intangible）文化遗产的概念。本项研究理解其用心在于：仅仅提倡保护物质文化，仍会使操作者把物与人分开，从而助长重物轻人现象；而倡导抢救和保护包括诗歌、仪式在内的这些非要依附活人才能存在的非物质文化遗产，就必须保护和尊重拥有这种文化能力的人。这跟孔子当年讲的"兴灭国，继绝世，举逸民"是千古同心的道理。本项研究推荐注意与水电开发的相关少数民族非物质文化如表1-9所示：

表1-9 少数民族非物质文化代表项目

民族	文化圈	目标	内涵简介
回族	黄土高原周边农商民族圈	回族"宴席曲"	宴席曲又称"菜曲儿"，曲词调很多，委婉细腻活泼优美，能抒情叙事。较出名的有"莫奈何"、"褐烙马"、"砍柴歌"、"方四娘"等。

· 21 ·

续表

民族	文化圈	目标	内涵简介
维吾尔族	新疆-宁夏绿洲农耕民族圈	十二木卡姆	十二木卡姆是维吾尔族套曲。它运用音乐、文学、舞蹈、戏剧等艺术表现维吾尔族人绚丽生活和高尚情操，反映理想追求和喜怒哀乐。它集传统音乐演奏和文学艺术、戏剧、舞蹈于一体，有抒情性和叙事特点。
藏族	青藏高原藏彝羌农牧文化圈	藏族唱经调	唱经调古朴优雅清丽委婉，具有地域民族特色，兼有文学和音乐价值，是研究藏族历史、文学、音乐的第一手资料。唱音和调法以《萨迦音乐论》为依据，经民间乐手加工，形成独特曲调，有五百多年历史。
土家族	云贵高原川渝巴蜀湘鄂西土家苗瑶耕猎文化圈	西兰卡普	土家族传统工艺品以西兰卡普名世。工艺始于汉代，系土家女子在特制木机上以棉纱为经，棉线、五彩丝线为纬，手工背面提花织成。西兰卡普被人民大会堂作为壁挂，选送欧美等国巡展，并赠送外国首脑。还有68幅作品入藏国家博物馆。
彝族	青藏高原藏彝羌农牧文化圈	彝族火把节	有"东方情人狂欢节"之誉，是彝族拜火和追求光明的象征。彝族把火塘看做是火神圣地，目前凉山彝族国际火把节是展示彝族文化的舞台，也是中国首批确定的"中国非物质文化遗产"和十大民俗节庆之一。
傈僳族	滇西山谷刀耕火种人口较少民族文化圈	傈僳族约德节	傈僳语称"约德节"，是傈僳族男女情人相会的日子，也是山寨最热闹的时节，人们美酒满碗，山歌荡谷。节日舞种多为集体性，人数不限，有20多种名称和舞步，热情奔放，变化丰富。
纳西族	青藏高原藏彝羌农牧文化圈	东巴画	纳西族东巴文化艺术，云南省丽江市古城区和玉龙纳西族自治县地区。描绘纳西族民间神灵、祖先及动物等。表现人与自然和谐关系，有经卷图画、木牌画、纸牌画和卷轴画等形式
景颇族	滇西山谷刀耕火种人口较少民族文化圈	目瑙纵歌	景颇族年度传统节日和最隆重祭祀活动。"目瑙"是景颇语，"纵歌"是载瓦（景颇支系）语，意为"大伙跳舞"。祭祀是为"木代"（太阳神）而举行的隆重仪式，内容表现景颇族历史起源、宗教信仰、道德观念、音乐舞蹈艺术。景颇族聚居地区大凡出征凯旋、庆贺丰收都跳目瑙，是景颇族民族精神的反映。
侗族	滇黔桂河谷稻作农耕壮傣圈	侗族大歌	侗族歌谣艺术结晶。1986年，贵州黔东南民间侗族大歌合唱团应邀参加法国举行的巴黎艺术节，从此享誉世界。
水族	滇黔桂河谷水田稻作定居农耕壮族傣族文化圈	水族马尾绣系列	水族妇女以马尾为原材料的特殊刺绣技艺，是现存最古老的原始艺术，有刺绣"活化石"之称，是研究水族民俗、民风、图腾崇拜及民族文化的珍贵资料。有马尾绣服饰、马尾绣花鞋、马尾绣奥运匾等。

第一章 人挪咋活：水电资源开发与库区少数民族移民可持续发展

续表

民族	文化圈	目标	内涵简介
壮族	滇黔桂河谷水田稻作定居农耕壮族傣族文化圈	壮族歌圩	壮族节日聚会歌唱的形式和场所，壮语称为"圩欢"、"圩逢"、"笼峒"、"窝坡"等。均有"坡地聚会"、"坡场会歌"或"欢乐节日"的意思。它是壮族民间传统文化活动，也是男女青年进行社交的场所。
傣族	滇黔桂河谷水田稻作定居农耕壮族傣族文化圈	傣族泼水节	傣族最重要的节庆，每年阴历四月（相当于傣历五月）举行，一般为期三至四天。第一天"麦日"，类似农历除夕，傣语叫"宛多尚罕"，意思是送旧。此时人们收拾房屋打扫卫生，准备各种活动。第二天称为"恼日"，意为"空"，因此日不属前一年亦不属后一年，故为"空日"；第三天叫"麦帕雅晚玛"，帕雅晚英灵带新历返回人间，是日子之王来临和傣历元旦。
布依族	滇黔桂河谷水田稻作定居农耕壮族傣族文化圈	布依族傩戏	布依族巫文化艺术，起源可追溯到"傩祭"、"傩舞"，是先民戴神和猛兽面具舞蹈驱邪酬神、消灾祈神祭祀仪式。分傩堂戏、地戏、阳戏三种。地戏由明初"调北征南"留守贵州的屯田戍边将士后裔屯堡人为祭祀祖先而演出，均为历史武打故事。布依族"傩戏"也取材中国古代征战故事，揉以神话传奇，杂以乡间吉语，集话剧、歌剧、舞剧，以隐喻形式表达辩证思想。
瑶族	云贵高原川渝巴蜀湘鄂西土家族和苗瑶耕猎稻作圈	瑶族女书	又名江永女书，发现于湖南江永县的一种表意文字。主要在江永及其毗邻的道县、江华瑶族自治县大瑶山和广西部分地区妇女中流行和传承。是世界独特的女性文字。可能是瑶族妇女靠母传女、老传少传承下来。它是一种植根甚古、牵涉面颇广、信息含量十分丰富的文化现象。
苗族	云贵高原川渝巴蜀湘鄂西土家族苗瑶耕猎稻作文化圈	苗族古歌	苗族先民史诗。全诗五言体结构，押苗韵。大量运用比喻、夸张、排比、拟人、反问等修辞手法，用奇妙想象塑造100多位人物，反映苗族先民对天地、万物及人类起源的解释和开创的历史功绩，充满浪漫和理想色彩。新中国成立后，田兵、唐春芳、今旦、马学良等搜集整理出版。
羌族	青藏高原藏彝羌农牧文化圈	羌族多声部	有数千年历史，中华民族文化遗产。羌族多声部民歌，是羌家人在传统佳节或祭祀活动聚会歌舞时，或以村寨为组对歌决胜负，或男女对歌诉爱慕，男女均可演唱。多声部表演有2—10人以上，不受场地时间限制，演唱有领唱、轮唱、重唱。

第六，少数民族社会组织。

社会组织有广狭两义：广义指从家族到地方政治和传统宗教等所有能形成集体意识的方式。这些方式由定期的仪式和聚会来确认。狭义指依托亲属血缘或社区地域形成的社区群体。中国少数民族社会组织按其复杂程度可分为三类：

第一类型包括藏族、蒙古族、维吾尔族、彝族、纳西族、白族、傣族和回族。这些民族都有发达的社会政治和宗教组织，有过建立中央王朝或地方政权的历史经历，有本民族文字、成文历史和制度宗教。

第二类型包括壮族、哈尼族、苗族、瑶族、侗族、布依族和水族等，这些民族没有本民族文字（或虽有文字而流传不广）和制度性宗教，但其传统社区组织发达，宗亲关系密切，现代社会组织发育程度处于中等水平。

第三类型包括景颇、傈僳、赫哲族等，这些民族也有极强的原生血缘氏族或地缘部落，历史上长期依附周边大民族，接触现代化较晚，社会政治组织也较弱。

上述类型导致如下政治和社会事实：第一类型民族都有本民族的自治区或本民族自治州；第二类型民族中的壮族有本民族的自治区，其他民族有本民族的自治州。第三类型是人口较少民族或散杂居少数民族。他们没有（如赫哲）或少有完整的民族自治地方，或是虽有自治州但规模较小且发展难度很大（例如云南的怒江傈僳族自治州）。

第七，经济和社会发展状况。

经济和社会发展是衡量各民族进步程度的现代指标。它不能反映文化价值，不反映一个民族非物质文化的发达程度，反映的只是各少数民族与主流社会的接近程度。照此衡量，少数民族社会经济在表面上，特别是县乡一级都与主流社会差别不大，但基层社区还是呈现为三种类型：

第一类型有蒙古族、藏族、维吾尔族、彝族、壮族、回族、侗族、白族、纳西族、傣族、朝鲜族、土家族。他们的经济社会发展程度接近内地汉族，但文化类型不同。

第三类型为傈僳、景颇和22个人口较少民族。他们的经济社会发展程度较低，民族文化延续难度极大，有些文化已处于濒危状态。

第二类型是介于上述两者之间的22个民族。他们的发展程度和民族文化也在各少数民族中处于中等水平。

综上所述，中国西部是当地各少数民族原居地、聚居区和文化核心区，是经济社会和民族文化亟待发展的地区，又是蕴藏着中国最丰富水电资源的地区。由于资金和技术的缺乏是制约当地发展的瓶颈，所以地方政府都希望借助水电资源吸引国家大中型水电项目。这种主观愿望与国家开发清洁能源的需求相呼应，遂使西部少数民族地区成为今后中国水电开发的主战场，因而也是将来水电移民问题的聚焦点。国家要尽早制订和实施少数民族地区水电移民补偿补助和安置政策法规，以保障西部水电建设的顺利推进和促进少数民族地区经济社会协调发展。

2.3 天人有感应

西部少数民族地区地理和生态环境总体特征是水土资源配置不均，北方多土少水，南方多水少土。这种搭配使得中国西部地区虽然在宏观上看是地广人稀，但从微观考察，所有适合人类居栖的小环境都已人满为患。其实际人口负荷远高于东部省区。因此，西部水电移民安置与东部相比难度更大。

由于生态环境、生计方式和传统文化的特殊性，西部少数民族地区水电移民与东部水电移民相比较，其应对移民搬迁和重建家园的能力更为脆弱：

第一，生态环境依附。一般人受"社会发展史"话语影响，多认为西部少数民族居住环境都是穷山恶水，因而其住房简陋，生计贫困，移民迁居无一害而有百利，甚至认为当地人对于移民搬迁求之不得。这是民族自我中心论和救世主心态的表现。事实上，正是因为宏观生态条件艰险脆弱，所以当地每个社区的选址和营造都是当地居民与环境千百次选择和博弈而在自然生态与人文生计之间形成的微妙平衡。当地的自然环境虽然险恶，但每一个社区所处的小环境都是山清水秀、冬暖夏凉、安全舒适和周边资源便于生产生活的地方。换言之，少数民族社区与当地周边环境形成的是如同胎儿与孕妇一般浑然一体不可分割的关系。少数民族的民居无论如何简陋，都有就地取材、节约能源、节省花销、不费体力和适宜开展亲友聚会和举行各种仪式活动等好处，也有抵御地方自然灾害的功能。他们一旦移民，就很难再找到能替代这些便利条件的生态小环境。

第二，家园内含丰富。少数民族长期以来主要依附生态环境而不是依赖大社会提供的服务生存，因此其家园内部配置全套的生活资源。这些资源的复杂性既远远超过城市居民，也超过东部交通便利地方的汉人家宅。例如，很多家庭在自家院内要设置畜棚、草料库、晒场、粮仓、鸡栏、狗窝、猪圈、织机和染缸等，很多家宅内部或附近还要设置镇石、香炉等与宗教信仰有关的建筑附件。这些项目罗列不尽，多半属于不动产。有些虽能随身家搬迁，但离开原居地的生态资源或用户，也就不再能发挥用途。现行政策多半没有把它们列入移民补偿补助安置范围。

第三，社会结构依附。少数民族一般聚族而居守望相助，以此解决生活难题并保持文化延续。他们在社区里的生活可以路不拾遗夜不闭户，生老病死都有依靠。同一社区的居民生活水准基本相当，人人享有尊严，不受外人歧视。逢年过节，他们还要一道举行庆祝或祭祀仪式，构建精神认同。这种结构一旦因移民而拆散，就不仅会提高生活成本，而且会使居民生活意义、尊严感和幸福感降低。

第四，文化习俗依附。同一社区的少数民族居民语言相通，习俗相同，道德评价一致，遵守同样的伦理规范，享受应得的群体和个人声望，且与周边山水、树木、祖先、神明融为一体，形成长期互助互惠关系。这些都是他们的社会文化和生态资本。一旦移民搬迁，特别是拆散社区，他们就会丧失这些弥足珍贵的资源和资本，付出巨大精力和尊严来重新学习新的生存和生活规则。

第五，生计资源和地方知识依附。社会历史和生态条件固然使西部少数民族地区社会发展相对滞缓，但也营造出他们所处生态环境中的丰富生计资源。他们可以更多地依赖自然资源来弥补生产技术水平缺陷，从而较好地维持本民族的生存与生活。这种生活方式还形成了特殊的自然资源利用方式，包括就地取材的生产工具制作、副食采集、工艺品的制作和野生药材利用等。一旦移民，他们就不仅会失去这些环境用益资源和相应收益，而且会使他们多年积累的地方传统知识无用武之地。其后果相当于废除他们辛勤积蓄的货币。正因为如此，少数民族对水电移民抱有矛盾态度：青少年穷则思变，想通过水电建设带来的移民搬迁机会去长见识和闯世界；中老年人则不仅害怕失去生计、失去社会地位和地方知识及由此带来的满足感和幸福感，而且也害怕因远离熟悉的生活环境用益资源和神明祖先的护佑而不知所措和不知所终。

少数民族的这些社会文化特殊性，首先决定了当地水电建设的移民补偿补助和安置应该一体考虑，不能分为两截来安排。其次决定了他们必然需要一套与东部不同而又比东部更为丰富的移民补偿补助和安置政策体系。

3 漂移的失落

人类是兼有生物、经济、社会、政治和文化特点的道德和文化动物。他们要追求衣、食、住、行、性和金钱，也要追求生活意义和当家做主的地位和尊严，追求自身、来世和子孙后代的幸福感。由于较少接受现代教育，所以他们生活的意义、社会地位、人格和文化尊严以及生前和身后的幸福都要在老根家园才能得到充分兑现。水电移民要居民放弃的正是这个老根家园。那么水电移民的损失就不仅仅是有形的房屋、土地和其他有形的物质项目，还有生态环境、生计资源、社区支持条件、亲属和社会网络资源以及文化符号资本。当地人离开这些，他们的知识就会贬值，社会地位就会降低，依附的组织就会瓦解，社区文化就会中断，他们归属的婚姻圈和祭祀圈也会丧失，跟亲属、祖先、鬼神和自然的交流交换也都将无法照传统进行。他们的生活意义之网会因此而破裂。他们的人格将因此不再完整，人生将因此不再圆满。这些都是水电移民要考虑的内涵。

从这种"以人为本"的角度审视，现行的水电移民政策条例，包括其中所列的补偿补助和安置项目，都把人的需求假设得过于简单，因而不能满足少数民族水电移民正常的生活和发展需求。我们对少数民族地区水电移民补偿补助和安置系统的研究，也要从检讨现行政策的局限性开始，以求取长补短，构建出贴近当地需求并适于当地经济、社会和文化生活重建的新的原则和项目体系。

3.1 虚实与显隐

中国现行水电移民补偿补助和安置的原则是：补偿物质财产损失，增设基础设施，确保移民生活水准不降低且有提高。这条原则用心良苦，但仍有认识上的时代局限。它受制于唯物论，缺乏对人性和人的需求的全面理解，重有形物质显性损失而轻无形文化隐性损失，更缺少对人的精神文化需求和民族文化敏感性的关照，因而与科学发展观的要求有很大差距。

现行水电移民的实施原则是：由地方政府对移民资金与移民任务"双包干"。这一原则具有解放业主的好处，但也从程序上切断了业主与当地居民和移民之间的责任和权利义务关系，隔开了利益需求体和利益供给体的直接关联，而把本来应该作为仲裁人的地方政府变成了移民工作的主体。

这样做的后果是水电业主不承担资金给付以外的移民事务压力；移民的需求也不能传导给水电业主，而要由地方政府直接承担。这种做法适合计划经济体制，但经过多年改革，地方政府已经由全能型变成服务型。政府办事要收取服务成本，且有了自身的角色和利益诉求。在此背景下，上述工作程序隔离的后果是移民与业主的平等交换关系变成了政府对居民的管理关系，因而容易造成官民矛盾并因此引发政府担风险和居民付代价的社会冲突事件。

上述安排的根源在于过分简单地理解居民和移民的全面发展需求。居民和移民并不是纯粹的"经济人"，而是"社会文化人"。他们对自己身家既有自己的经济算计，也有判断公平与否的能力，有参与决策过程的需求，也有对不合理的措施做出反应的能力。如果移民的生计资源、社会地位和文化传承需求得不到恢复和改善，就会激化资源和利益分配不公的矛盾。但由于水电业主已经通过"双包干"的原则把最敏感的移民事务托付给地方政府，移民的积怨也会指向政府。由于地方政府掌握不了补偿补助和安置移民的长期资源，所以水电移民的欠账最终都要算在国家头上。这种长期生活需求与一次性解决交易的安排，最终会使水电移民成为社会痼疾，成为影响国家和社会稳定的因素。本项研究分析，现行水电移民政策的执行会带来四类矛盾：

一是低估的一次性移民成本与长期的移民搬迁和生活安置任务的矛盾；

二是由移出地政府双包干的做法与移入地兑现开发性移民目标的矛盾；

三是就地后靠和就近安置移民与库区生态和居民脱贫致富需求的矛盾；

四是短期的基础设施"三原"恢复与移民长久的发展需求的矛盾。

中国的水电移民工作长期在上述矛盾中运行，其结果是国家需求、行业突进、企业欠账、移民诉求，政府无力买单，矛盾积累越来越多。

3.2 轻重的掂量

现行水电移民政策及其运行机制与科学发展观和构建和谐社会目标之间的差距已如上述。具体到西部少数民族地区，本项研究更要分析产生这些原则和机制的理念成因。本项研究认为中国现行水电移民政策的核心理念有三：一是"经济人"，二是"个体户"，三是"唯物论"。本项研究试分析这些理念在现行水电移民政策法规中体现出的局限性：

第一，个体户。现行政策把水电移民损失补偿的目标单位都定位于个体家庭。这也是当前唯一可行的选择。但应注意西部少数民族水电移民家庭的如下特点：一是其个体独立性不如东部那样鲜明，因而要以布满亲属网络和复杂的权利义务关系的社区为依托才能发挥功能；二是少数民族的家庭不仅要过物质生活和繁衍人口，还要承担传承民族文化，包括语言和宗教的使命。而离开社区集体，少数民族个体家庭就会失去文化场景而不能很好地发挥上述作用，他们就会面临文化同化的压力。任何家庭面对这样的压力时，其经济表现和心理状况都会大打折扣。这一点在作安置计划时尤为重要。

第二，经济人。现行水电移民政策按照主流社会的认知习惯，把所有人都理解成经济动物，即重视金钱和物质，认为有了经济就有了一切，给了物质补偿就不再欠移民什么。其实，完整的人类生活从来不限于物质，而是包括生活的意义和希望，发挥作用的满足感，还有社会地位、荣誉感和幸福感。西部少数民族与东部汉人相比，其传统文化更讲究重义轻利，把脸面、名声和公平道理看得比经济重要。只是因为现代社会总是嘲笑他们的这种传统，不断地引导他们向钱看，唤醒了他们人性中存在的现代意识，他们才把金钱物质与个人名声连在一起，把得到更多金钱与成就感连在一起。因此，国家在少数民族地区的水电移民补偿补助和安置政策应该注意结合少数民族传统文化，把社区结构、公平感、参与意识和社会网络及文化资本等因素包括在移民方案里，作为补偿补助和安置的内容。

第三，唯物论。这是中国自五四运动以来，奉行和推行多年的世界观和方法论，具有"客观真理"地位。但究其实质，它只是西方商业社会的主导价值标准。它把所有人都当成追求利润的机器，并且认为人的能力和尊严都建立在获取物质资源的能力基础上。这种理念主导了水电移民政策，才使个体户和经济人成了必然选择。

必须认识到，西部少数民族在生态环境和文化传统的共同陶冶下，有着更为健全的人生观。这种人生观用我们当前社会的语言来表述就是"社区户、文化人和整体论"。

"社区户"是指个体家庭对地缘和社会关系的依赖。少数民族居民不是以单家独户的形式存在，而是与社区的生态环境和社会组织构成一个难以分割的整体。国家今后要制订的少数民族地区水电移民政策补偿补助和安置政策，即使仍然要以个体户为功能单位，也要考虑到个体户不能独立，而是要与生态环境和亲族地缘组织结成一体的社区。只有结合在社区里，少数民族移民才能体验到真正的"家乡"和"家园"感。他们才能更好地安身立命。

"文化人"是指少数民族居民和移民不仅需要物质和人口生产，还要通过传承民族文化即通过定期举行社区礼仪来延续文化的再生产。他们不仅有物质和经济损失的补偿需求，更有对于生态资源、生计知识、亲属关系和社区网络及民族文化资本的补偿和安置需求。尽管他们的这些要求在现代化的语境下难以表述，但只要面对安置地的现实，他们就会因为失去的资源没有得到充分补偿而怨声载道。少数民族地区的水电移民政策不能只图一时顺利而给当地政府带来社会治理上的无穷后患。

"整体论"首先是生物文化整体论。少数民族水电移民在空间和时间两个方面都有整体性。空间方面，他们与自然生态、周边社区和区域内的经济社会体系是一个整体。时间方面，他们与祖先、神明和子孙后代也是一个整体。这种整体性决定了他们在经济和物质之外，对于社会和文化重建需求的必然性。一般人认为只要少数民族过上好生活，他们就会把社会和文化的需求遗忘。这是指望通过经济来同化少数民族。这对个体虽然可能，但对群体就不可取。中国自秦统一两千年来的历代统治都有同化少数民族的雄心，但人类对于文化多样性毕竟有不可压抑的需求且有春风吹又生的能力，所以今天及今后的中国还是有少数民族存在，而且这种存在绝不是户籍上的族别身份，而是有文化和价值表现、有意义诉求和归属诉求的真实存在。我们既知此理，就应顺应人心人性因势利导，将其导向生态保护和和谐社会构建。

现行水电移民政策中的"个体户、经济人、唯物论"三个核心原则与少数民族居民"社区户、文化人、整体论"实际状况之间的矛盾，是造成现行水电移民政策在少数民族地区遇到困难的根源。现行政策与国家改革开放和发展经济的目标虽然相符，但由于它在"以人为本"的科学发展观上仍然存在缺陷，所以它既与当地少数民族居民的生活目标不符，也与国家构建和谐社会和追求可持续发展的社会总目标不符。我们既然知道少数民族文化传统的境界远远高于现代唯物论，就应该在今后的水电移民政策中加以体现。

中国西部少数民族由于深居内陆，接受现代化教育和冲击较少，迄今都有很强的本民族宗教信仰和共同体意识，强调人与自然关系和谐，注重精神层面的追求，所以他们在市场经济体制下谋生的能力也相对较弱。他们的财产不容易按照现行水电移民的标准来全面量化和充分补偿。例如公共草场、林地、水域物质实体，其产权在法律上虽然属于国家，但实际的使用权却在当地居民。水电移民过程中，这部分收入损失按现行移民政策无法得到赔偿。这不仅意味着经济收益锐减，还要他们承受生计转型的痛苦，因此需要特别关照。

国家现行水电移民规范政策文件基于东部汉族地区的经验，欠缺对少数民族地区特点和该地区居民、移民需求的理解和认可。把这些政策法规应用到少数民族地区，就会把西部少数民族水电移民社区共同体生活方式与东部水电移民单家独户的生活方式等量齐观。用东部水电移民的尺度来测算和衡量少数民族移民的损失并据此制订补偿标准，其结果就会有较大偏颇和较大遗漏。

现有水电移民政策只承认补偿移民的显性经济损失，而对其隐性的环境收益、区位机会收益、民俗传统地方知识和文化收益未予以承认和补偿，对于少数民族居民和移民的语言宗教、道德精神的延续发展需求也难得给予考虑。这些政策实施中，企业和政府移民官员也缺少与当地居民的深度交流，较少让移民本身参与关于其家园搬迁、安置和重建的决策讨论。这样运行下来，水电移民与项目的紧张关系会与工程建设和电站运行相始终。这些矛盾在空间上会从项目延伸到地方和中央政府，在时间上会延续到移民的第二代、第三代甚至多代子孙。清华大学景军教授的《神堂记忆》，北京大学应星教授的《大河移民》都是发人深省的案例。具体讲，现有水电移民政策与少数民族地区居民和移民需求之间存在如下差距：

一是对少数民族文化和宗教设施只有抽象的概念举例，没能涵盖少数民族社区结构，没有对特色民居、神山圣水、风水龙脉以及这些实体的搬迁动土或人地分离之前及安家之后的仪式成本做出补偿规定。

二是在着眼于经济补偿的同时，没有把少数民族搬迁和重建准备阶段的误工损失、居民和移民原居地的环境资源收益和区位机会收益损失考虑在内。

三是没能理解少数民族生活对于包括气候在内的生态环境需求、共同体生活中的道德需求和对生活空间的依赖，移民安置缺少社区精神和文化重建安排。

四是移民安置方案过于简单机械，缺少与当地居民和搬迁移民的沟通，缺乏居民移民的决策参与，缺乏对于水电移民权益的体制和资源保障。

3.3 得失谁心知

基于上述观察分析，本项研究建议国家今后制订少数民族地区的水电移民补偿补助和安置政策，应该以当地人的社区家园概念的内涵为核心，围绕移民社区重建来统筹移民补偿和安置，尽量维持、保护和发展少数民族社区与自然和社会之间的有机联系。通过让少数民族移民参与水电移民工作和分享水电建设成果来创建中国少数民族地区水电移民的新模式。本项研究提出少数民族地区水电移民工作的五点原则和一项建议如下：

第一，千方百计利用规划设计避让居民社区，务求少征地不移民。

这一原则不是本项研究的内容，但它是世界银行专家分析总结出的全球各国水电移民工作的普适性经验。该原则对中国水电建设的移民工作，特别是少数民族地区水电移民工作有重要借鉴意义，应该列为所有水电建设项目的首要原则。简言之，要像对待历史文物和城镇一样慎重对待少数民族社区。

中国西部虽然地广人稀，但适合人居之处都已人满为患，人地关系紧张程度不亚于甚至超过东部，基本没有就近整体安置移民社区并保障其生产生活持续的自然空间。少数民族的聚落和关键生计资源多在临水的山坡小平坝上。这些资源容易淹没却难以替代。西部少数民族的生产生活和文化再生产都要高度依靠社区集体，因此也不便分散移民。一旦社区动迁，少数民族居民的固有资源、传统设施不仅恢复成本高昂，而且缺少测算标准，更难以做出符合各地多样化现实的社会、精神与物质和金钱之间的价值衡量，况且国家现有政策法规条例对这些补偿项目也没有明确的补偿规范。总之，在这些无法弥补的移民损失面前，国家和企业最好的办法就是尽量不移民。西部山区水流狭长，居民聚落分散，设计选址余地较大，所以只要观念上不把移民当成好事儿，利用规划尽量不移民或少移民的原则就有操作实施空间。水电勘测设计要记取上述事实，严格遵循"以人为本"的少征地、少移民原则，尽量避免库区选址与少数民族社区重合。勘测设计单位要发扬中国传统的天人合一理念，放弃水电建设是替天行道、少数民族移民搬迁有利于其自身发展和生态保护的经济人偏见，充分尊重少数民族居民权益和地方民族传统知识，把勘测设计工作的实地调查做深做细，利用项目选址、坝高调整和导流洞控制等技术性手段，找出维护人与自然和谐共处，维护可持续发展和文化传承的规划设计原则和方案。

第二，增加以社区为核心的少数民族水电移民家园恢复和重建的原则。

中国西部所有居民社区，都是当地人与当地生态环境经过成百上千年博弈、世代经验和心血积累的结果，而且是当地人的祖先和神明安息之处，基本没有易地恢复和重建的可能。但既然水电建设势在必行，我们就要抓住移民搬迁和安置工作的核心概念。这个核心概念就是我们包括生态资源在内的社区机制，亦即少数民族居民和移民的家乡家园概念。由于现行水电移民已经对移民的部分物质损失做出了较为详尽的补偿规范，我们今后需要改进的就是把这些规范跟少数民族地区现状结合起来，找出其覆盖未全的内容，提出需要增补的项目并论证其补偿的依据和模式。所有涉及少数民族移民的水电工程调查、论证和实施过程，都要充分理解少数民族社区和家园概念的整体性，找出少数民族社区和家园存在的特殊目标。以此为基础，在现行和新增的移民补偿法律政策范围内寻找相应补偿补助和安置方式，科学开展少数民族地区水电移民工作。

第三，增加少数民族移民社区文化目标恢复重建及仪式成本补偿的原则。

少数民族移民社区的有形文化目标，包括信仰（公共仪式）建筑和非建筑的空间文化目标（如神山圣水、风水龙脉、村寨风水林木、敖包、嘛呢堆等）。这两项内容不仅要求一次性的恢复重建，还要有长期的维护机制。现行水电移民政策包括国家发改委《水电工程移民专业项目规划设计规范》规定了水电移民基础设施和各类专业项目复建范围和标准，但都没有规定这类公共设施和文化项目的补偿标准和运行维护机制。少数民族移民搬迁和家园重建，包括民居的拆建、坟墓的搬迁、宗教建筑的拆建等等，都需要举行相应仪式。这些仪式的支出是移民因水电建设而导致的物质损失，应当明确给予补偿。我们要通过研究上述两个补偿项目提出补偿模式建议。

第四，增加少数民族移民环境用益资源收益及其他隐性损失补偿的原则。

少数民族地区与中东部汉族地区的最大不同之处是：西部农耕集约化程度较低，可耕作农田少，当地居民更加严重地依赖居住环境周围各种自然资源和区位中的收益机会，包括采集、放牧和其他自然资源收益。例如四川康藏地区两河口电站移民，春夏找虫草、夏秋捡松茸，还能挖当归等药材，每户每年人均收入不下 5000 元，相当于家庭年收入 1/3 或更多。类似的环境用益资源收益在西部少数民族家庭收入中所占比例往往比较高，而且社区居民收益比较普遍。一旦移民搬迁，这些收入将丧失。国家现行的水电移民补偿政策中没有规定对隐形收益损失的补偿。新的移民法律政策应对这部分损失予以适当补偿。

第五，同一库区的水电移民不分民族平等对待和执行同一标准的原则。

少数民族地区虽然是少数民族相对聚居的区域，但汉族居民也为数不少，而且往往杂居共处，生计方式彼此相近，也共享着许多相似的区域生产生活习俗。不同民族居民由于世代相处，已经结成了密切的邻里姻亲等关系。他们承受的水电开发项目影响一样。对待这样的生存共同体，国家和业主不应拘泥于民族身份，不应强调族群边界而使他们割裂，更不应当因政策不当而使他们因为受益有别而彼此产生隔膜甚至对立。简言之，同一区域、同一项目，应该实行统一的移民政策标准，以维护和促进当地族际关系的和谐。

第六，建议在现有水电移民法律和政策体系基础上，尽快通过调查论证，出台《少数民族地区水电移民补偿补助和安置补充条例》并设立少数民族地区水电移民可持续发展基金。

现有水电移民补偿法律和政策体系虽然有缺陷，但毕竟是中国数十年移民工作经验的总结，具有国家法律法规的严肃性和延续性，因而即使是在西部少数民族地区，也应该继续作为基本政策来实施。现有补偿体系在少数民族地区运行时会出现的不适应性，本项研究建议用两个机制来弥补：一是对于有形、可测算和可分割，因而能补偿到户的物质目标和资源，通过出台《少数民族地区水电移民补偿补助和安置补充条例》来加以规范。《补充条例》同时要规定所有水电建设项目都要设立"少数民族水电移民社区文化保护和发展基金"。这笔基金用于资助那些无形、不可分割、没有经济收益的基础设施维护和非物质文化遗产保护。该基金的补偿对象应该是"少数民族地区的水电移民群体"，如宗教组织或移民社区组织，或其他由当地居民或移民组成的社区 NGO 来申请使用。

最后，承担移民"双包干"任务的地方政府做移民工作要付出大量精力，承担巨大的社会风险，但目前的水电移民政策没有明确地方政府执行这项公务的费用来源，从而导致移民对政府的诸多猜疑和不满，引起官民关系恶化。

本项研究建议：少数民族地区的水电移民最好在由国家制订出《补充条例》的前提下创新工作机制：

第一，水电业主委托中间机构根据国家法规做社会评估调查，收集农民对于水电移民补偿补助和安置的意见和建议，在此基础上提出移民方案。

第二，由地方政府作为中间方，将包括安置计划在内的移民方案交当地居民对照国家法规条例来讨论修订，提出修正方案。

第三，地方政府召集各民族农民代表与水电业主协商，敲定方案并委托政府部门监督实施。

由业主在水电移民经费中单独列出政府协助移民应该收取的服务费额度并随移民经费拨付，同时明确此项费用之外的所有移民经费都属于移民个人或其社区，以此分清官民权益，避免把矛盾留给当地。

4 何以家为

中国是道德文化大国和文明礼仪之邦。生活于中华大地上的各民族的传统文化和生活方式曾经长期延传并为世界上许多国家所效法。但由于近百年来的国家政策和国民教育只讲唯物论和科学主义，不讲中国的文化传统理念，遂使包括国家公务员和工程技术人员在内的主流社会精英对于"人的需求"的理解越来越单一和片面。当前关于水电移民的相关政策受此影响，没有把移民的物质需求与社会文化需求看成一个整体，偏重物质和经济而忽视社会文化和精神需求。

本项研究强调：物质、经济、社区组织和仪式及精神生活构成了当地居民完整的家园和家乡体系。少数民族的家园家乡不仅有建筑、土地、林木，还有生态环境、生计资源、公共空间、神圣空间，更有繁衍人口、促进生产和传承文化的亲属网络、社区团体和社会关系，还有通过事神敬神来维护可持续发展的功用。这样的家园一旦丧失，无论是全能的政府还是万能的金钱，都无法使它完整恢复。

基于上述认识，本项研究认为中国的少数民族地区水电移民政策应该突破个体户、经济人、唯物论的局限，倡导社区户、文化人和整体论的理念，真正按照社会以人为本，人以文化为本，文化以社区共同体为本，社区共同体以生计和生态环境为根的整体论观点，围绕当地人的"家园"概念来构建补偿、补助和安置体系。少数民族地区水电移民补偿、补助和安置政策应涵盖下列五项要素和内容：

（1）社区区位、建筑格局和整体结构。本条内容包括时空关系、社会关系、社区关系与人神关系。时空内容包括社区选址的传说、地理风水及其与周边环境、生计资源、道路和其他村落的距离和关系。社会关系包括社区与周边村落形成的横向关系，如乡镇行政中心、居民生活中的集市圈、婚姻圈和祭祀圈。社区关系包括建筑格局体现的内部亲族、邻里、亲疏、阶层权势和社会治安关系。人神内容即文化再生产的关系和结构。所有少数民族传统社区都有其内在的神性，社区的一切秩序赖此才得以维系。社区之神可分纵横两类：第一类是横向空间认同和崇拜目标，包括寺庙神明、神林神树、风水龙脉和敖包、嘛呢堆等，它们与社区是浑然一体的。第二类是纵向认同和崇拜目标，包括图腾、拱北、麻扎、坟茔、宗祠等，这些目标或有其起源，或与社区成员有历史渊源关系。上述整体结构就是少数民族社区的微观世界或宇宙模型。这个模型里既有生态功能，又有社区居民的生态知识和历史文化认同功能，还有制约居民行动和构建社会关系以应付危机的社会关系和道德文化再生产功能。我们必须理解这个小宇宙结构模型的内容和意义，才能在移民补偿补助和安置体系中对居民的需求给予充分和全面的考虑。

（2）社区公共建筑和其他象征物体系。包括村口、寨门、寨心广场、鼓楼、芦笙坪、社坛、寺庙、戏台、风雨桥和其他灵异镇物或非建筑神圣目标如神山圣水、神林神树、敖包和嘛呢堆等。这些目标如有搬迁和复建可能，要弄清其工料成本和搬迁条件；无复建可能要弄清人口迁离时的仪式及其成本构成。

（3）民族民俗节日仪式和非物质文化目标。民族民俗仪式是保证民族文化再生产的机制。有形的建筑或非建筑目标都要通过民族民俗节日仪式来发挥其功能和产生意义。各种非物质文化又是民族民俗节日仪式的核心内容。这些节日仪式的价值最终无法用金钱衡量和补偿，但又完全能用周全的、有当地人参与的移民搬迁和安置方案来保全。保全非物质文化的根本目标是为了保全社区的整体结构，即前述的时空结构、社会结构、社区结构和人神结构。但这类非物质文化如同基础设施，具有社区整体属性，不能分散补偿到户，因此国家要像保全社区基础设施一样，专门设立针对社区的"少数民族水电移民文化保护和发展基金"，用于社区建设和居民文化保全和发展。

（4）社区民居住宅及其附属设施。少数民族传统民居建筑无论何种形式，都不仅是简单的住房。在住宅内部，不仅要有男女老幼活动居栖的人位，还要有安放祖先供奉神明等的神位。住宅外部，则会有禽畜棚圈、柴房、宅院、菜地、厕所、门墙和树木等。

（5）居民除了土地之外的环境资源和区位机会收益及其他隐性收益损失。移民迁离原居地会由于资源淹没、距离遥远、社会关系变化等原因，而失去获得原有收益的机会或收益的成本增加。例如原来打鱼的河道和放牧的草场被淹没、悬隔，采集野菜和饲料的河谷被淹；或者原来很方便出入的山林、耕地，被库区抬高的水位水面切割成孤岛，迫使居民不得不借助船只才能到达；库区环境改变也会直接影响到山林里部分可以狩猎的兽类存量，等等。一些依靠人脉关系维持的经营如小商店、药铺、客货运输等也容易受居民结构和社会关系变化的影响。

4.1 物尽其用

西部少数民族既能适应又能利用当地自然环境，这是少数民族文化能动性的体现。周围自然环境既为他们无偿提供了许多资源，也使他们积累了对于这些资源发掘利用的地方性知识。由于这些知识只能在当地运用才有效，所以一旦发生移民搬迁，就会导致他们收入减少、生产生活不便、成本增加、劳动强度增大，进而导致生活情趣降低、知识技能退化和对新环境的无所适从。

水族社区的水井 　　　　　　河边嬉戏的儿童

案例一： 贵州清水江流域部分苗瑶语族水电移民搬迁之后，生活非常不方便。原来村里井水甘甜方便又不花钱，搬迁后虽然有了自来水，但住在山顶上经

常不来水，引水灌溉更难。原来河谷地带猪草茂盛特别好打，迁居半山腰林地里很难打到猪草，山顶山谷猪草也不一样，影响到养殖业和生活水平；搬迁前山上树林多，不发愁建筑用材。现在搬迁之后远离林地，市场木材又涨价，建房成本剧增；青年男女的婚姻问题也变得棘手；原来社区每家都自有林地，能进去采些草药治病或采集山珍卖钱，现在多半被淹，不能采集蘑菇、竹笋、野果、蜂蛹等，十分影响收入；水域封闭以后洗衣洗澡等也日渐不便，如此等等。

中国西部地区地域辽阔，自然条件差异较大，生态环境多样，是动植物资源的宝库。长期以来，西部地区的少数民族同胞在这方面积累了丰富的地方性知识。他们合理地利用这些动植物，通过采集和捕获这些有食用和药用或其他交换价值的动植物，可以挣钱，也可自己享用，提高膳食营养和生活质量。

木材资源 　　　　　　　　　笋与茶果

怒江鱼 　　　　　　　　　怒族、傈僳族采集的野蜂蜡

案例二：云南省维西县塔城镇启别村村委主任说：塔城镇有可利用的草山草场 4 万多亩。蕴藏着铁、锰、大理石等丰富的矿产资源。境内有大量纯净水资源。镇内山货药材多，盛产松茸、羊肚菌、香菇等野生菌类，一般每年 7 至 12 月，全镇每户（3394 户）都去山上采松茸。运气好的一天可采一两斤（约 300 元），运气不好的也会弄一背柴回家。羊肚菌的海拔相对较低，可采的周期长。全村每家每年采菌收入 5000—6000 元。采集的药材主要有虫蒌、茯苓、当归、天麻、木香、秦艽等，这些只有懂的人才能采到，当地人一般把这些药用来给自己治病。

案例三：怒江贡山县查腊村在周边环境中能采集的植物有：虫草、虫蒌、松茸、羊肚菌。大概每年人均收入 4000—5000 元。虫草一般 20—30 元一对，但要分雪山上的、山腰上的、长蕨菜地方的。4、5 月去采羊肚菌是 550 元一斤，运气好的一天能采 8 两。松茸也分甲乙丙三等，价格是 500 多元一公斤。天麻是 100 多元一斤。虫蒌 550 元一斤，做云南白药用。

一些情况下，当地居民不是直接到自然中去获取产品，而是借助自然条件做养殖业，以较低投入获取较多收入。一旦脱离原有环境，这部分收入也就会丧失，而且也无法通过复原的方式给予补偿。

案例四：大化黑山羊完全靠放养，也只有山羊才能吃到悬崖峭壁上的各种植被的茎叶。由于这些野放的山羊吃百草，所以肉质鲜嫩营养丰富。当地人说"山羊全身都是宝"。近年来市场上每斤山羊肉的价格在 20—40 元，一只山羊可以卖到近千元且供不应求。南宁、广州等大都市都有多家以"大化羊肉馆"为招牌的饭馆。大化山羊已经成为一个品牌。当地壮族、瑶族都有养羊的习惯，虽然不是家家养羊，但村村都有养羊户。每户畜羊十几只到几十只。一般两三年出栏。水电移民搬迁将使移民们丧失饲养大化黑山羊的条件。

| 广西大化山羊攀岩觅草 | 人工种植的油茶树、泡桐等（广西三江） |

环境用益资源收益还包括用传统方式开发利用的矿产资源。西部少数民族地

区拥有丰富的矿产资源,水电建设会使其中一部分被淹没。当地居民不仅损失了这些资源本身及与此相关的收入,而且不得不改变长期以来与矿产资源形成的紧密相连的生计和生活方式而另寻生计。

案例五:洮砚石原产在甘肃省卓尼县洮砚乡九甸峡入口处的喇嘛崖两岸。洮砚的开采、加工、销售是洮砚乡周边居民长期的经济来源,洮砚开发解决了临潭、洮砚、卓尼三县多个村寨的村民就业问题。但随着九甸峡水利枢纽工程建设,喇嘛崖一带优质洮砚石材和历代名坑将在水库蓄水后被淹没,这部分居民外迁也将直接失去这部分收入,所以移民和居民对此十分痛心。村民介绍,本地外出打工的人不多,许多人都在当地开采、搬运和加工、贩卖洮砚或其石料。现在移民迁到瓜州玉门关外,雕刻洮砚的工匠减少,这一中华瑰宝及相关的非物质文化也将绝迹。经相关部门统计,九甸峡库区依靠洮砚产业受益的居民有882户。据初步测算,这部分居民外迁后,平均每户年损失为8000元,882户移民一年的经济损失就有705.6万元。由于公共林地和洮砚石都是国家财产,所以移民补偿不会包含这些内容,居民对此反应强烈。

居民开采洮砚石　　　　　　　　　居民背洮砚石料回家

综上所述,环境用益资源收益确实是西部各民族农民重要的收入来源,老人、妇女、儿童等弱势人群往往是这部分收入的重要获取者。它不仅补充了家庭收入,同时也体现了人的价值。水电业主应该充分认识这部分收入对于当地人的意义和价值,对库区周围居民这类收益加以详尽调查,给予补偿。

4.2 宅寓天地

西部少数民族农牧区保留着富有地方和民族特色、蕴涵着丰富文化智慧的传统民居。这些民居的建筑材料与当下城乡流行的钢筋水泥、砖瓦等现代建筑材料差别很大,空间格局和内涵也与现代民居不同。传统民居所载负的功能远比城市单纯的现代住所的功能多,且与周边环境之间的关系紧密,其审美价值也非现代民居可比。最重要的是，传统民居与当地民族的历史、文化、环境、观念、日常生产生活活动都密切相关。

案例六：重庆地区乡村苗族、土家族民居依山而建，其建房讲究座向和屋场选择。动土木之前，要先请风水先生架罗盘测龙脉走向测山势凶吉。若立在东南，堂屋门就朝南方开，还要与主家的生辰八字相合。在乡村居民的心目中，宅基地的"龙脉"不仅指周围山脉的走向或气势，更指山脉能使居住者家业子孙兴衰的神性。这种神性与居住者的命运存在着对应和沟通的关系，因此无论房屋的座向或大门的朝向都必须与这种神性相协调。

案例七：恩施土家族苗族自治州建始县景阳镇双土地村69岁的村民讲，房屋建造多半不是一代人完成的，至少要经过两三代人的手。建造价值没法用金钱衡量。他们家的房子从建房到现在已经持续了三代人，他爸爸为房子木料石料准备了三年就去世了，而后他就接着他爸爸的事业，请风水先生测风水观地向和做主体工程，大约搞了十多年才把房子搞好。后来他就不想搞了，便置办酒席宴请全村老少与他一起庆贺，那时他的人缘好能摆40—50桌，总共下来花了6000—7000元。就这样他和家人在这座房子里住了三十多年。后来他又觉得应该给后代留点儿什么，于是又开始准备再建房子的材料，搞了几年后又觉得没有力气搞了，于是又把房屋内部的装修、陈设和养护交给他的儿子。他说，要是他的儿子没有能力搞完，他会把这个事业交给孙子。总之，房子要住一辈子，建造维护也要进行一辈子。

案例八：云南怒江傈僳族自治州贡山县查腊村的怒族居民建房首先要备料，一般提前1、2年就上山去找可用树材，然后再根据备料来决定建房规模和时间。建房时全村人都来帮忙，主家只需提供烟酒、饮食，几乎不用向外雇请劳动力。30—40人帮忙建造一间10多平方米的房屋，要一个星期左右的时间。一面墙壁要14根木料，整个房屋全部搞好大概要250根木料。建造房屋时的主要开销是吃的花费。怒族房屋取材于大自然，以石板当瓦盖。建20平方米的房子要盖130到140块石板。石板瓦切割人人都会，熟练的人一天可切70到100块，不熟的切20—30块。购买石板瓦则每块要1.5—2元，还不包括搬运费。

滇西怒族和傈僳族建房只要有了木料，人工费不是很多，但其中要搭进很多人情和传统技术资源，其价值也不可低估。我们不能用东部农村的房价来简单衡量当地少数民族特色民居的价值。

本项研究推荐：水电业主对于各民族的传统和特色民居首先要心怀珍惜，尽量避免破坏；当水电开发不得不触及它们的时候，就要跟拥有、维持和传承这些文化遗产的各族居民充分协商并合理补偿。湖北恩施、湖南湘西及湘西南、黔东南、桂北、云南等地的苗、侗、壮、水、傣、拉祜、傈僳、怒等民族的各式干栏

滇西北常见民居形式

式传统民居，其建筑材料、工艺、结构、空间格局、施工程序和实际功能都与出于现代设计者之手的砖混建筑不同。其成本也应该计入工料和社会文化价值两部分。修建传统民居所需的特殊材料和与建房、搬迁有关的仪式费用，应该计入补偿范围。

4.3 阴阳共生

少数民族移民社区有形文化目标包括信仰（公共仪式）建筑和非建筑的空间文化目标（如神山圣水、风水龙脉、村寨风水林木、敖包、嘛呢堆等）。这两项内容不仅要求做出一次性的恢复重建，还要有长期的维护机制及相关投入。本项研究认为宗教建筑类文化目标的搬迁和补偿，应包含建设费用和仪式费用。其中建设费用中又包含普通材料费和特殊材料费，以及普通人工费和特殊工艺费。

案例九： 青海省互助县学科村三社的村民在2000年集资修建了一座藏传佛教白塔。我们访谈当时负责的一位村民，建塔的过程大致如下：首先是村民自发集资总额近6000元，主要是来自三社村民，也有外地企业和信徒的捐赠。村民解释，这些钱主要是材料钱和手工费，基本能够满足修塔的需要。资金到位之后，请附近甘禅寺喇嘛画出图样，选定日期即开始施工。由于建塔的工艺简单，所以只动用了本村村民。白塔外部的装饰则需要专门的艺僧来完成。全部建成后，还从甘肃请来一位活佛开光，花费了900元。张海洋跟鄢莹在甘南舟曲县访谈一个中小型喇嘛寺的住持，他指着一棵特别高的树干，说这是选好用来建白塔中心柱的材料。这根木材的高度就是将来塔的高度。塔心里还要放些经书和供品，但主要的花费就是建造和装修的工料和仪式。

村民集资修建的白塔　　　　　　　　　　"热你"（心脏）神山

少数民族地区非建筑类的宗教文化目标包括神山圣水、风水龙脉、村寨风水林木、敖包、嘛呢堆等。这些目标具有无法搬迁和难以恢复的特点，但一般也不会被水淹掉。难题是一旦居民搬迁或道路被水隔绝，这些神圣目标就会与人分离。结果是神圣目标得不到人的祭拜，人也得不到这些目标的护佑，因此还是等于损失，应该商议补偿办法。

案例十： 德钦奔子栏镇藏族村民每年藏历的7月15和4月15日，都要到"热你"神山转经。男人要到山顶，女人和老人在山脚一个地点转经。村民祖祖辈辈每年都要去转，这个传统持续至今。"热你"是心脏的意思，别的山替代不了。

案例十一： 九甸峡库区的藏族居民大多信仰佛教。当地藏族村寨有一个共同山神。村寨每年都要举行一次祭山神活动。但现在居民搬到靠近新疆的瓜州。这里附近没有山，移民无法正常做宗教仪式。安置区政府虽然无偿划分了宗教活动场所的地皮，但是寺庙等的重建工作不在政府的责任范围之内。

案例十二： 维西县塔城镇启别村有一棵"千年银杏树"。当地纳西族男人每年大年初四都要去祭拜，为的是要把过去一年的"疙瘩"（不高兴的事）都给解开，同时祈求神树保全家年年寿运平安。去的人都要插三炷香，左边一炷祭天（用青铜黄林为香），中间一炷祭虚神，右边一炷祭自然（用圆柏为香）。人们烧香后还要在树旁聚餐，交流一年的酸甜苦辣。

少数民族地区居民对祖先的坟墓十分重视，因此水电移民的先人坟墓搬迁费用、仪式费用比现行补偿标准要高出许多。

案例十三： 土家族的坟墓很神圣，被视为土家族社区的一部分。后人很敬畏先人，他虽然去世了，但大家认为他只是去了另外一个家，坟墓就是他的房子。土葬坟墓的位置是经过风水先生精心选择的。按照当地人的观念，祖坟的位置好,后人就能兴旺发达。景阳镇水库淹没的地方是全镇经济社会发展最好的鱼米之乡,村民的经济收入很丰厚,"十年前就已基本小康"。他们把这些幸福归功于祖坟埋得好。对死去的祖先怀有敬畏之情,生怕不小心得罪"老辈子",给自己的生活带来灾害和麻烦。逢年过节,无论是清明、端午、除夕、大年初一、死者诞辰日等都要大敬祖先。

案例十四:迁坟首先要购买新墓地。彭水县万足乡和鹿角镇,最低的坟墓价格为1000多元(现在已经很难找这样的低价了),风水好的坟墓2000—3000元甚至更多。风水不好的坟地便宜些。看坟地的风水龙脉要请风水先生,看一次少则120元,多则几百元。其次是修建新坟墓,好一点的需要一万元以上,包括人工和材料费,中等的也要5000—6000元。然后是请道士做道场,在家里坐斋。要是日子好,当天就能埋,那请吃饭、帮忙做事和给道士的钱要少些。要是日子不合适,等上6—7天花费就更高。一般请道士花几百元到数千元不等,依仪式天数和主家经济能力而定。接着是从旧坟中取出棺木和尸骸,在好日子里迁入新坟。如果棺木尸骸已朽,则由家人将骨骸收起,放入木匣,自行运送到新坟。如果棺木未朽,则要请人"抬方子(棺木)"。"抬方子"的人可以是亲朋好友,由孝子用香烟去跪请(不用花钱,但以后要还情);也可以花钱请人,8个人,每人每天60元(有些地方达120元)。搬迁和做道场过程中,各种仪式用品纸钱纸屋、公鸡、刀头(肉)等花费数百元,一次锣鼓600元。

综上以观,按当地中等标准,搬迁一座坟墓的支出(含仪式费用)可达万元左右。但移民的每座坟墓所得补偿只有270元和350元,二者差距悬殊。

本项研究建议:坟墓风水之类,水准各有不同。只能找当地居民代表协商一个库区地方的平均价格,做到中等户不亏,贫困户有改进机会就好。建筑类的宗教文化目标,对包括特殊材料费和特殊手艺人工费在内的建设费用以及符合当地平均水准的仪式费用,给予直接补偿;对难以搬迁、难以恢复的非建筑类宗教文化目标,零散的宗教文化目标以及超出当地平均水准的仪式费用,给予宗教组织或社区组织间接补偿。

4.4 血脉地缘

各民族在历史上形成的社区聚落往往以血缘、地缘、姻缘为纽带。邻里乡亲都沾亲带故,相互间有文化习俗规范的各种权利与义务关系。邻里守望相助是社区居民的基本生存条件。由于世代交往血浓于水,居民在婚姻、丧葬、盖房等重大事务上互相帮忙,农忙时节换工互助,临时需要的借贷往往都不计报酬或利息。但是,这种权利义务关系与社会关系网络是紧密联系在一起的,一旦发生移民,特别是分散安置,社会网络就会瓦解。外迁移民的生产生活成本就会因此而大大提高，其生活的安全感和幸福感则会降低，因此要尽量集中安置。

很多少数民族为了经营社区公共生活，增加社区成员交流，提高社区成员认同，其聚落还修建各类公共建筑，如鼓楼、戏台、风雨桥、凉亭、芦笙坪、对歌坡、斗牛斗马场等；或者出于禳灾除秽、祈福求安而有灵台庙宇等供奉神灵、烧香祭拜之所。这些公共建筑，是社区完整性所不可或缺的。搬迁移民安置时，这些公共建筑的用地、恢复重建的材料和费用等等都应当予以考虑。

案例十五：互助县学科村是一个由汉、藏、土三个民族组成的村子。村子里主要的姓氏是赵、牛、鲁、尹等。村中同姓为一家，其中牛氏宗族是藏族，赵姓宗族兼有汉藏。通过宗族间通婚，各个姓氏之间建立起亲属关系，因此整个村寨就是一个有机的亲属集团。横向上看，这个集团涵盖了主要的民族与宗族；纵向上看，它联系了不同背景、不同经历的人群。通婚圈稳定了这一区域的社会关系，形成了区域的基本结构。由于大家相互之间都可以找到或远或近的共同亲属，所以整个村子又是一个扩大化的家庭。村中凡有红白喜事或修建新居之类的事情，邻里之间互相也会帮助。尽管近些年来，随着市场经济的发展，诸如帮助盖房之类的事情已经不是完全的无偿劳动，但是相对于市场价格，雇用村里人的开销往往可以节省一半以上的开支（以修房为例，聘请外乡民工，往往每个劳动力一天的工资是80至100元，聘请本村的人就能降低到40元以下）。一些关系非常紧密的亲属之间，仍然保持着自愿帮忙的淳朴民风，这意味着在诸如修建房屋这样的普通工程中，可以节省下将近一万元的劳务费。

贵州榕江侗族长街宴　　　　　　　　湖南通道侗族芦笙堂

案例十六：土族传统体育项目"轮子秋"形似悬起来的摩天轮。据传说，土族从游牧民族转向农耕民族后，有了木轮车，有了碾场的碌碡。在麦场上几个顽童无意掀翻了大板车，爬上车轮随意旋转，这就成为最原始的轮子秋。每年秋收碾完场后，人们在平整宽阔的麦场或者宽敞的地场上，把卸掉车棚的大板车（木轮大车）车轴连同车轮竖起来，底下车轮压上碌碡，上面车轮绑上一根长木横杆，横杆两头拴上绳子做成秋千，打秋人坐在秋千上，其他人推动横杆，转动车轮。或平绑一架长木梯，梯子两端牢固地系上皮绳或麻绳挽成的绳圈或捆绑一座能站人的架子。两人相向推动木梯，使之旋转，形成转动的秋千，然后乘着惯性分别坐或站在绳圈内，很快地转起来，并在梯子或架子上做出"寒鹊探梅"、"雄鹰展翅"、"猛虎下山"、"孔雀三点头"、"金钟倒挂"、"春燕串柳"、"蛟龙出海"等各种惊险动作。观看的人还不时地帮推木梯，使之加速旋转。20世纪80年代后，原来的车轴辘改用钢制轮盘，套以滚珠轴承，使之更为结实和美观。轮子秋一般都立于庭院的正中间或者社区的公共场地，节假日人们相聚在其周围，嬉戏玩乐。

青海土族的轮子秋　　　　　　　　　瑶族古戏台（广西恭城）

少数民族地区水电移民的社区资源和公共空间的恢复与保护，应该由《少数民族地区水电移民补偿补助和安置补充条例》作出规定，对其中可搬迁、可重建恢复并可计算损失的部分，给予直接补偿。对其中不可搬迁、难以恢复并难以计算损失的部分，采取间接补偿的方式，由"少数民族地区水电移民文化保护和发展基金"对移民社区进行补偿。

4.5　意义网络

《保护非物质文化遗产国际公约》界定非物质文化遗产涵盖五类项目：
（1）口头传说和表述，包括作为非物质文化遗产媒介的语言；
（2）各类表演艺术；
（3）社区风俗、礼仪、节庆；
（4）相关自然知识和实践；

（5）传统的手工艺技能。

《公约》指出了非物质文化遗产概念中的非物质性的含义：它是与满足人们物质生活基本需求的物质生产相对而言的，又以满足人们的精神生活需求为目的的精神产品。由此可见，非物质并不与物质绝缘，而是指其偏重于以人精神领域的创造活动及其结晶，因此特别注重人的能力和地位的保护。西部水电建设对少数民族水电移民拥有的非物质文化表面上受工程建设影响较大。离开故土，成年人早年习得的地方知识（如环境资源的分布、时节知识等）就会失效，甚至从此失传。民间艺人也会因失去原有受众而怀才不遇（如苗族、瑶族、侗族、壮族歌手在年节时受邀演唱而获得收益和声望）。一些传统工艺，可能由于环境变移而无法发挥作用（如竹编、藤编、草编、木工、印染）。民族节日是承载、展现并不断再生产民族文化的重要机制，一旦聚落瓦解，生活共同体离散，民族节日所具有的凝聚人气、增加认同、展现才艺、激发创作等社会—文化功能也将因失去主体依托而丧失。所有这些无形的文化财富，都是当地居民经过很多世代的生产生活实践积累起来的，在发生移民搬迁的情况下，特别是需要远距离搬迁、社区解组的情况下，极易造成失效、失传。因此，应当通过周密的设计，尽量避免聚落解组、环境大变、生计重建等对少数民族传统知识、技能、才艺和共同体生活造成毁灭性的移民安置方案，并通过水电开发收益的反哺，建立有利于少数民族非物质文化传承的基金，用于支持民族传统文化的延续和创新。

湖南绥宁苗族芦笙舞　　　　　　　　　贵州从江侗族刺绣

本项研究建议：除列入各级政府非物质文化遗产保护目录并得到资助的项目以外，少数民族地区水电建设涉及的非物质文化项目由"少数民族地区水电移民文化保护和发展基金"补偿。对象为移民社区群体。

4.6 无形有价

少数民族地区水电移民的其他隐性收入损失包括区位机会收益减少、社会网络功能丧失、民俗文化互惠收益损失和由于搬迁过程漫长而导致的误工损失、物价上涨损失、因搬迁集中变卖财产而导致贬值损耗等。

案例十七：新疆轮台县草湖乡、尉犁县喀尔邱尕乡与罗布泊人村旅游宝地，如诗如画的胡杨林，未受污染的塔里木河及湖水，独特的沙漠自然生态景观，人与自然和睦温馨的社会环境，对现代都市居民有着强烈的吸引力。移民搬迁后，百姓全部迁移到县镇附近的居民点，老草湖的传统民居被摧毁，湖水、小河和土地被承包商占据，民俗文化资源的物质基础不复存在，被移民的原住民不胜痛惜。

案例十八：搬迁动员后要清理财产，打理各种要搬走的家什，青壮年劳力多半不能外出打工，经济收入锐减，下一年生活就没了保障。安置规划中虽有过渡期补助但数量有限，无法满足添置新工具和生活用品的需求。搬迁误工补助只从搬迁之日算到抵达安置地的时间。此前和此后的准备时间都不给算。但在这期间移民们也无法出外打工。当地干部反映，"移民家庭近几年打工的人很多，他们多去兰州、河西地区、青海、新疆等地的建筑工地。因搬迁影响出外打工也应补偿"。

案例十九：藏族移民世代生活在库区积累了大量地方知识。到了安置区面对陌生环境，他们原有的知识毫无用处，心理上还要承受巨大压力，这些都是无形负担。地方干部反映："瓜州安置地今后主要种植经济作物，需要精耕细作和很多技术，如棉花的病虫害防治、灌溉技术等。移民们原来在家本来是'靠天就能吃饭'的。现有政策中不补偿这些隐性损失。这是移民最吃亏的地方。"

案例二十：（甘肃组实地调查笔记）库区移民搬迁，原来的社会网络被打破。移民要经历骨肉分离的痛苦；还要面对更复杂的社会新关系。一位老阿婆说："我还有一个丫头，嫁到临潭县石门乡谢家坪。她们搬到瓜州去了。那边全是白花花的荒山，不像这儿这么绿。以前丫头每年收庄稼时都来帮我干活。现在搬那么远，也挣不下钱，就不能总来看我了，以后只能几年来一次了。"选择后靠的杨老汉说，现在亲友都搬走了，感觉待在这里特别孤单没有意思，只能投亲靠友了。

本项研究建议：少数民族地区水电移民的可计算的隐形损失，如误工费等，由《少数民族地区水电移民补偿补助和安置补充条例》规定并给予直接补偿。难以计算的隐形损失，也应间接补偿，即由"少数民族地区水电移民文化保护和发展基金"给移民社区的传承群体以相应补偿。

综上，少数民族地区水电移民补偿补助和安置政策应增加下列项目：居民家户的环境用益资源损失；居民家户因移民搬迁过程导致的收入损失；居民社区共有的生态资源和有形文化目标损失；社区宗教信仰的有形目标和相关仪式损失；居民社区的非物质民俗文化仪式目标的维持。

5 挪活之术

为适应西部水电开发和西部少数民族发展的需求，国家应针对民族地区的特殊性，适时建立新的水电移民补偿补助和安置体系。该体系包含以下几个方面的内容：

一、完善现行水电移民政策法规体系。根据科学发展观和建设和谐社会的总要求，在深入总结包括少数民族地区在内的全国水电移民工作共性的基础上，以"以人为本"的理念和与时俱进的精神为指导，对现有的水电移民政策法规加以全面完善，尽早形成能够反映新的历史时期经济社会和人的全面发展要求的政策法规体系，为开展民族地区水电开发和移民工作奠定坚实基础。

二、尽早制定颁布《少数民族地区水电移民补偿补助和安置补充条例》。必须深刻认识并充分意识到民族地区情况的特殊性、复杂性；必须深刻认识到加快民族地区经济社会发展和文化繁荣符合国家长远和根本利益，是国家的大政方针；必须深刻认识到民族问题具有全局性，因此民族地区水电开发建设本身就属于民族工作范畴，必须严格遵循党和国家民族政策法规。为此，应在全国性的水电建设和移民工作政策法规之外，针对民族地区和少数民族的特殊情况，出台《少数民族地区水电移民补偿补助和安置补充条例》。

三、设立"少数民族地区水电移民社会文化保护和发展基金"。针对少数民族社区和文化彼此依存、不可分割、极难恢复的特性以及由此产生的安置补偿特殊要求，设立专门用于维护和恢复社区共同体生活及文化延传与再生产的专门基金，即"少数民族地区水电移民社会文化保护和发展基金"。同时，为了杜绝基金使用上的种种问题，还应制定《少数民族地区水电库区移民社会文化保护和发展基金使用和管理办法》。

四、根据十七届三中全会作出的《中共中央关于农村改革若干问题的重大决定》所明确的政策方向，积极开展少数民族地区水电移民以社区公共资源入股库区建设的试点，以期尽快形成政策规范。

本项研究提出以上建议的主要考虑，是为了体现和确保水电移民的主体性。这里所谓的主体性，是指通过在社区恢复重建中的相应赋权和将库区居民的土地等可持续利用资源纳入水电建设投资范畴，从根本上改变库区居民和移民在水资源开发中的失语、被动、边缘化处境,保障移民在社区恢复重建和水电开发效益分享中的主体地位,即对切身利益拥有充分的知情权、发言权、参与权、选择权,真正体现他们作为国家公民和库区世居居民的当家做主权利。

此次提出的体系构建主要有两大部分:一是在目前的实物补偿中加入部分新项目,或者提出新的补偿补助思路;二是为恢复社区主体性、社区文化重建能力、保障移民权益提供一系列软件支撑。

5.1 化无为有

前面已就少数民族地区的补偿补助和安置体系的构成要素做了论述,现就需要新增的物质项目和文化项目(目标)的补偿补助标准做进一步探讨。

5.1.1 民族特色建筑的补偿补助内容及计算方法

民族特色建筑(包括民族宗教建筑和特色民居)重建与普通建筑物的区别在于特殊材料、工艺和相关仪式。因此,民族特色建筑的补偿,除了基本的人工费、普通材料费,还应包括特殊材料费和仪式费用。

案例二十一:平岩村(广西三江县)鼓楼占地150平方米,高15层,用了150多个立方的木料,花了65.5万元。鼓楼材料费中,最贵的就是鼓楼中央的四根大柱子。这四根大柱子都是杉树,大小要基本一致,通直无裂缝,底径约90公分,顶径也不能少于20分分,这样才能承受整个鼓楼的重量。由于本地多年来木材砍伐太多,没有这样的材质,只好到贵州从江去找。每棵杉树要价4万多元。村里人看好了日子,自己组织队伍去砍,然后顺着都柳江放木排,把柱子运回来,人工费也投入了上万元。因为鼓楼关系到全村的福祉,砍柱子时要举行仪式。鼓楼开工有仪式,竣工时杀猪宰羊,摆长街宴宴请四邻八乡亲朋好友一起来庆贺,喝了三天酒。尽管掌墨师傅是本村人,但这么重大的工程,必须要打一个打封包给他,不仅是对他的酬谢,而且也为全村图个吉利。(广西调查组整理)

本项研究分析:少数民族地区民居和宗教建筑不同于东部普通民居建筑之处,在于其材料和仪式两项都有较多延伸,即原料的特殊性与物质实体之外的复杂意义体系所要求的仪式特殊性。我们据此提出如下参考公式:

参考公式 I

$$V = m + t + r$$

- $m = $ 物料
- $t = $ 工艺
- $r = $ 仪式

如前所述,少数民族地区建筑物选材有专门的要求,现代建筑材料的取材、运输等环节也要受制于当地传统习俗、选择偏好和交通条件，因而其费用要加上少数民族建筑物在设计、施工、竣工等环节所承载的文化意义。仪式则是少数民族居民满足精神世界和世俗生活需求的重要内涵和途径。

本项研究建议特殊材料和工艺根据当地成本或交易市场价格确定补偿标准；仪式费用按照当地举行类似仪式的平均花费予以确定补助标准，超出平均水准部分，按《少数民族地区水电移民补偿补助和安置补充条例》和《少数民族地区水电库区移民社会文化保护和发展基金使用和管理办法》，用申请基金项目的办法间接补助。

5.1.2 环境用益资源收益的补偿内容及计算方法

（1）自然环境收益

指各族居民凭借本土知识和技能，从传统生产生活区域的溪河、塘堰、草地、原始森林或次生林、石山、岩洞等处，无偿获得的各种生产生活资料。根据获取这些资料的确定性和概率等差别，可将其分为确定性收益和机会性收益两种。

机会性收益指需要特别技术、知识、经验、能力、胆量等才能获取目标资源的生计收益。例如在险峻雪山上觅取雪莲，在悬崖峭壁上采集燕窝，在深山密林偶获人参，有祖传秘方药材或其他原料，在山林中挖取的蜂巢和捕获的野生动物等。这类收益极易受水电建设引起的移民和小环境变迁影响。由于这类收入难以估算，同时受益人往往只占移民人口中的少数，因此本项研究建议将此类收益损失列入间接补偿即少数民族水电移民社区文化发展基金的非物质文化项目范围。

确定性收益指当地居民以相对固定方式，无偿地从当地自然生态环境中获取到的生活资料，如利用荒山荒坡放牧，在草坡、林丛中割草积肥，在树林中拾取柴薪，在丛林中捡拾各种菌类、野果、竹笋，开取山石制作建材、墓碑、石刻制品（石狮、砚台等），利用当地天然材质制作生活生产用品，以及在溪河、塘堰中垂钓及捕捞鱼、虾、蟹等。这些环境用益资源收益在乡村往往具有普遍性，其收入可以估算，所以称为确定性收益。确定性收益又分为下列五类：

第一类：荒山荒坡放牧收益补偿

可直接丈量实际淹没的荒山、荒坡面积，再由当地林业、畜牧部门及社区居民根据地方经验，估算出单位面积平均载畜量或产值（畜种应在当地居民蓄养的一般牲畜结构之内），再根据最近三年畜种的市场平均价格计算居民的收益损失。补偿公式表述为：

参考公式Ⅱ

$$(M/P_1) \times P_2 \times N = T$$

- M＝淹没面积；
- P1＝单位面积载畜量或产值；
- P2＝近三年当地传统畜种平均市场价格；
- N＝与居民商定的补偿年限；
- T＝补偿总额

此项补偿如为淹没区所得，应由社区人口分享；如为因离开当地的移民损失区域所得，则应补给移民。

第二类：草坡林丛割草积肥

长江、珠江流域绝大多数乡村居民都有刈割田埂、河滩、山坡、林丛青草垫畜圈积农家肥的传统。积肥可防止土地板结、土壤和地下水污染、保持耕地肥力，还可减轻农户对农资市场的依赖，并凭借绿色农产品谋求更好收入。因此，这项损失要列入补偿范围。其公式如下：

参考公式Ⅲ

$$(M1 \times F1 + M2 \times F2 + M3 \times F3) \times Y \times N = T$$

- M＝居民耕地拥有量；M1、M2、M3为耕地类型，如水田、旱地、园地等；
- F＝耕地亩均农家肥用量（担），F1、F2、F3为不同耕地类型亩均实际用量；
- Y＝系数，当地居民常年从被淹没区域割草量占常年用草量的比重；
- N＝补偿年限
- T＝补偿总额

说明：公式Ⅲ中的耕地面积M是指淹没后剩余加新垦耕地面积。不同耕地类型农家肥需要量不同，所以区分耕地类型M1、M2、M3和用肥标准F1、F2、F3。系数Y在特定社区可以确定，但也要跟库区居民协商确定。一般田埂、河沿、沟谷地带草料质量较好，是乡村居民经常的取草场所，也是库区蓄水容易淹没的区域，因此应予精算。补偿金额以当地耕地亩均化肥投入量、化肥种类结构及相应市场价格为计算补偿的依据。

第三类：柴薪收益补偿

柴薪收益是乡村居民从周围山林获得的重要收益之一，是居民日常生活主要的燃料品种。水电建设影响这项收益的主要方式有三：一是薪柴林被淹没导致收益丧失；二是蓄水导致山林被水域分割，居民需要借助船只才能抵达，成本提高；三是库区封山育林、护坡，致使原有薪柴林无法砍伐。根据当前国家提倡生态保护的用能政策以及西部大多数农村有利用太阳能、风能、地热、沼气等替代能源潜力的实际，我们建议为库区居民和移民免费提供替代能源设备并提供使用培训。设备和培训费用由业主直接出资补偿，或者为库区居民和移民长期提供低价生活用电作为生活用能替代。

第四类：采集捕捞收益补偿

这是乡村居民的现金来源之一，也是他们改善饮食结构、确保必需营养的重要手段，还是他们社会交往中作为馈赠礼物的重要来源。不同流域、不同社区、不同农户的收益构成、程度都不尽相同。建议由业主委托中立评估机构进行详细调查，根据当地居民的实际收益和库区淹没导致的实际损失，提出补偿办法。

第五类：各种原材料收益的补偿

竹材、石材、木料等等，是乡村居民制作各种生产生活用品、民俗产品（如墓碑、石碓、石狮等）、建房等离不开的天然材料。居民只需要投入人力成本，就可无偿使用这些资源，甚至获取收益。这些就是他们世代享用而一直以来得不到确认和补偿的用益资源收益。水电建设淹没上述原材料产区，库区居民和移民将不得不以市场价格购买。这部分收益能够明确到个人和家庭的，以个人为补偿对象，以过去三年平均收益值乘以相应补偿年限确定补偿数额；不能明确到个人和家庭的，则以集体为补偿对象，补偿数额确定的规则同前。

（2）人工环境收益

人工环境收益是指人工环境在目标产品之外额外给这些环境的经营者带来的效益。如竹林给竹农带来春笋、冬笋、箬帚、柴薪等收益；油茶林给经营者带来茶泡、茶枯等收益；杉树给杉农带来杉子、柴薪等收益；松树给林农带来松脂、松明、柴薪、松菌等收益；水田给农户带来田鱼、泥鳅、黄鳝、田螺等收益，等等。这些收益又分为零投资和低投资两类：

第一类：零投资收益

指现有生态环境中不需要人为努力就能自然产生的收益。如水田中的泥鳅、黄鳝、沙鳅、田螺等稻作民族喜食的馔肴，可作饲料的藻类，田埂生长的药膳用的鱼腥草、野生的猪饲料等；松林产生的松脂、松菇、松子、松明、柴薪等；竹林产生的竹笋、竹鼠、竹虫、箬帚材料、柴薪等。这些收益将随着水电项目建设造成的淹没和面积缩小而缩减甚至完全丧失。本项研究建议水电项目立项，务必请有经验和有资质的中立专家评估团队，深入目标区域调查，详细了解库区居民从人工环境中所得的收益种类、数量、市场参考价格等，并给当地居民以适当的补偿。补偿的计算原则是年收益乘以协商确定的年数。

第二类：低投资收益

指居民只需要前期的少量投入，即可仰赖人工环境自身的特殊条件而获得的收益。如放养的家禽，水田、塘堰中的鱼类，乃至只要播种就有收获的山场林木等等。这类收益应当根据实际产量，参考近期地方市场价格来估算和补偿。补偿系数也是生计适应的周期，即8年或8倍（参考国家退耕还林政策对生态林的补偿周期），或与移民商定。

5.2 软件创新

5.2.1 设立少数民族地区水电移民社区文化保护与发展基金

5.2.1.1 现有水电建设基金情况简介

中国水电建设基金较多。1998年11月以前，中央、地方政府和部门均有设立水电建设相关基金的权力。由于来源有保证，使用较灵活，导致各地争相设立各种名目的水电基金。其主要用途为：水库维护、相关基础设施建设与维护、移民安置遗留问题解决、移民后期扶持、库区产业发展等等。各种水电基金的建立在解决水电建设遗留问题的同时，也暴露出了使用和管理上的许多问题。

1998年11月，国家计委、国家经贸委、财政部等6部门，联合下发了《关于整顿电价秩序坚决制止乱加价乱收费行为的通知》（计价〔1998〕2212号），取消了地方政府、部门未经国家批准的电力加价及基金（资金）项目。2006年出台的《国务院关于完善大中型水库移民后期扶持政策的意见》（国发〔2006〕17号）明确规定：一律废止各地自行批准向水利、水电和电网企业征收的涉及水库移民的各种基金、资金。当前尚有法律效力的涉及水库移民的国家级政府基金包括：水库维护基金，完善后的水库移民后期扶持资金（基金）。此外，还有部分与移民有间接联系的基金，如三峡库区产业发展基金等。

5.2.1.2 设立本基金的必要性

基于前述西部少数民族地区水电移民有特殊性、多样性和敏感性，本项研究认为：不仅现行水电移民政策法规体系尚未能充分体现该区域移民工作的需要，即便加上一个《补充条例》也仍然不能完全满足西部少数民族水电移民的所有需求。这是因为人类需求的根本是文化，而文化具有整体不可分割的特点。例如，任何补偿补助方式都不可能对神山圣水做出完全的恢复。但神山圣水在当地居民心中却有无法替代的价值，这种价值不能直接用金钱物质来交换。又如，水电移民原住地的社会网络、互惠链条被打破，给移民的生产、生活、情感带来的无法量化但却实实在在的损失，这也是难以直接补偿的项目。基于这些理由，本项研究建议：突破原有补偿思路的局限，针对这部分无法计算和难以恢复的损失补偿，在"总体互惠、动态平衡"的指导原则下，设立少数民族地区水电移民社区文化保护与发展基金。

5.2.1.3 涵盖项目

少数民族地区水电移民社区文化保护与发展基金（以下简称"基金"）主要涵盖的项目为：所有无法搬迁或搬迁后条件丧失即难以恢复，无法计算和估算补偿价格，或其他难以统一补偿标准，又确实为少数民族水电移民恢复正常生产生活水准所必需的项目，特别是相关的非物质文化仪式项目和其他不可预见的项目。具体如下：

(1) 无法搬迁或搬迁后条件丧失并难以恢复的文化目标或事项。

包括非建筑类的神山圣水、朝拜路线、丧葬通道、社会网络等，它们或因被淹没而消失，或因搬迁而解组并丧失功能。受损失的主体包括社区共同体全体成员。

(2) 难以计算和估算补偿价格的非物质文化保护项目。

包括进入各级政府的"非物质文化保护清单"的文化项目，以及未进入清单但有传承和保护价值的非物质文化项目（如与社区共同体乃至原有环境共存的民俗活动、知识、才艺等）。非物质文化项目保护的相关费用，在现行补偿体系中已经有部分事项可以补偿（如博物馆建设费用等），但距离少数民族非物质文化的应有保护程度仍有较大差距。非物质文化的价值难以用物质衡量，同时，保护和恢复费用（包括传承人保护、技艺传承培训、技艺推广）较难确定。建议暂时参考国内比较成功的少数民族文化生态村的投入模式来测算。

(3) 其他难以采取直接补偿方式或无法预见其需求的补偿项目。

包括难以统计的环境用益资源收益、区位机会收益（如商铺、加工厂等位于或偏离交通要道、社区中心）、传统民俗预期收益（如有传统才艺人员在依托社区民俗节日和婚丧仪式等提供服务而获得收益）等收入损失，还可以包含移民转变生计方式的职业培训和其他相关教育费用，以及目前尚未显现、但在将来的水电建设中可能会暴露出来的无法直接补偿的其他文化事项（如移民个体和群体在迁移之后，将可能遭遇的天灾人祸归结为宅基、村址、墓地选择不当，因而举行禳灾仪式）。针对这部分潜在损失，建议用基金加项目申请的方式来涵盖为宜。

5.2.1.4 基金补偿方式

少数民族地区水电移民社区文化保护与发展基金，是在现有水电移民补偿补助和安置政策体系得到完善和制定《补充条例》加以充实，以及保持现有"水库维护基金"和"后期扶持基金"良性运行的基础上增设的。它将通过制定《少数民族地区水电移民文化保护和发展基金使用和管理办法》来确保持续可靠的运行。在性质上，该基金属于非直接补偿基金，由特定库区内的社区及移民群体自主申请，专门用于社区维持和文化保护与发展。其投入和监管方式按照项目方式来操作。

少数民族地区水电移民社区文化保护与发展基金的补偿对象或申请主体是社区中的文化传承群体或社区共同体。

5.2.1.5 来源、管理运行方式

(1) 基金的筹集原则

全国范围统筹，以库区为单位，由中央政府批准，当地政府监督水电企业、水电受益地区按照工业反哺农业，经济反哺文化，东部地区支持西部少数民族地区的原则合理分担。

（2）基金的筹集渠道

水电企业在上网电价中每千瓦加价若干分、厘，计入电价成本；

国家和地方财政对水电企业销售电量加价部分征收的增值税返还比例；

社区资源入股水电企业所得的收益的特定比例。

（3）基金的运行、监督与管理

为避免基金在运行过程中容易出现的问题（如乱伸手、乱支出、滋生腐败等现象）发生，少数民族地区水电移民社区文化保护与发展基金应建立严格规范的运行体制、管理体制和监督体制。建议出台《少数民族地区水电移民文化保护和发展基金使用和管理办法》，以加强对该基金的管理，原则上只有少数民族地区水电移民社区共同体及民族文化传承群体才具备资金申请和使用的主体资格。

项目申请的操作建议如下：

（1）具有主体资格的申请者根据《基金管理办法》有关规定，向基金管理机构提出项目申请；

（2）基金管理机构委托文化保护专家或中立的评估机构对申请书进行评审，以确定其目标、经费数额、技术路径是否适当，组织能力建设与项目实施需要是否相宜，并委托专家对完善项目方案提供必要指导，以确保其可靠性；

（3）立项，由申请者组织实施；

（4）基金管理机构聘请专家跟踪项目进展，为申请者提供相关咨询和技术指导，同时定期进行财务等审查监督；

（5）中期评估；

（6）结项评估及经验总结。由地方政府、基金管理机构和申请者协商日期、方式。

（7）组织新项目立项申请。并重复以上程序。

鉴于少数民族地区水电移民社区文化保护与发展基金的项目申请具有的不确定性，以及补偿补助方式（非等价、间接补偿）和补偿补助对象（集体）的特殊性，因此应由水电部门建立具备民族文化知识的评审专家库。水电部门根据来自各库区的申请，委托本领域专家会同移民团体和水电业主，共同商议应列入基金补偿补助清单的项目以及基金补偿补助的数额。在水电业主与移民群体无法达成共识时，专家评审团具有最终裁决权。申请主体对基金补偿补助资金的规划、使用和分配方案，由专家评审团审核裁决。

5.2.2 移民补偿补助新方式探索——社区资源入股

如前所述，中国西部地区虽然人口密度低，但真正适于人类居住的空间十分有限。水电建设中，淹没的土地往往又是当地最适合生产生活的河谷、平坝或洼地。移民搬迁后，很难再找到与原有大环境和小环境类似的理想安置地。与此同时，西部各省、市、自治区非农产业发展滞后，移民从传统产业转移出来的发展机会和空间较少，生计转型和生活水平维持与提高存在种种困难。因此，当前中国水电建设必须面对的一个重要现实是：缺乏安置移民的适当安置地和转移安置方式。这也是大多数移民不能走出贫困的根本原因。

为了确保水电移民的生存和发展权益，必须考虑将移民原有的传统资源纳入水电建设的前期投资中，按资源所值折算成投资份额，按投资份额将水电开发收益分红给移民，用稳定可靠的水电企业效益保障移民的基本生计来源。这样，水电建设前期总投资中的移民安置、耕地补偿和本项研究所指明的各种用益资源收益补偿等，可以通过长期的效益共享来逐步兑现，一方面可以避免部分缺乏经营管理经验的移民将移民补偿款做高风险生计投资或挥霍浪费掉，并因为后期生活无着而成为企业和地方政府的负担，乃至社会稳定的隐患；另一方面，也可以减小业主前期投资规模和筹集资金的压力。

5.3 法律保障

中国今后要以构建和谐社会为目标来学习和实践科学发展观。科学发展观是完善中国少数民族地区水电移民补偿补助和安置政策法规体系的关键。本项研究认为，科学发展观和"三个代表"重要思想一样，都是中国共产党针对国家需求，通过两个超越来构建一个机制的努力：一是要超越改革开放之前以斗争求生存的意识形态弊端；二是要超越改革开放以来抓经济求发展的唯物论局限，构建让参与发展的各方都能通过理解而相互尊重，通过互惠而实现共赢的可持续发展和公平博弈机制。科学发展观的出发点是以人为本。人类是兼有生物、经济、社会、政治、文化能力和需求的动物。中国30多年的改革开放对人的经济需求已经给予充分关注，今天的以人为本就是要深度关注社会成员对社会、政治和文化的多方面需求，即以满足公民全面发展的需要为本。本项研究认为这一原则高度适用于中国少数民族地区的水电移民工作，所以据此提出完善少数民族地区水电移民补偿补助和安置政策体系的如下论证：

5.3.1 制订《补充条例》的必要性

本项研究基于国家在西部少数民族地区发展水电建设事业的必然性、必要性和紧迫性，基于民族地区居民生计、社会和文化的特殊性，主张国家应针对少数民族地区水电移民的特殊性，建构新的移民补偿补助和安置体系。这个体系的事实基础是西部少数民族地区居民和水电移民确有不同于东部水电移民的诸多特殊性。这种特殊性需要也有助于补偿补助和安置政策的创新。

水电行业在以人为本的科学发展观指导下对于少数民族地区水电移民的特殊要求做出创新，不仅能使西部水电建设与移民工作顺利开展，而且会对中国的民族关系、边疆政治、社会和谐作出贡献，从而利用全球 1/5 人口在东亚生活数千年的经验为世界水电事业的发展提供中国理念、中国经验和中国模式。

本项研究为此提出：在现有政策体系的基础上制定和实施《少数民族地区水电移民补偿补助和安置补充条例》。这个《补充条例》要设立现行政策体系没有包含的许多新的补偿补助和安置的新项目和新方式。为保证这个《补充条例》不跟现行的政策法规形成体制冲突，国家要赋予这个《补充条例》合法地位以保证其体现和实施，本项研究的以下部分基于现有水电工程移民政策法规体系与现实国情和科学发展观之间的关系展开论证。

5.3.2 制订《补充条例》的依据

本项研究建议国家新增《少数民族地区水电移民补偿补助和安置补充条例》，有法律和事实两个方面的依据。

（1）法律依据

《中华人民共和国宪法》第四条规定：中华人民共和国各民族一律平等。国家保障各少数民族合法的权利和利益，维护和发展各民族平等、团结、互助关系……国家根据各少数民族的特点和需要，帮助各少数民族地区加速经济和文化的发展……各民族都有保持或改革自己的风俗习惯的自由。

《中华人民共和国民族区域自治法》第六十五条第一款规定：国家在民族自治地方开发资源、进行建设的时候，应当照顾民族自治地方的利益，作有利于民族自治地方经济建设的安排，照顾当地少数民族的生产和生活。国家采取措施，对输出自然资源的民族自治地方给予一定的利益补偿。

《大中型水利水电工程建设征地补偿和移民安置条例》第十一条规定：编制移民安置规划应当尊重少数民族的生产、生活方式和风俗习惯。

（2）事实依据

当前中国的水电移民补偿补助和安置的法规和政策体系基于东部汉族地族地区的经验制订。中国西部少数民族地区在生态环境、生计方式、建筑格式、社会组织、语言宗教、家园意识等方面具有迥异于东部汉族地区的多样性、特殊性和敏感性。现行水电移民政策法规体系对这些特点缺乏科学认识，因而对当地各民族居民收益和文化损失缺乏有效的承认，进而缺乏能够保障当地移民经济、社会和文化权益和发展需求的补偿补助和安置措施。这已经直接影响到少数民族地区水电移民工作的开展，甚至可能影响到当地的民族关系和边疆稳定及和谐社会建设。适合少数民族地区水电移民的政策法规仍然是国家相关政策法规体系中的重大空白。因此，推动《少数民族地区水电移民补偿补助和安置补充条例》出台以补充现行政策法规体系的不足，乃是水电行业发展、少数民族地区和居民发展及国家法制体系建设的当务之急。

5.3.3 基本内容

包含《少数民族地区水电移民补偿补助和安置补充条例》的少数民族地区水电移民新体系论证包括下列内容：适用的地区和人群、与现有政策法规体系的关系、新增补偿补助的项目和实施方法即少数民族地区水电移民工作规范。

(一) 适应目标和人群

基于第一节和第三节的分析，本项研究确认少数民族地区水电移民新型补偿补助和安置体系适用的区域范围是西部12个省、市、自治区和国务院后来补充列入的中东部三个民族自治州和张家界市。其地域占中国总面积75%。适用人群是居住在该区域并受水电建设影响的所有移民。根据项目团队掌握的信息及前文分析，今后10年内，西部地区水电移民总数约在2000万—3000万之间，其中将近半数为少数民族移民。

(二) 新条例与现行法规之关系

两者的立法原则和精神一致，均以恢复和重建移民的家园和生产生活为目的。因此，国家或业主不仅要补偿移民的所有搬迁损失，并且要通过补助、安置和其他扶持措施，使水电移民的生产和生活水准达到或者超过搬迁前的水平并具有可持续性。

在科学发展观指导下考察少数民族地区"水电移民损失"的补偿和补助，它要包括环境用益资源、特色民居建筑、过程隐形损失（误工和与搬迁有关的宗教信仰仪式）、社区公共（含宗教）建筑和非物质的文化资产（主要是仪式和相关艺术）。同理，少数民族移民的生活水准也不仅限于物质方面，而且要包括通过社区维系和文化延续带来的安全感、祥和感和幸福感，因而要使补助和安置包括上述文化内容。

换言之，现行水电移民补偿补助和安置政策法规是《补充条例》的基础。《补充条例》则是为适合少数民族地区的特点而对现行水电移民政策法规体系做出的补充、延伸和完善。其目标是针对西部少数民族地区水电移民的生计方式和文化特殊性，提出现有政策法规体系未能覆盖的补偿补助项目和安置策略。这些补偿项目必须是西部少数民族移民的真实和迫切需求，其方式也必须符合当下当地的要求和水电建设的需要。

(三) 新增补偿补助项目

依照"水电移民因搬迁导致的损失应予补偿"的基本原则，国家应该对现行水电移民政策法规体系没有涉及、但当地人可以举证并计算其平均值或总体概数的移民财产损失，采取直接补偿给受损人即移民个人和社区的办法。本项研究列举少数民族地区需要新增的物质损失补偿项目如下：

(1) 环境用益资源收益损失

西部少数民族地区在自然条件、生态状况、生计方式、社会环境、文化习俗等方面千差万别，但各民族经过千百年实践摸索出了各种趋利避害的谋生方法，因而能从周围的自然和社会环境中获取生存资源和保障条件。这就是环境用益资源收益的基本含义。如通过采集、狩猎、捕捞可直接用于改善个人、家庭、社群的膳食和营养，减轻因市场采购食物而造成的经济压力；或作为礼物用于馈赠亲友，使其作为互惠链条的纽带，增强社会联系和交往；或作为副产品用于市场交易。少数民族地区居民还能通过这些活动来获取或表现个人的知识、智慧、能力和才干以赢得社会声望。因此，这些活动还能给从事者以愉悦、兴奋、刺激和成就感。因为各地区的自然条件迥异，各地方的取向、能力、经验、收益水平不尽相同。

现行的水电移民政策法规体系没有对移民的这部分损失做出补偿规定。本项研究经调查确认：这部分收益在少数民族地区的多数居民收入中相对稳定地占有较大比例，《补充条例》因而要承认移民的这部分损失，并在调查研究的基础上对于可以确定的环境用益资源收入做出直接补偿给移民个人的规定。对于那些不是明确属于移民个人，也难以统计和定量的收益损失，则应做出以社区为单位估算出整体概数，以替代性的项目扶持方式补偿给移民社区的规定。对于连收益整体概数也难以估算，但经调查论证不能否认其存在的移民收益损失，也应做出以间接方式给予补偿的规定。

(2) 移民隐性损失

所谓移民隐性损失，是指少数民族地区水电移民因为移民搬迁而蒙受的区位机会收益减少、社会网络功能丧失、民俗文化互惠收益损失和由于搬迁过程漫长而导致的误工损失、物价上涨损失、因搬迁集中变卖财产而导致贬值损耗等。

现行水电移民政策法规体系对于因耗时漫长的搬迁准备和安置所导致的移民误工收入、财产集中处置导致的贬值损耗和在搬迁期间由于物价上涨而造成的损失等都没有做出补偿规定。本项研究鉴于这部分损失直接地影响了移民的生活水准，因此建议《补充条例》做出如下规定：通过调查研究来确定移民具体库区居民为准备搬迁而导致的平均误工收入、财产贬值和损耗的比例、特定周期的物价上涨指数等方法，给予移民直接补偿。

(3) 特色民居损失

少数民族地区居民的传统民居，无论是修建还是复建，都需要一些特殊材料、特殊工艺和特殊仪式。这就是少数民族民居的特殊性所在。少数民族移民基于文化和心理需求必然为此付出的相关费用如果得不到政策认可和合理补偿，就会蒙受相应损失。

现行水电移民政策法规体系对这部分费用没有补偿。鉴于民族传统居住样式和习俗既是居民生活的物质基础，也是民族文化的组成要素，同时还是移民开展包括旅游在内的生计实现发展的必要资源，所以很多水电移民搬迁后，仍会选择复建本民族传统民居。这种选择也是当地居民作为国民为国家保持的文化资产。《补充条例》因此应规定：对移民自愿修建传统民居的特殊材料费和平均仪式费用进行补偿，并且直补给房主。

（4）宗教活动场所、建筑及其搬迁仪式

现行水电移民政策法规体系对于列入各级政府文物保护清单的宗教建筑目标予以补偿，但大量存在于少数民族基层社区、与居民生活密切关联但没有列入文物名单的宗教场所和建筑或非建筑文化目标则没有做出补偿规定。由于这些宗教场所、建筑和空间文化目标是少数民族移民的重要精神需求和社区不可缺少的构成要素，所以本项研究建议《补充条例》应规定补偿或补助这类目标的搬迁、复建及在此过程中发生的必要仪式费用。此类补偿只能参考当地平均水准。超出平均水平的特殊宗教仪式，则只能以间接方式补偿。此类补偿的目标是宗教场所和建筑的管理者和使用者，主要是当地的宗教团体和社区共同体。此类文化目标的补偿或补助方式，要与当地宗教组织和领袖商议，对过于零散和难以统计，或已经丧失用途的目标，可考虑只给予笼统的间接补偿或者不补偿。但无论采取何种方式，都要跟当地居民协商。

（5）坟墓搬迁及仪式费用

现行水电移民政策法规体系虽然承认和规定了坟墓迁移费用，但与各地的实际所需相差都很大。基于宗教信仰和民族习惯，少数民族地区居民对于坟墓搬迁较东部汉区移民更为重视，先人尸骨的入土安葬甚至是他们能够安居乐业的重要心理和精神保障。因此，《补充条例》应规定提高少数民族地区水电移民坟墓搬迁的补偿标准，并明确补助迁坟的平均仪式费用。方式为直补给个人。有些社区或宗教群体坟墓，其仪式费用超出平均标准的部分，原则上以间接方式补助。

（6）社区公共建筑和公共资源

现行水电移民政策法规体系包含了部分公共建筑和资源的重建补偿费用，但少数民族地区的民间信仰、宗族纽带、民族特色活动及相关的建筑设施和资源都没有计入补偿范围。本项研究建议《补充条例》应规定：与社区生活联系紧密的公共建筑和公共资源，能够恢复重建的要直接补偿重建费用（含特殊材料费、特殊工艺和平均的搬迁仪式费用）；不能恢复的则要通过协商考虑以间接方式补偿。其补偿对象应为社区共同体，并应根据安置方式灵活处置。

（四）间接涵盖项目

依据"水电移民因搬迁导致的损失应予补偿"的原则，对现行水电移民政策法规体系没有涉及、淹没后无法或难以恢复，且较难计算出平均值或总体概数的移民搬迁损失，依据"总体互惠、动态平衡"的原则，采取间接补偿方式，给予受损社区物质补偿。《补充条例》应规定：设立少数民族地区水电移民社区文化保护与发展基金（见前文），对这些难以量化、无法直接补偿的项目，给予间接的补偿。

（1）非物质文化

现行水电移民政策法规体系对列入国家非物质文化遗产清单的文化项目，有相应的补偿和保护措施。但是，由于国家非物质文化保护工作刚刚起步，少数民族地区大量有价值的文化项目并未经国家确认并列入国家清单，而这些文化项目对少数民族却是不可或缺并有重要意义的。《补充条例》应规定：现行水电移民政策法规体系不曾涉及的非物质文化保护与恢复所需费用，由少数民族地区水电移民社区文化保护与发展基金提供，补偿补助对象为移民社区群体。方式为传承人或文化共同体做出项目申请。

（2）搬迁后无法恢复的文化载体

少数民族地区有大量的膜拜自然的宗教信仰及相关生活习俗、社区网络资源，这些文化载体无法搬迁，或者搬迁后即丧失其原有神圣性、可及性，如神山圣水、婚姻网络等。这些无法搬迁也难以恢复的文化项目，应该采取适当方式予以补偿补助。《补充条例》应规定：能够通过宗教仪式转化等方式解决的，由少数民族地区水电移民社区文化保护与发展基金提供相应的仪式转换费用；无法找到合适解决方式的，由少数民族地区水电移民社区文化保护与发展基金给予相关事项补偿或补助费用。该项补偿或补助的对象为社区共同体。

（3）移民搬迁仪式活动的增加费用

由于水电工程建设导致的移民搬迁和家园重建，引发各种仪式费用（如选址、奠基、落成等仪式）。未超出平均水平的仪式费用，予以直接补助；部分超出平均水平的仪式费用，因为操作上的原因，不能直接补助，故而采用间接的方式，由少数民族地区水电移民社区文化保护与发展基金给予相应补偿。不论仪式主体是个人还是集体（宗教团体、社区），该项补偿补助一律补给集体。

（4）其他难以统计和直接补偿的项目

难以统计的直接补偿的项目既包括环境用益资源损失、区位机会收益、民俗活动收益等隐形损失，也包含移民转变生计的培训和教育费用，以及目前尚未显现但将来可能暴露，但仍然无法用直接补偿方式解决的其他文化事项。本项研究建议将这些损失纳入少数民族地区水电移民社区文化和发展基金。

6 结论

科学发展观视野下的和谐社会有一个金字塔式的理念结构：它的顶端是和谐社会的目标即人与自然和谐和可持续发展，它的基础是人类现有的科学技术和市场经济。从基础到目标之间要有四个斜面支撑：

第一是社会的纵向分层和谐，即缩小阶层、贫富、城乡和职业之间的差距。这个问题经过科学社会主义理论和发达国家百余年的经验探索和积累，其方案已经成熟：其秘诀就是缩小或消除差距。

第二是文化的横向分类和谐，即保持多元民族文化、语言文字和宗教信仰的健康平衡生态。多元民族文化跟多样生态环境一样，对于人类应付环境变化和保持可持续发展必不可少。人类历史表明，创造和维护多元民族文化，是人类不可压抑创造力和人性的组成部分。古代中国和今日欧盟的经验都证明，只要我们把发展理念从社会发展史转换成文化生态学，抱着和谐共存的观念来对待民族文化多样性，这一目标不难实现。

第三是古今人神和谐，即通过与自然和神明的互惠来传承尊老爱幼、保护自然生态的传统。前现代中国在这方面积聚的资源最为丰富，但经过西方现代性和从"五四"到"文革"的一系列政治运动，加上改革开放以来的长期忽视，国家在这方面的欠账最多，积累的问题最严重，因此需要特别的社会补课。我们在此提出构建和谐社会和重建有神社区的理念。这里的有神是指有道德和共同体的精气神。

第四是国际关系和谐，即阐释和推广中国经验用于构建和谐世界。

对照上述理念，本项研究认为，现行水电移民法规和政策，如《大中型水利水电工程建设征地补偿和移民安置条例》和《国务院关于完善大中型水库移民后期扶持政策的意见》等，对于全国水电移民的工作原则、补偿补助和安置标准甚至后期扶持，都有统筹性的规定（以下简称现行体系）。现行体系是规范全国水利水电移民工作的指导方针和合法性基础。它具有国家法律和政策的权威性和普遍适用性。西部少数民族地区是中国行政区域，应该以执行中国现有的水电移民法规和政策为前提。

在此基础上，国家应该制订《补充条例》作为在少数民族地区实施水电开发和帮助少数民族发展的第二道防线或第二层体系。

由于第二层体系仍不能覆盖少数民族地区水电移民的所有需求，所以应由国家统一规定在全国设立以库区为单位的中国少数民族水电移民社区文化保护与发展基金。这笔基金的80%由各库区按照国家规范自主管理，20%用于国家在相关领域的重大研究项目或用于调配各地的不平衡需求。这层体系作为机动资源，用于弥补法规漏洞并体现"一库一策"的因地制宜精神。

本项研究确信：上述体系能够满足当前实践中国科学发展观和构建和谐社会的基本需求。在此基础上，国家根据少数民族地区地广人稀的特点，可以鼓励各地进行少数民族地区库区居民和移民以各自的社区资源，或其特定集体入股于本库区的水电开发及其衍生产业和事业，一方面体现保护各民族文化公平传承的精神，一方面给居民留出自愿和无痛的经济、社会和文化转型空间。

附：本项研究采用关键概念释义

少数民族：除汉族之外的55个民族。少数民族的文化多样性极高，但蒙古、藏、维吾尔、回、彝、壮、侗、傣、苗、瑶构成水电移民政策的10个关键目标民族。这些民族的宗教信仰有三类：佛教（藏传和南传）、伊斯兰教、本土原生祖先崇拜和巫道信仰。

少数民族地区：即中国西部开发计划所列的12个省、自治区、直辖市和3个少数民族自治州。这些省、区、市、州的少数民族人口比例较高，可开发的水电资源集中，而且水电建设项目选址与少数民族聚居社区高度重叠且密切粘连，因而均是少数民族水电移民重点地区。

少数民族地区生态系统：大略可分成北方高寒干旱与南方湿热多雨两大生态系统。

少数民族地区水电移民：少数民族地区受水电项目建设拆迁、征地和其他消极影响，包括其土地资源因受水电建设影响的各民族人群，包括当地汉族移民。

少数民族社区：即民族共同体。水电项目移民户数超过15，人口超过50，民族人口占1/3以上，因而能保持民族语言宗教或能举行有特色的婚姻丧葬祭祖敬神等仪式的村寨。由于分散移民会使社区文化丧失传承，所以在针对个体和基础设施的补偿补助安置政策措施外，还应采取文化保护措施，包括避免分散移民。

水电移民政策：国家规范和指导水电建设拆迁、征地和移民补偿补助、安置以及后期扶持的现行法律、法规和政策体系。

发展的悖论：指在现行经济和社会发展目标下，少数民族地区经济发展与民族文化保护难以兼得的困境，尤指少数民族地区的不发展与过度发展都会使民族文化边缘化或失传的困境。

博弈论：源于政治学，后被广泛用于人类进化和社会变迁分析，本项研究用

第一章 人挪咋活：水电资源开发与库区少数民族移民可持续发展

其特指公平的游戏规则能使参与游戏的各方在争取利益的博弈中产生道德责任意识。不公平游戏规则会助长强者巧取豪夺和弱者消极抵制甚至采取暴力恐怖的现象。

移民社区文化传承群体：概指移民条例内容不能覆盖的民族传统文化仪式传承群体，即同一社区5户以上的移民安置到同一地点，因而具有保持本民族传统文化仪式的需求、能力、知识和热情的各民族文化群体。这类群体的需求、能力、知识和热情，主要由他们向少数民族地区水电移民社会文化保护和发展基金提出的项目资助申请书来体现。

社区户：指个体家庭对地缘和社会关系的依赖。少数民族居民不是以单家独户的形式存在，而是与社区的生态环境和社会组织构成一个难以分割的整体。只有结合在社区里，少数民族移民才能体验到真正的"家乡"和"家园"感，他们才能更好地安身立命。

文化人：指少数民族居民和移民不仅需要物质和人口生产，还要通过传承民族文化包括通过定期举行社区礼仪来延续文化的再生产。在面临移民安置的情况下，他们不仅有物质和经济损失的补偿需求，更有对于生态资源、生计知识、亲属关系和社区网络及民族文化资本的补偿和安置需求。尽管他们的这些要求在现代化的语境下难以表述，但只要面对安置地的现实，他们就会因为失去的资源没有得到充分补偿而怨声载道。

整体论：首先是生物文化整体论。少数民族水电移民在空间和时间两个方面都有整体性。空间方面，他们与自然生态、周边社区和区域内的经济社会体系是一个整体。时间方面，他们与祖先、神明和子孙后代也是一个整体。这种整体性决定了他们在经济和物质之外，对于社会和文化重建需求的必然性。

第二章 修路求富：铁路建设与沿线少数民族村寨的命运

1 山呼海唤

1.1 事情原委

2006年底，地处内陆山区的欠发达省份贵州与作为中国改革开放前沿的沿海发达省份广东，基于互利共赢的需要，酝酿修筑一条快捷铁路通道，将两省省会贵阳与广州连接起来，以加强两地间的联系，促进彼此的交流与合作。经多方协商协调，铁道部和广西壮族自治区等有关各方也参与推动这一计划。于是，"贵阳至广州新建铁路"项目在2007年5月正式立项了。按照相关各方的乐观估计，贵广铁路的所有前期的立项审查工作将在2008年夏完成，2008年10月即可开工建设，2013年投入运营。

根据设计部门的设计方案，贵广铁路正线长857.3公里，拟投资799亿元人民币，其中含世界银行贷款3亿美元。项目运营采用电力牵引，具有资源节约和环境友好特点。沿线除重要站点外，征地范围限于路线两侧30米半径，其间桥梁、隧道合计长615公里，占线路总长近72.8%，仅有27.2%的线路直接在地面建设，因而大幅度减少了土地征用和拆迁规模。从技术角度而言，贵广铁路的设计基本上已经达到了最优化。

从项目酝酿到正式立项，一切都很顺利。有关各方特别是渴望有一条出海快捷大通道以便将资源优势转化为经济优势和发展成效的贵州，感到欢欣鼓舞。但是，从社会和人文角度看，这条铁路却有很强的敏感性。因为它将穿越黔南、黔东南、桂北、桂东北、粤北等少数民族聚居区。这个区域民族自治地方连片分布，民族文化和自然生态保存及维护相对比较完好，区域内各世居民族的地方性知识和传统生计方式对于珠江流域的水质安全和常年径流的相对稳定发挥着十分重要的保障作用。因此，这条铁路将对沿线带来哪些影响？从民族自治地方、当地居民以及长远的角度权衡是利大于弊还是弊大于利？具体的潜在风险有哪些？

如何加以防范……这一系列的问题不能不引起一向对民族、文化、生态等问题十分敏感的世界银行的关注。受世界银行和铁道部利用外资和引进技术中心的共同委托，中央民族大学西部发展研究中心①承担了对贵广铁路进行社会评估和编制少数民族发展计划的任务。本文就是执行这一任务的成果之一。

1.2 山海相依

本项目在约860公里距离内，穿越华南经济社会发展差异较大的广东、广西和贵州三个省区。东段广州及其所在珠江三角洲是今日中国最发达地区之一。中段广西（贺州到龙胜）属中等偏下发展水平。西段的黔南、黔东南及桂北三江和邻近的湘西南山地，是今日中国欠发达的内陆边区。全线近年人均年收入3500美元。但广东人均逾4000美元、广西人均不及2000美元、贵州人均低于1000美元。但中西两段欠发达地区拥有丰富山林、农产品、民族文化旅游和劳动力资源，还有温凉的气候，适合发展生态农业和民族文化旅游。

本项目通过建成贵阳至广州、西南至华南高效便捷大能力的快速铁路通道，把贵阳—广州间的铁路运输距离由目前的1500公里缩减到约860公里，客运时间由23小时缩短为约5小时。它同时能将中国西南山地重庆与东南沿海广州的铁路客运时间从目前的20小时缩短到约7小时，从而使西南山地与珠三角包括深圳和香港等发达城市更紧密地联系起来，促进中国南方内陆边区与沿海、山乡与城市、资源劳动力与资金技术、地方产品与消费市场的衔接，从而使少数民族地区与东部沿海地区短长互补，互惠双赢。

技术方面，本项目连通贵阳、桂林、贺州、广州4个南方交通枢纽城市，在约860公里区段内与现有川黔、怀柳、湘桂、洛湛、京汉5条南北向铁路和210、209、207、107、106、105共6条南北向的国道公路交叉成网，将包括昆明、拉萨、乌鲁木齐、西宁、兰州、成都等西部各省区的省会、首府与东南沿海城市以更短的距离联通，进而把中国欠发达的西部地区与最发达的东部地区结成一体，推动国家扶贫行动，拉动少数民族人口地区发展，促进东西部经济社会均衡。

城市建设方面，本项目和与之平行的贵广高速公路均在贵州黎平、从江、榕江三县交界处的洛香镇设立枢纽站点，因而在黔东南黎平、从江、榕江中间形成建立中型城市的条件。在当地居民参与和国家调控的作用下，它也能直接促进当

---

① 参与本项目的人员包括：项目负责人、西部发展研究中心主任张海洋教授、中心副主任贾仲益副教授；项目组成员、中央民族大学民族学与社会学学院硕士研究生陈韦帆、钟文烘、冯岸、沈洁；中央民族大学民族学与社会学学院民族学专业2007届毕业生吴辉成。

地的扶贫开发和社会公平。

1.3 区域殊相

1.3.1 地理差别

本项目起点贵阳市位于东经106°27′29″至106°53′43″，北纬26°57′42″至27°19′45″之间的暖温带。终点广州市位于东经113°17′，北纬23°8′之间的亚热带。其中贵阳－贺州路段要横切苗岭、南岭两大山系南侧。

贵州省位于云贵高原东部，面积17.6万平方公里，平均海拔2000米，现辖9个地、州、市，87个县、市、区和1个工业特区，人口3800万，少数民族人口1400万，约占全省人口的37.85%。广西陆地面积23.67万平方公里，气候属亚热带季风区，人口5000万，少数民族人口近2000万，约占全区总人口的38.4%。广东省陆地面积18万平方公里，气候多半属亚热带季风湿润区。对外贸易约占全国的1/3，利用国外资金约占全国的1/4，税收约占全国的1/7。现有人口近8000万，少数民族人口占全省人口的1.5%。

本项目建在上述三省区与湖南省南部之间，长江、珠江两大水系分水岭的南侧。除贵阳以南10公里、广西桂林北20公里和广东四会以东80公里外，其余近700公里均属于内地边区山地。这里的苗、侗、布依、水、瑶等少数民族人口占到当地人口的60%以上。他们在"八山一水一分田"的环境里经营农林渔猎生计，民族文化丰富多彩但居民经济收入很低。目前，这里有大量乡村少数民族青壮年到广东及沿海大中城市务工，绝大部分村寨外出劳动力达到总劳力的1/3甚至半数以上，而且有增无减，说明当地人发展的意愿十分强烈，同时也表明他们到东南沿海地区谋生已经没有明显的语言文化障碍。

1.3.2 发展概观

截至2007年底，广东省GDP30673.71亿元，多来自加工业。常住人口人均GDP32713元，居全国第3位。全省农业人口低于1/3。广西壮族自治区GDP5885.88亿元，常住人口人均GDP12408元，居全国第28位；农民人均纯收入3224元，农业人口超过总人口的1/2。贵州省GDP总量2710.3亿元，农林产值比重较高，人均GDP为6742－6800元，排名全国末位，农业人口约占总人口的2/3。

分析：广东省发展速度居全国前3位，居三省区之首。目前全省经济由工业化主导，社会由城市化主导，正与香港和深圳两个特区探讨一体化前景。广西人均GDP与全国勉强持平而略低，居三省区中游。贵州人均GDP不及全国人均50%，是三省区和全国末位。广州到黔东南，人均GDP从9300美元骤降至1000美元，落差将近10倍！这就是本项目对于扭转地区和民族间经济发展不平衡的潜力。

社会发展方面，本项目区主体虽在中国内地边区，但生态环境优越，民族文化基础丰厚。经过近60年建设和30年改革开放及国家财政转移支付，沿线均有县市、乡镇到村寨三级行政、教育、医疗、治安、民政、民族、宗教和扶贫救助体系。沿线居民都有固定住房和衣食保障。教育、医疗卫生等公共服务正逐步完善。

唯从现金收入和农民生产生活角度看，山地农村生产生活设施有待改进，现金收入来源有待开拓，少数民族社区文化有待进一步保护与开发。

表 2-1 贵广铁路沿线各县（市、区）经济结构一览表（截至 2005 年底）[①]

| 省/区 | 县名 | GDP 构成 ||||||| 财政收入（万元） |
		总量（万元）	第一产业（万元）	百分比/%	第二产业（万元）	百分比/%	第三产业（万元）	百分比/%	
贵州省	龙里	171176	22676	13.2	117124	68.4	31376	18.3	17171
	贵定	196258	35072	17.9	101871	51.9	59315	30.2	17678
	都匀			12.9		41.3		45.8	33171
	三都	83600	40300	48.2	7300	8.7	36000	43.1	3656
	榕江	77329	41062	53.1	9511	12.3	26756	34.6	4009
	从江	75703	39026	51.6	12057	15.9	24620	32.5	4290
	黎平	88348	42423	48	21075	23.9	24850	28.1	5111
广西	三江	105000							6422
	龙胜	79100							7038
	恭城	233000	104850	45	72230	31	55920	24	11500
	钟山	433400	122218.1	28.2	243137.4	56.1	68043.8	15.7	13600
	八步								
广东	怀集 鼎湖 广宁 四会 三水 广州	531109 以下从略							16900

[①] 表格中部分县市的部分数据空缺。原因是各地方政府对外公开的相关数据各有侧重，并不统一。

表 2-2 贵广铁路沿线重点县市区农业与贫困人口状况简表（截至 2005 年底）

省/区	县名	农民人均收入（元）	比上年增长/%	贫困人口（人）	贫困人口百分比/%
贵州省	龙里	2028	9.27	21600	10.3
	贵定	1872	8.9	5600	2
	都匀	2482	10.29		
	三都	1651	11.1	35200	10.9
	榕江	1613	5.5	89700	28
	从江	1705		94000	29.8
	黎平	1702		41500	8.3
广西	三江	1903	10.8	67453	18.8
	龙胜	2130			
	恭城	2670	13.7	38村15000	5.6
	钟山	2308	7.6		
	八步				
广东	怀集	3638	3.6		
	鼎湖	以下从略			
	广宁	—	—	—	—
	三水	—	—	—	—
	四会	—	—	—	—
	广州	—	—	—	—

1.4 关注范围

1.4.1 施工区

施工直接影响区有两个层次：一是沿本项目中心线两侧 30 米条状地带。二是沿中心线两侧各 10 公里半径之内，直接受项目建设和运营影响的走廊。走廊内的自然生态和居民社区要承受项目拆迁征地、动土施工、架桥钻洞、施工道路占地和列车运营等因素的消极影响，因而是社会评估重点。社会评估执行方确认如下事实：

第一，贵阳—广州新建铁路全长 857.3 公里，沿线经过贵州省、广西壮族自治区、广东省之间的 3 省、9 个地市、28 个县/市/区、86 个乡镇 224 个村子，受拆迁征地直接影响的约 2.5 万户，9.5 万人。

第二，沿线 224 个村寨中，移民安置团队调查了贵州省黔南苗族布依族自治州 42 个村寨，证明其中的布依族和苗族人口占村寨居民 36％以上；黔东南苗族侗族自治州 25 个村寨的苗族、侗族居民超过 90％，广西三江侗族自治县 15 个村的侗族或瑶族人口超过 60％。广西瑶族恭城县受影响的 13 个村寨少数民族人口也超过56%。社会评估执行方在此基础上，根据实地考察和地方政府推荐，加列丹寨龙泉1个村、三都普安1个村、榕江三江乡2个村、从江高增1个村、钟山两安乡2个村寨、贺州八步4个村寨。由此得出本项目沿线直接影响的少数民族村寨即社区总数为：42+25+15+13+11=106个，不到沿线受影响村寨总数的50%，原因是本项目在方案比选中充分考虑了减少耕地占用、控制移民规模的必要性，调整地面经行里程，从而大大减少了移民数量。

第三，本项目桥涵约72%，平地铺路里程约28%。移民安置报告根据现场评估，预计本项目平均每公里线路占地约40—60亩，35个站场每处平均用地约300亩。全线永久征用农地约3.3万亩，影响居民约1.5万户，63000人；受拆迁影响的居民户数约1万，人口为32439人。以上合计户数2.5万，人口约9.5万。但农村人口不到30%（具体数据见移民安置表2-3）。

第四，项目施工区绝大多数区域土质肥沃，植被丰厚，再生力旺盛。多半地方的植被在施工后3—5年即可自然恢复。但本走廊是珠江流域硕果仅存的清洁水供给区，邻近多个国家级和省区自然保护区，有独特的自然和民族文化景观，属于生态和少数民族文化敏感地区。

表2-3 贵广铁路沿线民族敏感县、市、区基本情况一览表（截至2005年底）

省/区	县名	国土面积（平方公里）	森林覆盖率/%	总人口（万）	少数民族人口（万）	少数民族人口百分比/%	农业人口（万）	农业人口百分比/%
贵州省	龙里	1521	45	21	7.38	39.5	18.45	87.9
	贵定	1631	48	27.7	14.5	52.23	23.08	83.3
	都匀	2274	52.6	47.6	31.9	67	30.7	64.5
	三都	2400	55	32.2	31.22	96.7	29.87	92.8
	榕江	3315.8	73	32	27	84.4		
	从江	3244	65	31.6	29.7	94	26.86	85
	黎平	4441	58.4	49.8	40.83	82		
广西	三江	2454	77.5	35.73	30.21	84.6	32.73	91.6
	龙胜	2538		17.1	13.02	77		
	恭城	2149	77	28.2	16.7	57	22.6	80
	钟山	1675	53	48	6.91	14.4	35.2	73.2
	八步	5152	69.8	93	8.57	9.2	68	73.1
广东	怀集下略	3573下略		93	1.07	1.1	76.1	81.8

1.4.2 波及区

指本项目在其中施工和运营的县、市、区级以上行政单位。它包括贵州、广西和广东 3 个省区，贵阳和广州 2 个省会城市、3 省区的 9 个地州市和 28 个县/市/区。移民安置数据显示，以上项目区内的总人口为 1816 万人。

1.4.3 辐射区

项目效果辐射区指处于本项目直接和间接影响区之外，但能借助项目受益的其他行政区域。社会评估执行方强调：湖南、湖北两省西部还有两个少数民族自治州（湘西土家族苗族自治州、恩施土家族苗族自治州）和多个以瑶族、苗族和侗族为主的少数民族自治县。重庆市也有多个土家族、苗族自治县。贵州省东北也有一个土家族人口较多的铜仁地区。上述 6 省区（项目省区加重庆、湖南、湖北）通过本项目受益的少数民族人口总数超过 4000 万。又由于广州枢纽能联结包括香港在内的东部沿海城市，贵州枢纽可连接中国西部所有省区中心城市，所以本项目能为中国东西部平衡发展做出重大贡献。

2 民族格局

2.1 历史互动

云贵高原到两广界山大桂岭之间分布着苗岭山、腊尔山、武陵山、雪峰山、南岭山、大瑶山等 7 座大山。内部地形复杂，气候多样，物产丰富，适合人类以小型聚落散居，但不利于中央政府设治管辖。这里因而长期成为苗、瑶、侗、水、布依、壮等诸多少数民族聚居和自治之地。秦汉之际，南岭山脉五条南北走向的山谷被中原王朝用作开发两广通道。但中央政府统治限于官道两侧，深山仍为土司所控制。

贵州开发较晚。14 世纪元末明初，明朝为了加强对西南地区的统治，从云南、四川、广西、湖南四省割出边山地带设置贵州省。但朝廷经营重点多在黔西，所以黔南和黔东南山区仍以苗、布依、侗、水等民族自治为主。直到清中期改土归流，国家对这里的管理才得到加强。《贵州通史》显示当地民族过程有三个阶段：

第一阶段距今 3000 年前，原住民为百濮，习俗种水稻、居干栏、凿齿或漆齿。百濮东南有定居农耕、文身断发、喜水耐热、社区发达的壮侗语族先民号称百越。东北有耕山狩猎、频繁迁徙、氏族组织严密、行剽牛祭鬼仪式的苗瑶语族先民苗蛮。西北有耕牧结合、重家支继嗣、行火葬、用象形表意文字符号的藏缅语族彝语支族先民氐羌。

第二阶段距今3000—1000年，项目区周边各族先民分头进入深山，逐渐同化百濮并生成仡佬和土家等民族。东南迁来与濮人同化的越人，被后来的中央王朝先称为俚，后称为僚（老）。东北迁来与濮人同化的苗瑶语族先民有时亦称僚。西北迁来的彝族与当地濮人结合。秦汉以后，中央王朝加强经营本区周边，很多汉人豪强来此开发并被逐渐同化于当地居民。宋代，这里已经形成与今日相似的世居民族格局。

第三阶段即近1000年，有两个因素增加了当地民族内涵：一是蒙古族和满族先后建立元、清两朝。他们出于治理国家的需要向此地周边派驻了很多蒙古族、中亚色目人（今日回族）和东北满族作为军政官员，并吸引来汉、回商人。他们主要居住城镇或近郊。二是随着玉米、红薯、马铃薯等耐寒高产作物在明末从东南沿海传入，使原在低地农耕的汉人有了作物装备，开始大举拓殖山区，从而改变了当地民族文化格局，最终形成了中央王朝在当地实施改土归流的社会基础。

历代王朝对当地民族的称谓多有变化，但多半称谓不指单一民族而指一个类属。例如清代把集中定居但不受中央直接管辖的少数民族统称"苗"，把散居游耕的山民称为"瑶"，并绘有包括彝族在内的《百苗图》(The Miao Album)。当地的侗族当年称峒家苗、水族为水家苗、布依族为仲家苗。中央王朝又按统治深度把苗瑶分两类：定居山边接受直接统治能讲汉语且吸收汉人文化者为"熟苗"、"熟瑶"；地处深山不受教化者为"生苗"、"生瑶"。本项目贵州路段多在当时生苗（含侗、水、布依族）地区。广西路段主体为熟瑶，但大桂岭散居者则主要是生瑶。

2.2 社会文化

本项目除贵阳市郊、桂林市郊和怀集以东共计200公里区段外，其余650公里均为少数民族聚居和散杂居区。贵阳市东南开始有苗、布依等民族散杂居社区。龙里向东入布依族苗族聚居区。丹寨向东至榕江县的三江乡为苗族、水族和侗族杂居区。再向东至广西的三江县为侗族、苗族聚居、杂居区。三江县开始有瑶族乡（高基）。再向东南至桂林郊区为瑶族、苗族、壮族杂居区。自桂林市东部的恭城瑶族自治县为瑶族、壮族区。钟山县的两安乡至贺州的山地为瑶族散杂居区。自此穿隧洞进入怀集至广州市基本没有少数民族社区。

项目区内各少数民族的语言和习俗虽然有别，但其物质资源和社会文化相似性很高。一般住户的财产概由田地、山场（兼坟山）、木结构房屋宅院及附属的厕所、畜棚、猪圈、鸡鸭舍构成。房屋内的堂屋后墙中部为祖灵神龛所在。村寨一般都有水源林地、社坛社树、鼓楼廊桥和风水龙脉信仰，有血缘性质的宗族和地缘性质的议榔（苗）、款（侗）、石牌（瑶）等传统社区组织，并遵守大同小异的村寨习惯法。简而言之，项目区各民族经过数千年密切交往互动，在生计方式、社会组织、宗教信仰、民族节日习俗、习惯法、青年男女婚前恋爱，婚后尊重女权等习俗，甚至民间艺术和文娱活动方面，都属同一种地域文化传统。

这种传统使得当地民族虽然众多，但族际关系平等和谐。历史上，特别是明清时期，因为中央王朝对当地政治整合操之过急或统治不善时，曾激起以当地苗族瑶族侗族为核心，各民族共同参与的武装反抗。1730年前后清雍正王朝强制改土归流时，曾导致150年的社会动荡和官民关系紧张。但自清晚期到1911年辛亥革命，1937年抗日战争，特别是1949年中华人民共和国成立以来，中央政府倡导多民族统一国家理念，实行开明政治，推行民族平等的国民教育，遂使现代化和经济发展成为各民族共识。目前各民族使用共同集市，社会交往密切，族际通婚频繁，各个少数民族的风俗习惯也得到理解和尊重。民族传统文化是地方政府和社区居民共同珍视的文化产业资源。各民族居民在交易、交往和通婚方面没有重大隔阂，整个项目区及其周边属于全国民族关系和谐的区域之一。

小结：基于当地生态环境的苗族、侗族、水族、布依族和瑶族的文化特点目前仍然鲜明。其语言、服饰、建筑、社会组织、民俗、宗教信仰传承完整且有较强的再生能力。散居的壮族也仍能以民族节庆等习俗作为展现其民族文化的载体。总之，当地各民族关系融洽，地方文化特色浓郁，生态基础坚实，社会风气良好，天人关系和谐，因而有利于本项目实施。

2.2.1 壮侗语族

（1）壮族

广西壮族自治区的主体民族是中国人口最多的少数民族。壮族有布壮、布侬、布土、布越、布敏等20多种自称。他称有"侬人"、"沙人"、"土僚"等。1965年10月12日，经国务院批准，"壮族"为统一族称。

壮族现有人口[①]近1700万，其中城镇人口占22.37%，乡村人口77.63%。人口预期寿命71.94岁。6岁及以上人口受小学及以上教育者占92.27%，初中及以上占45.83%，平均受教育7.33年。近90%的人口分布在广西，其余分布在与广西毗邻的云南文山、广东连山、湖南江华、贵州黔东南等连片地域。本项目区处于壮族分布区东北两缘。当地壮族在三江、龙胜、临桂、恭城、钟山、八步以及广东怀集分别与侗族、苗族、汉族、瑶族等杂居。散杂居壮族多用汉语。

壮族所在的岭南地区是风景秀丽的岩溶地形区，村寨多依石灰岩山丘，面对

---

① 本报告除特别注明外，凡涉及民族人口数据，均根据中国2000年第五次全国人口普查统计数据。

平川设置。农作物以水稻为主，兼种玉米、芋头、红薯、木薯等。经济作物有甘蔗、花生、黄豆等。从农历2月春耕到腊月收甘蔗、摘水果，一年四季都有农事。养殖以猪、牛、鸡、鸭、鹅为主，池塘养鱼发达。近年大量青壮年劳动力外出务工。临桂、恭城、钟山等县水果、甘蔗等经济作物的商品化水平很高。壮族的经济收入和居民生活水平与当地汉族相当。

乡村壮族居民多住砖瓦平房，家户自成院落。较富裕地方多建砖混小楼。村寨地势平缓，所以基本村村通公路。壮族在特质文化方面与当地汉族居民没有明显差别。

但壮族社区通常有地缘、血缘或姻缘联系，家族成员更注重邻里互助。社区公共事务由民选的村社干部负责。民俗和民间信仰活动则由师公等自然权威组织协调。广西恭城县壮族社区近年组织了村民理事会（俗称"老人会"）、水果协会等NGO，在生产生活中作用较大。壮族节日主要有春节、三月三、端午节、七月半（鬼节）、中秋节等。其中三月三为民歌节，男女老少对歌作乐，青年以歌传情，还有抛绣球、抢花炮等民俗活动，已从社区聚会发展为国内外旅游交往平台。

壮族生活禁忌较多。如农历正月初一忌杀牲。妇女产后头三天或七天忌讳外人探视。坐月妇女忌串门。忌踩踏火塘、灶台，禁食青蛙。有些地方遇有水火或其他重大灾害，要举行安龙祭祖活动，乞求保佑。此类仪式原来谢绝外人参观。目前各种禁忌逐渐松弛，但老人仍希望年轻人遵守。

（2）侗族

侗族是中国南方稻作民族之一，侗族与壮族、水族、布依族等有渊源关系。自称"更"（Geml）、"金"（Jeml）或"金佬"（Gema Laox）等。上世纪50年代，国家识别侗族为统一族称。

现有近300万人口，城镇人口占17.90%，乡村人口占82.10%，人口预期寿命67.96岁。6岁及以上受小学及以上教育者占87.90%，受初中及以上教育者占38.13%，平均受教育年数6.79年。约60%人口集中分布于本项目穿行的榕江、从江、黎平、三江和龙胜等县，其余分布在湖南怀化和广西柳州毗连地带。

侗族村寨依山傍水，居民以水稻种植为主要生计。侗族社区有多种糯稻珍稀品种，是生物和农作物多样性重点。侗族的其他农作物和养殖各类与壮族大致相同，但林业，特别是杉树培育技术发达。侗族的传统民居为干栏建筑，延传较好。村寨多临江沿河，大者数百户，小者数十户，密度极高，对火灾敏感。

侗寨社会组织以鼓楼为中心。民居环鼓楼呈众星拱月格局。村寨四周为田园和跨越溪河的风雨桥，更远为山林。侗寨现代基层政权组织和村落公用设施与壮族相似，多通自来水，有乡村公路、电视电话，有小水电或者农网供电。行政村有卫生室，乡镇卫生院能施行小手术，大病则送县城或者省州医院救治。行政村设小学，乡镇设初中，适龄青少年享受九年义务教育，小学低年级多采用双语教学。由于地形崎岖，居民日常出行依然主要靠步行和肩挑背负。

侗寨多数保留有传统社会组织"款"，侗语即"片区联盟"之意。小款为一个较大自然村落，大款由若干村寨组成。每款选有"款首"，负责召集本款各户集会议事，包括订立或者修改"款约"或监督其执行。款约类似汉区乡规民约，但更有组织保障，内容涉及生产生活习俗、道德准则、信仰禁忌、环境保护等方面，具有强大效力和深远影响。

侗族有本民族语言，族内交往用侗语，族际交往用汉语。1958年，国家为侗族创制拼音文字，但使用情况略同新壮文。

目前，侗族的鼓楼、风雨桥、芦笙舞、刺绣、服饰及民间工艺和大歌作为民族文化重要遗产，已经是侗族村寨发展民俗旅游的重要资源。侗族特色节日有四月八、吃新节（农历六月六）等。吃新节有祭祖、唱侗歌、演侗戏、观斗牛、吹芦笙等民俗活动。近年来，侗族各地都开始利用民族文化和自然风光，发展观光旅游，村寨农户颇多受益。但迄今为止，侗族农民家庭现金收入的主要来源还是靠青壮年劳动力外出务工。当地村寨平均每户就有一个劳动力外出务工。其收入占家庭收入的50%或更多。

侗族信仰多神，敬畏古树、巨石，祭拜山、水、火、灶、土地诸神。同时受汉族影响而供奉天、地、君、亲、师。最有代表性的是对民族女始祖"萨玛"的崇拜，据说萨玛能保境安民，护佑种养，神通无限。侗族禁忌与壮族略同。

（3）水族

水族是当地世居古老民族，现有40.7万人，其中城镇人口约占12.05%，乡村人口占总人口的87.95%；平均年增长率1.54%。人口预期寿命67.18岁。从受教育和文化程度看，6岁及以上人口受过小学及以上教育者占75.94%，初中21.52%，高中及中专以上5.29%，平均受教育年数5.40年。

水族90%分布在贵州境内，其中近50%分布在三都县。其余散居在周边数县。项目区水族主要分布在三都、榕江两县。水族聚落类同侗族，依山傍水，以水稻为主粮，糯稻居多。三都县是国家重点林业县之一。矿产资源丰富，但受交通条件制约较少开发。几乎每户都有劳力外出务工以获取现金收入。水族民居以干栏建筑为主，近年交通沿线多有砖木混合的双层住宅楼。多数村落基础和公共服务设施与侗族相同而略差。民族语言保留较好，小学有双语教学。

水族擅长纺织、刺绣、印染工艺。竹编、酿酒等亦有盛名。水族传统社会组织类似侗族、苗族，有"洞"、"水"、"议榔"等不同名称。议榔以自然村寨为基础，功能同于侗族款。1950年代以前，黔东南水族几乎每年都要举行"封山议榔"，所定"封山榔规"用于保护生态环境和社区安全。基层政权组织和村民自治与全国略同。

水族有水历、水书等重要文化遗产。特色传统节日为六月六、七月半。水族最隆重、最富民族特色的当推"端节"或"卯节"，即水族年。节期举行祭祀、赛马、对歌、吹芦笙等活动。

水族传统信仰多神，相信万物有灵。宗教祭典有拜霞、敬火神、祭祖等。拜霞即拜石头神，每6年或12年举行，祈求风调雨顺五谷丰收。敬火神以每年洗寨为主要仪式，洗寨期间禁止生人入寨，住户不得点灯生火，洗寨后择吉日向火神及保寨神献牲，祈求招祥纳福、保佑村寨人畜平安。

（4）布依族

布依族现有近300万人，其中城镇人口17.12%，乡村人口82.88%；人口平均年增长1.49%，人口预期寿命65.63岁。6岁以上人口受过小学及以上教育者占77.19%，初中及以上教育者占26.54%，平均受教育年数5.67年。94.17%的布依族主要集中聚居在贵州省。项目区布依族主要集中在贵州黔南苗族布依族自治州各县。布依族与壮族原为一体。明代始有"仲家"之称，自称"本地人"或"布衣"。1953年8月，中央政府确认布依族称。

项目区布依族的居住、生计、信仰、语言和节日习俗、行政管理模式与壮族相似，仅茶叶、苎麻、土靛等山林产品略多。传统社会组织略同周边苗族。信仰多神崇拜自然，杂有佛教道教信仰。遇有顽疾怪病也请求巫师作法。民间多信风水龙脉。风水神树不能砍伐，龙脉山坡不准开垦。农历二月二祭白龙，三月三祭山神，六月六祭土地，六月二十二祭山神，当天禁下地劳动；外人到访不得触动神龛和供桌，不得踩踏火塘架。

2.2.2 苗瑶语族

（1）苗族

苗瑶先民公元前3世纪前居住湖南洞庭湖一带。唐宋时向南分头迁徙。明清时期形成今日分布格局。中国境内苗族现有近900万人，其中城镇人口14.14%，乡村人口85.86%；年均增长1.85%，人口预期寿命66.52岁。6岁以上受小学教育者占79.42%，受初中教育者占28.56%；人均受教育年限5.89年。

苗族近50%人口聚居在贵州省东部南部。本项目区穿越中国苗族地理、文化最核心地区。黔南、黔东南项目沿线各县市及广西三江、龙胜两县均有苗族分布。黔南苗族布依族自治州苗族多半聚族而居，部分与布依族、汉族杂居。黔东南苗族侗族自治州丹寨、榕江、从江、黎平至广西三江、龙胜的苗族则呈大分散、小聚居格局，即在侗族、瑶族、水族社区之间形成连片村寨分布。

传统苗族社区多在深山高坡立寨。他们虽然处于亚热带暖温带季风区，但气候常年多风，日照较短。核心区苗族传统生计以种植山林为主，兼营采集渔猎。苗族山林由竹、杉主导，农业为梯田水稻，兼种坡地旱作如玉米、红薯、土豆、芋头等。重视养殖猪、牛、山羊、鸡、鸭。部分苗族家庭仰赖采集山珍获取收入。近年青壮年劳力多外出务工。

高山苗族村寨至今仍有未通公路水电者，距离市场集镇较远，商品率低于周边民族。政治管理和公共设施在行政村一级与其他民族略同。因为村落分散，苗族儿童就学难度大，病人就医难度更大。民间医药较多。

苗族传统社会组织为议榔，类似侗族款、瑶族石牌，在居民生活中有重要作用。目前村寨民事多由家族协调，公事由村委会等基层政权处理。民族语言保留完好。对外交往多用汉语西南官话。

苗族传统文化资源包括干栏建筑、梯田农耕、服饰工艺、风味饮食、民族医药、芦笙木鼓、民歌舞蹈等，内涵丰富特色鲜明。本项目穿越的黔东南和相邻的桂北地区即都柳江和融江流域是苗族传统文化资源最富集的区域，挖掘民族文化发展观光旅游潜力巨大，得天独厚。传统节日有苗年、四月八、六月六（或尝新节）、芦笙会（坡）等等。苗族信仰万物有灵，有灵魂不死的观念，崇拜祖先、神山、古树、井泉等；相信风水，立村落、建住宅、修坟茔等都经过占卜，天灾频繁人心惑乱则举行安龙、洗寨等仪式以求禳解。

（2）瑶族

瑶族与苗、畲同源。中国境内现有瑶族270万人，其中城镇人口15%，乡村人口85%。人口预期寿命69.62岁。6岁及以上人口受过小学及以上教育者占89.31%，初中及以上教育者占37.01%，平均受教育年数6.82年。

全国55.81%的瑶族分布在桂西北。受本项目影响的广西龙胜、恭城、钟山、八步是瑶族聚居区。瑶族多在高山林区与苗族错杂分布，少数在河谷丘陵与侗族、壮族、汉族杂居。瑶族传统生计与苗族略同，但旱地、林业和山林狩猎采集比重更大。近年劳务经济发展较快。恭城、钟山瑶族的橘、柚种植已成规模。

瑶族聚落比苗族小且分散，传统社会组织以地缘性石牌最有影响，其性质特点与苗族议榔、侗族款相似。但瑶族的家族组织弱于苗、侗，常见男子入赘。恭城等县瑶族村寨有村民互助组织"老人会"或"理事会"，合作处理婚丧等重大协作性事务。社区政治组织与其他民族大致相同。浅山聚居区瑶族的公共基础设施一般较好。深山散居村寨交通极差。医疗教育类同其他民族但条件更为简陋。

瑶语方言多且差别大，无统一文字，多通汉字和周边民族语言。聚居村寨传统文化保留比较完好，语言、歌舞、服饰、医药、风俗习惯均有特色。瑶族特色节日有盘王节、达努节、社王节、六月六（保苗节）。

瑶族民间信仰风气浓厚，建房讲究风水，村寨居地多靠掌山，俗称"寨龙"，一般不许破坏。有损坏时必须举行安龙仪式。巫师在瑶族社会中很受崇敬，能做祭祖禳灾、驱鬼治病、丧葬导魂等事，当地有建房盖屋等重大施工活动也需要法术保证的习俗。外来宗教以道教正一派影响最著，强调符咒斋醮。

2.2.3 其他少数民族

项目区内的其他少数民族还有蒙古族、回族、满族、仡佬族、毛南族等。桂林市雁山区有一个草坪回族乡。该乡有回族居民1980人，主要分布在潜经和大田两村，均不受项目拆迁征地等影响。[①] 回族之外的少数民族多为城镇散居，对于本项目而言没有民族敏感性。综合上述，沿线少数民族除语言外，其社区基层组织和传统文化大同小异。

3 多元主体

社会评估执行方根据中铁二院编制的可行性研究材料和西南交通大学的移民安置报告，识别出与本项目相关的各利益方如下：

3.1 项目业主

一、贵广铁路公司（以下简称贵广公司）。由铁道部和三省区政府（即一部三省区）出资组建，负责项目建设和运营管理，是本项目的实际业主。贵广铁路公司目前正在组建。筹备核心组织为贵广铁路建设指挥部，负责项目立项和建设。中国所有铁路公司在业务上受铁道部领导并关注社会效益。这种架构和导向对当地政府和居民有利。

二、三省区地方政府。贵州、广西、广东三省区政府及其下属机构作为项目投资伙伴，是本项目建设的组织者和成果受益人。三省区主要以土地股份出资，并协助项目建设，负责征地拆迁和补偿等属地工作。

3.2 世界银行

世界银行是全球最大发展投资机构。1980年代以来，世界银行与中国政府

[①] 雁山区草坪回族乡成立于1984年9月29日。2000年第五次全国人口普查时，全乡原居少数民族有2054人，主要为回族、壮族、瑶族和苗族，回族人口占少数民族人口总数的96.7%。

密切合作，在很多领域支持中国建设发展。世界银行贷款强调社会公平，重视原住民和少数民族权益和发展需求。这与中国政府构建和谐社会的目标一致，所以中国政府对世界银行理念也高度认同。本项目使用世界银行贷款3亿美元，正是为了运行世行管理程序和政策规范，保障当地社会公平和少数民族发展。

3.3 设计和施工方

本项目总体设计方是中铁二院工程集团有限责任公司。铁道部第四勘察设计院参加设计。两院在中国铁路业界均有良好声誉和可靠资质。由于本项目民族关联性极强，设计方注意到民族政策和知识咨询，力求在设计方案中平衡技术、经济和社会三方需求。施工方由铁道部以公开招标的方式产生，其资质和声誉有保障。社会评估执行方强调在招标条件中加入尊重当地少数民族权益和习俗的内容。

3.4 项目区居民

本项目区居民有城市与农村（含乡镇）两类户口。目前知道征地影响农村较多，拆迁影响城镇居民较多（数字以移民安置为准）。两类居民对项目诉求不同，但对拆迁补偿标准和及时足额兑现赔偿款都十分关切。城市居民有更好的法律保护且没有少数民族敏感性。农村居民普遍要求拆迁之前要落实宅基地，减少农地占用和提高补偿标准；希望涉及切身利益的施工扰动，如征地、房屋及坟地拆迁、施工安排等，应注意听取居民意见。不同区域、经验不同的居民还有如下诉求：期待能通过项目建设得到发展机会；希望施工建设中注意维护社区水源清洁和传统路网设施完整；施工中被占道路能及早保质保量修复交付地方，因道路被占给地方生产生活造成的损失能得到一定补偿；铁路两侧排水沟应当考虑雨季排洪不会冲毁居民耕地、房屋或影响居民通行；在社区生产生活区通过的轨道路基及桥身应当加宽，涵洞、排水沟应当考虑人畜、农用车辆通行功能，为居民提供方便，等等。

3.5 少数民族

本项目有约65％区段穿越少数民族地区，影响苗、瑶、壮、侗、水、布依6个世居民族，穿越苗、侗、水三个民族的核心区。广西壮族有相当于省级的自治区。其他5个民族有州（苗、布依、侗）或县（水、瑶）一级的民族自治地方。唯散居在民族乡或行政村的水、瑶两个民族部分成员在经济和社会发展中困难最大，应是本项目少数民族发展计划的重点。本项目据此建议把沿线少数民族分为两类并在发展计划中体现不同的侧重点：

第二章 修路求富：铁路建设与沿线少数民族村寨的命运

没有人行便道但居民与牲畜常年行走的铁路桥
（广西三江枝柳线塘库站旁）

居民日常生产生活通行的铁路基脚宽仅一尺
（广西三江枝柳线塘库站旁）

第一类为聚居而有州、县等自治地方的少数民族。这些民族的自治地方有立法机构和本民族地方行政首长。自治地方政府能够充分反映少数民族居民的需求。这些地方少数民族发展计划的经济和社会部分可通过当地政府的发展计划来体现。本项目只需配合这些计划并推动民族文化保护和开发即能取得最佳效益。

第二类为散杂居少数民族，即分布在非民族自治县（如钟山两安乡的瑶族），或虽在民族自治县但本身不是自治地方主体民族（如榕江县三江乡的水族和贺州八步区4个村的瑶族）。这些少数民族社区地处偏远，水电路设施较差，所以本项目应该为它们制订社区发展计划，并督促相关方面配置相应资源保证其实施。

少数民族乡村居民在生产生活中绝大多数依靠步行和肩挑背负，交通运输手段原始，因此，对路网状况和道路距离特别敏感，设计部门及施工单位在方案设计及具体施工过程中，应当以当地居民为本，注意听取他们的诉求。此外，沿线各少数民族传统文化氛围比较浓郁，他们关于祖坟、长山、龙脉等的观念应当得到理解并受到尊重。

3.6 其他弱势群体

当地少数民族居民文化传承完整，民风纯朴，普遍有尊老爱幼和保障妇女权益的传统和习俗。当地老人在家庭和社区享有较高地位和威望，妇女在家庭和社区能发挥重要管理职能，享有较高地位，不存在基于年龄和性别的社会歧视。近年青年女子外出打工机会多于男子。本项目在尊重和保障少数民族权益和帮助当地发展的前提下，不必把当地老人、妇女和儿童列为弱势群体，也不必单独为他们制订扶助计划。项目建设中除征询和采纳他们出于对家庭、子女和社区的关切而提出的意见外，不必采取特别措施。但是，根据对已建铁路沿线社区的调查，既往铁路建设在穿越社区及居民生产区时，由于没有增设方便通行的涵洞、跨轨天桥，铁道两侧排水沟没有增设渡桥或能承重便行的遮盖板，致使老人小孩因为跨越铁路时行动迟缓而发生危险甚至丧命，牲畜在穿越铁路时死伤也时有所闻。特别是近年来，随着技术条件的改进，铁路提速频繁，沿线居民适应不易，人畜安全的风险进一步增加，沿线居民对此反映十分强烈。希望本项目能够汲取这些经验教训，进一步完善项目设计。

这一原则也适用于当地贫困人群。本项目多半区段在贫困山区建设运营，其本身就是中央和地方政府推动扶贫和促进少数民族发展的措施。当地政府目前都有扶贫、困难救助和促进社区发展的计划和机制。本项目只需在线路和站点设计方面尊重当地政府，尊重居民发表意见的权利，保障他们在移民安置计划中的公平待遇，就能达到推动社会公平的效果。

3.7 非自愿移民

基于本项目主要用桥涵或线性穿越方式通过农村，而站点主要设在城镇的事实，社会评估执行方确认如下情况：

第一，本项目在城镇或有因房屋拆迁而产生的非自愿移民，但在农村则仅有少量征地和极少量的房屋拆迁，没有整体搬迁居民社区的现象，因而基本不会产生少数民族非自愿移民。社会评估执行方不排除当地会有从农村向城镇的自愿

第二章 修路求富：铁路建设与沿线少数民族村寨的命运

居民"设计"的跨铁路排水沟的"独木桥"
（广西三江枝柳线塘库站旁）

无路可走迫使村民天天提心吊胆穿越路轨
（贵州龙里县麻芝乡五里村湘黔线）

移民。

第二，社会评估执行方基于实地调查而同意移民安置报告提供的两组数据：一是以沿线的县市区为单位来计算，本项目直接影响区内的少数民族居民总数在500万人以内。二是沿线224个村寨（其中包括106个少数民族村寨）的征地移民总户数不超过5千，人数不超过2万。

第三，基于移民安置调查团队 2007 年 10—12 月份完成的对本项目沿线 224 个村庄 3408 个家庭的抽样调查，社会评估执行方抽取 1130 个少数民族户，内含 230 个汉族与少数民族通婚户。这组数据显示项目区直接影响区内的农村少数民族人口比例超过 1/4。但这不影响上述两个数据对沿线少数民族人口为 1/5 和拆迁征地影响不超过 2 千户和 1 万人的估算。

4 铁路影响

4.1 评估方法

社会评估执行方的评估调查依据有四类：一是中国政府关于少数民族权益保护的政策法规；二是世界银行少数民族政策导则文件；三是铁道部 6 月中旬提供，由中铁二院工程集团有限公司和铁道部第四勘察设计院编制的《新建铁路贵阳至广州线预可行性研究汇报材料》；四是当地少数民族自治地方政府和居民对项目的期待和要求。上述第三类资料后经多次更新调整，目前采用最新的移民安置报告数据。

社会评估执行方的评估调查主要根据人类学和社会学的整体论理念和比较研究规范，采用参与式农村评估 PRA 方法，实地操作并用问卷、访谈、焦点群体座谈、文献和统计资料收集等方法，加上历史文献和政策法规分析，因而能满足社会评估和少数民族发展计划编写的需求。

按世界银行 TOR（任务大纲）要求，社会评估执行方重点对项目沿线受项目拆迁征地影响的少数民族行政村做了 PRA 评估。评估样本采用多阶段非概论立意方法按照"省—州—县—乡镇—行政村"依次抽取，力保受本项目直接影响的少数民族村寨尽量多地进入样本。抽样的原则和调查方法是：

县市主要考虑少数民族人口比例相对较高，民族构成及经济社会情况彼此互补，受项目影响直接而且显著等几个条件。黎平因为预可研推荐方案不涉及，加上乡村居民以侗族为主，经济文化状况与榕江、从江类似，所以没有进行实地调查；龙胜因为以隧道穿越，未在境域内开展地面施工，隧道两端社区不属其管辖，所以属于影响轻微区域，也未进行实地调查；临桂、灵川、阳朔三县市少数民族乡镇和聚落不在项目影响区内，主要由移民安置团队调查而分享其数据信息；广东境内县市因为没有少数民族社区，所以除了怀集县因为有民族乡、少数民族人口相对较多、作为广东个案县纳入考察范围外，其余县市也未进行实地调查。最终调查的县份共有 13 个。调查主要采取召集发改委、民族宗教局、教育局、妇联、卫生局、扶贫办、民政局、交通局、农业局、统计局等相关职能部门负责人座谈的形式，同时也利用晚间走访主要领导干部或民族干部，对相关话题进行深入探讨。此外，通过提供资料清单向职能部门收集数据和资料。

沿线共有86个乡镇，社评组以民族乡、少数民族比重较大的乡镇、有少数民族分布并有类似已在建项目的乡镇为重点，共调查包括榕江三江水族乡、钟山两安瑶族乡、怀集下帅壮族瑶族乡在内的26个乡镇。调查以干部座谈为主，重点了解村级民族构成、民族文化资源和发展需求，并收集相关数据资料和文件。

村寨选择的考虑因素，一是在本项目沿线的少数民族小聚居、杂居村落；二是族别及经济社会发展代表性；三是有类似的已建在建项目经验和感受。经沿线县乡政府推荐，共对33个村庄进行了调查，约占沿线行政村总数的1/7。村级调查主要采取村民代表座谈会与入户调查相结合的办法。村民代表包括村干部、妇女、青年、老年、乡村教师、宗教人士等人员。其中分类型对18个村进行了入户调查，覆盖了苗族、侗族、水族、瑶族、布依族5个沿线主要的少数民族，村均6户。调查户的选择，除了考虑民族因素以外，主要考虑经济收入水平和收入来源结构两个因素。沿线壮族、回族、蒙古族、仫佬族等人数少、居住分散，因其经济与社会文化特点与当地汉族基本相同，我们主要采用了移民安置小组的调查数据，没有专门进行社区调查。

以上调查的时间进程、调查方法、社区特点及调查发现见表2-4。

4.2 评估过程

2007年6月至8月下旬，项目负责人中央民族大学西部发展研究中心主任张海洋教授、副主任贾仲益副教授，率队沿项目预可行性研究报告的推荐线路、顺序从贵阳到广州做了两轮实地调查。情况详见表2-4。

表2-4 社会评估与少数民族发展计划实地调查情况表

省	市/州	县	乡	调查社区	主要少数民族	调查手段 座谈会 县	调查手段 座谈会 乡	调查手段 座谈会 村	入户调查	调查时间	人员投入	选点理由及主要发现
贵州	黔南	龙里	麻芝乡	五里村	布依、苗、汉	√	√	√	9户	7月16~17日（2天）	4	理由：多民族杂居，处交通要冲，黔桂、贵北交汇，贵广线必经此处。问题：施工弃渣、噪音，社区和生产生活空间分割，老人儿童及禽畜安全，移民拆迁遗留问题。
贵州	黔南	龙里	谷脚镇	下郭关	布依		√	√			4	理由：贵阳枢纽在建，湘黔线穿越。问题：先施工后征地，铁路梗隔水缺路绕，城乡近在咫尺但补偿悬殊。

续表

省区	市/州	县	乡	调查社区	主要少数民族	调查手段 座谈会 县	调查手段 座谈会 乡	调查手段 座谈会 村	调查手段 入户调查	调查时间	人员投入	选点理由及主要发现
贵州	黔南	贵定	龙里乡	中坝村	布依	√	√	√	√ 6户		4	理由：贵阳枢纽在建，湘黔线穿越。 问题：类似下郭关；居民"堵工"申诉权益；溪流被改道灌溉、浣洗不便；铁道两侧水沟壁陡直人畜无法通行。
			昌明镇	九百户	布依				访谈	18～19日（2天）	4	理由：本项目站场所在地。复线在建。 问题：工地咫尺打工千里；工地出事（计划生育等）属地担责，地方有责无利。
				高坡村	布依苗			√	访谈		4	理由：项目站场附近。民族杂居。 发现：拆房折价，建房涨价；乡下补偿低，材料运费高。
				秀河村	布依苗				访谈			理由：项目站场附近。民族杂居。 发现：土地补偿只看既往效益，利用前景和升值空间未予考虑。
				打铁村	布依汉		√		访谈			理由：项目站场附近。民族杂居。 发现：乡村柴房圈棚与住房一体，重建应给地基；地基价高手续繁。
			旧治镇	文江村	布依		√	√	√ 6户		4	理由：湘黔复线在建。项目影响区。 发现：涵洞积水难通行；文江水涨不能过河困扰已久，地方无力解决，铁路桥应考虑两岸居民通行利用之便。
			沿山镇	新安村	布依				访谈		4	理由：湘黔复线在建。项目影响区。 发现：被占用耕地无法利用的残余面积不计入补偿；耕地类型认定引纠纷。
		都匀	甘塘镇	绿荫湖	苗布依汉		√	√	√ 9户	20日（1天）	4	理由：站场比选方案；黔桂复线在建。 发现：施工占道影响居民正常生产生活，农家乐效益连年下降，施工引发纠纷多；铁路横割村寨、耕地造成绕行，涵洞无法通行农用车辆。
				邦水村	布依苗汉	√	√				4	理由：站场比选方案；黔桂复线在建。 发现：果树补偿十不及一；施工单位修复占道是"豆腐渣"；施工不用本地人；居民反映意见渠道少且不畅。
			大坪镇	马寨村	水		√	√	√ 6户		4	理由：站场比选方案。 问题：担心纯朴民风因施工带动人流而变坏；多种经营效益好，失去耕地生活出路难找。

第二章 修路求富：铁路建设与沿线少数民族村寨的命运

续表

省区	市/州	县	乡	调查社区	主要少数民族	调查手段 座谈会 县	调查手段 座谈会 乡	调查手段 座谈会 村	调查手段 入户调查	调查时间	人员投入	选点理由及主要发现
贵州	黔东南	龙里	普安镇	普屯村	苗布依			✓	6户	21~22日（2天）	4	理由：站场比选方案。 发现：有外出传统，需要方便交通，居民盼铁路早施工，涉及征地、迁坟等希望参与协商，有事商量都好说，遇事相信政府能处理好。
贵州	黔东南	三都	普安镇	新华村	水苗		✓			21~22日（2天）	4	理由：站场比选方案影响区。 发现：修铁路方便出远门，省钱安全；希望补偿合理。
贵州	黔东南	三都	九阡镇	水郭村	水			✓	6户	21~22日（2天）	4	理由：项目影响区；水族文化旅游点。 发现：民族文化特色浓郁；收入增加增强农民展现文化特色自信；民族节日和政府引导是文化传承创新机制。
贵州	黔东南		凯里市			✓				23~24日	4	理由：工作协调，资料收集；凯里原生态民族文化艺术节观摩。 发现：民族文化资源丰富多彩，交通等基础设施落后成为开发瓶颈。
贵州	黔东南	丹寨	龙泉镇	羊甲村	苗		✓	✓	6户	23日半天	4	理由：站场比选方案。 发现：黔东南州希望丹寨设站，并为全州路网布局调整提供契机；羊甲不具备设站条件；应以少数民族发展计划补偿。
贵州	黔东南	榕江	三江乡	怎冷村	水、苗、侗、汉	✓	✓	✓	9户	25~26日（2天）	6	理由：项目影响区。乡政府所在地。 发现：贵广铁路以桥隧通过后山，占地少；希望开发当地石材铺路增收；交通闭塞，希望帮助解决与铁路连线。
贵州	黔东南	榕江	古州镇	中心村	侗	✓		✓	9户	25~26日（2天）	6	理由：站场附近；民族文化旅游点。 发现：号称千户侗寨，古榕群、萨玛庙、鼓楼及民族工艺发达，传统文化特色浓郁，铁道上移避开村寨。
贵州	黔东南	从江	高增乡	占里村	侗	✓	✓	✓	3户	27~28日（2天）	3	理由：项目影响区。人口控制典型村。 发现：闻名遐迩却闭藏深山，急需改善交通等基础设施。
贵州	黔东南	从江	高增乡	小黄村	侗	✓	✓	✓	3户	27~28日（2天）	3	理由：项目影响区。侗歌之乡。 发现：传统文化传承机制完善，开发效益初现，急需改善交通等基础设施。
贵州	黔东南	从江	贯洞镇	腊阳村	侗汉	✓	✓	✓	6户	27~28日（2天）	3	理由：站场比选方案。 发现：欢迎设站，希望补偿合理，政府有妥善的城镇化方案。
贵州	黔东南	从江	丙妹镇	岜沙村	苗			✓	3户	27~28日（2天）	6	理由：项目影响范围。旅游点。 发现：民族文化资源丰富，宣传多，开发层次浅，需要完善开发方案。

和在多赢——西部民族地区发展项目的人文关怀

续表

省区	市/州	县	乡	调查社区	主要少数民族	调查手段 座谈会 县	调查手段 座谈会 乡	调查手段 座谈会 村	调查手段 入户调查	调查时间	人员投入	选点理由及主要发现
广西	柳州	三江	古宜镇	泗联村	侗	√	√	√	3户	29日1天	3	理由：县政府推荐站场所在地。发现：地势开阔，聚落疏散，适宜设站；是县域发展规划实现条件之一。
			老堡乡	塘库村	侗汉		√	√	3户		3	理由：预设站点。老站场。发现：铁路设施设计和管理与社区居民生产生活需求不协调，居民抱怨多。
	桂林	恭城	西岭乡	大岭山	瑶	√				30～31日（2天）	6	理由：农民艰苦创业成功典型。发现：传统农业市场化急需发达的交通、通讯、人才、信息服务，农民有智慧和能力，基础设施需大力扶持。
			平安乡	李家村	瑶汉		√		9户		6	理由：站场所在地。发现：担心果树补偿标准太低；希望项目建设至少不会降低现有生活水平
				北洞源	瑶汉						6	理由：项目影响区。发现：欢迎项目建设，希望交通改善有利产品输出、客流吸引。
				横山村	瑶						6	理由：项目施工区。发现：果园被征用，担心将来生活水平下降。
			莲花镇	郎山村	汉						6	理由：项目影响区。发现：古建筑有规模，可借助交通条件吸引客流，发展文化与生态旅游。
				红岩村	瑶壮						6	理由：项目影响区。发现：生态农业与农家乐旅游初见成效，需注意规模效应和服务设施建设。
	贺州	钟山	两安乡	星寨村	瑶汉	√	√	√		8月1日	3	理由：铁路经行。问题：希望降低噪音，增加安全设施；经过村寨龙脉需举行仪式；涉及迁移需政府解决宅基地，减少程序。
				沙坪村	瑶汉				√ 9户		3	情况与星寨村同。
		八步区	八步区	八步区	瑶	√				8月2日	6	理由：政府所在地。与市、区民委及发改局座谈，收集资料。发现：有3个瑶族村在影响区内，至今未通公路、电，贫困面大，需要项目帮助解决基础设施建设难题。

86

续表

省区	市/州	县	乡	调查社区	主要少数民族	调查手段 座谈会 县	调查手段 座谈会 乡	调查手段 座谈会 村	调查手段 入户调查	调查时间	人员投入	选点理由及主要发现
广东	肇庆	怀集	下帅乡		壮瑶	✓		✓		8月3日	2	理由：广东境内项目沿线唯一的民族乡，瑶族、壮族有代表性。发现：离铁道直线距离30公里左右。希望帮助修通径直道路连高铁站点，方便居民乘车。
			怀城镇	怀高村	汉		✓	✓			7	理由：站场所在地。发现：担心补偿低；部分居民希望征地后，在车站附近留出一块由村民集资进行房地产开发，借项目机遇以求长期效益。
小计	6	13	26	33		13	26	23	105		18	

第一次（6月28日—7月5日）实地考察由张海洋和贾仲益执行，主要通过地方政府收集资料，识别问题，了解需求和建立联系，同时制订工作计划。

第二次调查（7月15日—8月5日）投入全组力量，按照知情同意原则分别与沿线各地/州/市、县/自治县、民族乡干部座谈，听取对本项目建设正负面影响的意见和建议，同时收集统计数据。

上述调查共覆盖3省区的6个州市，13个县（区）和项目沿线两侧20公里之内的26个乡镇、33个行政村。两次调查共计召开县市政府座谈会13次、乡镇政府座谈会26次、村级村民代表或干部座谈会33次，接触布依、苗、水、侗、瑶、汉等民族的知识分子、政府官员、居民代表近400人，对其中18个村105户进行了入户调查，深度访谈50余人次，整理调查资料20万字，收集包括各级政府年度工作报告、"十五"总结、"十一五"发展规划、部门调查内部报告、地方志、民俗志、统计年鉴等在内的各类文献30余份/册，拍摄照片1200余张。上述工作得到各地各民族官员和居民的支持和肯定。

本次评估重点为县、少数民族比较集中的乡镇和村（以村部所驻的自然村为主）三个层次。我们的主要考虑是：各县政府有立法权，是职能完善的国家政权机构，其人口中以乡村居民为主，如何带动乡村发展是政府及其职能部门的主要职责，因而在政策上、工作规划上直接面向农村，也非常熟悉乡村需求；与省区、地州政府比较而言，县市政府既有非常完整的权能，又有最直接的属地行政责任。民族乡是中国为体现散杂居少数民族权益而设的行政单位，有一定的经济文化管理权能，比上级职能部门了解本地少数民族的发展状况和实际需求。村是乡村居民的聚落，村民委员会既是农村居民基层自治组织，又是村民及其共同体与上级政府及部门进行沟通协调的重要渠道。

由于中国铁路建设项目形象和声誉良好，本次调查得到各地政府和村民积极支持配合。座谈会上各方人员除提供相关数据，还带领评估组实地考察，围绕项目经济社会效益以及民族、环境和文化敏感性提供见解，使调查组对地方人文有更加深入明确的认识，所掌握的数据也更为坚实。

4.3 调查数据

截至 2007 年底，项目区即三省区居民总人口约 1.5 亿。沿线人口约 1800 万。其中少数民族人口约占 38%。黔桂两省区沿线 18 个县市区少数民族人口占当地总人口的 45%，布依、苗、水、侗、瑶、壮等 6 个世居民族人口占当地少数民族人口的 99%，少数民族农村人口约占 95%。移民安置报告显示：受本项目拆迁征地影响的各族居民总数约 2.5 万户、9.5 万人。其中少数民族约占受影响人口的 20.48%、约 2 万人。本项目影响少数民族的社区分布见表 2-5：

表 2-5　本项目沿线少数民族构成与社区分布情况

县名	总人口（万人）	少数民族（%）	主要世居少数民族	百分比	散杂居少数民族	百分比	项目波及聚居民族	百分比	项目波及散杂居民族	百分比	少数民族分布乡镇	项目波及少数民族构成乡镇
龙里	21	39.5	布依、苗	38.8	藏、蒙古、彝等	0.7	布依、苗	38.8	白、黎	0.7	13个乡镇少数民族人口超过20%	麻芝乡、谷脚镇、水场乡
贵定	27.5	52.2	布依、苗	51.7	水、侗、土家、仡佬等	0.6①	布依、苗	60	仡佬	0.1	谷撒、新巴、石板、抱管、黄土、仰望等	沿山镇、昌明镇②旧治镇
都匀	47.6	67	布依、苗		水、侗、彝、瑶等		布依、苗、水、侗		彝、瑶		少数民族人口占67%	甘塘镇、大坪镇
三都	32.2	96.7	水、苗、布依	95	壮、毛南等	2	苗、水、布依	98	其他	0.1	少数民族人口占96.7%	普安镇、交梨镇
丹寨	15.4	89	苗	85.5	水、布依等	3	苗族	85	水、布依等	1	少数民族人口占89%	龙泉镇
榕江	32	84.4	侗、苗、水、瑶	78	布依、畲等	6.4	侗、水、苗	84	瑶、畲等	3	少数民族人口占84.4%	三江乡、古州镇

第二章　修路求富：铁路建设与沿线少数民族村寨的命运

续表

县名	总人口（万人）	少数民族（%）	居民民族构成 主要世居少数民族	百分比/%	散杂居少数民族	百分比/%	项目波及聚居民族	百分比/%	项目波及散杂居民族	百分比/%	少数民族分布乡镇	项目波及少数民族构成乡镇
从江	31.6	94	苗、侗、壮、瑶、水	92	其他	2	苗、侗	90	瑶、水等	2	少数民族人口占94%	高增、贯洞丙妹镇
黎平	49.8	82	侗	70	苗、瑶、壮等	12	侗	87	苗、瑶、壮等		少数民族人口占82%	高额
三江	35.73	84.6	侗	57	苗、瑶、壮	23	侗	57	壮、瑶、苗	23	少数民族人口占84.6%	富禄乡、老堡乡
龙胜	12.9 16.7③	77	苗、瑶、壮、侗	76④	毛南、回、黎、土家、白、彝	1					少数民族人口占77%	滩底
恭城	28.2	60	瑶、壮	58	其他	2	瑶	68	其他	1	观音、西岭、三江、莲花	西岭乡、平安乡、莲花镇
钟山⑤	47	14.4	壮、瑶	14.3	苗、回、满等	0.05	壮、瑶	53	苗、侗	0.01	两安、花山、望高、红花、清塘	两安
八步	93	9.2	瑶、壮	9	苗等	0.2	瑶	9	壮、苗	0.2	大平、黄洞、南乡	贺街、莲塘
怀集	93	1.1	壮、瑶	1.1	其他	0.1	瑶	80	其他	0.1	下帅、中洲镇	下帅乡

① 贵定县的前三项数据根据该县民宗局提供的《贵定县少数民族基本情况（2000—2006）》统计得出。
② 贵定县民族事务委员会和县史志办公室编《贵定县民族志》第1页据1982年和1990年的两次人口普查统计，布依族人口占50%以上的乡有谷撒、新马、石板、抱管、黄土等11个乡；苗族人口占50%以上的乡有仰望、新铺等乡，占80%以上的村有巩固乡的杨柳村、石板乡的岩脚村、昌明镇的凌武村、猴场堡乡的扁左村、新铺乡的四寨村、大兴村、谷撒村等共18个村。
③ 此数据为研究生陈韦帆收集1999年数据。
④ 此数据根据该县1999年资料统计而成。
⑤ 钟山县数据均根据县统计局2007年8月1日提供的《钟山县少数民族分布情况一览表》统计而成。

贵州龙里到广东怀集等山区各县面积一般2500—3000平方公里，人口20—35万，平均人口密度100人/平方公里。人口密度趋势是低地高，山区低，东部高，西部低。本项目主体穿行在大山区人口稀少、聚落分散的区域，社区多为几十户数百人的小型村寨。

山区农户土地大致有三类：主产口粮的水田、主产经济作物的旱地、主产林竹草的山坡。其中林地主要是集体分配给各户的柴山和人工林地；荒山荒坡通常沿袭乡村传统，作为公共牧场；另有部分涵养水源的原始次生林也没有分配到户。中国法律规定农村土地所有权在国家，管理权在集体（村民委员会），使用权在农户。农民土地使用权可内部协议转让，但不能出卖。城市土地所有权在国家，房产使用权在居民户。农村遇有公益建设拆迁时，房产由住户做主，地产则由村民委员会（集体）与农户协议做主。农户可选择要钱而放弃田地，也可向村委会提出调配田地，把土地征用补偿费转让给有其他生计来源、愿意出让承包土地的农户。以下我们根据实地调查掌握的第一手资料，对贵州、广西两省区农村居民的经济状况加以统计分析。

表2-6 贵广铁路问卷资料（105户）分析表——概况

项目	民族数	社区数	户数	人数	男性	女性
贵州	5	15	79	384	217	167
广西	4	3	26	140	71	69
广东	0	0	0	0	0	0
总计	7	18	105	524	288	236

表2-7 贵广铁路问卷资料（105户）分析表——土地拥有情况统计表

概况	调查总户数			105户		
	调查总人数			524人		
项目	土地总数	耕地总数	水田	旱地	园地	林地
计量单位	亩	亩	亩	亩	亩	亩
总计	708.43	458.28	250.80	175.28	115.50	337.15
户均	6.75	4.36	2.39	1.67	1.10	3.21
人均	1.35	0.87	0.48	0.33	0.22	0.64

表2-8 贵广铁路问卷资料（105户）分析表——收入情况统计表

概况	调查总户数			105户		
	调查总人数			524人		
项目	收入合计	农业收入	养殖收入	林果收入	劳务收入	其他收入
计量单位	元（RMB）	元（RMB）	元（RMB）	元（RMB）	元（RMB）	元（RMB）
总计	1414570	350290	204260	318800	517000	365920
户均	13472.10	3336.10	1945.33	3036.19	4923.81	3484.95
人均	2699.56	668.49	389.81	608.40	986.64	698.32

第二章 修路求富：铁路建设与沿线少数民族村寨的命运

表2-9 贵广铁路问卷资料（105户）分析表——支出情况统计表

概况\项目	调查总户数			105户		
	调查总人数			524人		
项目	支出合计	生产支出	生活支出	教育支出	其他支出	债务
计量单位	元（RMB）	元（RMB）	元（RMB）	元（RMB）	元（RMB）	元（RMB）
总计	1376786	364016	497350	231150	542770	606300
户均	13112.25	3466.82	4736.67	2201.43	5169.24	5774.29
人均	2627.45	694.69	949.14	441.13	1035.82	1157.06

表2-10 贵广铁路问卷资料分析表——贵州省土地情况统计表

概况\项目	调查总户数			79户		
	调查总人数			384人		
项目	土地总数	耕地总数	水田	旱地	园地	林地
计量单位	亩	亩	亩	亩	亩	亩
总计	546.83	347.18	203.30	123.48	33.90	210.65
户均	6.92	4.39	2.57	1.56	0.43	2.67
人均	1.42	0.90	0.53	0.32	0.09	0.55

表2-11 贵广铁路问卷资料分析表——贵州省收入情况统计表

概况\项目	调查总户数			79户		
	调查总人数			384人		
项目	收入合计	农业收入	养殖收入	林果收入	劳务收入	其他收入
计量单位	元（RMB）	元（RMB）	元（RMB）	元（RMB）	元（RMB）	元（RMB）
总计	1004680	286310	164910	25700	320400	274460
户均	12717.47	3624.18	2087.47	325.32	4055.70	3474.18
人均	2616.35	745.60	429.45	66.93	834.38	714.74

表2-12 贵广铁路问卷资料分析表——广西壮族自治区土地情况统计表

概况\项目	调查总户数			26户		
	调查总人数			140人		
项目	土地总数	耕地总数	水田	旱地	园地	林地
计量单位	亩	亩	亩	亩	亩	亩
总计	161.60	111.10	47.50	51.80	81.60	126.50
户均	6.22	4.27	1.83	1.99	3.14	4.87
人均	1.15	0.79	0.34	0.37	0.58	0.90

和在多赢——西部民族地区发展项目的人文关怀

表2-13 贵广铁路问卷资料分析表——广西壮族自治区收入情况统计表

概况\项目	调查总户数			26户		
	调查总人数			140人		
项目	收入合计	农业收入	养殖收入	林果收入	劳务收入	其他收入
计量单位	元（RMB）	元（RMB）	元（RMB）	元（RMB）	元（RMB）	元（RMB）
总计	409890	63980	39350	293100	196600	91460
户均	15765.00	2460.77	1513.46	11273.0	7561.54	3517.69
人均	2927.79	457.00	281.07	2093.57	1404.29	653.29

表2-14 贵广铁路问卷资料分析表——广西壮族自治区支出情况统计表

概况\项目	调查总户数			26户		
	调查总人数			140人		
项目	支出合计	生产支出	生活支出	教育支出	其他支出	债务
计量单位	元（RMB）	元（RMB）	元（RMB）	元（RMB）	元（RMB）	元（RMB）
总计	422676	130076	146500	108600	189500	118000
户均	16256.77	5002.92	5634.62	4176.92	7288.46	4538.46
人均	3019.11	929.11	1046.43	755.71	1353.57	842.86

从以上统计分析表可以看出，贵州各地人均耕地相对较多，园地、林地相对较少；广西耕地稍少，但园地、林地面积稍多。根据实地调查掌握的情况，不仅省区之间在人均土地数量、结构上存在一定差别，即使在同一省区、县市、乡镇乃至毗邻的村庄，甚至同一村组的各个不同家庭，人均耕地也是各不相同的。这种差别表现在省区和县市、乡镇之间，主要是由于人口密度及国土结构的差异造成的。表现在村庄、村组之间，则是各个社区在历史上形成的势力范围大小不同，经土地改革时期核定而固定下来，半个多世纪彼此人丁繁衍多寡不一样、非农化能力不一样而造成的。表现在家庭之间，则主要与20世纪80年代初联产承包时，各个家庭人口的数量、性别、年龄结构不一，特别是沿线少数民族社区绝大多数存在女嫁地留的习俗，即外嫁的女性其名下应得土地由父母兄弟耕种，使得部分女儿多、男儿少的家庭在女儿出嫁后人均土地面积增多，而那些原来男儿多、女儿少的家庭在儿子们成家添口以后，人均土地减少了。十余年来，随着大量青壮年劳动力外出务工，农村土地少、口粮紧、出路窄的局面得到一定程度的缓解。

在收入方面，贵州农民人均收入、支出水平，与广西相差约200元左右，两省区又都低于全国平均水平；广西与广东的差距则在千元左右，广东高于全国平均水平。

另外，从实地调查情况看，各地农村居民的住宅面积普遍较大，大多数民居加附属建筑平均不低于 200 平方米。宅基地不小于 100 平方米。

项目区内的民族分布格局为："苗瑶住山头，壮侗（包括水、布依）住水头，汉人住街头（包括交通和商业要道）"。项目区内的散居瑶族、苗族和部分水族在享用现代公共设施（路、水、电）方面困难较大。他们的社区现代基础设施建设较晚，所以对发展机遇的需求更为强烈。

概括说来，沿线少数民族地区经济发展具有如下共性：

一是农业仍为支柱产业，比重占到县域经济的 1/2 以上。农村人口比例平均仍达 84%。

二是政府和居民整体贫困。贵州三都、丹寨、榕江、从江、黎平和广西三江、龙胜等 7 县都是国家级贫困县；广西的恭城、钟山等是省区级贫困县。沿线很多县份还没有实现村村五通（路、水、电、电视、电话进到每个村寨）。项目沿线农民年人均纯收入仅为全国农民人均水平的 60%。其中贵州省三都、榕江、从江、黎平等县农民年均收入不足 2000 元。当地农村劳力多半外出打工，造成老年欠保障、妇女负担重、留守儿童呵护少、公益事业停滞、社区文化再生产中断等问题。

三是各县自然和人文资源丰富，开发潜力巨大。项目沿线各县市的森林覆盖率均超过 50%，且多有矿产、水力、木材、绿色农产品、自然景观和宜人气候等资源。而且沿线各少数民族聚居区和社区的民族文化富集。贵州三都、广西龙胜的原生态民族文化特色尤其鲜明。

4.4 正面影响

各地政府肯定本项目对当地有下列益处：

第一，缩小发展差距。本项目能缩小欠发达的山区与内地的差距，带动边远山区现代化和城市化进程，加速少数民族地区的整体发展。

第二，促进产业结构调整。本项目能拉动人流物流，吸引外地人才、技术和投资，促进当地资源开发并形成产业链，带动当地民俗文化开发和生态旅游观光。

第三，降低运输成本和风险。本项目可直接降低居民出行、农用物资及消费品的运输成本和风险，方便居民外出就学、就医、务工、经商、旅游等，也便于政府把各种服务和农村公益事业配置到位。

第四，增加就业机会。通过促进地方发展，可以拓宽居民就地找到就业门路，剩余劳动力可以在本乡本土找到工作。

当地各民族居民总结本项目对社区的正面影响如下：

第一，改善基础设施。有了铁路，出门经商、打工、旅行、购物、求学、治病更加便捷、安全和省钱。工程建设留下的施工便道和水电管线能改善山村基础设施。

第二，增加就地就业。快速铁路能带来外地游客、商人，拉动当地服务业。

第三，扩大本地产品销路。铁路开通后，本地的种养和采集产品可以快速销往东南沿海发达城市，既可增加销路，又有望卖好价钱。

第四，增强家庭和社区活力。居民就近务工可顺便照顾小孩、服侍老人。青壮年在家能增加社区活力和生活情趣。

老人、妇女、儿童及贫困弱势群体对项目积极影响的评价与其他群体一致。他们大都认为，青壮年外出打工虽然能带来收入，但也使村寨冷清，许多仪式和娱乐活动不能开展。逢年过节担心家里人路上出事。铁路的修通有助于这些问题的解决。

总之，本项目沿线政府和居民，包括民族自治地方政府和少数民族居民都承认本项目的正面影响明显，因而真诚欢迎项目早日立项和开工建设。

社会评估执行方认为项目还有如下正面作用：

（1）矫正现有路网缺陷，成倍缩短运输里程，数倍缩短出行时间。本项目能矫正目前三省区边缘山地东西向交通运输瓶颈，促进贫困山区少数民族社区的人员和物品输出，拉动沿线产业结构调整和村寨城镇化，增加居民就业机会和增进居民福利。

（2）发挥山地生态和少数民族文化优势。在东西两端居民收入悬殊的背景下，本项目作为客运干线，能直接带动当地生态和民族文化旅游产业。旅游产业进入门槛低，收益直接分散，且与当地农副产品关联紧密。当地少数民族社区居民通过农家乐、民族歌舞表演、民族工艺制品等小型消费服务，都能实现就业增收。民族文化旅游还能激发各族居民保护生态和传承民族传统文化的自觉意识，增强民族自信心，从而有利于民族民间文化和地方生态环境保护和发展。

4.5　潜在风险

相关利益群体对项目负面影响的评估因地位和利益不同，分为政府与社区居民两类。政府又因级别不同而有所不同：省区政府，特别是贵州省迫切希望项目尽早立项开工。地州县市政府希望线路站点靠近主要城镇，并有利地方发展规划的实施。他们希望：

第二章 修路求富：铁路建设与沿线少数民族村寨的命运

第一，补偿标准差别不要过大。沿线存在地区和城乡差别是客观事实，但如果城乡或政区补偿标准差距过大，低标准地区居民工作难于推进。经济发展滞后、补偿标准低的地区，人员素质也较低，另谋替代生计的成本也就越高，故而更应当予以适当照顾。对此，相关各方将在移民安置计划中作出合理安排。

第二，施工建设务必尽量减少损坏当地民用设施。贵阳－都匀段县市政府和乡镇鉴于部分以往类似项目存在施工扰民、占道、损毁基础设施等经验教训，要求加强施工监管和人员教育。占用地方道路给居民生产经营效益造成显著负面影响的，应当给予一定的经济补偿。业主承诺，将把上述要求纳入招标合同，并在施工建设投资中作出相应的预算安排，以保证施工单位能对具体问题予以合理处置。

第三，配合本项目施工新修道路和供水供电设施，适当提高建设标准，以便当地政府和社区居民继续使用。

沿线各民族居民对项目宏观层面消极影响的看法与地方政府相同。贵阳－都匀路段居民近年接触建设项目较多，针对征地拆迁补偿、基础设施恢复和环境保护的要求非常具体。其他路段山区少数民族1980年以来极少接触铁路建设项目，所以只从人畜安全、先人坟山、风水龙脉等角度考虑消极影响。各地少数民族观点与当地居民大致相同。他们用提要求的方式表达对各类消极影响的担心：

第一，拆迁征地阶段。各类实物要公平测定，拆迁要提前安排宅基地，房地补偿款要充分直接到手，涉及风水林地、先人坟墓、社区龙脉时要提前通知。这些敏感目标选址搬迁要举行仪式。广西钟山县两安乡和贺州市八步区的瑶族代表都提出项目施工触动村寨或住房背后山坡的"龙脉"（寨龙）时，要提前告知村民或户主，以便选择吉日举行安龙仪式。业主考虑：坟墓搬迁费用将在移民安置计划中作出安排，由地方政府具体查验后支付；修复风水龙脉等仪式所需费用，将在施工建设中作出相应预算，由施工单位与社区居民或其代表协商并给付。

第二，施工建设阶段。防止农忙期拆断农道和水电设施。道路狭窄处施工车辆避让当地车辆行人。教育施工队伍遵守当地民族风俗，进行毒品、性病和艾滋病防治教育，注意公共卫生和保护水源。对居民进行施工期间的安全教育。建设用工用料要优先当地劳工和资源。被铁路隔断的道路和水渠应修复或安排替代。业主承诺：社区居民的上述要求将作为招标条件，由业主和属地政府监督落实；相关费用将包含在施工单位的预算当中。

第三，运营阶段。提前开展铁道安全和保护铁路设施教育。尽量消除道路对周边社区房屋和电讯信号的噪音或震动等消极影响。塌方或路基震动引起居民房产和其他损失（包括庄稼和草木）要及时足额赔偿。地方政府承诺，将结合基层普法等宣传教育活动的开展，对社区居民进行相关知识和法律政策教育。业主承诺，将利用技术设备和相宜的设计，降低和消除噪音、震动等影响；对不可预见的灾害性损失，也将在每年的运营维护预算中作出相应的费用安排。

4.6 具体案例

【案例1】 贵州龙里县座谈会

政协张主席（兼"贵广高速公路和贵广铁路建设协调办公室"主任）：

　　黔桂线修筑的时候采取人海战术，地方群众通过参与工程，得到收益。地方发展也都得到很多实际好处。由于本县有站，出门可以坐火车，非常方便。计划经济时代，农副产品也可以运到贵阳出售。由于交通方便，当时，铁厂、化工厂纷纷落户龙里，促进了地方经济的发展。本地就业也得到促进，因为铁路吸收很多员工。龙里在上海还有一个办事处，专门为上海的港务输送工人，每年几百人。由于交通便捷，基本上就与贵阳连在一起。货运现在还是可以利用铁路。

　　提速以后，现在只有两趟慢车，龙里—都匀，龙里—玉屏；对地方的作用减少了。贵广铁路建设中要注意几个问题：

　　1. 失地农民的生活保障，希望国家出台相应政策。本地少数民族农民在失去土地后，没有其他生存技能，无法从事其他营生。可以考虑为他们提供职业培训；一定不能让群众因为国家项目建设而返贫。

　　2. 补偿标准。一定要照顾农民权益，不能靠牺牲群众利益来实施国家项目。空心砖房子的补偿300元/平方米，现在新建的房子每平方米投入超过400元，迫使很多群众贷款。铁建办现在面临的最大困难，就是说服群众接受国家和政府的既定标准。

　　3. 铁路部门施工完成以后，遗留问题往往成为地方政府的负担。地方困难多，本级政府无力解决，致使很多问题一拖再拖。

【案例2】 都匀市甘塘镇座谈

镇党委杨书记：

　　目前在建黔桂铁路改建项目，正面效果比较显著，如：

　　缩短与发展地区的时空距离，半小时到贵阳，到广东5—8小时；

　　可促进务工经济顺利发展，现在务工收入占农户总收入40%以上；

　　带动农产品的商品化，全镇生猪32800多头，蔬菜产业形成了规模；

　　对区域发展作用更大，使都匀的对外交流出口进一步增加并更加合理化。

　　修筑铁路是重大决策，我们积极支持。但是也希望：尽量完善规划，方便沿途居民生产生活；不能牺牲地方利益建设国家项目，一些在建项目让地方吃尽苦头，很多基础设施20年内都无法恢复；考虑人民群众生产生活设施的恢复、完善和提升；要注意采纳地方意见。村寨道路、灌溉设施要充分考虑；土地补偿要求统一标准，不能因地区差异给实际执行的地方各级政府特别是基层干部造成矛盾和工作困难。

【案例3】 都匀市甘塘镇邦水村座谈会

邦水村熊支书：

全村人口6385人，1570户，少数民族占总人口的98%，苗族占18%、布依族占70%以上、水族占8%左右，基本上都汉化了。劳动力3000多人。农民人均纯收入3430元。贫困户有42户。

收入来源：劳务输出（占主要收入来源的50%以上）、运输（中巴等60多部运输车）、养殖（占主要收入来源的30%左右）。耕地3834亩，水田占80%以上；农作物主要有水稻、蔬菜、生姜。

黔桂铁路施工2年多，修通以后是当地老百姓的幸福路、致富路。以前估计不到，现在感受到了，有时候我们看得不够远。

问题：

1. 赔偿问题。标准偏低。百姓田土宝贵，果树种很多年才能挂果，但征地时只赔偿20元/棵。希望贵广线的补偿要提高标准，沿线最好能够统一标准。

2. 与施工单位的矛盾。施工以来，村一级应付的民事纠纷增加70%以上。过去一个月1~2次，现在天天有矛盾、有纠纷。

【案例4】 从江县政府部门座谈会

孟（常务）副县长：

从江在黔桂两省区接壤地带。距凯里、柳州、桂林都超过250公里。少数民族占总人口的94%以上，是贵州省最偏远、最贫穷的县份。民族文化浓郁、丰厚。岜沙、占里、小黄等地有苗族、侗族文化展示点。自然资源丰富。由于基础设施落后，"手捧金饭碗讨饭吃"。

"十五"末GDP7.5737亿元。1974年县城通车，借道黎平。1980年直通榕江。2002年，光辉乡最后通车，实现"乡乡通"。31.6万人口中，有92300贫困人口。从江不沿江、不沿海，是三省区接壤的边区。

"两高"（即贵广高速公路和贵广铁路）带来的影响：

贵广铁路贯穿南北，覆盖整个旅游产业带。全县期盼已久，使从江县面临融入泛珠三角洲的机遇。面向贵州，从江最远；面向珠三角，从江反而成为前沿，地理区位、发展机遇完全改变，发生根本性逆转，有利于山区资源综合开发。由于民族聚居程度高，区域发展与民族发展高度一致。世居民族有苗族、侗族、壮族、瑶族、水族。从江现有少数民族19个。

农业产业发展：面向两广，打造民族农业产业。

以贯洞为中心，培植四个基地。贯洞——民族工业中心；两千"小黄、占里、岜沙"旅游经济圈；宰片为中心的农业、畜牧业；都柳江沿岸绿色生态经济和小水电开发带。

四个基础：面向两广，打造成沿海一带菜篮子基地；劳动力输出基地；承接东部产业转移基地；后花园基地（依托自然、民族、生态）。

通过上述战略规划及其实施，将资源优势转换成发展优势。

有利于扶贫攻坚。从江是国家重点扶持县，主要是由于环境闭塞、基础设施落后造成的。交通改善能够拉近与发达地区和中心城市的距离。过去是"肩膀经济"（肩挑背扛），"自给自足"；现在有条件大力发展商品农业；可以促进农业高科技发展，改变目前粗放经营的局面。从江香猪（国家一级保护畜种，在东南亚东盟博览会得到好评）在20世纪90年代受到外地客商的青睐。山羊、黄牛等绿色畜产品发展潜力巨大。

有利于民族自治区域的发展，具有重要的政治意义。贯洞是全国侗族人口最集中的中心区，辐射从江、榕江、黎平、锦屏、融水、三江、通道等，是侗族民族经济与其他民族经济交接、交融的最佳结合点。洛香高速公路栅道口与贯洞铁路站在从江境内结合，有利于尽快形成一个快速发展的次中心城市，会大大强化其辐射功能。月亮山、雷公山区今后是全省的扶贫开发重点，也是交通路线分布最稀疏的区域，亟待通过改善交通获得发展机遇。

经济意义：两高是机身，两个机场（黎平、荔波）是两翼，贯洞是引擎，有利于带动区域经济起飞。

贵广线初期调研时，全县人民点着蜡烛排成4里地的队伍欢迎专家，说明群众期盼之热切。

通过改善交通条件，有利于开阔当地人的眼界，转变当地干部群众的思想观念。建议在贯洞设置站点，货运量设计30万吨。同时考虑到未来20年发展的需要，增加设计规模。贯洞没有地理条件限制，希望货运量设计扩大到100万吨。地方政府会尽全力支持项目建设。

【案例5】 榕江县三江水族乡座谈会

乡党委杨书记：

这是第一次接触调研民族情况的铁道工程队伍。之前与成都铁二院的工程人员接触过。

2006年听说快速铁路要经过本乡，全乡人民都很激动。每次会议、每次下乡都积极宣传。这是本地群众多少年来想都没有想到的大好事。"两高"建设后，到广东只要 5 个多小时。对本地经济发展将是很大促进。召开了全乡会议，要求围绕"两高"进行产业调整。

现在全乡外出务工 2000 多人，寨子大部分年轻人都在外面。几乎是每户有 1 人在外面打工，打工地主要是广东、浙江、上海等。

我们 3 月份就接到上面的通知，要求沿线的各族群众要积极配合快速铁路施工。征地，群众知道有补偿，都没有顾虑；施工便道已经施工，群众很配合。困难不大。

边远地区的群众盼交通，他们可能会提出：我们这里是途经地区，只是看到铁路，没有机会搭乘；如果有比较好的施工便道，让他们能够到县城搭乘，群众心意也能得到满足。

前些时间，成都设计院的设计人员到本地开展勘测，仪器设备的搬动群众甚至都愿意无偿帮忙。

我们这里老百姓没有明确的宗教，有无人看管的山神庙，敬菩萨的。风水观念有，但不是很固执。"两高"从背后通过，铁路比公路高 50 米左右。有少量迁坟，每座补偿几百元。

补偿：目前补偿标准还没有定，不清楚。群众的要求有多有少，五花八门，很难一一满足，但是工作做细、争取大多数群众支持、共同来做少数人的工作，都能做得通。现在修通村路，各村自己调整土地，不给补偿。在大型项目协调土地的时候，可以采取村内调整的办法，如果需要征用的地块承包户不愿意、不接受补偿，可以让愿意拿补偿的农户把自己承包地拿出来给被占用的农户。由于这些年外出劳力多，部分农户已经不很愿意种地，所以，土地的征用和补偿不会成为工作难点。乡、村两级干部完全可以做通工作。

施工便道建设基本上都是机械化作业，老百姓只有少量的铺砂石、平整路面的机会，对群众没有多大益处。实际上，本地有石材，可以作为铺路材料，不一定舍近求远，就近取材可以带动当地农户增收。

由于基础设施严重不足，旅游资源很难开发。主要有民族文化生态，有地方特点，主要是水族文化。但是，本地还没有将游客留下来的条件，游客对本地经济没有什么贡献。

【案例 6】 贵州三都县普安镇座谈会

陈镇长（布依族）：

听到消息，非常振奋。

普安处于三都最北面。1991 年建镇。离县城 21 公里。土地面积 82 平方公里。全镇 20400 人，19 个村 128 个村民小组，4624 户。人口密度全县最高，土地资源比较缺乏。有耕地9600亩，人均0.47亩。苗族8000多人，水族近7000人，布依族近5000人。普安属农业乡镇，特色产品是葡萄。近年发展比较快，亩产3000—5000斤，每亩收入8000多元。2002年开始规模种植，每年有1000多亩的发展速度。反季节蔬菜有西红柿、辣椒、马铃薯、白菜等。葡萄主要利用山腰旱地，属于"山腰经济"，已种植4000多亩，挂果面积2000亩。石材比较好。普安河汇入都柳江，水质好。林业以松杉为主，森林6.5万亩，森林覆盖率53%。施肥以农家肥为主，农产品是绿色产品。山场资源比较多，矿产资源没有得到开发利用。

经济在全县处于中等水平。2006年农业产值3756万元，人均纯收入1750元。苗族区域交通不便，发展水平比较低，人均纯收入1400元左右。外出务工4000多人，属全县外出务工人员最多的乡镇。

目前正在配合两高修筑施工便道。线路选择听取乡镇意见。主要是石碴路，新修路段每公里10万元，改建路段每公里7万元，6.5米宽，砂石路面。由于本地乡村交通很不方便，目前有6个村没有通公路，便道施工及修通便道，方便群众出行，群众很欢迎，对征地拆迁非常支持。

征地标准：城镇规划区内稻田20000元，规划区外15000元，旱地9000元。镇成立"两高建设协调小组"，负责相关工作。现在已知的路线没有经过村庄，是建设高架桥从村庄上穿过。

修筑施工便道时，有两家苗族需要迁祖坟，他们主动提出，只要施工需要，随时让出地方，因为老人已经归西，还要看将来，要方便活人。

占地：多数村寨保留有机动田即集体田，作为集体经济积累的来源。现在根据施工需要，干部可以调整集体土地补偿受损农户。由于劳动力大量外出，粮食压力减少，耕地征用不是非常困难。

从上述个案我们看到，项目区各层次、各方面对于本项目的预期和要求还是有一定差别的。有类似项目经验的地方，对于既往项目在方案设计、建设施工、征地补偿、拆迁安置、沟通协商等方面存在的问题和不足，往往体会很深，反响也强烈，当然对于本项目也有很高的期待，希望本项目能够汲取教训。而没有相关项目经验的地方，对于本项目乃至能够大大改善地方基础设施状况的建设项目，都表示欢迎，并表达了积极配合、促成项目早日开工的愿望。总之，本项目只要高度重视并且能正确对待地方政府和居民的这些愿望要求，并体现于完善本项目的各项努力之中，相信一定能够赢得沿线政府和居民的欢迎。

4.7 支持显示

尽管各方面对项目风险不无担忧，但对铁路建设可能带来的发展机遇却更为关注和期待。项目区各级政府、沿线居民和少数民族均积极支持本项目并盼其早日开工。各地政府获知消息后，都开始围绕本项目建设调整当地产业结构和发展规划。包括少数民族在内的沿线居民则一方面表示在拆迁征地中将积极配合，一方面憧憬社区和家庭的经济前景，同时也希望项目能充分尊重和体现他们的社会文化权益。

贵州省中西部近年铁路建设活动密集，地方政府和社区居民相关经验也多。自都匀以东的三都到从江县政府和居民迄今没有铁路经验，但热情很高。贵州沿线各县均已成立由发改委牵头，包括土地管理、林业和民族宗教等部门抽调人员组成的"两高办"（贵广高速公路和贵广铁路建设协调办公室），负责本项目业务协调。

广西期待通过本项目带动桂北发展。当地政府更关注本项目带来的机遇。三江、恭城、钟山县均已成立项目办。居民热情支持本项目，少数民族社区更是珍惜项目带来的重大发展机会。

广东省与本项目直接发生关系的有省发改委和怀集、广宁、四会、三水4个县市的政府。目前4县市政府均已设立项目办公室，积极开展相关工作。

上述省区和县市均已进行社会动员，沿线居民相当关注项目的落实情况，并对项目表示热烈欢迎和支持。调查样本105户中，对项目表示支持者102户，不发表意见者3户，反对者0户，总体支持率为97.1%。当地居民表现出的高项目支持率主要基于以下原因：第一，铁路修通可以促进本地经济发展，帮助自己脱贫致富；第二，交通便利之后，外出务工、旅游、就医、农产品运输等都会相对容易；第三，大多数居民表示交通状况的改善有利于和外界互通信息，增长见识。

5　协商计划

本项目在中国政府倡导和谐社会和可持续发展的背景下立项，因而特别注意沿线政府和居民的发展需求。项目在前期调研设计阶段，已经多次通过座谈会、论证会等形式吸收当地居民和少数民族自治地方政府的意见和建议，取得了明显的社会效果。基于这一经验，本项目在施工和运营阶段仍然要坚持这个传统，即组成有业主、地方政府和少数民族社区代表三方参加的协商机制。协商内容除规划设计方案之外，还包括对移民安置、少数民族发展计划和建设施工及运行管理的全过程。

5.1 准备期协商

本项目于2007年5月确定利用世界银行贷款。根据世行要求，进行移民行动计划、社会评估暨少数民族发展计划的调查与编制。期间的相关协商活动详见表2-15：

表2-15 准备期协商内容安排一览表

时间	内容	对象	机制	注意事项	成果
2007.5~2008.9	路线和站点规划设计方案的比选与完善	铁道部；三省区沿线各级政府；世行	会议现场会勘	充分听取并尊重沿线地方政府意见和发展规划	项目预可研报告（07.05）项目可研报告（08.02）都匀、三都、榕江、从江、三江、恭城设站方案优化
2007.5~2007.12	铁道部与三省区投资构成、方式与责任	铁道部三省区政府	会议	尊重地方意见，平等协商	形成了铁道部和三省区政府都能够接受的具体方案
2007.5~2008.9	征地拆迁规模与标准	铁道部三省区沿线各级政府	会议	节约和保护耕地；减少拆迁与移民	桥隧比重达到75%左右；永久征地约3.5万亩，影响居民约2.5万户，9万多人，少数民族约2万人
2007.7~2008.7	移民方案的设计与完善	铁道部外资中心；西南交大移民安置小组；世界银行；地方政府与居民；	实地调查及会议	遵照世行导则OP4.10与当地各族居民进行无限制性的前期知情协商；少数民族语言权利	移民安置实地调查数据；沿线87个乡镇226个村3408户基线数据；移民安置报告
2007.7~2008.9	社会评估与少数民族发展计划	铁道部外资中心；中央民族大学SA（社会评估）团队；世行；地方政府与各族居民	实地调查及会议	遵照世行导则OP4.10与当地各族居民进行无限制性的前期知情协商；少数民族语言权利	实地调查数据；13个县市26个乡镇33个村105户的相关数据、地方文件、第一手资料；SA及少数民族发展计划报告

本项目业主、地方政府、社区居民暨少数民族代表将组成常规协商机制，在无限制性的知情协商和公平互惠原则下创建有利于居民和少数民族参与决策的气氛。为方便处于体制和文化弱势的基层政府及社区居民和少数民族居民代表的参与，同时为了降低居民参与成本以保障其参与，协商会场将尽可能安排在现场。

第二章 修路求富：铁路建设与沿线少数民族村寨的命运

5.2 施工期协商

根据目前各方面工作的实际进展，本项目投入施工建设预计在2008年10月。按预定计划，建设周期约5年，则本项目竣工投入运营应在2013年底。

在此期间，需要各方面协商的内容可能包括：

1. 房屋土地及附属设施如何定量定值，补偿资金如何足额直接到手；
2. 移民新建房屋宅基安排、选址考虑、型式设计及社区功能保持措施；
3. 确定社区敏感文化目标，包括坟山风水山林等，以及触动所必需的仪式；
4. 社区现有道路、水电及其他生活设施如何保持及损坏如何赔付替代；
5. 如何对工地人员进行尊重民族文化和维持环境、卫生和治安的教育；
6. 施工道路和水电设施如何照顾社区发展长远需求并留给社区使用；
7. 如何开展针对项目的居民安全教育以及运行造成居民损失如何理赔。

针对上述内容的协商方式具体表述见表2-16。

表2-16 施工期协商安排一览表

时间	主要内容	对象与主体	机制方法	注意事项	目标及成果
2008.7～2008.12	征地拆迁补偿标准及具体落实办法	三省区沿线各级政府；沿线施工区各族居民或其推选的代表，或其委托的律师	听证会；现场座谈会；法律诉讼程序	尊重少数民族语言权利；保障居民知情权并降低参与成本；现场无限制性知情协商原则	作出有利于居民恢复生产生活的政策安排
2008.7～2009.12	移民安置方式及社区功能及特色维持措施	沿线各级政府；各族移民或其推选的代表；并吸收社会人类学专家	座谈会现场查勘专家咨询	尊重移民语言文化权利；确保移民无限制性知情协商参与	形成让移民安居乐业并能传承文化传统的安置方案
2008.7～2009.12	社区文化敏感目标识别及相应处置办法	沿线各级政府；各族移民或其推选的代表；并吸收社会人类学专家	现场查勘座谈会专家咨询	尊重居民文化传统和风俗习惯；保障居民知情权和参与权	通过安排必要的费用，帮助居民完成仪式以求其心安
2008.7～2013.12	施工区社区基础设施维护、恢复及补偿	施工方地方政府社区居民或其代表，或委托律师	事前现场会勘；座谈会；诉讼程序	尊重社区居民生产生活习惯；保护居民基本权利、合法权益	恢复后的基础设施条件更优，居民生产生活更便利
2008.7～2013.12	对工地各类人员进行地方人文与民族政策教育	施工方地方政府地方知识精英民族学专家	现场考察专门培训	加强针对性注重实效性注重沟通交流，避免满堂灌	防止违反政策有害和谐事件，保障施工顺利及项目形象

续表

时间	主要内容	对象与主体	机制方法	注意事项	目标及成果
2008.7~2013.12	施工区居民安全教育与相关政策法规教育	铁道部 施工方 地方政府 铁道资深管理者	电影进村 电视入户 村干宣传 居民普法	形象生动 通俗易懂 民族语文 培训骨干	在铁路沿线形成有利于施工和顺畅运行的人文环境

值得注意的是，施工建设期间的临时性协商，其诉求往往产生于施工现场。因此，当地居民、施工方最先发生接触。而在体制安排当中，双方都处于弱势，又最容易发生针锋相对的利益冲突。因此，业主作为项目甲方，地方政府作为行政管理者，将努力构筑快速协调反应机制，同时注意加强对施工人员和社区居民的政策及法规教育。考虑的快速协调反应机制有：

（1）在各级政府机关设置项目建设协调办公室（可以给地方政府的"两高办"——即贵广高速公路和贵广铁路——增加相应职能和人员），并开通热线，对各方上传信息作出及时回应。

（2）安排相应工作经费，保证工地有属地政府相关行政、执法部门人员以及村干部驻守现场，以便对各种情况作出判断和处理。

同时，本项目是一个永久性项目，在竣工并投入运营以后，其运行和维护也将会注意调动沿线政府和社区居民参与的积极性。为此，业主将在人员和经费上作出有利地方的安排，以树立项目良好形象并提高社会认同度。

6 发展计划

社会评价和移民安置两个团队的实地调查表明，项目区少数民族社区共有106个，它们的主体居民既是中国政府确认的"少数民族"，又符合世行少数民族政策描述的关于少数民族的关键特征，因此，借款方决定根据中国民族政策精神和相关法律法规及世行政策要求，针对这106个少数民族社区制定出相应的少数民族发展计划，以消除、缓解或补偿本项目造成的负面影响，并使这些少数民族社区及其居民获得因项目建设直接或间接带来的、具有社会文化适应性的好处，确保受到负面影响的社区的生计活动、公共生活顺利恢复，生产生活条件不因项目建设而恶化，族群文化得以延续，居民生活水平不因项目影响而下降或得到一定提升，心理、精神上不因项目影响而产生焦虑和不安。

6.1 社区分类

根据社会评价和移民安置团队的调查和分析，由于项目设计遵循少征地、少拆迁、少移民的原则，所以，项目区沿线全部106个少数民族社区均无铁路穿越致社区被分割，或需要整体迁移的情况。但根据社区与线位距离远近的不同和受影响程度的差别，这106个社区又可分为两种类型：

第一种类型为聚落离线位比较远，主要受征地、占地及施工暂时影响的社区（以下简称一类社区），共95个。它们属于少数民族发展计划中的一般性社区。除了按照中国相关政策由移民安置做出补偿安排以外，少数民族计划也将安排基础设施建设、劳动力培训等项目活动，帮助社区和居民克服项目带来的不利影响。

其余11个社区属于第二种类型（以下简称二类社区），它们距离线位或站点不足1公里，不仅受到征地、拆迁的影响，而且还将直接受到施工干扰及铁路运营的影响，个别社区因其神圣空间无法绕避而需按当地习俗举行禳解仪式；或因社区整体民族文化特色鲜明而具备发展成为沿线代表性旅游观光点的潜力；或因缺乏发展所需的基础设施而长期贫困，因此，属于少数民族发展计划的重点对象。这些社区是：贵州丹寨龙泉镇羊甲村（苗族）、三都普安镇普安村（苗族、水族）、榕江三江乡怎冷村（水族、侗族、苗族）、古州镇车江村（侗族）、从江高增乡占里村（侗族）；广西钟山两安乡沙坪村（瑶族）、星寨村（瑶族）、八步莲塘乡文波村（瑶族）、贺街三和村及联东村（瑶族）、鹅塘大明村（瑶族）。重点社区需要安排更多的经费和项目活动，才能克服或补偿本项目带来的负面影响，并使这些社区能够通过本项目建设而获得具有社会文化适应性的发展机会和实际好处。

6.2 计划原则

一个统筹：本项目属于投资项目，不可能挤占大量工程建设投资用于实施少数民族社区发展计划。经协商，贵广公司承诺：延展铁路沿线施工建设和运营等部分设施功能以更好地支持地方发展，并承担由此产生的全部费用；承担项目施工过程中因为触及沿线社区神圣空间而发生的仪式费用。贵州、广西两省区各级政府承诺：以本项目建设为契机，通过调整相应计划，把本地扶贫、交通和农田水利等基础设施建设、农民技能培训、乡村文化建设、新农村建设等专项资金和计划指标，优先安排到本项目沿线少数民族社区，与本项目建设相互整合、衔接配套，以增强项目对地方发展特别是沿线少数民族社区的带动效应。

两个确保：一是确保当地少数民族社区生态环境、经济社会和民族传统文化安全，防范社区居民担心的消极影响。二是确保社区居民在无限制性知情协商的原则下，充分参与项目重要环节的协商和决策。

四个促进：一是促进少数民族社区现有人文环境和生态环境与本项目长久和谐共存。二是促进少数民族社区基础设施改善，加快项目沿线少数民族乡村解决通水、电、路等困难的步伐。三是促进少数民族社区经济文化和社会组织的发展和健全。四是促进少数民族社区脱贫致富和参与本项目的能力建设，包括参与项目建设和后期运营维护的培训、地方资源开发利用、就业技能培训、发展项目的监管业务培训等。

6.3 计划内容

根据责任和资金来源，少数民族发展计划的活动内容分为贵广公司分担和贵州、广西两省区各级政府分担两大部分。

6.3.1 公司责任

贵广铁路公司投资支持的活动包括：

A. 施工便道在确保本项目施工建设的前提下，兼顾社区需求，作有助于完善地方路网的安排，适当延伸里程，并提高便道质量以便地方长期利用；

B. 配合项目施工建设和运营的水、电等供应设施在质量、容量上兼顾沿线少数民族社区的生产生活需要，并为此适当增加投资；

C. 对因施工建设占用、损坏的沿线社区各类基础设施，在修复时确保质量或适当提高等次；

D. 铁路沿线的各类附属设施如排水沟、挡墙、涵洞、路基基脚等，设计和施工上将考虑便利附近社区居民生产生活上安全利用的需要，并为此增加必要投资；

E. 由施工方根据项目施工需要，尽量吸纳沿线乡村劳动力参与本地线段施工建设，合理开发沿线可利用的建设材料，并免费提供相应的技术培训，帮助沿线少数民族社区居民增加就业和收入；

F. 项目建成后，铁路运营、维护所需员工，在同等条件下优先招录沿线受征地、拆迁等潜在负面影响的少数民族社区中的适龄居民，并给予相应的岗位培训。

6.3.2 政府责任

地方各级政府统筹资金支持的活动内容包括：

（一）一类社区（即受项目潜在负面影响相对比较轻的社区）的活动

A. 完善社区基础设施，由发改委、交通、水务等职能部门负责；

B. 受项目征地拆迁等负面影响社区农村劳动力技能培训，由教育、劳动就业、农业、妇联等部门和组织负责。

本项活动有两类对象：一是生计受本项目搬迁征地影响的村民，二是贫困少数民族社区中学毕业青年和其他弱势人群。本项目将根据当地产业和市场前景，对目标人群进行职业技术培训，提高其就业知识技能和维护权益的意识和能力。此项目之下的培训活动突出当地适用性，尽量提供音像教材，注意发现和启用当地师资人才并注意使用双语教学。

C. 特色产业开发及人才培养，由教育、民委、旅游等部门负责。

龙里、贵定、都匀、丹寨、三都、榕江、从江、黎平、三江、恭城10个县的政府，将针对竹木加工、医药、民俗建筑和文化旅游等特色产业开发，为属地沿线少数民族社区提供人才培训服务，以提高居民素质、增加农户收入、增强社区活力。鉴于民族文化旅游业能牵动饮食、建筑和民俗工艺等领域，其收益能普惠千家万户，其进入门槛不高且兼有民族文化保护功效，所以培训将以饮食、服饰、手工工艺、民间仪式、歌舞演艺和农家乐经营等方面人才培养为重点。

（二）二类社区（即受项目潜在负面影响相对比较大的社区）的活动

A. 基本内容与一类社区相同，但适当加大投入规模；

B. 民族传统文化传承保护与合理开发，由民委、文化、旅游等部门负责。

（三）少数民族社区与地方风光风情、特色物产的宣传

本项目沿线自然风光旖旎，民居民俗特色鲜明，特色物产丰富，但由于运营之后火车多在桥梁涵洞中穿行，客站布局有一定局限性，乘客不能充分领略。所以，配合本项目开工建设和运营，沿线各级地方政府将组织当地文化艺术工作者采用画册、多媒体、广告牌、宣传窗等多种手段，荟萃少数民族地方风物，在列车、车站、铁路沿线视野开阔之处播放、展示，向乘客宣传展示地方特色资源和文化，以此助推当地少数民族文化旅游产业。该项任务由宣传、旅游、广播电视等部门负责。

（四）其他相应的政策安排

A. 搬迁住宅及规划宅基地。本项目拆迁居民住宅前，地方政府保证，提前安排面积和价格合理的宅基地。宅基地规划面积将充分考虑地方民居结构特点和发展旅游等需要，不仅保证住宅建筑面积，还将结合各地习惯，尽量满足居民对禽畜棚圈、柴房、厕所、晒场等附属设施的建设要求。宅基地的选择在节约用地的总原则下，将兼顾统一社区建设规划和居民对风水等方面的要求。同时，加速办理拆迁户宅基地审批手续，由建设局具体负责。

B. 鼓励恢复传统民居。侗、苗、瑶、水和布依族的传统民俗富有特色，是地方特色人文景观的重要组成部分，也是各民族非物质文化的重要载体。地方政府保证：在有利于保护生态环境和尊重本项目拆迁户意愿的前提下，鼓励恢复传

统民居,并向居民发放适量砍伐指标,保证建房所需木材。针对本项目搬迁户的树木砍伐指标也将简化手续和减免费用。对于移民中的困难户,扶贫、民政部门在调查核实后,根据实际情况,投入适当经费,支持其复建传统住房。此项任务由城乡建设规划局、林业局等部门负责。

6.3.3 防范措施

业主承诺,将严格按照中国相关政策法规,加强对施工单位监督管理,严防施工扰民或损害当地社区和居民权益。具体包括:

A. 确保征地拆迁补偿和移民安置操作周全谨慎,迁移坟墓或在神圣山林动土必事先通告并耐心协商,必要的仪式费用与居民认真协商,并由施工单位从施工建设预算经费中支付;

B. 确保社区现有道路和水源不受损坏,占用或损坏要赔偿修复;

C. 确保施工渣料安全堆放,防止造成排洪隐患。铁路排水沟道口须绕避社区、民居、道路、耕地和水源,无法绕避时须修建稳固地沟;

D. 施工占用或毁损地方水源、渠道、公路、电力等设施,要按原规格及时修复;施工分享当地社区水源、电源和设施,要协助社区改善水电设备或给予一定补偿;

E. 铁路维护经费中将安排适当比例,用于委托沿线社区协助维护线路通畅及进行灾害排险,使沿线居民与本项目结合更加紧密;营运中的震动和噪音将通过设计和技术措施尽量予以排除。

F. 此外,业主和地方政府共同承诺:为防范铁路建设造成的人员流动等给相关人群带来的安全和社会风险,将对施工单位员工和沿线居民进行政策法规教育和毒品、性病、艾滋病及其他流行病的预防教育。施工单位负责员工教育费用,属地政府承担地方居民教育的费用,由司法局、民宗局、疾控办等具体负责。

6.4 资金安排

实施少数民族发展计划所需资金,分别由贵广公司和贵州、广西各级地方政府提供。按照6.3节对少数民族发展计划活动内容的描述,贵广公司为所承担的活动内容提供相应的资金,由施工单位纳入工程预算,借款方即铁道部督促其加以落实。地方政府落实所承担少数民族发展计划活动内容的资金来源主要有三项:(1)国家用于改善乡村基础设施的"村村通"工程专项经费;(2)国家"整村推进"扶贫工程专项经费(本身含有农村劳动力技能培训、产业扶持、基础设施建设等内容);(3)由地方政府自行筹措的"社会主义新农村建设"示范点工程经费。因沿线各县财政普遍困难,各县承担属地项目活动所需经费,由省区级财政和县级财政按照 1∶1 的比例分担。

成立少数民族发展计划监管机构。该机构由地方政府（含民委、妇联、扶贫办等部门）、独立评估专家、少数民族社区代表及业主代表四方组成一个委员会。人员比例为 1∶1∶2∶1。委员会负责监督项目经费落实、推动少数民族计划实施、维护少数民族计划公平性、受理项目区少数民族社区及居民针对少数民族计划的相关投诉等。委员会下设办公室，具体负责社区项目活动的识别、活动方案的批准、活动的督导、资金落实情况的监督等业务，同时负责完善评估指标、项目申请程序和管理监督机制，并按年度评估项目执行情况，提供理念及技术指导。该机构运行时间暂定 5 年。

6.5 经费使用

实施少数民族发展计划各项活动所需资金由贵广公司、贵州省、广西壮族自治区分别承担。贵广公司所负责的资金，将包含在施工单位为落实 6.3.1 所列活动内容而进行的相关建设投入上，这部分投入将惠及包括 106 个少数民族社区在内的项目沿线社区，具体金额根据施工建设实际投入折算。此外，与贵州、广西两省区政府按照 1∶1∶1∶1 的比例分担少数民族发展计划监管经费。贵州、广西两省区为少数民族发展计划进行的实际投入，按照两省区少数民族社区实际数量来分担。贵州省项目区内共有少数民族社区 68 个，其中二类社区即受负面影响较大、需要重点投入的社区 5 个；广西项目区共有少数民族社区 38 个，其中二类社区 6 个。概算如表 2-17：

表 2-17 少数民族发展计划经费概算（万元）

项目活动	资金构成	经费小计	项目监管
社区基础设施	100×11=1100 10×106=1060	2160	地方扶贫
特色产业开发	13×106=1378	1378	地方民委
安置人群技能培训	0.05×10000=500	500	地方妇联等
少数民族发展计划监管经费	462（5 年）	462	贵广公司与省区政府
总　计	4500	4500	世行与铁道部

社区基础设施的改善将重点投入在少数民族发展计划所针对的 11 个社区，平均每社区投入 100 万元左右；同时，对沿线全部 106 个少数民族社区将予以倾斜，平均每社区投入 10 万元左右；

特色产业开发将覆盖沿线 106 个少数民族社区，平均每个社区支持 13 万元；

受项目征地拆迁直接影响的少数民族约 2 万人，其劳动力约占 50% 即约 1

万人，少数民族发展计划将为他们提供人均 500 元的再就业培训经费支持。

项目办 5 年的监测管理费用约为 462 万元。

上述各项费用分摊情况为：贵州省承担约 2550 万元，广西承担 1800 万元，贵广公司承担 150 万元。

少数民族社区向少数民族发展计划监管办公室申请项目活动，要先由村民大会选举社区项目组作为活动设计和实施的责任主体。社区项目组需有妇女、老人和各有关民族代表。项目组设计的经费预算方案要由村民大会通过，经费使用情况要向村民公开并接受村民监督。作为一种互惠，项目组需配合村委会承担铁路建设和运行中的安全维护职能。

6.6 具体案例

6.6.1 案例一

背景资料

丹寨县龙泉镇暨羊甲村调查

受访人：县发改局李局长、罗副局长、交通局陶副局长、龙泉镇李镇长；羊甲村万支书、王主任

访谈人：贾仲益

时间：2007 年 7 月 23 日，星期日，上午 10—12 点

地点：羊甲村村委会会议室

记录整理：贾仲益

（1）丹寨县龙泉镇镇情[①]

全镇 36 个行政村、3 个社区、1 个管委会，有 46470 人，外出务工 9000 多人，主要去广东、福建、浙江、江苏、广西等省区，去北方的很少。

民族结构：少数民族占 86%，苗族占少数民族人口 98% 以上，与三都交界的地区有少数水族分布。整体上，汉族居住在城郊比例高，交通便利，收入比少数民族多。

产业及经济：支柱产业没有成型，种植业以水稻种植为主，经济作物有茶叶、金银花、蔬菜等；主要矿产有重晶石、煤矿。经济发展程度在全县 7 乡镇中居于前列。

农民收入的基本渠道：外出务工（占农户收入的 50%）、种植业、经济林果（果树——李子、桃子、葡萄、杨梅、樱桃等；杉木、松木有少量，基本上属于无树可伐）。2006 年农民人均纯收入 1890 元，增长速度 4%，2005 年增长 8.1%。城镇居民可支配收入 3360 元。

---

① 镇情由李彪镇长（苗族，1969 年出生）介绍。

第二章　修路求富：铁路建设与沿线少数民族村寨的命运

基础设施：城关地区由县里建设，全镇还有2个村没有通公路，计划2007年年底通路；所有的村已全部通电、通电视、通电话。

医疗卫生：每村有卫生室，有赤脚医生或者正式的执业医生。合作医疗：2006年11月开始，参合率90%，还有10%没有参加。这些农户不参加合作医序的主要原因是：认识不足；举家外出打工，没有及时参加。

教育：2003年实现"两基"，扫除青壮年文盲；"普实"（普及中小学实验教育，教师要有教具制作，培养学生综合素质）通过省验收，2008年国家将对本县进行验收。教学点布局：小学教学点（非中心校）7个。多年来，全县高考录取率居于全州前三位。

全镇享受低保2160人，温饱线以下人口500—600人。扶贫措施：

1. 对口帮扶——浙江宁波（安排中层领导挂任县长助理等职务）、奉化（实施1个社会主义新农村试点建设，投入30万元/年）对口帮扶丹寨县，丹寨还是省长工作联系点。

2. 社会各界帮扶：贫困学生——"希望工程班"主要由外地企业家支持；广东、深圳、上海等发达地区的客商通过领导牵线搭桥捐资助学；教学基础设施改善较大。

社会治安：没有群体性事件。重大刑事案件没有。主要是入室盗窃。基本上还可以保持夜不闭户。高速公路施工队说，没有发现施工设备被盗现象。

(2) 羊甲村情[①]

羊甲村有人口2370人，其中男性比女性多23人。604户，11个村民小组，是龙泉镇最大的行政村。外出务工800多人。主要到广东、广西。

民族：苗族2300多人，汉族大概只有镇上沿街的100人左右。苗族有王家（占80%）、杨家、万家、孟家（王家与万家、杨家、孟家可以结亲，内部不能开亲）；据传苗族是从江西（杨柳街猪市巷）一带迁过来的，到这里有多少年了不清楚，没有记载。

2006年人均收入1810元。收入来源以外出务工为主。居家收入靠种水稻、种玉米、养猪、养牛、种水果（樱桃80多亩，6—10元/斤，清明后一个礼拜左右成熟，是当地最早成熟的；葡萄目前只有几户尝试种植，今年打算种100多亩，1—2元/斤；最出众的是地瓜——凉薯，品质好，水分糖分多。这几年种得少，因为交通不便，加上外出务工人员多，没有劳力）。

耕地：1303亩（承包土地），其中保水田1151亩。产量500公斤左右。由于阳光充足，粮食颗粒饱满，成色好，作物品种有糯米（200亩，亩产300—400

[①] 村情由羊甲村王主任介绍。他当了3届村主任，初中毕业，1947年出生。

公斤，1.8—2元/斤)、杂优水稻等。旱地种玉米、红薯、花生、地瓜。

树主要栽种在坡上，品种有杉树、松树、柏木。建房的木材主要是杉树。

住房主要是传统的干栏建筑。砖房少。砖房潮湿，不好住，而且格局不便于生产生活。

妇女主要穿传统民族服饰，市场上买的群众不喜欢。家家都有织布机，女孩子都会织布、织花带。到市场上买回棉花或者纱线来织布。

农历：每年阳历4月育秧、种玉米、翻地，5—6月打田、栽秧，7—8月薅地，比较闲，9—10月收包谷、收谷子，大忙，11月秋种（小麦、油菜)，12月比较闲，是结亲嫁女的时节，1—2月过年过节，走亲戚，3月份，修水沟、田坎等，准备春耕。

节日：春节杀年猪，吹芦笙，由于年轻人外出多，大型活动搞不起来；初二走外婆家，请舅爷、姑妈；过完正月才算过完节；吃粽粑（栽秧完，吃粽粑，请亲戚一起庆祝，时间不定)；吃新米（水稻成熟，开田抓鱼，时间不定)；其他节日本地苗族不重视。

红白喜事操办：嫁姑娘、娶媳妇等红白喜事由家族操办。婚礼程序：头一天在男家办酒，请男方亲戚喝酒一天；第二天请新娘家亲戚喝酒；第三天男方父母亲到女方家走亲戚。

家族事务主要在五服之内。五服之内比较亲，平时来往多，关系亲密，比较得力，一般都是家族事务的主力。

风景林等：以前寨子有几人合抱的樟木树，"文革"期间砍掉了。

禁忌：姑娘出嫁以后，回娘家不能自己盛饭；姑爷走岳父老，不能自己盛饭。

(3) 发展计划

按照可行性研究方案，本项目将以隧桥通过丹寨龙泉镇羊甲村。经实地考察，羊甲村处于衔接两个隧道口的羊甲大桥北侧的山腰处，将受到施工和征地的直接影响，[①] 但不会有拆迁和移民。它所在的龙泉镇是沿线唯一一个以苗族为主体、且苗族传统文化特色十分鲜明的乡镇，其他苗族聚居点离乡镇和本项目施工区都比较远；紧邻即将设站的普安镇（距站点约15公里)，是丹寨县城，有贵广高速公路（栅道口设在羊甲)、210国道经行，又处于贵广铁路站场客流集散区，同时还是都匀方向游客通过都匀—凯里州际高速公路进入黔东南的重要门户。这

[①] 根据SA实地调查时进行的现场观察，临时占地可能有200亩（约90亩水田，110亩坡地）左右，包括工棚、料场、施工道路等；永久性占地约50亩左右，主要是桥墩及控制线范围占地。羊甲村未列入RAP小组抽样范围。

种优越地缘优势和作为一县政治经济文化中心的地位，是沿线其他县市和乡镇的苗族群体所无法企及的。因此，依托龙泉镇，可以羊甲村作为向贵阳、都匀、三都方向进入黔东南的来客展现苗族文化的窗口，即利用民族文化资源和地缘优势，发展民族文化旅游。尤其需要指出的是，经过方案比选，贵广线虽然穿越丹寨县境，由于不是最理想的设站点，所以最终选择在三都普安设站。不仅羊甲村、龙泉镇或者丹寨县，就是黔东南苗族侗族自治州对此也深表遗憾。作为一种弥补，将羊甲村作为本项目对沿线直接受影响的少数民族社区进行帮助扶持的重点。为此，少数民族发展计划具体内容如下：

基础设施与社区环境改善：羊甲村目前有210国道穿行，将来有贵广高速公路栅道口与210国道连通，贵广铁路通车后，从羊甲村到普安站只有15公里路程，大交通十分便利。但是，村子处在山腰斜坡地带，民居呈散花状分布，住房与田园错杂分布，局部民居比较拥挤。村间通道都是土路，尚未硬化，雨天泥泞难行。多数居民已经用上自来水，部分居民还靠木枧竹枧引山涧水，冬天水流冻结时只能靠肩挑。村寨内生活垃圾及牲畜粪便随处可见，环境卫生亟待改善。因此，考虑结合当地气候条件，在房前屋后、田园周边种植樱桃、杨梅等兼具经济和观赏价值的树木，美化社区环境；利用当地的石材，铺成传统的石板路，既有民族特色，又能达到硬化目的，且不糟蹋土地；增加部分投入，彻底解决村民饮水问题；对村庄进行规划，新建房屋按照统一规划进行布局，以求社区聚落格局更加美观；拓宽寨内民居之间的距离，以达到防范火灾的目的。开发石材约需投入60万元，即户均补贴误工费1000元；引进和培育树苗、花草等约需10万元；引水工程约需30万元（除水管外，在村子内增建4—5个大水池，作为消防水源），不足部分居民自己投入。

民居美化、扩容：黔东南苗族传统的吊脚楼精致美观。[①] 现存大部分民居由于建于20世纪90年代以前的各个不同时期，受当时经济条件所限，房屋只求实用，不求美观，装饰少且比较狭窄，部分还用杉木皮覆盖。近20年来，随着居民收入渠道增加，生活条件改善，新建民居开始追求美观、精致，民间建筑工艺得到更好体现，干栏建筑的特色也得到充分展示。为发展民族文化旅游，建议省、州、县政府从社会主义新农村、民房改造等专项经费中筹措部分，用于鼓励村民改造旧民居，引导新建民居毋走钢筋水泥小洋楼的误区，而选择能体现现代追求的传统民居形式。可优先支持部分经济条件较好、能够按照较高规格改造旧

---

① 其实，黔东南、湘西南、桂北地区侗族、苗族、瑶族、壮族、水族传统民族都是干栏式木构建筑，材料、结构、工艺相似。其精致程度受各具体社区、家庭的经济条件影响。苗族、瑶族多居山区，风大雨急，地势险峻，住房往往比较低矮，多数只有两层；侗族、水族多在坝区，气候炎热，房屋以三层居多，四层也不鲜见。

居或者新建住房的农户，并引导其拓展出家庭旅店住宿和餐饮服务。先期可采取先申请、先建设、验收达标后兑现资助经费的办法，为约50户各提供1万元房改奖金，同时由地方政府协调低息贷款，由农户根据需要自行决定贷款数额，用于先期的民居改造。以此带动后来者，形成示范效应。

尚未完工的架子房（贵州丹寨龙泉镇羊甲村）

精雕细刻、极富民族特色的新式民居（贵州丹寨县龙泉镇羊甲村）

民族文化及技艺传承：当地的纺织、刺绣、服饰、建筑等民间工艺，以及民歌、芦笙、节日等非物质文化是极其宝贵的传统文化资源，而且很有旅游开发潜力。建议随着项目建设的开展，地方政府的民族、扶贫、文体、民贸、教育等部门通力合作，统筹部分专项资金，支持约60名在纺织、刺绣、服饰、建筑、民歌等传统工艺和艺术方面有一定基础、有潜力的中青年，到贵州大学、贵州民族大学等高校的建筑、美术、艺术等相关专业进修，使之成为民族文化传承和创新的骨干力量，或聘请民间能工巧匠作为培训师资。通过学习，可以提高他们的设计能力、表现能力和产品质量，使民族艺术、民族工艺能够产生经济价值，并给社区其他居民提供导向和示范。这方面投入以人均5000元（即普通在校大学生一学年学费）计，约需投入30万元左右。

民族文化旅游的其他配套服务：羊甲村有稻田养鱼的传统，每亩水田蓄鱼约50公斤，全村有1151亩保水田，每年可产5万多公斤稻田鱼；居民有养黄牛、生猪、山羊等习惯，数量也很可观；居民种植糯稻，善酿重阳酒，远近闻名；当地适合种植樱桃，在清明节后一周左右成熟，正好介于清明放假和"五一"放假期间；春季水田有田螺、泥鳅、黄鳝等，当地有"照泥鳅"习俗，兼有生产娱乐性质。因此，可以利用本地的民族文化资源和自然资源，利用便利交通，吸引丹寨、都匀、凯里、贵阳等地城镇居民，以及利用贵广高速公路、贵广铁路流动的游客，在年节和周末，到此进行农家乐短期游，享受野外烧烤、照泥鳅、赏芦笙、摘樱桃、看稻浪、杀猪过年等乐趣。与此相应，本项目业主可投入20万元左右资金，以参观考察、技术培训等方式，为当地培养餐饮、住宿、项目开发、经营管理等人才，以帮助村民拓宽思路、提高其服务层次和水平。

通过以上措施，羊甲村基础设施将得到改善，民族文化资源将得到开发利用和更好的传承。随着家乡收入渠道、就业机会的增多，外出人员也将逐渐回流，社区活力得到增强，居民的物质生活水平、精神生活质量也将得到同步提高。与此同时，由于刺绣、纺织、歌舞等传统工艺和艺术在丰富家庭经营、增强社区特色中发挥越来越大的作用，妇女的创收能力、家庭和社会地位、自信心和自豪感也会得到提升。老人、孩子将得到更好的照料。这样，通过本项目建设和地方政府的合理有效统筹，沿线各民族社区都将获得发展机遇。抓住这些机遇，通过适当的发展模式，沿线社区及各类居民将能普遍分享到本项目建设带来的好处。

粗略计算，羊甲村少数民族发展计划投入规模大约在200万元左右。

6.6.2 案例二

背景资料

时间：2007年7月27日下午3：15—6：00

地点：高增乡占里村

人员：县委吴副书记（侗族）、文化旅游局梁副局长（女，侗族）、发改局杨副局长（苗族，女）、高增乡吴乡长（侗族，女）、吴书记（侗族）、梁副乡长（侗族）；村上侗族长老5人（基本不讲汉话），村会计

访谈记录整理：贾仲益

（1）高增乡概况[①]

[①] 高增乡乡情由随行的吴乡长（侗族，女）介绍。

和在多赢——西部民族地区发展项目的人文关怀

全乡148平方公里，12个行政村。2006年底有15035人，少数民族占99%，绝大部分为侗族，只有1个苗族寨子。① 2003年以来，小黄、占里民族风情旅游渐成气候，2007年"五一"黄金周游客有4万多人，农家乐接待无法满足要求，到了人人只求有地方过夜的地步。2006年"五一"、"十一"两个黄金周游客人数接近7万人。目前游客主要以贵阳、广西、广东为主，也有河南、重庆等地的游客。海外游客以日本、法国、美国为多。小黄的侗族大歌、鼓楼、花桥以及各种民俗；占里的焦点是计划生育，人与自然和谐的人文经验，但是侗族文化旅游资源也同样丰富。

全乡外出务工7000—8000人，占总人口的50%左右。仅小黄一地就有近2000人、11个表演队常年在外演出，足迹涉及上海、深圳、广西漓江等。现在张艺谋艺术学校学习的就有28人。

全乡人均耕地0.65亩，以水田为主。2006年农民人均纯收入1340元。贫困的主要原因是靠天种养，抵御自然灾害能力差。

农民收入：种植业（香禾糯）、手工艺（手工、刺绣、根雕等）、外出务工（占农户收入60%以上）。

贫困：极贫（即年人均纯收入少于660元）300—400人。高增在全县属于经济状况中上等的乡镇。

扶贫工作经验（吴书记）：通过打造原生态民族文化旅游业，带动农户致富。措施主要有：

1. 做大旅游产业，实现富民兴乡；

2. 做大城郊经济（离县城9公里，结合"两高"建设——注：但是目前交通很不方便，连接县城的是2003年修通的晴通雨阻简易公路），把贵阳、广州、桂林等大中城市作为主要服务对象，把高增建设成为发达城市的后花园；

3. 发展劳务输出。因势利导，让所有外出的高增人都成为传播、展示侗族优秀传统文化的品牌代言人。【1990年，香港一家电视台以"换花草"为题，报道占里的传统计划生育经验，引起广泛关注。从此，占里成为一个旅游品牌】

发展与保护民族传统文化的经验：开发、保护、传承相统一。原来因为交通不便，非常闭塞，保全了民族原生态文化。1996年，侗族大歌走出国门，蜚声海内外，并获得省内外一系列荣誉，自然形成了品牌。近年来，为了弘扬优秀民族传统文化，侗族大歌走进课堂，请民间大歌师教孩子们唱侗族大歌，此外还有

---

① 付中村，位于县城到占里的简易公路中段山脊上。单一民族行政村，400多人，苗语侗语兼用，服饰侗化明显——访谈者注。

刺绣、根雕、民间乐器等技艺。2006年农历12月初二民间自发举办了第一届"侗笛节"。

发展民族原生态旅游民间收益情况：本地农户收入结构——劳务输出占60%左右、旅游占20%左右、种养业占10%左右。占里有3家农家乐，每一户大约可以带动10户左右农户发展服务于农家乐的餐饮等服务经营（养鱼、养鸡鸭、种糯稻等）。

从2002年起，旅游局举办了5届农家乐厨艺大赛，200多人得到培训。农家乐可以直接给本地农户增加收入来源，变产品为商品，可以增加本地农户的就业机会，减少其外出谋生的压力，对家庭、个人、夫妻、老少都有好处，也有利于让老人和孩子得到应有的关照。但是，由于受到大交通和小交通的限制，外地游客少，游客到当地要费尽周折（比如徒步走到占里，来了之后，为了能够尽快回去，匆忙又走了，没有形成消费），所以旅游产业的经济效益不好。

这些年来，由于"多彩贵州"等节目带动，村民的民族特色文艺活动和表演队伍训练得到加强。每年春节之际，村民为了参加表演往往要进行1—2月训练和排演。这对于影响村寨年轻人和老年人的文化传帮带，作用明显。

小黄每场演出600元（政治性任务除外），演员有比较稳定的收入。[①] 岜沙开发以后，年轻人逐渐回来了，因为在村里可以从事工艺品、农产品生产，一样可以表演，还可以照顾家，收入与外出相差不大。

由于旅游业的发展，外地客商也在开发民族工艺产品。如福建、广东客商来采买刺绣等民族工艺品。政府举办了刺绣培训班。有一个刺绣厂老板还是回乡的打工妹。

民族工艺品开发、民族艺术公开而风光的展示，刺激了少数民族群众对民族传统文化的自豪感，学习唱歌、刺绣等民族技艺的年轻人有增无减。比如，小黄"十姐妹"蜚声海内外，最近小黄"九姐妹"又随同温家宝总理出访日本、欧洲，不仅其本人，地方民众也感到无上光荣。学习民族优秀传统文化已经成为当地的时尚。

(2) 占里村情[②]

相传占里侗族从江西迁徙而来，与苗族相伴而行。到了地方上，苗族喜欢高处，住到高山；侗族喜欢靠近水边，住在低处。

[①] 不过，在返回途中，吴书记说，这些年来，由于外面对侗族大歌越来越喜欢，年轻人"外出卖艺"越来越多。现在在村里面的这个表演队，还是乡里面半拉半留下来的。因为在村里的收入与在外演出收入相差很大，在外面每月收入少则600—800元，多则3000元—4000元不等，是留在村里的好几倍——访谈者补记。

[②] 村情由占里村杨姓长老用侗语介绍，边述边歌。贾仲益记录整理。个别字句根据随行侗族干部翻译。

立寨之初，全村喝生血、发毒誓（即歃血为盟），约定了6条"款规"：

只生一男一女，不准偷摸扒窃；

谨防失火成灾，防止行贿受贿（针对长老）；

禁绝乱砍滥伐，严禁吸毒赌博。

任何人只要违反上述6条规定，全村人就要在长老的发动下，"开你谷仓，宰你猪羊，罚你银两，轰出村寨"（唱侗歌）；特别是造成火灾的，赶出村寨三年，罚银50两（现在惩罚是3个100：大米、酒水、肉各100斤）。由于惩罚严酷，人人自危，审慎行事，形成良好的村风寨俗。现在的村规民约，也只是增加一些时兴内容，6条基本寨规还是没有变。

中华人民共和国成立以后，就是在毛主席提出"人多力量大"、提倡人口生育的时候，全村也只有1户人家生了3个孩子，其他村民一直谨守只生一男一女的村规和祖训。

为什么祖上形成人口控制的村规民约呢？文化局梁局长（女）用占里侗歌解释道：

一棵树上一窝雀，多了一个就挨饿。

盗贼来自贫穷起，多生儿女多祸根。

男增地来女增人，兄弟姐妹闹不清。

男多无田种，女多无银戴。

先有鼓楼后有寨，先有村寨才有家。

要像鸭掌形成块，莫像鸡爪分了岔。

这首民歌，不仅言简意赅地表达了当地侗族先民对人与自然关系的真知灼见，而且还涉及占里社区文化的基本精神即"敬宗法祖、团结一心"。

全村现有791人，167户；人均耕地1.5亩。人均收入1300元。主要靠养殖（猪、牛）、种植（香禾糯）、外出务工（全村有50—60人外出，在北京、广东等地从事建筑业等，年收入最多的大约1万元）。香禾糯不仅用作主食，而且也是民间送礼的主要礼物，亩产600斤左右（干谷），市场价格2.5—3元/斤，而且供不应求。

2003年通村路修通后，迄今有3户从事农家乐。秋收季节游客比较多，主要是各地摄影记者和摄影爱好者到本地拍摄金秋禾浪。由于公路简易，晴通雨阻，影响出行和游客前来游玩。部分游客只能从国道步行2个多小时，才能走到村子。近年到本地的很多是驾车自助游的游客，交通不解决，旅游发展困难重重。

全村有各类手艺人70—80人（刺绣、木匠、染匠、歌手等）。全村3个大学生，6人高中毕业。

第二章 修路求富：铁路建设与沿线少数民族村寨的命运

依山傍水的占里侗寨局部　　　　占里侗族民居样式

占里妇女在寨脚河边浣洗

（3）少数民族发展计划

根据项目可行性研究方案及地方干部的判断，贵广铁路榕江车江镇－从江洛香站之间路段将从占里村境内穿越，但不会直接穿越村寨。实际施工影响可能是临时及永久性占地、劳作区域受到铁道切割以及施工扰动等。由于实地调查时，线位尚未确定，无法作出准确判断。作为受影响的少数民族社区，占里也要有相应的少数民族发展计划。

占里村的情况与丹寨羊甲村情况有类似之处，就是其自然环境、社区环境、生计方式、民族文化资源类型及性状、社会组织、居民收入和生活水平等，大体上可以归于一个类型。但也有不同。占里作为一个闻名遐迩的村寨，民间由来已久的控制人口增长的文化机制与辅助药物引起海内外媒体、学界广泛关注，其农家乐旅游已经起步，但受制于交通条件，发展缓慢。羊甲村交通条件优越，但民族文化旅游的卖点不如占里突出，农家乐旅游尚需探索。

据此，我们就占里今后的发展提出如下计划：

疏通对外交通，改善基础设施。交通是目前占里发展的瓶颈，是最亟待解决的发展关键。从321国道到占里约有14公里，现有毛路路基已牢固，路面宽约4米。需要加固路基、加宽路面到6—7米、增加排水沟和部分涵洞，个别弯度太大及坡度太陡的路段稍加改进，路面提升为油路。根据地方交通部门的测算，每公里约需20万元。本项目业主先期以施工便道拓宽。施工完毕交付地方时，由地方政府从乡村公路、旅游开发等项目中筹措资金投入，加以升级，每公里约需10万元。这部分投入还将使这条公路沿线的付中村（苗族村，约100户）等寨子居民受益。

除了公路以外，村寨内部道路硬化也采用石板铺路，石材由村民就近开采加工，户均补贴1000元，约需17万元。为了增强村寨防火能力，还需为村寨提供30万元用于改善居民用水系统及增建消防水池4口。村寨现有公共活动场所即寨中央的鼓楼广场不足200平方米，需要拓宽到300平方米，并进行硬化，约需15万元。以上各项合计，基础设施投入约需200万元。

民族文化资源开发人才培训：占里的生育文化、妇女服饰、染织技术、挑花刺绣、侗歌、芦笙、建筑等传统文化，香糯、禾花鱼、酸鱼酸肉等地方特产，金秋禾浪、侗寨、风景林等人文景观，都是值得开发利用的特色资源。目前已有3家经营农家乐，对社区已形成初步带动作用，上述资源也得到一定程度的开发，但潜力依然很大。因此，需要投入10万元资金，用于提升人员能力与素质。计划采取与贵州民族大学、贵州大学相关专业合作的方式，培养20名左右工艺、艺术、经营管理人才，增强村寨自我开发和发展的能力。

综上数项，占里少数民族发展计划投入在210万元左右。

以上我们以丹寨羊甲村、从江占里村为个案，分析少数民族发展计划当为可为的一些具体内容。其所关注的核心，是如何为整个社区发展创造条件、提供机遇，使社区活力得以激发，民族文化得以延传，基层少数民族居民对项目的认同程度得到提升，同时也使中国民族政策和世行少数民族政策精神得到具体体现。沿线受项目直接影响，需要少数民族发展计划予以规避风险、增加受益、强化正面效应的少数民族社区，共计11个。所需相关投入的数额约在2500万元。考虑到随着施工的展开及具体线位的确定，可能还会增加部分少数民族社区，特别是在贵州丹寨至广西龙胜区段的山区（包括丹寨、三都、榕江、从江、黎平、三江、龙胜7个少数民族聚居县），以及有部分汉族与少数民族杂居社区，也需要有所顾及，因此应有1000万元左右作为机动。为了增加本项目的正面辐射效应，针对沿线受影响的其他居民（包括弱势群体）和社区，再预留500万元作为人员培训费用，以帮助沿线社区及居民利用项目建设机遇，调整产业结构，提高经营效益，改善生活条件。以上用于少数民族发展计划的建议经费约为4000万元。外加本计划执行团队的监督和管理费用500万元（每年约100万元，预计持续5年），全部费用为4500万元。

6.7 移民安置

6.7.1 移民概况

根据全线实地核实，本项目沿线经过3省区（黔、桂、粤）、9个地/州/市，26个县/市/区、87个乡/镇，226个村寨。预计永久征地32617.3亩，其中耕地约占57.6%。根据该地区人均拥有耕地数量测算，受项目征地影响的人口为14359户，63164人。此外，本项目还将征用24078.4亩耕地作为临时建设用地。建筑拆迁面积约1934124平方米，其中73.1%为住房，包括农村房屋774183平方米、城镇房屋638698平方米。在拆迁建筑中，学校为30467平方米（占拆迁总面积的3%左右），工商企业房屋为490776平方米。需要搬迁32439人。两者合计：受本项目征地拆迁影响的居民共约2.5万户，9.5万人，占项目所经过市/县/区人口总数的15%。上述移民拆迁规模，在尽量远离人口密集区、绕避村庄、少占耕地和减少建筑拆迁的原则下，经业主、设计单位及地方政府和居民充分协商，达到了规模最小化。

铁道部通过与省区政府和地方政府协商，制定了"移民安置行动计划"。移民安置计划编制机构调查人员于2007年10—12月间，对全部沿线226个村庄的3408户家庭进行现场考察和抽样调查，期间遵照世行导则OP4.10，与省区、地、县政府官员及村干部、受影响居民家庭进行了无限制性的前期知情协商，并吸收地方政府统计资料，形成了移民安置报告。

移民安置的目标是：严格遵守"中华人民共和国土地法"（1998年）、世界银行非自愿移民政策（OP4.12）及"少数民族政策"，确保向受影响人口提供的补偿和权利适当，保证他们的生活水平至少不低于施工前，并预期能有所提高；对于那些失去土地、房屋和其他财产或者生产手段的人口，将给予重新安置补偿，并帮助他们恢复收入和生活水平。具体政策措施是：

（1）对于永久性征地，将通过重新分配土地或者通过现金方式予以补偿，现金补偿标准为征用土地平均年产值的6—10倍，移民安置补偿为平均年产值的4—6倍。各地还将根据其参照2004年颁布的国务院28号文件制定的《土地法修改实施办法》及地方财力，适当提高补偿标准。

(2) 对于临时用地，将直接向受影响人口支付补偿金，并且在土地使用之后恢复原状。

(3) 对于农村房屋拆迁的补偿，将以重新安置成本直接支付给被拆迁的农民，同时支付部分拆迁补助和周转过渡费，农民还可取得那些从旧房拆迁下来的建筑材料。拆迁的农户将在原有的村庄重新修建新的房屋。

(4) 农作物和树木的补偿将直接支付给受影响人口。

(5) 城市住宅、工厂、学校及其他机构和企业的搬迁和重建将按照市场价格予以补偿。

(6) 针对沿线总共 226 个村/街道居委会中 24 个被确认为比其他村/居委会受到更大影响的村/居委会，移民安置团队经过实地调查确认：在农村地区，征地对居民收入的影响并不是很严重，原因是近十余年绝大多数农村家庭收入主要来源于非农收入如劳务输出等，种植业在家庭生计中的重要性在下降；对于弱势家庭，包括孤、寡和严重残疾人家庭，由于实际上主要依靠土地为生，因此将考虑提供特别的援助。

(7) 沿线受影响的城乡居民中，少数民族人口比例为 20.48%，主要包括布依族、苗族、水族、侗族、瑶族、壮族、回族、仫佬族等。

(8) 在农村家庭中，妇女当家的家庭占 0.73%，有残疾人的家庭占 0.4%。地方政府承诺将根据各个家庭不同的需求情况，给予有针对性的扶助。目前，地方政府解决这些弱势群体生存问题的资源包括乡村低保、扶贫救济等。

(9) 铁道部、省区政府和地、县级征地移民办将负责实施和指导乡镇和村级单位的移民安置工作。移民安置概算为 36.9 亿元人民币，并将根据实际测量的实际损失作出调整。

(10) 移民安置团队通过调查确认：沿线受影响居民被告知了项目在不同阶段可能带来的影响，并且参与了协商。参与协商的利益相关人包括受影响家庭户主、村长和村民代表、地方政府部门、弱势群体，包括妇女和少数民族。内容包括：详细的测量、跨线桥位置确定、新家安置地点选择以及申诉等。随着项目的进展，还将发放移民安置手册，同时包括受影响居民及公众还可获得当地政府制定的移民安置行动计划。同时，他们还将有机会与实施和管理项目的各级组织代表通过公众会议、听证会、公共协商、现场调查等讨论有关补偿和移民安置问题。

6.7.2 安置案例

背景资料

钟山县两安乡暨沙坪村调查

时间：2007 年 8 月 1 日下午 2：00—5：30

地点：先在乡政府办公室，后转到沙坪村黄支书家中

人员：两安乡蔡乡长、钟山县民宗局邱局长、黄村长、村支书、会计、张海洋

记录整理：贾仲益

(1) 钟山县两安乡乡情①

两安乡1984年从原红花公社分出单独设乡。政府所在地两安街距县城28公里。全乡总面积119.7平方公里，有6个行政村、37个自然村，总人口15900人，其中瑶族人口占98%以上。本地居民讲土白话、桂柳话，瑶族还有少数村寨讲瑶话。全乡耕地面积11905亩，林业用地11277公顷，森林覆盖率68%，活立木蓄积量23.81万立方米。

本地农村种植的主要农作物有水稻、玉米、木薯、茶叶、花生等，还有部分农户种香米、香菇、木耳等，其他物产有笋干、蜂蜜、腐竹、八角等。农民人均纯收入1427元左右（2004年数据），现在估计在1600元左右（民宗局邱局长：保守数据）；主要收入来源为种植水稻、外出务工、养殖（生猪）、水果（少部分）。

外出务工：全乡估计有4000—5000人，主要到广东、浙江、江西等，多从事建筑业、工业、刮松脂（江西、广东）等。外出务工大约从20世纪90年代中期开始；全年汇入现金大约800多万元。到2000年以后，外出务工人数逐年增加。

贫困人口：800~1000人。享受低保人数300人（按季度发放补贴）。

基础设施：全乡现有小水电9座，总装机容量12500千瓦时；6个村委会都用上了农网电；5个行政村通了程控电话，移动电话信号覆盖全乡；钟山—富川、富川—恭城两条二级公路已经开通使用，纵贯全县。

(2) 沙坪村概况②

沙坪村有7个自然村、11个村民组，2226人，500多户。耕地有水田1100多亩，山地、林地4万亩，由于大量劳动力外出，山地退耕还林，主要种茶、种速生桉（2004年）。水田亩产700斤干谷，一年一熟（因为地势比较高，水凉，夏天晚上都盖棉被）。

人均纯收入1000多元。农户收入主要靠外出打工、种香芋。香芋比荔浦芋好吃，用水田种，亩产2000—6000斤（每斤0.8元；有时候每斤能卖到2元多），有劳动力的人家基本上都种。

---

① 两安乡乡情由蔡乡长（两安人，瑶族，在本乡工作近20年）介绍。
② 沙坪村村情由黄支书（高中毕业，已经担任三届村主任兼支书，44岁）介绍。

全村大约有700人外出打工。1995年左右开始外出，近年外出的人越来越多。一般都是春节后外出，春节前回乡。也有全家都出去的，到春节才回来。外出务工收入最高的一个一年可能有20多万元左右，此人姓邓，男，初中毕业。他给一个老板当部门经理，目前在村里盖了3层楼房。其他人一般月收入在1000元左右。外出人员中，男性比女性稍多，两口子一起出去的比较多。也有个别人连车费都找不到的，过春节没有钱回来、出门还要借钱出去的也不少。

2005年通油路，砂石路20世纪60年代就已经修通。村里已通电、电视、电话，生活用水有打井、架山冲水的都有。

贫困户：200人左右。贫困原因主要是老人多、劳动力少或主要劳力残疾；也有因为田地少造成困难的。1981年下半年分田到户，中间有过一些小调整，主要是新生儿、老人过世、妇女外嫁等原因需要调整，此后没有再动。

全村有10多个姓氏，所在自然村有7个姓氏。全村都是瑶族，只有个别嫁来、招来的是别的民族。

村里有"老人会"，主要是办白事。红事可大可小，各家根据自己能力来办，村里其他人不管。但是白事必须要办，家家户户帮着出钱出力，帮助主家办好丧事。

办过"教育基金会"，鼓励孩子读书。办了6年，主要是自愿捐献。原来主要是采取各家各户在银行指定账户存款，用存款利息作为奖励，本金保留不动的办法筹集资金。后来因为银行利息少，没有办法坚持下去，只好将本金发还各户。

风俗习惯：喜欢打油茶，一天三餐，有客来也打油茶。20世纪80年代还有唱山歌的习惯，对歌也要打油茶。1990年以后，由于年轻人外出，唱山歌也就不兴了。

槃王节：本地3年一次小的，12年一次大的。大的节期三天三夜，每天有每天的节目和活动，最后的节目是抢猪头。最后一次是1987年。由于每办一次槃王节，花销都要3万多元，承担不起，就不再坚持了。现在还有4—5个老人比较清楚这个活动的内容和程序，50岁以下的基本上都不清楚。如果这几年续不上，几个老人过世了，想恢复都不可能了。今年计划把村道硬化，然后举行槃王节，用摄像机把整个过程摄下来，以后就不会失传了。

槃王节的基本内容：讲述从千家洞逃出来，到沙坪定居的过程。第一、二天吃素，第三天才吃肉。老人讲，那几天村里面不能卖猪肉，是为了纪念祖先逃难。

村上的人在家里还是讲瑶话，出门碰到老乡也是讲瑶话。但是，出门碰到其他民族的人就讲汉话。瑶话在我们村是不会失传的。我们是红头瑶，头上裹红布；村上还有少数是过山瑶。区别是语言不同，互相听不懂；红头瑶人数多，所以过山瑶会讲红头瑶的话，但是红头瑶不会过山瑶的话。过山瑶比较游动，住一个地方十多年，又换个地方，居住分散。

会期：本村是正月初九。两安各村都有"会期"，从大年初二开始，二、四、六、七、九、十二、十四等日子，各村轮流坐庄，互相赶会期，走亲戚、看朋友，年轻人可以借机谈恋爱。活动内容：舞狮舞龙、唱戏、打球、对歌。三江乡、恭城县其他地方的都来。每到会期，朋友多的一家都有20来桌客人，需要请人帮助煮饭。村里每年从集体资金中拿出万把块钱来支持举办活动。由于不需要排练节目，所以举办起来比较容易。槃王节则必须排练节目。

今年大年初一知道贵广高速铁路的消息，因为勘测队从自己房前经过。群众对修建铁路没有什么担忧，比较支持，没有人反对。如果没有站，就只是看到火车，让不出门的老人开开眼界；如果有站，本地的木材和其他农产品可以运出去，卖得好价钱。群众对补偿也没有特殊要求，别人能够接受的，我们也能够接受；即使是丈量田亩，也会放手让测量部门去丈量。我们瑶族比较实在，没有那么多想法。觉得国家建设需要，应该支持。

根据多年工作经验，涉及房屋拆迁、土地征用、坟地迁移等问题，工作上不难。比如这些年修路用地，没有群众闹过事。但是，上级部门一定要合理补偿，特别是宅基地，现在管得很严，不容易批，所以一定要安排好，不要让群众没有房子住。

如果铁路过寨龙，一定要搞一个仪式。但是，测量时好像没有经过寨龙。坟墓迁移主要是补贴点钱，请道士做个仪式，就可以了。

(3) 安置计划

沙坪村是一个以瑶族为主、有少数汉族杂居的行政村。从实地观察及访谈获得的信息看，村民的生计方式、建筑样式、日常服饰、聚落格局等，与周围汉族社区没有明显区别。但是，从内部纽带、民族意识、语言、信仰及观念等方面看，它又是一个不折不扣的瑶族村寨，并且也是整个贺州市为数不多的瑶族村寨之一。居民的共同体意识比较强，有本民族文化象征，有反映族群历史记忆的节庆与仪式，并且与富川瑶族自治县、恭城瑶族自治县毗邻，跨县、跨乡的民族交往比较密切（"会期"及槃王节）。

按照可行性研究报告及当地居民确知的勘测路线，贵广铁路将从沙坪村东面经过，线位恰好在寨龙山西麓。有约10户居民处于铁路控制线范围之内，需要搬迁。临时占地、永久性占地的具体数目尚未掌握。

鉴于瑶族村寨整合性强，居民的共同体意识清晰，而民族语言、信仰仪式等需要完整的社区来维系。因此，对于需要拆迁的农户，一方面尊重他们对具体安

两安乡沙坪村局部（村东后山就是村民认为关乎祸福的"寨龙"所在）

贺州八步区瑶族服饰

置方式的意见。另一方面，业主和地方政府也倾向于鼓励他们在本村重建新居，不要迁离村落。至于宅基地的安排，则可通过土地置换的办法，让搬迁户与村邻自行协商，国土局等相关部门充分体谅搬迁户的无奈，在程序、费用上予以相应的照顾。原则上，搬迁户以原来宅基地面积等额置换新的宅基地，同等面积不再加收其他费用；如果搬迁户希望扩大面积，则增加部分可以按照政策收取。当地瑶族居民长期与周围汉族居民杂居共处，已接受砖瓦结构房屋，因此，搬迁户的房屋型式应尊重居民的选择。此外，每个拆迁户在实物赔付和补偿之外，按照当地习俗，对部分必要的仪式活动所需费用给予适当补偿。这笔钱由施工单位在项目承包费用中支付，并直接给到移民手中。地方政府和业主将监督落实。

根据地方基层干部和居民的反映，由于20多年来青壮年劳动力大量外出，多数家庭的主要收入来自种植业以外的各种渠道,因此,征用部分土地不会对居民生活造成严重影响。但是,居民对补偿标准比较敏感,具体补偿标准将由居民和业主平等协商。

根据沙坪村的情况,业主和地方政府决定将其列入少数民族发展计划覆盖范围。行动计划有:

(1) 人员培训。培养能够探索产业结构调整、提高种养经营效益的乡村技术和管理人才,并扶植若干示范户。计划与广西大学农学院等高校合作,委托其代为培养20名左右安心家乡建设、有一定生产经验和文化基础的男女青年。人均5000元/学年。共需10万元。扶持示范户将主要采取提供小额扶贫贷款等方式,由地方政府代为落实项目贷款事宜。

(2) 社区基础设施建设。该村目前需要进行社区内通道拓宽、路面硬化以及增建灯光球场等群体娱乐和公共生活设施。预计需要投入100万元。

(3) 民族文化遗产整理、保护与开发。当地的会期活动、槃王节既是重要的民族传统非物质文化,又是传承和创新民族文化的平台和机制。计划投入10万元左右,帮助该村整理槃王节的仪式、祝词、歌舞,并拍摄成影像资料供收藏及传习。少数民族发展计划投入共约120万元。

7 监测评估

7.1 主体与任务

监测评估是确保本项目经济社会效果的重要环节,同时也是本项目重要的纠错机制和参与机制。对于基层社区居民而言,监测评估更是他们的参与得到保证和体现的重要安排。为了保证监测评估的周延性和客观性,将建立分别由政府、世行、贵广铁路公司和居民代表组成的四个既彼此独立、又相互沟通的评估和监测小组,其各自监测和评估的侧重点是:

政府监评小组:主要关注项目办的执行能力和工作效率,项目的环境、生态、社会效益,社会评估、少数民族发展计划是否得到贯彻执行,农户是否碰到问题,并帮助解决可能出现的问题,避免问题积累起来。其成员包括民族、宗教、农业、林业、畜牧、教育、旅游、扶贫、妇联等部门的官员。

世界银行监评小组:主要对项目设计、相关技术指标、配套政策、相关部门对项目参与程度、项目进度、少数民族发展计划执行效果、社区和居民的参与情况及满意度、规章制度执行情况、经费使用是否合理、其他三个监测评估小组工作开展情况等。世行监评小组由世行聘请社会评估、移民、环境评估、财务、水土保持、农林等方面的独立专家组成。

贵广铁路公司监评小组：主要是敦促政府相关部门和社区及居民加强项目协助力度，推动政府、居民代表、世行三个监评小组开展工作，并提出完善少数民族发展计划的具体建议。在这里，少数民族发展计划的绝大部分内容，特别是尊重地方风俗习惯、注重社区功能维护和完善等对于其他社区也是适宜的。

居民代表监评小组：主要是对村级项目管理小组执行少数民族发展计划的情况、项目实施效果、项目目标是否如期实现等进行监测和评估。他们将由社区选举产生，有各族群代表，敢于说话，并有实际执行能力。

7.2 监评内容

本项目的监测与评估，主要依据：

中国国家与地方相关的法律、行政法规和技术标准；

世界银行有关业务导则；

本项目的相关法律文件，包括技术文件、项目计划报告、评估报告、贷款协定等；

本项目实施计划、报表及有关报告。

本项目监测与评估将严格遵循如下原则：

在项目实施前选择项目样本农户和样本村，调查基底年份的社会经济信息，建立基底数据库；

在项目实施后，定期或者不定期地开展跟踪调查，监测样本农户和样本村在项目实施后的社会经济情况；

准确地进行数据采集和资料分析，科学、客观、公正地评价项目实施前后的经济社会效益；

及时向项目管理机构、世界银行报告监测评估情况，以便它们及时掌握项目的社会经济后果，并进行动态决策。

本项目监测评估的重点是经济社会效益，分社区和居民户两个层次，主要内容有：

（1）现有生态环境，包括植被系统和珠江水系中游北侧水源，确因本项目实施而得到了保护且有改善。

（2）现有的少数民族文化传统，包括社区组织、民居景观和民间非物质文化遗产包括歌舞仪式等，确因本项目实施而得到了保护和发展。其多样性更加丰富，知名度更高。

（3）项目区的经济，特别是少数民族社区经济和居民生活，确因本项目实施而得到了改善。过剩的劳动力有了更多的就业机会,居民有了更加舒适的交通条件,其收入和消费能力都有明显提高。

(4) 项目区的社会事业,特别是少数民族享受到的国民教育、双语教育、医疗服务和交通水电设施水准,确因本项目实施而有了明显改观。项目区没有因为本项目建设而增加毒品、性病和艾滋病及其他公共卫生病例,也没有因此而增加社会冲突和民族社会文化隔阂。

(5) 项目核心区少数民族社区的各类资源,包括旅游文化资源,确实因本项目的实施而得到了更充分的开发利用,并因而给少数民族社区带来了更高的经济收入、社会声望和集体文化尊严;

(6) 项目核心区少数民族贫困社区和人口,确实因本项目而大量减少。

(7) 受本项目建设影响减少土地资源或搬迁住房的城乡居民确实得到了及时直接足额的补偿。其生活水准没有因为本项目下降反而有所提高,其住房更加符合心愿因而对项目怀抱感激。项目沿线居民确实因本项目运行而增加了生活便利,而且没有因为项目运行中的震动、噪音、喧闹、塌方、污染水源等原因引起重大报怨、上诉和冲突。项目区也没有出现关于某社区因为切断龙脉破坏风水导致生活不安或不幸的流言。

(8) 接受本项目少数民族发展计划支持的社区、企业或居民对本项目充满感激而没有关于资源浪费、机会不公、活动不符合当地实际等方面的抱怨或流言。

7.3 基底调查

社评组在开展社评调查的过程中,根据经济发展程度、居民民族构成、生计类型、行政区域等因素,选择了33个社区进行调查,对其中18个社区、105户各族居民进行了问卷调查。同时,移民安置团队对全线226村3406户城乡各族居民进行了全面的基线调查。加上项目区各村每年都例行向乡镇上报农村居民户基本情况,因此,项目区社区及农户的基底情况应当是可以掌握清楚的。

7.4 监评指标

7.4.1 社区指标

社区的监测评估,包括基础设施、生活环境、经济发展、参与和认同等几个方面。建议采用如下具体的指标:

(1) 基础设施

社区"五通"(路、水、电、视、话)情况及比率

利用铁路、高速公路或交通干道的方便程度

村间道路硬化质量

卫生室设置及医药服务能力
公共健身和娱乐场所及设施
校舍状况及学龄少年儿童入学、毕业及升学率等
(2) 生活环境
沟道径流可否利用
山洪暴发次数、原因及耕地、房屋等受损和人员伤亡
社区公共卫生状况
噪音、铁道废弃物是否污染环境等
(3) 经济发展
是否形成新的产业
劳动力外出规模变化
居民人均收入和支出变化
贫困家庭及人口的变动
居民住房类型、面积的变化
农用机械、耐用消费品的增量等
(4) 参与和认同
社区参与方式
参与并受益居民人数
居民对项目运行的险情留意及报告情况
项目设施被盗、被毁情况等

7.4.2 农户指标

农户监测与评估，可以考虑参与和受益两个方面。具体指标建议如下：
(1) 参与情况
参与工程施工
提供地方知识
接受培训次数及培训内容
获得经费支持
参与项目设施或成果维护等
(2) 受益情况
家庭收入来源变化
人均纯收入（元）
生产生活支出（元）
房屋类型及人均住房面积（平方米）
家用电器等耐用消费品（件）

第二章 修路求富：铁路建设与沿线少数民族村寨的命运

农用车辆（辆）
伤病是否能够及时救治
参与项目的直接收益等

7.5 信息公开

监测和评估包括年度评估和不定期评估两种基本形式。四个监测和评估小组既可以各自开展工作，也可以联合开展评估。计划每年共同开展一次会诊性的监测与评估。监测和评估的根本目的，不是挑毛病、出难题，而是通过发现问题、寻找原因，提出解决问题或者减少问题的对策和措施。因此，监测和评估是一种建设性的机制。会诊性的监测评估由贵广铁路公司组织与协调。所需经费已纳入项目预算。

政府、贵广铁路公司、世行的监测评估工作要形成报告，分别提交给铁道部及贵广公司、项目区政府、世界银行、社区，并在世行、政府网站、社区村务公开栏等平台和场所公开，接受各方面的监督，特别是要确保项目区居民知情。居民代表监评小组的监评意见首先与本社区居民见面，得到认可后，由贵广铁路公司委托专人代为形成文字，由社区居民代表审查后提交贵广公司、政府、世行。鉴于项目区少数民族文字不通行，评估报告的国内文本只需提供中文版。

8 研究结论

8.1 项目总结

本项目通过在项目区三省区边界与5条铁路和6条公路交叉而改善了华南路网格局，为沿线三省区偏远地带经济社会发展提供强大动力，增强少数民族和弱势群体经济能力和社会地位，便利内地与沿海城市交流，具有扶贫和促进社会公平的功能，因而得到当地政府、居民的高度支持。

由于项目本身已经是最大的少数民族发展计划，所以项目区各级政府除表示全力支持外，也要求本项目尽量兼容地方产业或城市发展规划，增加地方经济收益和发展能力。偏远少数民族自治县政府强烈要求设站，并要求线路和站点建筑采用当地民族文化元素，树立民族文化形象。同时，地方政府也要求本项目施工道路与当地交通局规划的道路体系配合，以便日后升级改善成少数民族社区道路。本项目沿线少数民族社区居民强烈支持本项目，同时也对项目拆迁征地、施工建设和运营管理提出了一系列要求和建议。针对这些建议，业主与地方各级政府经过多轮协商，在技术条件允许的前提下，不断改进方案设计，最大限度地满足了地方发展要求，并制订了以散杂居少数民族经济社会发展和沿线所有少数民族文化繁荣为基本目标的发展计划。这个计划所需资金由地方各级政府从各类相关专项资金中统筹，并成立专门监督管理机构对资金进行有效管理。

8.2 居民态度

目前沿线各地政府和各民族居民均已知情。他们均表示全力支持本项目并强烈期待项目早日开工建设。沿线少数民族认为这个项目是国家为了矫正现有的内地边区山区与沿海地区发展的不平衡状态，支持边疆少数民族发展的重大社会公平项目，因此对本项目的支持度接近100%。

8.3 施工建议

尽管少数民族和沿线政府、居民一样强烈支持本项目，但由于本项目在多个少数民族文化核心区施工，所以业主在施工单位招标中，除了在一般的技术资质之外，将特别加入少数民族文化敏感性和尊重民族文化传统的内容。施工单位在施工前必须对职工进行当地民族文化习俗和公共卫生安全教育，并特别注意下列三类问题：

第一类是对当地居民社区现有生活设施的尊重和爱护。

第二类是对当地民族文化权益的保护，包括对少数民族社区龙脉、家族坟山的仪式性修复等。施工中遇到此类敏感目标，必须先与社区居民协商解决，不得先斩后奏，以免提高交易成本和酿成民族矛盾和冲突。

第三类为少数民族自治地方要求的线路规划、站点设置和散杂居少数民族社区要求的项目发展资助。这是本项目与地方政府、当地居民和少数民族建立互惠机制的重要基础。因此，必须严格遵守少数民族发展计划提出的导向和原则。

在此基础上，社会评估执行方确认所有施工活动都将得到当地政府、沿线居民和少数民族全力支持。

8.4 协商机制

上述计划的投资、执行和评估督导方之间，或任何一方与当地少数民族居民发生纠纷时，首先采用内部管理和监测协调机制；其次由业主建立多边协商机制仲裁；最后提交当地民事法庭裁决。

8.5 最后说明

本项目将对沿线少数民族和民族自治地方的经济社会发展发挥重大作用，因此，各级地方政府和居民热切盼望项目尽快开工建设。

地方政府承诺将与贵广公司一道共同承担少数民族发展计划，确保资金落实。

本项目针对沿线少数民族社区受项目负面影响程度的差别，将社区分为一类、二类，并分别制定了少数民族发展计划框架，资金来源、责任单位也做了安排。

本计划为沿线所有受项目消极影响的少数民族社区提供发展民族传统特色产业启动基金和人员再就业培训。

中国法律和世界银行政策，特别是 OP. 4.10 加上中国法律能够保障项目区安全。

本项目从各方面讲都是少数民族发展机遇的提供者，当地少数民族是受益人。

附录

贵广高速铁路沿线少数民族发展计划评估组调查提纲

1. 省区、地州、县、乡镇四个层次（含四级政府对于铁路建设项目的期待和建议）

(1) 地、州

地方志、民族志、宗教志、风俗志

民族自治地方自治条例（最新）

"十五"总结和"十一五"规划

社会主义新农村建设规划

经济社会发展调研报告，含农村居民收入支出数据

(2) 本县、乡镇基本情况和数据

辖区面积、主要资源和生态环境

总人口及性别和民族结构

县历史沿革和社会变迁

工农业产值结构和基础设施状况

GDP和人均年收入

收入的城乡和民族差别

其他统计数据

(3) 本县、乡镇社会发展数据和公路建设规划

教育状况：机构和各类师生总数及民族分类

公共卫生和流行疾病（含毒品和性病）：机构、人员的民族分类和各类设施

妇女发展及表现

民族发展数据

扶贫事业状况

各种机构组织在本县所进行的项目简况

本县公路建设规划及其与铁路协调的计划

(4) 本县、乡镇发展规划目标和发展中存在的主要问题（含各部门经济社会发展调研报告）

(5) 本县、乡镇产业结构、资源、环境、民族和宗教因素与贫困和发展的关联

(6) 县地图、县志（民族志、林业志）

(7) 本县、乡镇2006年、2007年政府工作报告和中期发展规划

（8）本县民族政策法规汇编，民族及宗教工作报告

（9）本县四大班子及相关部门（含项目办）干部的民族成分、职务和性别情况

（10）世行铁路项目对本县、乡镇的预期影响：贡献（生态、经济、社会、文化）和不利

（11）本县、乡镇拟采取哪些措施保证当地社区农户，特别是如何保证和促进少数民族、妇女和贫困户的参与

（12）本县与周边县区的关系：合作与竞争

（13）既往交通发展与地方和民族发展关系的经验与教训（含研究报告、论文、工作总结等）

2. 村级调查

（1）人口和资源状况

地理环境、资源结构和神圣空间

总人口（　　）人，其中男（　　）人，女（　　）人，劳动力（　　）人，孤儿（　　）人，高龄老人（70岁以上）有（　　）人，残疾（　　）人，精神障碍或精神疾病（　　）人。

家庭及经济状况：共（　　）户，人年均纯收入（　　）元，按经济收入状况分，富裕户（　　）户，一般户（　　）户，贫困户（　　）户，"五保"（　　）户。

教育情况：7—15岁学龄少儿（　　）人，文盲半文盲（　　）人，小学（　　）人，初中（　　）人，高中（　　）人，取得中专学历（　　）人，大专及以上学历（　　）人。

职业及技能结构：近年来主要做生意的（　　）人，行医（　　）人，国家干部（　　）人，工匠（银匠、铁匠、石匠、木匠、染匠等）（　　）人，歌唱艺人（　　）人，编织能手（　　）人，开饭馆旅馆（　　）人，开车跑运输（　　）人，其他有特长且定期外出卖艺的（　　）人。

城乡结构：本村自20世纪50年代以来，先后外出工作的（　　）人，留城、"农转非"的（　　）人，其中，工人（　　）人，军人（　　）人，国家干部（　　）人，教师（　　）人，其他（　　）人。

民族结构：汉族（　　）人，苗族（　　）人，侗族（　　）人，布依族（　　）人，水族（　　）人，瑶族（　　）人，回族（　　）人，壮族（　　）人，其他少数民族（　　）人（请具体注明）。

资源结构：耕地（　　）亩，其中，水田（　　）亩，旱地（　　）亩，园地（　　）亩；水塘（　　）亩；林地（　　）亩；草场（　　）亩；可垦荒地（　　）亩；活立木储量约（　　）立方米，森林覆盖面积约（　　）%；

矿产资源品种（煤/铁/锌/锑/钨/金/大理石/沙/其他），产量及产值情况，开采方法

家庭养殖：猪、牛（水牛/黄牛/菜牛/奶牛）、马、羊（山羊/绵羊/）、其他（兔

/鸭/鹅/鸡等）

药材：品种、产量、价格、采集方式

哪些资源是本地赖以发家致富的条件（为什么）？

过去和现在是怎样保护资源的？

近年来，乡、村、家户"纵"向、"横"向之间在各类资源的分配和使用问题上存在哪些矛盾和冲突？造成什么影响？有哪些解决问题和矛盾的机制？成效比较显著的解决方案、典型事例。

（2）生计结构

种植业（作物、产量、加工方式、商品率）

水田种植作物（粮食作物/经济作物/新作物品种）/亩产/经营成本（肥料、种子、工序、投工、对劳动力的特殊要求）

旱地种植作物（粮食作物/经济作物/新作物品种）/亩产/经营成本（肥料、种子、工序、投工、对劳动力的特殊要求）

园地种植作物（粮食作物/经济作物/新作物品种）/亩产/经营成本（肥料、种子、工序、投工、对劳动力的特殊要求）

林地经营

主要生产工具及畜力

主要农产品的加工、储藏、消费方式

储藏器具、储藏处理方式（晒干/薰干/其他）、储藏期限、储藏耗损、技术难题

消费方式：制作方式、成品名称、营养评估、消费要求（季节、场合、搭配方式）、其他文化功能（祭祀、馈赠、节庆摆设）

工矿业

矿种

开发政策及其执行状况

矿点：数量、技术水平、产量、人员效益

运输业

主要运输工具

从业人员

运输内容和服务范围

运营状况和效益

服务业（餐饮、旅游、旅店）

加工业（加工厂数、设备状况、加工内容、效益）

渔猎采集

相应资源（及资源变动趋势）、资源开发方式、传统工具

（3）人口流动

20世纪80年代以来劳动力流动情况及方式

外出资格和条件：自然状况、证件、手续、费用、其他相关规定

总体规模（含近年来的变动情况）

结构特点：年龄结构、性别结构、教育结构、技能结构、婚姻状况

组织状况：个别行动、包工头回乡招工、亲友结伴、集体解决食宿、老乡会、年节聚会、日常电话联系

外出打工的原因、信息来源

主要流向地域及当地人的态度：受不受歧视、歧视形式、具体遭遇

主要就业行业：保姆、进厂打工、城市环卫、其他行业

季节特点：流出集中时段、回流集中时段、造成季节性流动的原因

收入水平（分行业）

（4）社会组织、基层政治

自然村数

村民小组数

姓氏和家族数

传统社会组织（如家族、宗族）及其功能

村两委人数、分工及村干部民族构成

村委会选举方式和村务管理、决策形式

本地最受居民认可的公共事务决策方式

（5）宗教信仰、民间禁忌、丧葬习俗、神圣空间等

（6）生产生活时间表

传统节日名称、节庆内容、节日来源、节日禁忌

季节劳作表

日常作息表

第三章 治水安民：湟水流域治理与藏回民族发展

1 高原治水

1.1 水患的故事

2007年11月，我们①接到西宁市水务局的邀请，到西宁市开展该局主持的"西宁市防洪及流域管理项目"的社会评估调研。接到邀请的那一刻，我们有一种疑惑：青藏高原这种十年九旱的地方，有水患吗？

带着疑惑，我们踏上了青藏高原，来到了湟水干流的上游——湟源县。随着调查的展开，我们对当地的水患有了一些初步的概念。

光华村是我们第一个调查点。这是湟源县城关镇的一个行政村，位于项目区拉萨沟汇入湟水河干流的沟口处，属城乡结合部，距县城仅1公里。说到洪水，村民们告诉我们：

近30年发生过几次洪水，洪水主要是泥石流，危害大。最严重的是1974年的洪水，拉萨沟有二三十亩地冲毁了，青藏公路被堵，停运了一周。幸好下大雨时是在白天，没有造成人员伤亡。

离光华村不远的万丰村，与光华村隔湟水相望，距湟水约1里地。谈起水患，几位在家的回族大婶仍然心有余悸：

我们这里没少见洪水。十几年前，泉尔湾就发过一回。最近一次是2001年。因为我们村子正好处在几个山沟交汇的地方，山洪从山上冲下来，非常快，势头猛，村子里的房子都被冲倒了。全村老少在帐篷里住了40多天，然后靠贷款陆陆续续盖了新房子。政府也给了一些补助，可僧多粥少，分下来一家没有多少钱，主要还是靠找亲戚朋友借。这次洪水让我们到现在都缓不过劲儿来……

离开湟源，我们又先后在湟中、大通和西宁市区探访，发现西宁市水务局计

---

① 本项目研究团队成员有：项目负责人、中央民族大学西部发展研究中心张海洋、贾仲益，青海社会科学院哲学社会学研究所拉毛措、鲁顺元、鄂崇荣，中央民族大学研究生李建明、刘雪丽、鄢莹、妥延青。

划治理的区域内，远的十多年前，近的就是几年之前，都曾经发生过山洪。由于当地降雨多是突如其来的暴雨，加上山沟陡短，表土缺乏植被保护，往往容易形成来势凶猛的泥石流，破坏力强，对当地居民形成严重威胁。

在各地调查的过程中，我们注意到，很多曾经发生过山洪的居民区、聚落点，在社区周边和行洪的沟道两侧，随处可见用粗铁线编成网兜装满大小不一的鹅卵石、石块垒砌的防洪挡墙，或东一段、西一段的水泥护坡堤或石坎。沿着沟道走，还可以看到一些疏密不一的谷坊工程。这些零零散散的防洪设施，是近些年来政府部门或社区集体筹集资金陆续建设的，收到了一定的防洪效果，但远远不能满足从根本上解除山洪隐患的需要。西宁市为了提高整体的防洪能力，决心从世界银行争取贷款，对湟水流域进行全面治理，力争使城区的防洪能力达到百年一遇的水平，流域内普遍达到50年一遇的水平。

1.2　治水计划

"西宁城市防洪及流域管理项目"（以下简称西宁项目）的治理范围是市辖4区3县（城北、城西、城南和城中区及湟源、湟中和大通回族土族自治县）的3川1河（西川河即湟源方向湟水干流，北川河即大通方向湟水支流，南川河即湟中方向湟水支流，北川河支流东峡河）及其28条山沟。根据西宁市项目办与世界银行准备团磋商结果，明确该项目包括防洪工程及小流域综合治理工程、污水收集系统工程三部分。

防洪工程包括：河道及沟道防洪治理工程（治理河道总长度为53.763公里，山洪沟道28条，合计治理长度35公里）、湿地及河道绿化工程和防洪预警系统（支持西宁市防洪预报、预警和紧急预案系统的发展，其中包括加强西宁市防洪、抗旱办公室的机构能力）。

小流域综合治理工程包括：坡耕地治理工程、坡面拦蓄工程、沟道治理工程及辅助措施建设4大类。涵盖三县17条流域，土地总面积284.94km^2，其中水土流失面积250.98 km^2，占土地总面积的88.1%。

废水收集系统建设包括：①西宁市河道截污干管工程；②西宁市小桥地区暴雨积水改造工程大通县北川河和东峡河城区段11公里的废水拦截、收集工程；③湟中县排水截流干管改建工程；④大通县桥头镇给排水管网改（扩）建工程的污水干管工程。

此外，为实现上述三个方面的目标，项目还包括加强机构能力和项目管理的内容：①项目管理：包括所有项目管理办公室和其相关的专家组的项目管理活动；如最初和最终设计的编制；招标文件的准备和编制；工程监理；质量控制；项目监测与评估；发展管理信息系统（MIS），以便提高项目管理；财务管理以及财务管理监测与评估。②移民：实施移民行动计划。③环境管理：即环境管理计划（EMP）的实施、管理。

该计划2007年10月立项，2009年5月通过包括世界银行在内的各方面评审，正式动工。工期约5年，静态总投资约13亿元人民币。

2 藏回民族

西宁市位于青海省东部的湟水谷地，这里自古以来就是农牧文化交汇之地，是古代陆上丝绸之路的重要通道，也是西汉以来中国中央政府屯田设治、治理西部边疆的政治经济重镇。数千年的开发，使这里成为藏族等当地民族和汉、土、回、蒙古等外来移民杂居共处的多民族地区。截至2006年底，西宁市总人口212.73万，占全省总人口的38.84%，其中回、土、藏、蒙古、满、撒拉等37个少数民族有543385人，占全市总人口的25.55%。市辖5区（城东、城中、城西、城北和城南）3县（大通、湟中、湟源）、50个乡镇（27镇、23乡）中，有1个民族自治县（大通回族土族自治县）和6个民族乡镇。

在项目区内，有1个自治县、3个民族乡镇（大通县东峡镇、朔北乡、良教乡）。在实施生态和工程治理的大通、湟源、湟中三县各小流域，均分布有少数民族。其中含少数民族世居人口的社区21个，以少数民族为主体的社区有8个，这些社区主要分布在大通县东峡镇、良教乡、桥头镇，湟源县城关镇、波航乡，湟中县的鲁沙尔镇等，比例较高的世居少数民族主要是回族和藏族。土族、撒拉族、蒙古族等虽然在统计上也有反映，但主要分布在城区，以城镇居民为主，个别因为工作、通婚等见诸乡村人口统计中。

2.1 地理分布

根据相关统计资料，项目区少数民族人口及分布如表3-1所示。

表3-1 西宁市2000年、2006年少数民族人口一览表

区县	藏族		回族		土族		撒拉族		蒙古族		其他民族	
	2000	2006	2000	2006	2000	2006	2000	2006	2000	2006	2000	2006
城东	7733	8732	88233	99314	2219	2504	2160	2736	1017	1186	3311	3575
城中	3576	3940	10395	11417	993	1095	470	584	760	857	1498	1659
城西	7751	8854	14775	16793	1953	2235	820	1032	1133	1347	1785	2064
城北	2581	2857	11124	12288	928	1036	347	429	729	834	2454	2731

第三章 治水安民：湟水流域治理与藏回民族发展

续表

区县	藏族 2000	藏族 2006	回族 2000	回族 2006	土族 2000	土族 2006	撒拉族 2000	撒拉族 2006	蒙古族 2000	蒙古族 2006	其他民族 2000	其他民族 2006
小计	21641	24383	124527	139812	6093	6870	3797	4781	3639	4224	9048	10029
大通	29160	30436	125161	130264	43810	45947	162	225	4611	4960	949	992
湟源	13565	14283	2259	2369	397	415	81	97	1815	1981	62	55
湟中	38899	40876	74913	78392	1288	1362	29	48	427	438	144	146
总计	103265	109978	326860	350837	51588	54594	4069	5151	10492	11603	10203	11222
1	2000年，全市总人口173.34万，少数民族50.65万；2006年，全市总人口212.73万，少数民族54.34万。
2	2006年，少数民族占总人口比例：市区23.06%；大通47.20%；湟源13.86%；湟中24.92%。

资料来源：《西宁市统计年鉴（2007）》，西宁市统计局，2007年6月。

结合项目区来说，本项目具体涉及西宁市城北、城西、城南新区，以及市属大通、湟源、湟中三县的16个乡镇/街道办事处、53个行政村、约200个村民小组，项目区各流域共有农户11937户，总人口4.83万；其中农业人口4.83万人，贫困人口0.6万人，少数民族1.67万人，分别占总人口的100%、12.4%、34.6%；农业劳动力2.7万个，占农业人口的55.9%。人口密度170人/km²。项目区每年向外输出农业劳动力5000人。2007年，乡村居民人均年纯收入约3158元。

在西宁市区，共治理4条沟道（火烧沟、鲍家沟、大崖沟、杜家沟），城北区涉及2镇（大堡子、二十里堡）1街道办事处（小桥）的9个行政村，二十里堡镇即有7个行政村；城西区涉及彭家寨镇和南川西路办事处的4个行政村；城中区涉及南川东路办事处的2个行政村；城南新区涉及总寨镇4个行政村。城区共有7429户、30885人，农业人口28232人，少数民族1058人，其中回族796人，藏族37人，土族16人，其他民族209人。少数民族中，除了回族形成小聚居以外，藏族等或者是通过通婚进入社区，或者是城镇户口，没有形成聚居。

大通县治理河道、沟道共6条（东峡沟、胡基沟、庙沟、毛家沟、桥尔沟、大煤洞沟），涉及3个乡镇（东峡镇、桥头镇、良教乡）14个行政村53个村民小组，共有4288户、18607人，均为农业人口，少数民族9434人，其中回族7886人，藏族1391人，土族88人，其他民族69人。在14个行政村中，有5个回族聚居的单一民族村；另有5个村有藏族杂居，其中以东峡镇的尔麻村（749人）、元墩子（224人）、刘家庄（240人）藏族分布相对集中。

湟源县治理4条沟道（波航沟、拉萨沟、泉尔湾沟、河拉大沟），涉及4个乡镇（城关、波航、和平、升中）9村61个村民小组，项目区内有居民2155户、8721人，少数民族877人，其中回族355人，藏族417人，其他民族5人。

9个行政村中，7个村有藏族居民，以波航乡的胡思洞（134人）、纳隆（80人）两村人数较多；3个村有回族居民。

湟中县治理3条沟道（火烧沟、丰台沟、鲁沙尔沟），涉及2镇（鲁沙尔、西堡）11村54个村民小组，有居民2453户、10030人，少数民族1636人，其中回族1578人，藏族58人。11个行政村中，3个村有藏族居民，鲁沙尔镇昂藏村有藏族42人，是湟中县项目区中藏族居民最多的村；回族居民主要集中在鲁沙尔镇的清泉一村、二村。

由上可见，从项目实际影响的地域和流域看，少数民族中只有藏族和回族相对集中地分布于项目区内，并将受到项目的辐射和明显影响。具体说，藏族主要分布在大通县东峡河流域（东峡镇）、湟源县的波航沟（波航乡）、湟中县的火烧沟（鲁沙尔镇）；回族主要分布在大通县桥尔沟、元树尔沟、大煤洞沟、小煤洞沟（良教乡、桥头镇），湟源县的拉萨沟（城关镇），湟中县的火烧沟（鲁沙尔镇）。从分布格局看，回族以行政村为单位，围绕清真寺形成小聚居区，尤以大通县最突出，湟中、湟源两县的回族多与汉族杂居；藏族没有形成单一民族社区，但是大通县东峡镇尔麻村藏族比例高达80％以上[①]，此外还有相邻的元墩子、刘家庄等村；湟源县波航乡胡思洞村、纳隆村也有少量世居藏族居民，主要与汉族杂居。从城乡布局看，回族多分布在城乡结合部、交通沿线；藏族多分布在山区，离城镇和交通要道较远。

2.2 民族概况

2.2.1 藏族

藏族是一个具有悠久历史和优秀文化传统的民族。据史料记载，早在秦汉以前，藏族先民就聚居在雅鲁藏布江中游两岸。后逐渐繁衍壮大，向四外扩散中又吸收青藏高原的许多其他族群，从而拓展及于整个青藏高原。今天藏族的地理分布格局，约形成于中唐时期，与吐蕃王朝的兴起直接相关。

藏族主体分布在中国境内，以西藏最集中（占藏族总人口的52.84％），青海玉树、海南、黄南、海北、果洛、海西等州，甘肃甘南藏族自治州及天祝县，四川甘孜藏族自治州、阿坝藏族羌族自治州和木里县，云南迪庆藏族自治州等也都是藏族分布较为集中的地区。在中国境外，邻近西藏的不丹、尼泊尔、印度和巴基斯坦乃至欧美还有一部分藏族居住。

---

① 大通县朔北乡是以藏族为主体民族的民族乡，该乡的代同村是藏族分布较集中的社区，藏族居民约占全部居民的90％。2008年1月8日，社评组与世行专家组在大通县项目办、民宗局等部门和朔北乡政府有关领导的陪同下，曾到该村进行暂短的调查。但包括代同村在内的整个朔北乡不在项目区范围之内，不受本项目的扰动和其他负面影响。

藏族自称"博巴"。"博巴"按不同地域又分为"兑巴"(阿里)、"藏巴"(日喀则)、"卫巴"(拉萨)、"康巴"(川西)、"安多娃"(青、滇、川西北等地)。藏族有本民族语言文字,藏语依地区划分为卫藏、康、安多三个方言。

2000年中国第五次全国人口普查数据显示,中国境内藏族总人口为541.60万人;与1990年的"四普"相比,人口净增82.29万人,增长率为17.92%,平均年增长率1.60%,人口预期寿命为66岁。城镇人口占总人口的12.83%,乡村人口占87.17%;与1990年相比,城镇人口比率提高了5.76个百分点。在15岁以上的人口中,文盲率为47.55%,其中男性为35.14%,女性为59.66%;与1990年相比,文盲率下降了21.85%。6岁及以上人口中,受过小学以上(含小学)教育的占48.44%,受过初中以上(含初中)教育的占13.27%,受过高中及中专以上教育的占5.55%,受过大专、大学教育的占1.35%,平均受教育年数3.52年。在15岁及以上人口中,劳动参与率为81.53%,在业率为80.87%,失业率为0.81%。在从业人口中,86.41%从事第一产业,2.66%从事第二产业,10.93%从事第三产业。从职业看,86.74%从事农村体力劳动,8.11%从事脑力劳动工作,5.16%从事城市体力劳动。

本项目区的藏族,处于藏族中心区的边缘地带,属于藏族中的杂散居族群。到2006年底,西宁市藏族总人口近11万,约占全市总人口的5.17%,约占全市少数民族总人口的20.24%;生活在城市和城镇的藏族人口约占总人口的25%,乡村藏族人口约占75%。根据实地调查统计,分布在项目区并受到项目措施直接影响的藏族人口有1866人,以大通县东峡河流域最集中,有接近或超过100名藏族居民的行政村4个,总数1391人,约占红线内藏族人口的75%。湟源县红线内藏族人口417人,藏族人口超过50人的行政村有5个。湟中县红线内藏族人口共有58人,主要集中在鲁沙尔镇的昂藏村,详见表3-2。

表3-2 项目区藏族人口在相关社区分布一览表

县名	大通县			湟源县					湟中县
乡镇	东峡镇		桥头镇		波航乡			和平	升中	鲁沙尔
社区	元墩子村	刘家庄村	尔麻村	上庙村	毛家沟村	波航村	纳隆村	胡思洞村	泉尔湾村	河拉村	昂藏村
红线人口	1240	883	936	1510	1510	1050	1900	960	412	729	867
藏族人口	229	246	761	94	40	51	80	134	73	53	42

项目区藏族以农业为传统生计。种植业通常是家庭收入的主要构成部分,粮食作物主要有小麦、土豆,经济作物主要有油菜、豌豆等。分布在脑山(当地称

山头为脑山)区的藏族还有以青稞为粮食作物的。粮食基本能够自给自足。养殖业主要解决耕作和运输的畜力、年节肉食等副食来源以及增加现金收入，饲养的畜种有黄牛、马、藏绵羊、猪等，20世纪90年代以来，也有部分农户饲养奶牛，个别家庭在牧区租用草场发展规模养殖，效益很可观。2000年以后，由于多数地区实行退耕还林还草，植被恢复面积大，影响到畜牧活动，部分农户不再养牛、养羊，或由原来放养为主改成季节性圈养。采集草药、野菌等也是夏秋季节的传统经济活动，但在家庭收入中所占比例很小。近20年来，与绝大多数乡村农民一样，以青壮劳动力外出务工作为增加家庭收入的重要渠道，也成为项目区大多数藏族居民的选择。他们外出地点多在青海省内，其中又以到果洛、玉树等牧区建房、修围栏或者到矿山挖矿为多。

项目区藏族的传统民居与当地汉族、回族基本一致，以砖瓦平房居多，各家各户自成院落，以四合院为基本格局。堂屋居中，佛像多供奉在这里；右为日常起居炊饮兼尊长卧室，左为晚辈卧室；两厢侧房中，左为晚辈卧室、储物间，右为畜圈、柴房等。

藏族所在村落基本上都通了乡村公路，除少数家庭外，一般都购置了手扶拖拉机，用于运输、耕地等。部分村落通了自来水，没有自来水的也有压水井，人畜饮水基本有保障。劳作上比较困难的是部分坡度较大的脑山地，需要手推车、马车或者牛车运送肥料，翻地也需借用牛马等畜力，收获的庄稼需要人工搬运。秋后打场也多用役畜推磨拉碾。

主食以面食为主，部分高海拔地区的居民也吃糌粑和酥油茶，现在也有部分条件较好的农户买大米作为主食之一；自饮、待客多用砖茶；饮食有禁忌，即不吃自死物，不吃马、驴、骡、狗肉。日常做饭烧水、冬天取暖以烧块煤或蜂窝煤为主，牛粪为辅，以枯枝落叶、庄稼秸秆等生火；基本实现村村通电、通电视、通电话，部分青壮年使用移动电话；粮食加工使用电力。

项目区藏族基本不再使用母语，也基本不懂藏文，对内对外都通用汉语文。根据访谈了解，他们弃用母语已经有五六代了，健在的老人从小就很少听到长辈们使用母语。不过，大通县东峡镇广惠寺周围，尚有部分藏族居民粗通藏语，但日常交往也以汉语为主；朔北乡代同村小学近年来开始实行双语教学，从牧区请了藏语老师来授课，每周两节课。由于缺乏语言环境，孩子们随学随忘，效果不甚理想，但是民族干部和学校都比较重视。需要指出的是，广惠寺周围社区和代同村不属于本项目区范围。

民族服饰尚有保留，主要是年节期间或者婚丧礼仪上穿戴，平时着装和当地汉族居民并无差别。没有特有的民族节日，重要年节有春节、端午、中秋。节庆方式与当地汉族大致相同。保持藏传佛教信仰和礼佛习俗，家家供佛像，但没有佛龛，不挂金幡。东峡镇一带的藏族要供广慧寺的活佛，每年正月十五、六月十五，平时农历的初一、十五也要去烧香，请活佛摸顶，获赐吉祥结，保平安。有老人的家庭，每月初一、十五在自家佛像前磕头，个别家庭供奉食物。

以下是社会评价执行方对大通县东峡镇尔麻村、湟中县塔尔寺进行实地调查的记录。

【个案】 尔麻村村民及干部座谈

（2008年1月8日，下午4：00—6：00，上尔麻村。拉毛措、贾仲益访谈并记录）

尔麻村位于大通县东峡镇镇政府西北部2.5公里处，东南邻衙门庄村，西南接刘家庄村，西与桦林乡分界，北壤黄白牙沟，东北角接壤杏花庄村。尔麻村面积为8.21平方公里，平均海拔2700左右，全村有211户、936人，其中180余户为藏族，其余为汉族和几户土族。"尔麻"意为"山地"。尔麻村包括3个自然村，即上尔麻村、下尔麻村和赞仓沟。据传，清朝年间，尔麻村属于广惠寺的属地，其中，赞仓沟是广惠寺牧马的牧场，上、下尔麻村是他们的农庄。现村内有两条沟，即赞仓沟（沟长4公里）和尔麻沟（沟长5公里）。

一、生产生活状况

尔麻村现有耕地2170亩（旱地），主要种植小麦、燕麦、油菜、马铃薯等。好地大约有700亩左右，二等地550亩左右，剩下的都是差地。好地每亩小麦400斤左右，差地每亩产小麦200斤左右。粮食基本自给自足，能解决温饱，村内有600多头/只大小牲畜（羊、牛、马和骡等），放牧方式主要是圈养，夏季集中全村牲畜花200元钱雇人到村里的夏季牧场去放牧。耕地已承包到户，荒山仍属村集体所有。村里人的现金收入主要靠打工，约有140人长年出去打工，他们的足迹遍及北京、山东、陕西、贵州、四川、新疆、内蒙古以及省内各地，主要以开饭馆、修电器、砌砖墙、搬运、刷漆等为主。每月平均收入男为1400—1500元左右，女为600元左右。村里的基础设施很差，道路为泥土路，卫生室极其简陋，党员活动室和村委办公室于2007年2月在县委组织部的资助下通了电（资助金额1万元），妇女生孩子需到2.5公里外的东峡镇卫生院，合作医疗给住院患者50%的报销。

二、风俗习惯

尔麻村的居住格局、方式及语言已基本汉化，但婚丧和信仰习俗中仍依稀保持着藏族的一些特点。

1. 婚丧习俗

习惯上，本地人结婚主要找本乡的，找邻近的向化、桦林等地的也比较多。自由恋爱、媒人介绍都有。尔麻村藏族50%是族内通婚，约50%是与外族通婚，在择偶过程中，对婚嫁对象的民族成分要求不严。尔麻村藏族的结婚仪式与汉族有所不同，最突出的就是汉族闹洞房，而藏族不闹洞房，但结婚筵席已与汉族相同。尔麻村藏族的丧事分"泪丧"和"喜丧"。所谓"泪丧"是指家中老人去世时子女还未成家立业，逝者仍有后顾之忧；所谓"喜丧"是指家中老人去世时子女都已成家，家中已没有后顾之忧。遇有"泪丧"时，村里人前去吊唁，给丧家通常送一盆小麦；"喜丧"则送12个大馒头，以示哀悼。家里人给逝者戴孝的方式是男性不戴帽子，身穿白板皮袄；女性则反戴辫套，礼帽上贴一小块白布条。实行土葬，立墓碑，同时请僧人到家中念平安经。

2. 信仰习俗

尔麻村藏族信奉藏传佛教，距村2.5公里左右有著名的广惠寺，每逢年节，特别是正月初一至十五日或阴历四月十五日，各家老人到广惠寺磕头祈福，求佛保佑全家平安健康、风调雨顺、生活安逸；或到山顶的敖包祈求平安。平时在家中也进行一些"煨桑"活动。另外，为了表示对佛的敬意，这里的藏族，特别是老年人在阴历正月初一至十五日、四月初一至十五日不换洗衣服等。

三、地方知识

尔麻村有一些沿用已久的水土保持传统办法。一种是种黑刺：用编织袋装土插上黑刺，一层层垒起来，起到防洪作用；另一种是连根将蘼莲挖出来垒种，可以起到生物坝作用；还有一种是用铁丝编织成铁丝笼，里面装上石块，垒成防洪坎。最近几年，政府部门采取砌保坎的办法减少雨季山洪对沟道的冲刷，效果也不错。

【个案】塔尔寺座谈会

(2008年1月10日9：30—11：00；塔尔寺贵宾接待室；张海洋整理)

张海洋（以下简称张）：

各位上师、领导吉祥：

西宁水务局要向世界银行贷款做湟水河流域防洪、保持水土和生态管理项目。这个项目在湟中县有3个小流域子项目：火烧沟、鲁沙尔沟和丰台沟。鲁沙尔沟主要做两段工程治理：一段是角木沟1.9公里涵管和沟道清理加固，另一段是赵家沟的沟道清理加固。我们从设计图上看角木沟工程离塔尔寺很近，直线距离大约800米左右，加上从山坡上向低处看等原因，感觉上会显得更近。塔尔寺是世界知名的藏传佛教圣地。根据世界银行对当地居民、当地社会文化安全的保障政策，我们需要对此做实地调查。今天开这个座谈会，就是想听塔尔寺各位活佛、喇嘛对这个项目会在什么方面影响塔尔寺，有什么减少消极影响的办法。

让我们先明确两件事：第一是语言。我们用普通话这样说，各位上师能不能听懂？用不用翻译？第二我们今天问的虽然不会特别敏感，但按照工作规范，还是要征询上师们的意见，看有没有什么人影响各位表达意见，需要他们回避一下？我们对各位上师接待我们这些俗人，给我们一次聆听教诲的机会表示感谢！

前热坚赞主任：

水务局做工程项目还来征求我们的意见。我们高兴和感谢。先说明几点：

第一是塔尔寺寺管会主任宗康活佛本想亲自接待大家，说这是很吉祥的缘分。但他今天有重要会议，所以就特别委托我来欢迎各位和表达意见。他还嘱咐我们要全力配合这次调查工作，并吩咐我们要给各位客人献上哈达以表谢忱。

第二是语言。今天来的活佛上师虽然都是藏族，但他们在这个藏汉交界的地方弘扬佛法多年，都能懂普通话和方言，也能说得清。如果用藏语，你们反而还要翻译，因此我们谈世俗的事情就用普通话最好。

第三是回避的问题，我们都感觉今天讨论的题目没有什么敏感。有了各方面的协调，我们才开得成这个会。各位在场的人只要坐得住听得进，都能起到沟通作用，将来也好落实。所以，我们不要谈什么人需要回避。佛教从不远离众生。

第四是我简要介绍塔尔寺。塔尔寺在今天的中国有三大功能：一是世界级的宗教圣地；二是世界著名的旅游点，三是国家重点文物保护单位，而且要申报世界文化遗产。今天各位来征求意见，重视我们寺院和当地人意见和习俗，我们感谢。但我明确讲，这是一个改善市容环境的项目。它跟我们寺院的存在和发展没有冲突，也就是说它只有好处，没有什么坏处。我们寺院是全国平安寺院，很强调跟当地搞好关系。现在当地要做建设，我们应该积极支持。塔尔寺在这个方面得到社会很高的赞扬。

张：

那可喜可贺。现在我们知道您代表寺院僧众给项目做了明确肯定的答复。但我们承担社会评估和编制少数民族发展计划的任务，还是希望知道项目有哪些积极作用，可能有什么消极处。

前热坚赞主任：

项目治理的是寺东面跟县城鲁沙尔镇共用的一条排洪兼排污沟道。这对于改善寺庙的周边环境、市容环境都有好处。也就是说，这个工程对塔尔寺有很大好处。

至于它对本寺的消极影响，我们有正式的保护范围和监控地带。保护范围就是紧贴着寺围墙外面的信众转寺佛道，东面以山根为界。监控地带都以寺墙佛道外面的山梁为界。北面止于林业站桥50米处。山梁以外的地方就都出了我们的监控范围，离我们的监控地带都有1华里以外，所以它对寺院没有任何消极影响。两位活佛可以证明（孟嘉活佛点头。夏格日活佛当时在外接待一位来客）。

张：

我们理解世行的安全保障政策包括寺院建筑的物质方面，也包括众生民俗和精神方面。我们知道藏族人相信山梁山头上有拉神，水沟水底有龙神。现在水务局做这个项目，可能要用机械弄出些响动，对这些神圣可能有所惊扰。这有什么办法消除？是不是在开工之前应该请寺院的喇嘛上师帮助做一个告慰安抚的仪式？

孟嘉活佛会心一笑。

前热坚赞主任：

这个嘛，因为工程不在寺院监控范围内，寺院不好提这个要求。但施工方面如果做到这一点，那寺院的僧众、藏族的信众心里肯定都欢喜。

夏格日活佛：

工程跟藏族的风俗没有什么冲突。寺院讲究风水，那工程地点肯定是大风水的一部分，防洪沟是自然形成的，现在治理一下，防洪保持水土，这对人神都好。寺院办事情也要顺遂众生的心愿。众生都认为好，寺院就认为是好。从寺院角度看，市容改善，周边绿化，大环境变好了，对寺院也很重要。我本人是县政协的驻会常委，对县里的情况知道一些。寺院跟县里也有合作。我记得寺院的路灯系统，还是县里向世界银行申请的，还有危房改造。我们跟水务局的关系也很密切。寺院里两次水源改造项目，一次100万，一次88万，都是水利局帮助提供的，所以我们跟李局长也是老朋友关系呢。

张：

谢谢活佛和喇嘛上师。项目危害这个问题比较清楚了。下一个问题就是施工的时间，这个寺里有没有讲究，比如说什么时候最好不要在周围动土？

夏格日活佛：

时间上没有什么讲究，关键是它离寺院有距离，所以不敏感。

张：

还有一个小问题，就是寺院周围藏族的分布。我们知道民主改革之前，寺院周围都有田庄，也应该有较多藏族附寺而居以图吉祥。但塔尔寺周围，我们看到回族的商铺好像还多些，这应该怎样理解和解释呢，跟民主改革前马家在青海的统治有没有什么关系？

夏格日活佛：

这想法原本不错。一般藏传佛教寺院周围是有百姓聚居，为寺院提供各种服务。塔尔寺处在汉、回、藏交界的地方。回族更讲究经商，所以离寺院更近些。塔尔寺原来也有藏族六大部落，是为寺院服务的寺百姓。但湟中很早就是多民族杂居的地方。很多藏族离不开牲畜草场，所以分布得比较散，离农区也比较远。

张万江副部长（县委统战部）：

这个我来补充一下。这个县有13个民族，人口总数25万左右，总格局是汉族人口最多，有近13万。回族人口第二，有近8万。藏族人口第三，共有4万左右。鲁沙尔镇上的情况是：回族8000多人，藏族加上塔尔寺的僧众将近3000人。

张：

谢谢张部长，谢谢各位活佛、上师。重要的问题就是这些。具体的数字再核实统计资料。今天的关键是弄清工程对寺院的影响。各位活佛、喇嘛如果有什么新想法，请跟我们电话联系。我们再次表示感谢。

2.2.2 回族

回族是中国信仰伊斯兰教的民族之一。她以唐宋时期客居中国、被称为"蕃客"的波斯、阿拉伯商人，以及13世纪初蒙古军队西征期间迁入中国的一部分信仰伊斯兰教的中亚细亚各族人、波斯人、阿拉伯人等为基本成分，并通过通婚等途径吸纳汉、蒙古、维吾尔等民族成分，长期融合而成。回族分布遍及全中国，而以宁夏、甘肃、河南、河北、青海、山东、云南、新疆等省区较为集中，具有大分散、小聚居的特点。

回族主要使用汉语文，但在宗教生活和日常生活中仍保留一些阿拉伯语、波斯语词汇。一部分与其他少数民族杂居的回族还兼通相关民族语言。

根据2000年中国第五次人口普查数据，全国回族总人口为981.68万，其中城镇人口占45.30%，乡村人口占54.70%。人口预期寿命为73.36岁。在15岁以上的人口中，文盲人口比率为17.77%，与1990年相比，文盲率下降了15.34%。6岁及以上人口中，受过小学教育的占81.67%，受过初中教育的占44.88%，受过高中及中专教育的占15.89%，受过大专、大学教育的占4.08%。平均受教育年数6.89年。在15岁及以上人口中，劳动参与率为73.76%，在业率为69.7%，失业率为5.50%。在从业人口中，从事第一产业的占59.59%，第二产业占14.29%，第三产业占26.12%。从职业看，从事农村体力劳动的比率为59.59%，从事脑力劳动工作的比率为12.39%，从事城市体力劳动的比率为28.02%。

回族自元代开始进入河湟地区，明、清两代受移民政策推动，移居青海的回族人口不断增加。到2006年年底，仅西宁市就有回族350837人，占西宁市总人口的16.49%，是西宁市人口最多的少数民族，城镇化率与全国平均水平相当。城镇回族多经营饮食业、手工业、皮毛加工业及商业、贸易活动等，乡村回族多从事农业，同时还兼营养殖业。精于牛羊肉经销、皮毛加工和饮食业，是青海回族的共同特点，也因此使回族成为青海商业贸易市场上最活跃的民族。

项目区回族分布比较广，除了市区以外，大通县的大煤洞沟、小煤洞沟、桥尔沟等小流域（属桥头镇、良教乡），湟源县泉尔湾、拉萨沟（城关镇），湟中县角木沟（鲁沙尔镇）等，都有回族社区。红线内回族有9819人，其中大通有7886人，占80%，集中分布在5个回族行政村；湟中有1578人，集中分布在鲁沙尔镇清泉一二村；湟源有171人，主要集中在城关镇的光华、万丰两个行政村。详见表3-3。

表3-3 项目区回族人口在相关社区分布一览表

县名	大通县					湟源县			湟中县	
乡镇	桥头镇		良教乡			城关镇			鲁沙尔镇	
社区	元树尔村	煤洞沟村	白崖村	松林村	桥尔沟村	光华村	万丰村	涌兴村	清泉一村	清泉二村
红线人口	2040	1326	1273	1162	2046	1263	1337	811	1016	910
回族人口	2040	1326	1273	1162	2046	64	87	20	986	592

项目区的乡村回族居民传统生计以种植业为主，部分家庭兼营养殖业、商业。种植的粮食作物主要有小麦、土豆，经济作物主要有油菜、豌豆等。多数家庭粮食基本自给，但是也有部分耕地少的农户口粮不够，需要买粮食吃。养殖的牲畜主要有马、黄牛、藏绵羊，少数农户还养有奶牛。马、黄牛主要作为役畜饲养，羊则多出卖换取现金。由于实行退耕还林还草，牧场减少，现在只有极少数农户养羊，一部分农户连役畜都不养了。大多数回族家庭除了种养以外，还通过经商、餐饮、贩运牛羊、屠宰等传统副业增加收入；大通回族挖煤、挖矿的较多。近些年来，也有一些年轻人到省外去经商务工。

回族虽然与汉族等形成大杂居格局，但是社区内往往围绕清真寺聚族而居。回族民居与当地汉族基本一致，一般都是四合院式的砖瓦房，以北房为主，庭院多栽花种树。所在社区普遍通路、通电、通电视、通水。多数家庭有手扶拖拉机，翻田犁地、运送肥料、收获庄稼、日常出行多有赖于它，年轻人普遍以摩托车代步。

回族男子服饰与当地汉族略同，惟成年人多戴无檐平顶的白色"顶帽"，老年人多蓄胡须，宗教人员及老人礼拜时穿"准白"（长大衣）和"特斯达尔"（缠头布）；女子"出幼"（9—12岁）后出门必戴盖头，年轻人多用绿色，中年用青色，老年人用白色。

回族以面食为主，饮食禁忌较多且严格。如：禁饮浊水，凡属死水和遭人畜践踏而变得污浊的水，一般严禁饮用，严禁洗涤食物；禁烟酒，亦不以烟酒待客；禁食猪、马、骡、驴、狗肉及一切自死物，禁饮动物之血、马奶、马奶酒；

凡宰食牛、羊、鸡、鸭、兔、骆驼等，须请阿訇或清廉长者按规定屠宰，外教人或不清廉的教内人所宰食肉，亦视为不洁；禁食鸽肉等。

项目区回族虔诚信仰伊斯兰教。内部分新教、老教，多数合寺礼拜，个别社区分别建有新教、老教清真寺。社区一般都有寺管会，管理教产和组织宗教活动。

回族主要节日有开斋节（又叫"小尔德节"）、古尔邦节（又叫"大尔德节"或宰牲节、"忠孝节"）、圣纪节。

回族实行土葬，一般聚居社区有公墓，或以家族为单位集中埋葬。不信风水，不择时日，不用棺椁，尸身头北脚南。

以下选取一个回族社区的访谈情况作为个案。

【个案】大通县桥头镇元树尔村

（信息提供者：村委会计马德教，调查员：鲁顺元、妥延青。时间：2008年1月9日）

1. 人口与民族

全村有488户2040人，皆为回族。其中男性1016人、女性1024人，劳动力1286人，外出劳力798人。

2. 资源与产业

全村有耕地1587.66亩，退耕还林面积492.4亩。种植业产值：小麦230斤/亩、油菜220斤/亩。

3. 收入与支出

村集体年收入3万元。享受低保人数116人。参加新农合人数446人。小学生、中学生、高中生年均费用分别为100元、400元、1500元。一般婚礼开支约6000元。

4. 组织与能力

有村委会、村党支部、共青团、民兵连、寺管会。有清真寺1座，有阿訇1名、满拉6名，属逊尼派。

5. 季节与作息

农忙：4、9、10月；农闲：1、2、3、5、6、7、8、11、12月，男的打工，女的闲坐。

6. 影响与要求

治理面积5700亩，红线内有6个村组，人口有2040人。植被恢复面积有2700亩。

与元树尔村支部书记、村主任、会计访谈。记录：鲁顺元

人均耕地0.7亩，皆为旱地。实行植被恢复面积有500亩，需进一步补植补

栽。另有1500亩荒山，需要栽树治理，退耕还林，涉及50户。阳山适宜栽黑刺、柠条等，阴坡可栽松树、柏树。

全村有2个沟岔，其中干沟1个、支沟2个。沟道谷坊2003年搞过，属于小流域治理项目。现有的土坝已被洪水冲坏。全部属明水渠，无排水沟。但项目不牵涉移民问题。

劳务输出人口占总人口的一半以上，收入占总收入的70％。有40％－50％的年轻人到煤矿采煤，按年订合同，满年满算。按身体状况招工，一般招35岁以下的，最高年龄不超过40岁。月均收入有1500元左右，无其他待遇。收入在村中算中等。班长等的收入能达到2200元/月。日工作量达到12小时，劳动强度较大。

运输业较发达。主要是在县城内跑出租。夏利车有11辆、中巴车有9辆。最初由个人贷款购置，靠原来的一般贷款。长途大型运输车有11辆，从兰州拉日用品，运到西藏拉萨、樟木及四川等地。按户经营，户与户有联合，按三批走，属业缘关系。毛利润有1万元/月。经营8个月，热季跑得多。风险大，开支大，尤其是修理费用多。每辆车投入2人，其中1人雇用，开工资1000－1500元/月，以本村人为主。全村年青人中70％的有执照，开车的多。

做买卖、开饭馆的有20余户。前者年净收入有四五千元，后者有1.5万元的收入。到内地开饭馆的有8户。

贫困户有35户，享受低保的占8％，实际贫困的约占到全村人口的1/3。贫困原因主要是因为无劳力、疾病、懒、耕地少及收入门路少等。

原来教育上，对男孩的教育也不重视，现在孩子少，也重视女娃娃的教育了。

栽种树木为生态防护林，不是经济林。林业收益归退耕地承包户或垦荒户所有，自行采砍；管理归村委会，即20元管护费统一收到村委会。

2.3 民族关系

项目区汉族、藏族、回族相互之间，以及回族新老教派穆斯林之间，民族和族群关系历来都比较亲密和谐。各个民族之间的关系可以概括为：

（1）居住空间上相互毗邻。项目区内回汉、藏汉乃至回藏汉相互杂居、相互毗邻，成为湟水流域的一般居住格局。这种杂居局面不仅是不同民族社区之间的壤地相接，而且很多社区就是多民族共同聚合而成。表现之一是民族之间的通婚十分普遍，尤其是汉族和藏族之间；表现之二是回族虽然受到宗教信仰和生活习俗的约束，较少主动与外族通婚，但是近十余年来情况有较大变化，回族与汉族、藏族之间的通婚逐渐增加。

(2) 生计方式上互为补充。从生计方式来看，项目区内各个民族之间互为补充。城区的回族多经营货运和贸易，而乡村回族则多经营农业生产；藏族主要从事农耕，但养殖和畜牧在家庭收入中也占一定比重。从历史上看，回族和藏族在生计模式上有很强的依赖关系，藏族从事农耕和养殖、畜牧业，其生产工具的需求和农牧业生产产品的流通多仰赖回族的贸易经营。而回族则从藏族居民手里收购农牧产品，辗转出售从中获益。

(3) 宗教信仰方面彼此尊重。项目区内各个少数民族居民在宗教信仰上互相尊重，藏传佛教与伊斯兰教之间、伊斯兰教新老教派之间和睦相处，没有发生过宗教冲突或教派冲突。以湟中县鲁沙尔镇为例，该镇尽管因藏传佛教著名寺院塔尔寺而享有盛誉，但是离塔尔寺不到五百米处便有一规模较大的清真寺，是逊尼派和什叶派教民共同享有的。平日里两个教派的宗教活动在同一个寺院里进行。这些情况说明：不论是不同的宗教还是同一宗教的不同教派之间，都能够和谐共处，居民没有因为信仰上的区别而彼此抱有成见。

(4) 混居村落内民族关系和谐。多民族社区干部选举和村务管理中，没有出现过族际争权夺利、明争暗斗的情况；村干部对不同民族村民的个人和家庭情况了如指掌，反映了干部和村民之间极少存在民族隔阂，各族居民日常交往密切正常。

此外，各级学校的各民族在校学生、社区中不同民族青少年之间交往自由、关系和谐，没有打群架、语言歧视、以民族或族群为交往界限等现象；各级政府部门和机构当中的各民族干部关系融洽、合作无间、相互尊重。

3 社评概要

经过 2007 年 11 月、2008 年 1 月两轮独立评估调查，以及 2008 年 1 月、9 月两次与世行项目组专家对部分少数民族社区进行重点回访，本项目执行方对西宁防洪项目形成如下社会评价意见：

(1) 项目必要性。项目区是整个青海省的政治、经济、文化、交通中心，但长期以来，受自然地理条件和人为因素的共同影响，项目区所在的湟水谷地山洪灾害、水土流失、生态退化、地表径流污染十分严重，已经严重影响到项目区乃至整个青海的建设与可持续发展。因此，本项目的实施及时而必要。对此，项目区各级政府和城乡居民有高度共识。

(2) 项目支持度。项目区各级政府高度重视本项目，在项目设计论证、宣传动员等方面做了大量卓有成效的工作。目前项目区城乡各民族居民对项目的目的、意义、内容、措施、要求等相关信息普遍知情，他们不仅广泛支持本项目，而且希望项目早日动工，以期尽早产生效益。在社评组、小流域参与式规划小组等所调查的社区，居民对项目的支持率均超过90%。

（3）筛查。项目区存在符合世行政策OP4.10所描述的少数民族和少数民族社区，主要是藏族和回族，乡村少数民族人口占项目区农村居民人口总数的34.6%。本项目的小流域治理活动无疑有诸多正面效益，包括增强防洪能力、减少水土流失、保护现有耕地及其肥力等，但植树造林及与之相配合的植被恢复措施将使社区和居民的放牧活动受到一定限制，因此，需要制定少数民族计划以最大限度减缓本项目对少数民族社区和居民的负面影响。

（4）法律和制度框架。中国现有法律和制度高度重视少数民族权益保护，努力改善少数民族的处境，加快少数民族地区经济发展，促进少数民族文化繁荣；项目区各级政府根据国家相关政策和法律法规，也出台一系列地方性法律文件和制度，来保障本地方少数民族的权益。这些法律法规和制度与世界银行相关政策的原则和精神高度一致，因此，只需要在中国及地方政府现有政策法律制度框架内，针对少数民族所受项目的具体影响采取相应的行动和措施，就能达到最大限度减缓或补偿少数民族所受负面影响的目的。

（5）关键利益相关者及项目协商程序。本项目利益相关各方包括借款方即业主（即西宁市和湟中、湟源、大通三县项目办）、西宁市政府及下属各级政府、贷款提供方即世界银行、设计和施工方、社区居民、项目区其他弱势群体。关键利益相关者主要是项目办、项目区各级政府、社区居民和项目区其他弱势群体。为了确保无限制性的前期知情协商在项目各阶段都能顺利展开，本项目在准备阶段，聘请参与式小流域规划专家对项目区3条小流域进行了参与式小流域规划调查，并对项目办人员进行了培训；之后由项目办采取同样方法对余下14条小流域全面进行了调查，根据参与式小流域规划调查和项目性质确定了项目活动。为了确保项目实施和后期管理维护阶段无限制性的前期知情协商，所有项目区内的社区在村民委员会之外，又专门针对项目需求，由村民大会选举成立了社区参与式小流域管理小组（包括妇女和青年），代表村民与项目办、设计和施工方进行各种形式的协商或交涉，协商及交涉结果以通告等形式随时向村民告知，所有决定由村民代表大会讨论通过后方能生效。为了保证参与式小流域管理小组能够胜任工作，并保持工作积极性，项目办还为参与小组提供专门培训，提供工作经费和误工报酬。

（6）项目活动。本项目将在17条小流域开展旨在防范洪水灾害、控制水土流失、保障各流域内社区和居民生命财产安全的综合治理措施，包括（a）水土保持林、植被恢复、淤地坝、谷坊、沟头防护、护坡和塘坝（涝池）加固等公共水土保持工程；(b) 坡改梯和配套的作业便道等私人利益水土保持工程；(c) 养畜、建设畜棚、沼气池、太阳灶、道路等生计改善工程。这些项目活动是通过与社区居民进行无限制性的前期知情协商，并经过水保、林业、农牧等多方面专家认真分析评估而确定的，对于达到本项目的目的均属必要；在理论上经验上具有可行性，得到了项目区社区居民包括少数民族居民的广泛欢迎。

(7) 项目影响识别及措施。上述项目活动的正面效益是：(a) 水土保持林、植被恢复、淤地坝、谷坊、沟头防护、护坡、塘坝（涝池）加固、坡改梯等项目措施将有利于减轻山洪灾害、水土流失、恢复生态，为项目区居民提供安全、可持续的生产生活环境和条件；(b) 修筑作业便道、改造乡村道路等措施将使社区居民的生产生活条件得到改善；(c) 建畜棚、养畜则可使农户拥有更安全、卫生、舒适的养殖条件，提高养殖效益，弥补植被恢复给农户放牧活动带来的影响，同时使庭院环境、社区环境得到改善；(d) 太阳灶、沼气池是生活用能替代技术，不仅卫生、方便，还可减轻农户拾柴的劳动投入，它将减少农户伐木取薪给生态带来的破坏；(e) 项目融资计划明确：公益性项目世行73%、各县（区）内配27%，生计类项目世行75%、各县（区）内配25%，办公设备世行75%、各县（区）内配25%，培训费世行100%，基本预备费各县（区）内配100%；社区农户以投工投劳的形式参与坡改梯、村道改造、修建畜棚、作业便道修筑等项目活动，应得报酬转为受益项目投资；圈棚、养殖、太阳灶、沼气池等生计改善项目，以支持贫困户为重点，本项目不另行向贫困农户融资，但富裕户、中等户自筹部分资金，以体现"谁投资、谁受益"的参与原则。

本项目的负面影响及应对措施是：(a) 在城区有小规模的拆迁和移民安置；(b) 在城乡结合部的河道治理有少量征地；(c) 与植树造林相配套的植被恢复措施会使乡村居民的放牧活动受到一定限制。对于征地拆迁和移民，本项目将根据国家和地方的相关政策法规，予以合理补偿和安置；对于局部区域放牧活动受限给农户的生计活动带来的影响，本项目通过支持农户修建畜棚、养殖奶牛等适合圈养的畜种、提供相应的技术培训等措施来增加农户收入，或鼓励社区集中放牧，以化解项目的不利影响。

(8) 文化适应性。本项目活动和措施，是在与项目区少数民族和社区居民进行无限制性的前期知情协商基础上产生的，不仅考虑生态、经济、社会效益等因素，还考虑了回族、藏族的宗教信仰、生产生活习俗对活动时间、活动方式、具体措施选择等的制约，如针对外出青壮劳动力春去冬回、当地冬季农闲、春节前后社区活动多等的特点，把培训活动、重大问题的协商等多安排在冬季进行；排除了施工范围内有藏族的神山圣水的可能性；基于回族宗教禁忌和生活习惯而推荐养牛养羊项目,等等。因此,无论是参与方面还是受益方面,项目活动安排都注意到了少数民族的文化特点和实际需要,充分尊重项目区社区居民的生产生活经验和习惯。

(9) 制定少数民族发展计划的必要性。经过本项目社评执行方对项目区的实地调查,确认大通、湟中项目区内有7个以回族为居民主体或基本上全是回族的社区,大通有1个藏族占多数的少数民族社区,三县还有14个社区含部分藏族或回族世居人口。这些回族和藏族世代在当地以种植业和养殖业为生,他们不仅与所在地区存在天然的经济联系,而且回族环绕聚居的清真寺、藏族宗教生活中离不开的佛教寺院也分布在这些地区。他们既是中国政府在政策和法律上确认其少数民族身份的族群,也符合世界银行关于"少数民族"的定义。同时,本项目在这些少数民族生活的区域内实施植树造林、修建谷坊、坡改梯等生态和工程措施,治理当地水土流失。这些旨在防洪减灾的措施,一方面固然有利于这些少数民族和当地其他居民的生命财产安全和可持续发展,另一方面也不可避免地对包括少数民族在内的项目区居民生产生活带来局部的影响,主要是植树造林区域在林木幼苗期内(一般为3年)需要节制放牧活动,使传统的放养方式在局部区域受到一定控制等。因此,有必要通过少数民族发展计划的制订和实施,增强本项目对相关少数民族经济社会发展的带动作用,最大限度减少本项目可能造成的负面影响,以充分体现中国政府和世界银行保护和增进少数民族权益的政策精神。

4 知情协商[①]

4.1 准备阶段

本项目自2007年10月至2008年1月,由参与式小流域规划专家主持和示范,市县项目办相关人员配合和接受现场培训,在湟源的拉萨沟、大通的胡基沟、城南的火烧沟3个小流域进行了参与式典型流域规划。其基本程序是:

(a) 参与式小流域规划由乡镇干部、村委会干部协助动员,召开村民大会,使社区居民特别是妇女、老人、贫困人员等弱势群体得以充分参与;

---

① 世界银行的社会政策强调:对所有建议由世行资助、影响到少数民族的项目,世行要求借款人要采取无限制性的前期知情协商程序,只有通过这种无限制性的前期知情协商程序而获得受影响的少数民族社区对项目的广泛支持后,世行才会对项目提供资助。所谓"进行无限制性的前期知情协商"是指:在没有外界控制、干预或胁迫的情况下进行的自由和自愿协商。为了进行协商,各方应事先以符合少数民族文化习惯的方式、形式和语言获得关于建设项目的目的和范围的信息。

第三章 治水安民：湟水流域治理与藏回民族发展

表3-4 西宁项目少数民族发展计划项目活动及融资计划一览表（局部）

县域	流域	社区名称	项目活动	范围/规模	起止时间	投资总额（万元）	筹资比例(100%) 世行	筹资比例 内配 地方	筹资比例 自筹	2009年 世行	2009年 内配 地方	2009年 自筹	2009年 合计	2010年 世行	2010年 内配 地方	2010年 自筹	2010年 合计
			总计			2025.55	1429.16	434.48	161.91	782.44	169.18	91.64	1043.25	562.94	121.05	66.60	750.58
			道路			406.50	214.88	191.63		95.18	31.73		126.90	63.45	21.15		84.60
			畜棚			970.00	727.50	145.50	97.00	429.21	85.84	57.23	572.28	293.43	58.69	39.12	391.24
总计			养畜 牛			305.40	229.05	45.81	30.54	129.60	25.92	17.28	172.80	94.23	18.85	12.56	125.64
			养畜 羊			262.05	196.54	39.31	26.21	91.73	18.35	12.23	122.31	87.35	17.47	11.65	116.46
			沼气池			29.50	22.13	4.43	2.95	13.28	2.66	1.77	17.70	8.85	1.77	1.18	11.80
			太阳灶			52.10	39.08	7.82	5.21	23.45	4.69	3.13	31.26	15.63	3.13	2.08	20.84
			道路			330.00	157.50	172.50		60.75	20.25		81.00	40.50	13.50		54.00
			畜棚			357.40	268.05	53.61	35.74	160.83	32.17	21.44	214.44	107.22	21.44	14.30	142.96
县合计			养畜 牛			288.00	216.00	43.20	28.80	129.60	25.92	17.28	172.80	86.40	17.28	11.52	115.20
			养畜 羊			97.80	73.35	14.67	9.78	44.01	8.80	5.87	58.68	29.34	5.87	3.91	39.12
			沼气池			29.50	22.13	4.43	2.95	13.28	2.66	1.77	17.70	8.85	1.77	1.18	11.80
			太阳灶			52.10	39.08	7.82	5.21	23.45	4.69	3.13	31.26	15.63	3.13	2.08	20.84
大通	东峡	合计	道路			195.00	56.25	138.75		33.75	11.25		45.00	22.50	7.50		30.00
			畜棚			91.00	68.25	13.65	9.10	40.95	8.19	5.46	54.60	27.30	5.46	3.64	36.40
			养畜 牛			78.00	58.50	11.70	7.80	35.10	7.02	4.68	46.80	23.40	4.68	3.12	31.20
			养畜 羊			12.00	9.00	1.80	1.20	5.40	1.08	0.72	7.20	3.60	0.72	0.48	4.80
			沼气池			15.25	11.44	2.29	1.53	6.86	1.37	0.92	9.15	4.58	0.92	0.61	6.10
			太阳灶			7.88	5.91	1.18	0.79	3.55	0.71	0.47	4.73	2.36	0.47	0.32	3.15

续表

县域	流域	社区名称	项目活动	范围/规模	起止时间	投资总额(万元)	筹资比例(100%) 世行	地方	自筹	2009年 世行	地方	自筹	合计	2010年 世行	地方	自筹	合计
大通	东峡	尔麻	通乡公路改造	7(km)	2009—2012	120.00		120.00									
大通	东峡	尔麻	畜棚	100(座)	2009—2010	70.00	52.50	10.50	7.00	31.50	6.30	4.20	42.00	21.00	4.20	2.80	28.00
大通	东峡	尔麻	养畜 牛	100(头)	2009—2010	60.00	45.00	9.00	6.00	27.00	5.40	3.60	36.00	18.00	3.60	2.40	24.00
大通	东峡	尔麻	养畜 羊	300(只)	2009—2010	9.00	6.75	1.35	0.90	4.05	0.81	0.54	5.40	2.70	0.54	0.36	3.60
大通	东峡	元墩子	畜棚	30(座)	2009—2010	21.00	15.75	3.15	2.10	9.45	1.89	1.26	12.60	6.30	1.26	0.84	8.40
大通	东峡	元墩子	养畜 牛	30(头)	2009—2010	18.00	13.50	2.70	1.80	8.10	1.62	1.08	10.80	5.40	1.08	0.72	7.20
大通	东峡	元墩子	养畜 羊	100(只)	2009—2010	3.00	2.25	0.45	0.30	1.35	0.27	0.18	1.80	0.90	0.18	0.12	1.20
大通	东峡	元墩子	沼气池	31(个)	2009—2010	7.75	5.81	1.16	0.78	3.49	0.70	0.47	4.65	2.33	0.47	0.31	3.10
大通	东峡	元墩子	太阳灶	316(个)	2009—2010	6.64	4.98	1.00	0.66	2.99	0.60	0.40	3.98	1.99	0.40	0.27	2.66
大通	东峡	刘家庄	道路	5(km)	2012	75.00	56.25	18.75		33.75	11.25		45.00	22.50	7.50		30.00
大通	东峡	刘家庄	畜棚	30(座)	2009—2010	7.50	5.63	1.13	0.75	3.38	0.68	0.45	4.50	2.25	0.45	0.30	3.00
大通	东峡	刘家庄	太阳灶	59(个)	2009—2010	1.24	0.93	0.19	0.12	0.56	0.11	0.07	0.74	0.37	0.07	0.05	0.50
大通	庙沟	上庙村	道路	5(km)	2012	75.00	56.25	18.75									
大通	庙沟	上庙村	畜棚	112(座)	2009—2010	78.40	58.80	11.76	7.84	35.28	7.06	4.70	47.04	23.52	4.70	3.14	31.36
大通	庙沟	上庙村	养畜 牛	25(头)	2009—2010	15.00	11.25	2.25	1.50	6.75	1.35	0.90	9.00	4.50	0.90	0.60	6.00
大通	庙沟	上庙村	养畜 羊	160(只)	2009—2010	4.80	3.60	0.72	0.48	2.16	0.43	0.29	2.88	1.44	0.29	0.19	1.92
大通	庙沟	上庙村	沼气池	7(座)	2009—2010	1.75	1.31	0.26	0.18	0.79	0.16	0.11	1.05	0.53	0.11	0.07	0.70
大通	庙沟	上庙村	太阳灶	379(个)	2009—2010	7.96	5.97	1.19	0.80	3.58	0.72	0.48	4.78	2.39	0.48	0.32	3.18

第三章 治水安民：湟水流域治理与藏回民族发展

续表

流域	社区名称	项目活动	范围/规模	起止时间	投资总额(万元)	筹资比例(100%) 世行	筹资比例 内配 地方	筹资比例 内配 自筹	2009年 世行	2009年 内配 地方	2009年 内配 自筹	2009年 合计	2010年 世行	2010年 内配 地方	2010年 内配 自筹	2010年 合计
毛家沟	毛家沟村	畜棚 牛棚	35(座)	2009—2010	24.50	18.38	3.68	2.45	11.03	2.21	1.47	14.70	7.35	1.47	0.98	9.80
		养牛 猪棚	30(座)	2009—2010	18.00	13.50	2.70	1.80	8.10	1.62	1.08	10.80	5.40	1.08	0.72	7.20
		养牛	60(头)	2009—2010	36.00	27.00	5.40	3.60	16.20	3.24	2.16	21.60	10.80	2.16	1.44	14.40
		沼气池	48(座)	2009—2010	12.00	9.00	1.80	1.20	5.40	1.08	0.72	7.20	3.60	0.72	0.48	4.80
		太阳灶	360(个)	2009—2010	7.56	5.67	1.13	0.76	3.40	0.68	0.45	4.54	2.27	0.45	0.30	3.02
	合计	畜棚 牛棚			49.00	36.75	7.35	4.90	22.05	4.41	2.94	29.40	14.70	2.94	1.96	19.60
		养羊 羊棚			9.00	6.75	1.35	0.90	4.05	0.81	0.54	5.40	2.70	0.54	0.36	3.60
		养牛			54.00	40.50	8.10	5.40	24.30	4.86	3.24	32.40	16.20	3.24	2.16	21.60
		沼气池			90.00	67.50	13.50	9.00	40.50	8.10	5.40	54.00	27.00	5.40	3.60	36.00
		太阳灶			0.50	0.38	0.08	0.05	0.23	0.05	0.03	0.30	0.15	0.03	0.02	0.20
大煤洞	元树尔村	畜棚 牛棚			14.66	10.99	2.20	1.47	6.60	1.32	0.88	8.79	4.40	0.88	0.59	5.86
		养羊 羊棚	30(座)	2009—2010	21.00	15.75	3.15	2.10	9.45	1.89	1.26	12.60	6.30	1.26	0.84	8.40
		养羊	15(座)	2009—2010	9.00	6.75	1.35	0.90	4.05	0.81	0.54	5.40	2.70	0.54	0.36	3.60
		养牛	1800(只)	2009—2010	54.00	40.50	8.10	5.40	24.30	4.86	3.24	32.40	16.20	3.24	2.16	21.60
		沼气池	2(座)	2009—2010	0.50	0.38	0.08	0.05	0.23	0.05	0.03	0.30	0.15	0.03	0.02	0.20
		太阳灶	298(个)	2009—2010	6.26	4.69	0.94	0.63	2.82	0.56	0.38	3.75	1.88	0.38	0.25	2.50
	煤洞沟	畜棚	20(座)	2009—2010	14.00	10.50	2.10	1.40	6.30	1.26	0.84	8.40	4.20	0.84	0.56	5.60
大通		养牛	80(头)	2009—2010	48.00	36.00	7.20	4.80	21.60	4.32	2.88	28.80	14.40	2.88	1.92	19.20
		太阳灶	200(个)	2009—2010	4.20	3.15	0.63	0.42	1.89	0.38	0.25	2.52	1.26	0.25	0.17	1.68
	白崖村	畜棚	20(座)	2009—2010	14.00	10.50	2.10	1.40	6.30	1.26	0.84	8.40	4.20	0.84	0.56	5.60
		养牛	70(头)	2009—2010	42.00	31.50	6.30	4.20	18.90	3.78	2.52	25.20	12.60	2.52	1.68	16.80
		太阳灶	200(个)	2009—2010	4.20	3.15	0.63	0.42	1.89	0.38	0.25	2.52	1.26	0.25	0.17	1.68

159

续表

县域	流域	社区名称	项目活动	范围/规模	起止时间	投资总额(万元)	筹资比例(100%) 世行	筹资比例 地方	筹资比例 自筹	2009年 世行	2009年 地方	2009年 自筹	2009年 合计	2010年 世行	2010年 地方	2010年 自筹	2010年 合计
大通	桥尔沟	合计	道路		2010—2011	60.00	45.00	15.00	0.00	27.00	9.00		36.00	18.00	6.00		24.00
			畜棚		2009—2010	87.50	65.63	13.13	8.75	39.38	7.88	5.25	52.50	26.25	5.25	3.50	35.00
			养牛		2009—2010	69.00	51.75	10.35	6.90	31.05	6.21	4.14	41.40	20.70	4.14	2.76	27.60
			养羊		2009—2010	27.00	20.25	4.05	2.70	12.15	2.43	1.62	16.20	8.10	1.62	1.08	10.80
			太阳灶		2009—2010	14.05	10.53	2.11	1.40	6.32	1.26	0.84	8.43	4.21	0.84	0.56	5.62
		松林村	道路	4(km)	2010—2011	60.00	45.00	15.00	0.00	27.00	9.00		36.00	18.00	6.00		24.00
			畜棚	75(座)	2009—2010	52.50	39.38	7.88	5.25	23.63	4.73	3.15	31.50	15.75	3.15	2.10	21.00
			养牛	65(头)	2009—2010	39.00	29.25	5.85	3.90	17.55	3.51	2.34	23.40	11.70	2.34	1.56	15.60
			养羊	400(只)	2009—2010	12.00	9.00	1.80	1.20	5.40	1.08	0.72	7.20	3.60	0.72	0.48	4.80
			太阳灶	245(个)	2009—2010	5.15	3.86	0.77	0.51	2.32	0.46	0.31	3.09	1.54	0.31	0.21	2.06
		桥尔沟村	畜棚	50(座)	2009—2010	35.00	26.25	5.25	3.50	15.75	3.15	2.10	21.00	10.50	2.10	1.40	14.00
			养牛	50(头)	2009—2010	30.00	22.50	4.50	3.00	13.50	2.70	1.80	18.00	9.00	1.80	1.20	12.00
			养羊	500(只)	2009—2010	15.00	11.25	2.25	1.50	6.75	1.35	0.90	9.00	4.50	0.90	0.60	6.00
			太阳灶	424(座)	2009—2010	8.90	6.68	1.34	0.89	4.01	0.80	0.53	5.34	2.67	0.53	0.36	3.56
湟源		县合计	道路			76.50	57.38	19.13	0.00	34.43	11.48	0.00	45.90	22.95	7.65	0.00	30.60
			畜棚			596.40	447.30	89.46	59.64	268.38	53.68	35.78	357.84	178.92	35.78	23.86	238.56
			养羊			106.05	79.54	15.91	10.61	47.72	9.54	6.36	63.63	31.82	6.36	4.24	42.42

第三章 治水安民：湟水流域治理与藏回民族发展

续表

县域	流域	社区名称	项目活动	范围/规模	起止时间	投资总额(万元)	筹资比例(100%) 世行	筹资比例(100%) 内配 地方	筹资比例(100%) 内配 自筹	2009年 世行	2009年 内配 地方	2009年 内配 自筹	2009年 合计	2010年 世行	2010年 内配 地方	2010年 内配 自筹	2010年 合计
湟源	拉萨沟	合计	道路			76.50	57.38	19.13	0.00	34.43	11.48	0.00	45.90	22.95	7.65	0.00	30.60
			畜棚			151.80	113.85	22.77	15.18	68.31	13.66	9.11	91.08	45.54	9.11	6.07	60.72
			养羊			9.96	7.47	1.49	1.00	4.48	0.90	0.60	5.98	2.99	0.60	0.40	3.98
		光华村	道路	5.1(km)	2010—2011	76.50	57.38	19.13		34.43	11.48		45.90	22.95	7.65		30.60
			畜棚	68(户)	2009—2010	45.60	34.20	6.84	4.56	20.52	4.10	2.74	27.36	13.68	2.74	1.82	18.24
			养羊	103(只)	2009—2010	3.09	2.32	0.46	0.31	1.39	0.28	0.19	1.85	0.93	0.19	0.12	1.24
		涌兴	养羊	139头/只	2009—2010	6.87	5.15	1.03	0.69	3.09	0.62	0.41	4.12	2.06	0.41	0.27	2.75
			畜棚	161(座)	2009—2010	106.20	79.65	15.93	10.62	47.79	9.56	6.37	63.72	31.86	6.37	4.25	42.48
	泉儿湾沟	合计	养畜			14.19	10.64	2.13	1.42	6.39	1.28	0.85	8.51	4.26	0.85	0.57	5.68
		万丰	畜棚	146头/只		139.60	104.70	20.94	13.96	62.82	12.56	8.38	83.76	41.88	8.38	5.58	55.84
			养畜	99(座)	2009—2010	2.61	1.96	0.39	0.26	1.17	0.23	0.16	1.57	0.78	0.16	0.10	1.04
		泉尔湾	畜棚	68头(只)	2009—2010	114.40	85.80	17.16	11.44	51.48	10.30	6.86	68.64	34.32	6.86	4.58	45.76
			养畜	36(座)	2009—2010	11.58	8.69	1.74	1.16	5.21	1.04	0.69	6.95	3.47	0.69	0.46	4.63
	波航沟	合计	养畜		2009—2010	25.20	18.90	3.78	2.52	11.34	2.27	1.51	15.12	7.56	1.51	1.01	10.08
			养畜			81.90	61.43	12.29	8.19	36.86	7.37	4.91	49.14	24.57	4.91	3.28	32.76
		波航村	养畜	31头/只	2009—2010	227.90	170.93	34.19	22.79	102.56	20.51	13.67	136.74	68.37	13.67	9.12	91.16
			养畜	108(座)	2009—2010	9.03	6.77	1.35	0.90	4.06	0.81	0.54	5.42	2.71	0.54	0.36	3.61
			养畜		2009—2010	72.10	54.08	10.82	7.21	32.45	6.49	4.33	43.26	21.63	4.33	2.88	28.84

· 161 ·

和在多赢——西部民族地区发展项目的人文关怀

续表

县域	流域	社区名称	项目活动	范围/规模	起止时间	投资总额(万元)	筹资比例(100%) 世行	筹资比例 内配 地方	筹资比例 内配 自筹	年度投资 2009年 世行	年度投资 2009年 内配 地方	年度投资 2009年 内配 自筹	年度投资 2009年 合计	年度投资 2010年 世行	年度投资 2010年 内配 地方	年度投资 2010年 内配 自筹	年度投资 2010年 合计
湟源	波航沟	纳隆村	养畜	121头/只	2009—2010	72.30	54.23	10.85	7.23	32.54	6.51	4.34	43.38	21.69	4.34	2.89	28.92
		胡思洞	畜棚	118(座)	2009—2010	82.60	61.95	12.39	8.26	37.17	7.43	4.96	49.56	24.78	4.96	3.30	33.04
			养畜	19头/只	2009—2010	0.57	0.43	0.09	0.06	0.26	0.05	0.03	0.34	0.17	0.03	0.02	0.23
	河拉大沟	河拉村	畜棚	122(座)	2009—2010	73.20	54.90	10.98	7.32	32.94	6.59	4.39	43.92	21.96	4.39	2.93	29.28
			畜棚	113(座)	2009—2010	77.10	57.83	11.57	7.71	34.70	6.94	4.63	46.26	23.13	4.63	3.08	30.84
		合计	养牛			16.20	12.15	2.43	1.62					7.29	1.46	0.97	9.72
湟中	鲁沙尔		养羊			17.40	13.05	2.61	1.74					7.83	1.57	1.04	10.44
			畜棚	20(座)	2010—2011	58.20	43.65	8.73	5.82					26.19	5.24	3.49	34.92
		清泉一	养牛	94(头)	2010—2011	7.20	5.40	1.08	0.72					3.24	0.65	0.43	4.32
			养羊	310(只)	2010—2011	9.30	6.98	1.40	0.93					4.19	0.84	0.56	5.58
			畜棚	4(座)	2010—2011	28.50	21.38	4.28	2.85					12.83	2.57	1.71	17.10
		清泉二	养牛	39(头)	2010—2011	1.44	1.08	0.22	0.14					0.65	0.13	0.09	0.86
			养羊	120(只)	2010—2011	3.60	2.70	0.54	0.36					1.62	0.32	0.22	2.16
			畜棚	21(座)	2010—2011	11.70	8.78	1.76	1.17					5.27	1.05	0.70	7.02
		昂藏村	养牛	60(头)	2010—2011	7.56	5.67	1.13	0.76					3.40	0.68	0.45	4.54
			养羊	150(只)	2010—2011	4.50	3.38	0.68	0.45					2.03	0.41	0.27	2.70
			畜棚		2010—2011	18.00	13.50	2.70	1.80					8.10	1.62	1.08	10.80

说明：
(1)受空间局限，本表重点显示了少数民族发展计划的项目活动，投资总额及其构成，2009及2010年两个项目建设最集中年度的项目活动及投资构成。
(2)本表编制单位为西宁市及三县项目办。

（b）参与式小流域规划围绕问题识别、需求分析、项目活动、组织（社区规划小组）建设、实施与管理、监测与评估等问题，先由社区居民充分发表意见，然后通过讨论、分析、表决，形成需求、意见、建议集中度的排序，并将社区讨论结果张榜公之于众；

（c）由社区居民推选出来的社区规划小组与项目办、农林牧和水保等专家根据项目性质等因素，确定社区项目活动方案；

（d）社区规划小组将方案及时传达到社区居民当中，听取意见反馈；

（e）最后形成活动方案定案并再次向社区居民公示（参与式小流域规划的具体操作见《规划指导手册》）。

自2008年1月至8月，由市县项目办对其余14条小流域进行了快速评估。而2007年11月、2008年1月，本项目社评执行方和移民组也分别对项目区的少数民族社区、市区及城郊存在征地拆迁和移民的社区进行了包括社区居民代表座谈会、家庭问卷调查、焦点人群访谈等多种形式的深入调查，就本项目利弊及居民愿望要求等与社区各类居民进行了比较充分的沟通，说明本项目调查操作较好地体现了无限制性的前期知情协商的目的和要求。

借款方据此拟定项目区少数民族社区及含少数民族人口的全部21个社区开展的项目活动。表3-6重点显示与少数民族发展计划直接相关的活动内容及商定的融资计划。

本项目所涉及的8个少数民族社区的项目活动主要有两类，一类是水土保持治理措施，有植树造林、植被恢复、谷坊、护坡工程、沟头防护、涝池加固、坡改梯等措施；一类是生计改善和基础设施建设项目（亦即表3-4所显示的少数民族发展计划的项目活动安排），主要有修建畜棚、发展养殖（牛、羊）、沼气池、太阳灶以及乡村道路改造等。其他含有少数民族世居人口的社区治理措施及生计支持、基础设施建设等项目活动内容也基本一致。上述这些项目活动考虑了：

（a）防洪减灾、污染治理、保持水土、恢复生态等项目核心目标的需要；

（b）制约核心目标实现的相关经济社会因素，如增加居民就业、提高居民收入、改善社区和居民生产生活环境与条件，有助于提高社区参与的积极性和自觉性；

（c）避免或最大限度减缓项目负面影响。如原计划对项目区17条小流域采取轮牧等限制性措施来恢复植被，经项目官员和流域治理专家、林业专家与项目区社区居民反复商讨，认为强制性的限牧措施对居民生计活动的影响比较直接和明显，因此将措施改为：通过加大宣传、培训和引导力度，使居民认识和选择替代生计能力得到提高，从而逐步自觉地放弃在植被恢复区域的放牧活动，最终达到恢复植被、减少水土流失的目的。经过这样的措施调整，本项目的负面影响可以降至最低。

(d) 项目活动的文化适应性。本项目确定的活动内容，是通过参与式小流域管理等能够确保项目区社区居民充分参与项目协商的方式产生的，它们不仅是社区居民参与项目协商的具体成果，而且也是项目区居民基于长期的生产生活实践总结出来的有效经验，以及基于文化传统而提出的具体要求，所以具有文化适宜性。如项目经验方面，注意汲取当地居民长期以来治理水土流失的有效经验，在阳坡选择黑刺、沙棘、柠条等，阴坡则选择柏树、松树等不同树种；生计改善项目方面，考虑了信仰、习俗等文化传统，对回族社区将支持牛羊养殖，而对藏族和汉族社区和居民则根据实际需要选择养牛、养羊或养猪；对于项目活动区域的选择方面，充分考虑宗教文化敏感性因素，如排除了湟中县鲁沙尔镇的塔尔寺、大通县东峡镇的广惠寺以及藏族社区和居民崇拜的神山圣水受项目波及的可能性等等。

根据社会评价执行方对17个社区的走访和调查，以及对130户居民的入户问卷调查，社区和各族居民对项目均表示欢迎，项目在社区居民代表中获得的支持率达到100%；在入户访谈时，受访居民的支持率也达到95%左右。2008年9月，社会评价执行方再次陪同世行社会安全保障专家林宗成博士对大通县东峡镇尔麻村、桥头镇元树尔村、湟源县波航乡胡思洞村、纳隆村等社区进行重点回访时，来自社区各族居民对本项目的意见反馈基本上都是正面的，显示少数民族社区及含少数民族人口的社区对本项目普遍支持。

4.2 协商框架

目前选定的项目活动是在与社区和居民进行无限制性的前期知情协商的前提下形成的，得到社区居民的普遍认可，也经过相关领域专家确认。但是，借款方认识到，由于这些项目活动是一种预先设计，实际操作中，随着各种情况的变化，客观上可能存在调整、完善的需要。因此，有必要在项目实施周期内的不同阶段，为利益相关各方就遇到的具体问题开展无限制性的前期知情协商做出相应的安排，以求最大限度实现各方利益，特别是维护少数民族群体及少数民族社区中的其他弱势群体的权益。

项目实施各阶段无限制性的前期知情协商框架如下：

(a) 项目进入实质性施工阶段以后，在施工周期之内，凡遇到涉及少数民族社区居民切身利益的问题，如公共利益工程项目的施工方式、施工进度安排、动员社区居民投工投劳的时机、方式及计酬标准，村庄内、庭院内相关活动的安排顺序，生计改善项目的技术要求与个性化要求的平衡等等，项目办和施工方都必须于事前通过社区规划小组或村委会向社区居民通报，征得绝大多数社区居民的

同意后才能实施;

(b) 由于项目区大量乡村青壮年劳动力外出,公共利益工程项目、私人利益工程项目和生计改善项目与妇女、老人和少年儿童的关联度更高,因此,无论是社区性的意见咨询还是家庭性的意见咨询,都要注意听取他们的意见;

(c) 社区中少数人的不同意见不等于无理,对于少数社区成员的不同意见,项目办、施工方要认真对待,同时应注意发挥村委会、社区规划小组、社区长老、家族等基层社会组织及个人的影响力,做好说服、解释工作,避免产生对立情绪甚至引发冲突;

(d) 无限制性的前期知情协商的场所必须选择在社区内,以方便社区居民;时间须安排在大多数社区居民生产生活的闲暇时段,以确保居民能够参与。

5　影响评估

5.1　潜在的正面影响

社会评价专家对本项目潜在正面影响的估计是:

(a) 对小流域采取植树种草、减少放牧的植被恢复措施,有利于水土保持,有利于项目区生态状况的逐步改善;

(b) 对沟谷两侧及坡度较大的耕地进行培基加固和改坡为梯的工程措施,有利于保持水土和土地肥力,巩固可耕地面积;

(c) 在冲沟地段增建谷坊、淤地坝、拦沙坝等,可有效减少雨季山洪对耕地、村庄的威胁,有利于防止沟道进一步深切,减少泥沙生成,还方便村民利用积水浇地;

(d) 植树造林的长远效益是增加当地活立木储量和木材储量,如果经营合理还可增加当地社区的收入;

(e) 随着生态环境的逐渐恢复,林地人工与非人工采集产品甚至野猪等害兽也将增多,在社区参与管理得到加强的前提下,农户四季餐桌上也可增加一些久违的山珍野味而不必给生态造成负面影响。

5.2　潜在的负面影响

就少数民族社区和含有少数民族人口的其他社区而言,本项目的负面影响主要来自对生态脆弱、水土流失比较严重的局部区域采取的旨在恢复植被而鼓励自觉减少放牧活动的措施。这些区域或者因为曾长期过度放牧而使植被遭到比较严重的破坏，或者植树造林后需要护苗，所以有必要促使居民自觉减少放牧活动。

以少数民族为主体及含有少数民族人口的全部 21 个社区中，有 14 个社区的局部传统放牧区域需要通过减少放牧活动来恢复植被。由于这些区域是社区周边使用率较高的公共牧场，因此，引导和鼓励居民自觉减少在这些区域的放牧活动，不可避免地会给居民带来不便，如放牧距离拉长，牧场面积变小，等等。根据各相关社区的人口及生计活动测算，受影响人口约 17000 人，其中藏族约有 600 人，回族约有 12000 人。需要指出的是：由于各社区需要恢复植被的区域面积大小不一，生计活动特点也不完全相同，因此所受影响程度差别比较大，如大通县桥头镇的元树尔村，需要通过减少放牧活动来恢复植被的区域只有 12.67hm^2，而上庙村需要恢复植被的面积达 1000hm^2。

社会评价报告注意到，旨在植被恢复的措施将可能对个别农户在生态脆弱区域内的垦殖活动产生影响。借款方确认如下事实：所有采取植被恢复措施的区域内，由于 2000 年以来实行退耕还林还草，零星的垦殖活动已经停止，没有任何农户的垦殖活动受到本项目措施的影响。

本项目的公共受益水土保持项目由项目办和县财政共同出资，无需社区居民投资；私人受益水土保持项目及生计改善项目，根据扶助弱势群体的原则，贫困户不投资，中等户承担内配资金 50%，富裕户全额承担内配资金部分。而生计改善项目支持的重点是贫困户，因此，绝大多数农户也不会因为项目活动而增加经济负担。少数中等户和富裕户虽然需要跟地方政府一道分担私人受益项目的费用，但是由于政府为这些项目提供培训、设计、材料供应等免费配套服务，而且项目办已承担全部投资的 75%，所以，项目区居民都很乐意参与，将参与项目视为机会而不是负担。

借款方意识到，项目区施工期主要在每年的 3 月中旬—11 月中旬，11 月下旬至次年 3 月上旬天寒地冻不宜施工。施工期内，4、9、10 月是农忙季节。为了使项目活动与社区生产活动不发生矛盾，本项目将把需要社区居民参与的项目活动安排在农闲季节，而在农忙季节则适当减少施工量，从而避免项目活动与社区和农户的生产活动发生矛盾。

5.3 居民自评

从社会评价执行方和参与式小流域规划小组等的社区调查所掌握的情况来看，项目区少数民族社区及其他社区少数民族居民普遍认为：本项目的正面效益有改善生态环境、防治水土流失、增加环境安全、完善基础设施、促进生产发展和生活富裕、造福子孙后代、美化社区环境等诸多好处。少数居民还认为，由于项目能改善生产生活条件，因此对扶贫济困、当地年轻人婚嫁都有好处。少数民

第三章 治水安民：湟水流域治理与藏回民族发展

族居民对本项目正面效益所做的上述预估，表明他们普遍对本项目抱有信心并充满期待。

他们对项目的负面影响的判断是：90%以上的居民认为，项目总体上不会对自己的生产生活造成不良影响；约10%的居民担心放牧活动受到一定限制，或因为对项目活动具体将如何实施不甚了解，所以担心会占用自己的耕地，或者会有房屋拆迁。有几户则表示现在还难以判断。

6 行动计划

6.1 项目措施的文化适应性

借款方意识到，本项目的核心目标即生态环境整治与项目区社区和居民的权益密切相关。只有最大限度地保障和增进项目区受影响居民的权益，项目目标才能得以实现，项目的经济社会效益也才能真正得到体现。因此，本项目活动除了围绕生态环境治理这一核心目标，安排了（a）水土保持林、植被恢复、淤地坝、谷坊、沟头防护、护坡和塘坝（涝池）加固等公共水土保持工程；以及（b）坡改梯等私人利益水土保持工程以外，为了增进项目区受影响居民的权益，还安排了（c）配套的作业便道这一私人利益工程，以及（d）沼气池、太阳灶、道路等生计改善工程，以保障和增进项目区受影响社区居民的权益。

上述保障和增进社区居民权益的措施，考虑到了当地各族居民生产生活的实际需要。（a）随着经济收入的增加，包括少数民族居民在内的项目区普遍使用拖拉机等农用机具，对耕作区的作业便道、乡村公路的需求非常强烈。作业便道的修筑，乡村公路的改造，可以方便居民生产，降低劳动强度；（b）由于多年来过度开发造成生态环境严重退化，各族居民生活用能如柴草等越来越缺乏，全面的能源紧张又造成居民用煤年年涨价，生活成本上涨大大加重了项目区居民的经济负担和劳动负担。而太阳灶、沼气池等生态能源技术的引进，不仅可以大大减轻居民对柴草、煤的依赖，节省生活成本，节约相应的劳动力投入，而且这种安全、洁净、生态的能源还可以大大改善居民居室内的环境卫生、空气状况，有利于居民健康；同时，沼气池技术还有带动养殖、农家肥积累等功能，生态能源的使用也有利于减少农户对草木的采伐，最大限度保护周围生态环境。（c）重要的是，这些项目活动是项目区社区居民在无限制性的前期知情协商过程中自发提出来的，是居民已经了解、接纳或实际需要的。因此，上述项目活动安排，对于项目区少数民族居民而言，正好帮助他们解决了日常生产生活面临的难题，具有文化上的适宜性。

6.2 项目参与及行动安排

本项目的各项活动内容，就其操作层面而言，技术难度普遍不高，因此，项目施工原则上以吸收当地劳动力参与为主。借款方确认：

（a）鼓励当地劳动力在自愿的原则下参与公共利益水土保持工程的施工，按不低于外出务工日平均收入计酬，使本项目能为当地富裕劳动力提供就近务工创收的机会；

（b）私人利益水土保持工程即坡改梯和作业便道将主要由土地承包户投工投劳，缺乏劳动力的困难户由村委会发动村民、或由家族调剂劳动力协助；项目办和县政府负责租用作业机械、提供水泥等；农户使用自有拖拉机、农用车辆等参与运输等施工作业，所需燃油由本项目按照实际用量给予现金补贴，驾驶员按日给付劳动报酬；

（c）工程所需石料等，原则上就近采集，并由当地社区居民自愿参与；用料方参照市场价格付给采集者；

（d）生计改善工程即太阳灶、沼气池、乡村道路改造等，原则上由项目户和项目社区投工投劳，这也符合世界银行"谁投资、谁受益"的参与原则；但是，缺乏劳动力的困难户由村委会动员社区居民、或由家族协助投工投劳；技术、材料由本项目扶持；道路施工机具由项目办负责；

（e）为了确保项目活动的质量，同时也为了保证项目区居民能广泛参与项目活动，本项目将对项目区社区居民特别是直接参与项目活动的人员进行技能培训。

为此，借款方确定了如表 3-5 的行动计划：

表 3-5 项目活动实施计划

时间	活动内容	相关人员/机构	参加人员	相关要求	资金来源
A. 2007.5—2008.9	a. 社区经济社会状况基线调查；b. 参与式小流域规划（问题识别、需求征集等）；c. 项目活动内容的确定；d. 项目宣传与动员	a. 市/县项目办及乡镇政府；b. 参与式小流域规划、社评、移民专家团队	a. 村组干部/社区规划小组；b. 项目区社区居民或居民代表（含妇女、青少年、老人）	a. 无限制性前期知情协商与就近社区原则；b. 形成完整、权威的项目区社区最新基线数据库；c. 确定社区和农户的项目活动清单；d. 确定社区和居民参与方式	PMO

第三章 治水安民：湟水流域治理与藏回民族发展

续表

时 间	活动内容	相关人员/机构	参加人员	相关要求	资金来源
B. 2008.10—2009.3	a. 商讨2009年项目活动步骤和施工安排及劳酬标准； b. 确定社区和农户参与项目活动人员名单； c. 确定人员培训内容及班次； d. 实施第一轮培训	a. 市、县项目办； b. 乡镇干部； c. 项目办聘请的水保、农林、土木工程等专家	a. 社区规划小组； b. 项目户代表； c. 社区居民代表（含妇女、青少年、老人）	a. 无限制性前期知情协商 b. 明确对缺乏劳动力困难户的扶助办法； c. 商定藏族、回族妇女是否需要单设班次； d. 强调培训的针对性、时效性和文化适应性； e. 切实加强社区规划小组能力建设	PMO
C. 2009.4—2009.11	a. 项目活动全面展开； b. 各项目社区对利益相关各方关系进行初步评价	a. 市、县项目办； b. 乡镇政府及村委会； c. 技术专家	a. 社区规划小组； b. 社区参与项目人员； c. 施工方； d. 其他居民	a. 无限制性前期知情协商与就近社区原则； b. 各方就存在问题商讨出具体解决办法； c. 确保不误农时	依据融资计划执行
D. 2009.12—2010.3	a. 项目活动安排的协商； b. 安排必要的培训	a. 市、县项目办； b. 乡镇干部； c. 项目办聘请的水保、农林、土木工程等专家	a. 社区规划小组； b. 项目户代表； c. 社区居民代表（含妇女、青少年、老人）	a. 无限制性前期知情协商及就近社区原则； b. 明确对缺乏劳动力困难户的扶助办法； c. 商定藏族、回族妇女是否需要单设班次； d. 强调培训的针对性、时效性和文化适应性	依据融资计划执行
	2010.4以后，每年的行动安排重复C、D				
项目启动后2年一次	项目中期评估	a. 市项目办； b. 世界银行	a. 参与式小流域规划专家； b. SA专家； c. 技术专家； d. 各类居民代表	a. 评估专家资质为双方所认可； b. 随机抽样； c. 向项目办、世行和项目社区提供相宜的中期评估报告	项目专项经费
项目工程全面完成之时	a. 项目竣工评估； b. 社区参与项目后期维护事宜的磋商； c. 协议签订； d. 为社区相关人员安排与履行维护责任有关的必要技能与知识培训	a. 项目办； b. 世行； c. 乡镇政府； d. 技术专家； e. 社会科学专家	a. 社区规划小组/村委会； b. 社区各类居民代表； c. 被确定承担维护责任的社区成员	a. 评估结论以相宜的形式提供给项目办、项目区各级政府及社区全体居民； b. 后期维护事宜须进行无限制性前期知情协商； c. 协议磋商及签订地点须在社区公开进行； d. 尽量照顾社区弱势群体	项目专项经费

6.3 防范对策

6.3.1 措施及效益分析

本项目潜在的负面影响已在前文中加以分析，即主要来自对生态脆弱、水土流失比较严重的局部区域采取的旨在恢复植被而鼓励自觉减少放牧活动的措施。由于这种措施是以宣传、培训、引导为手段，由社区和农户自觉自愿地逐步减少放牧活动，而不是强制性地断然禁止社区和居民的固有生计活动，因此，这一措施不会给项目区少数民族及其所在社区带来明显的影响，更不会给居民生产生活带来冲击。但是，正如前面分析到的，即便是社区和农户自觉自愿地逐步减少在生态脆弱区域内的放牧活动，放牧路径拉长、可放牧的面积一定程度减少都是不可掩盖的负面影响。针对这种潜在的负面影响，借款方确认：

（a）采用参与式小流域规划中由社区居民提出的由本项目资助农户改造畜棚、提供良种种畜发展圈养养殖的办法，作为最大限度缓解和补偿项目给相关社区少数民族居民所带来负面影响的主要措施；

（b）同时辅以沼气池、太阳灶、乡村公路和作业便道等生计改善措施，减轻农户在生活用能、日常作业等方面的劳动负担和劳动强度；

（c）畜棚改建、太阳灶、沼气池等项目由项目办和政府提供材料和技术指导，贫困户视能力投工投劳，政府负担全部投资；中等户除投工投劳以外，承担50%的内配部分相关费用，另50%由地方政府补足；富裕户除投工投劳以外，还承担全部份额的内配资金；

（d）项目区各个社区的贫困户、中等户、富裕户的界定标准，由社区参与式小组和村委会召集村民大会自行商定；

（e）考虑到中等户、富裕户参与项目需要投入部分资金，为了避免造成负担，参与与否由他们自愿选择，项目办和地方政府不给社区附加参与比例等任何条件限制；

（f）本项目将为回族居民提供良种奶牛、羊，为藏族居民提供良种奶牛、羊或猪；为农户提供相应的技术培训和防治畜疫及市场信息服务，确保项目真正产生较好经济效益；

（g）项目区少数民族居民有养殖传统，也有消费肉、奶制品等饮食习惯；畜棚改建、太阳灶、沼气池等生计改善项目在项目区已经局部实施，效益显著，社区居民喜闻乐见，要求借助本项目建设予以推广，因此，这些项目活动有文化上的适应性和广泛社会基础。

借款方和社会评价执行方都注意到：在项目区，随着精壮劳动力外出，一般家庭的劳动力都比较缺乏。为了缓解春夏季节放牧活动带来的劳动力需求压力，

第三章 治水安民：湟水流域治理与藏回民族发展

大通县东峡镇尔麻村等社区，采取集体集资雇用村里人承包放牧的办法解决问题。这种集资雇用放牧者的办法是解决局部区域暂时限牧所造成负面影响的另一办法，由于佣金很少（尔麻村整个夏季佣金仅200元，户均不足1元），不会明显增加农户负担。因此，借款方将通过村委会积极推广这一经验。

借款方意识到，本项目在项目区推广太阳灶、沼气池等用能替代技术，将使农户对柴草、煤等燃料的需求减少一半以上，这也将为农户节省出相应的劳动投入和资金投入，节省的劳力和资金只要安排得当也能增加家庭经营创收。同时，沼气池的修建和使用，还直接增加农户的农家肥积累，减少化肥需求，对节省生产成本、保持土质和水质都有益处。

总之，上述措施通过直接增加农户收入，或通过降低农户生产生活成本，完全可以弥补本项目带来的负面影响。

6.3.2 具体行动计划

为了落实上述缓解或化解项目潜在负面影响的主要措施，行动计划具体安排如表3-6：

表3-6 缓解项目潜在负面影响活动实施计划

时间	活动内容	相关人员/机构	参加人员	相关要求	资金来源
A. 2008.12—2009.3	a. 确定参与项目农户名单、批次并公示；b. 确定培训需求清单并实施培训	a. 市/县项目办（含扶贫、民族、妇联等部门干部）；b. 乡镇政府	a. 村委会/社区规划小组；b. 全体社区居民	a. 无限制性前期知情协商与就近社区原则；b. 自愿原则，并向贫困人群适当倾斜；c. 培训的时效性和针对性；d. 建立社区帮扶机制	依据融资计划执行
B. 2009.4—2009.11	a. 畜棚施工建设；b. 提供良种牲畜；c. 沼气池/太阳灶施工	a. 市、县项目办（含畜牧技术员）；b. 乡镇干部	a. 社区规划小组/村委会；b. 项目农户	a. 注意避让农时；b. 注意帮扶劳力缺乏户；c. 让社区有经验人员与需要帮扶人员建立帮扶关系；d. 分期分批、降低风险	同上
C. 2009.12—2010.3	a. 确定第二批项目户名单并组织培训；b. 组织社区项目户进行经验交流	a. 项目办；b. 乡镇政府及村委会；c. 技术专家	a. 社区规划小组；b. 项目户；c. 其他居民自愿参加	a. 注意吸收社区成功养殖户作为培训师资；b. 多组织现场参观	同上

2010.4以后，每年的行动安排重复B与C，直到各个社区农户的参与都完全落实。本活动项目的评估与上一节所述活动内容的评估一体进行，不另行安排，要求相同。

说明：

第一阶段即2008年12月至2009年3月：正值项目区农村农闲期。a."确

·171·

定参与项目农户名单、批次并公布":该项活动安排是利用农闲时间和外出务工人员返乡过春节的机会,由村委会、社区参与式管理小组召集村民大会,商定贫困户、中等户、富裕户的界定标准,并对农户进行相应分类;以自愿为原则,由各户选择具体参与的项目活动;对于那些因担心项目风险而持观望态度的农户,采取分批参与的办法,有利于确保农户的参与权和参与的广泛性;公布名单有利于确保信息公开和决议公正。这一安排可以避免项目活动在实际操作阶段出现各种纷扰,有利于保证项目活动得以顺利进行,因而是有效落实项目措施的基础。b. "确定培训需求清单并实施培训":根据农户对所参与的项目活动的自愿选择结果,以及农户所具备知识、技能与实际需要的差距,确定培训重点和培训方式,有利于增强针对性和实效性。这是落实项目活动、取得实际效果的重要条件。

第二阶段即 2009 年 4 月至 2009 年 11 月:是项目施工期。通过第一阶段的适当培训,参与项目活动的农户已经具备必要的知识和技能,在项目办和地方政府职能部门聘请的技术人员指导下,各家各户根据自身的劳力情况及劳作安排,可以开工建设。

第三阶段即 2009 年 12 月至 2010 年 3 月:是第一阶段的经验总结和下一阶段的准备期。a. "落实第二批项目户名单并组织培训":该项安排旨在为第一期因为担心项目风险而观望、未参与的农户提供参与机会,是保证项目区各社区居民广泛参与项目活动的必要安排。b. "组织社区项目户进行经验交流":该项安排旨在将各社区农户在参与项目活动过程中的成功经验总结出来并由社区成员共同分享,以提高项目活动的实际成效,增强农户参与项目的信心,同时也可以最大限度避免项目的潜在风险。

6.4 个案分析

下面以藏族社区尕麻村为例,分析少数民族发展计划的具体实施方式。

6.4.1 尕麻村情

尕麻村位于大通县东峡镇,该村以藏族居民为主体。该村居民基本构成情况如表 3-7 所示:

表 3-7 尕麻村少数民族情况统计　　　　　　　　（单位:人)

项目	总人口	男	女	户数	劳动力	外出劳动力	民族构成			
							藏	土	蒙古	回	汉
数值	936	471	465	211	572	200	749	11	0	0	186
百分比(%)	100	50.3	49.7		61.1	21.4	80.0	1.2	0	0	19.9

统计数据表明，藏族占该村总人口的80.0%，汉族人口占18.8%，而土族只占1.2%。该村性别比为50.3：49.7，男女比例比较对称。劳动力为572人，占总人口的61.1%，2007年外出务工半年以上的劳动力有200人，占总人口的21.4%。几乎平均每户都有劳动力外出。

尔麻村藏族居民主要从事农耕活动，兼营畜牧业。由于地处山区，土地面积较大，同时有较多的林木资源可供使用。其具体资源数据统计见表3-8：

表3-8 尔麻村资源与产业（单位：亩／元／头／只／公斤）

项目	全村面积				作物及产量				畜种及数量				其他及从业人数			
	耕地	林地	草地	退耕	小麦	油菜	洋芋	大豆	羊	牛	猪	其他	采矿	采集	运输	商贸
数值	2482	1700	3000	99.2	400	250	1000		190	150	200	150（骡）	12		1	4

统计表明，该村居民主要经营种植业，兼营养殖业。少数农户进行其他经营活动。此外，青壮年劳动力外出务工已成为绝大多数家庭现金收入的主要来源。目前该村仍属贫困村。

6.4.2 村民自我认知

由于杂居、通婚等原因，尔麻村藏族居民在文化表征的层面和游牧区的藏族牧民或青海省平安县的农耕藏族相比，其民族特征已不明显。首先在语言上，尔麻村的藏族已不再说藏语。一位受访者表示："我们这个村子在20世纪四五十年代的时候还有个别老人会说几句藏语，但由于经常不用，现在本村人都不会说了。近几年从玉树、果洛等地嫁过来的几个藏族媳妇能讲藏语，但是因为村里人不会讲，只能用汉语沟通。"在服饰上，尔麻村的村民也很少穿藏族服饰，穿着跟周边的汉族居民基本没有差别。很多风俗和礼节也与汉族无异。

然而在主观认同上，很多人都坚持认为自己是藏族。他们认为自己与汉族在很多礼节上尽管已经趋同，但某些细节上还有些细微的差异。

尔麻的藏族村民还有一套山神崇拜体系，围绕着山神崇拜，尔麻村藏族村民们也会将自己归属到藏族之中。在日常生活中他们保持着自己的历史记忆。通过过去的祖先历史记忆和对外界其他藏族的想象，尔麻村的村民紧紧地将自己的族群认同维系在时间的纵轴和空间的横轴上来。在和汉族交往的时候，他们也会有很多调侃，藏人会调侃汉族而汉族也会调侃藏族。正是在这种随意的调侃中尔麻的藏人保持着自己的边界，这样的边界不是固定的，它随时根据情境发生着改变。

尔麻的村民对于自己的发展状况有很多看法。社会评价执行方通过个案访谈和座谈获得了很多当地村民的观点，总结起来可以包括如下几个方面：

（1）大部分村民充分肯定当地物质条件的改善。很多村民都认为现在的生活和以前相比有了很大的变化，尤其是这几年变化更大。现在村里有了小学也有了医务室，村里修通了公路。家家户户已经拥有了电视机，安装了卫星电视，很多家庭安装了电话。生产工具变化也很大，很多家庭已不再使用畜力，取而代之的是拖拉机、农用车。年轻人已经习惯以摩托车代步。

（2）在福利方面，国家完全免除农民的农业税负担，农业生产的全部收入归农民自己所有。由于国家推行新型农村医疗合作制度，每人每年只要交10元，患重病时可以减免50%以上的费用，过去治不起病的情况得到很大改观。

（3）对于外界的认识，很多村民则表现出矛盾的心理。他们一方面很向往外面的世界，但是另一方面又害怕自己的小世界被完全打破。调查时，一位老人饶有趣味地说："外面的世界是年轻人的世界，而这里的世界是我们这些老人的世界，我们不可能再变成年轻人。"这句话似乎恰当地点明了当地人对于现代化的心态，一方面现代化的迅速便捷是他们追求的，但他们又不太愿意抛弃自己的文化传统。

（4）在信仰上，当地的藏族居民信仰藏传佛教。上了年纪的老人定期到离尔麻村不远的广惠寺进香礼佛。村子里既有祖灵信仰，也有山神崇拜体系。当外界的社会危机牵连到本村时，他们便以这样的方式化解危机。很多村民表示，这些信仰体系会一直延续到他们的下一代，并且会代代延续。

6.4.3 项目活动及村民要求

表 3-9　本项目计划在尔麻村实施的项目活动一览表

社区	项目活动		范围/规模	起止时间 20	投资总额（万元）	筹资比例（100%）		资金来源
						世行	内配	
尔麻村	植树造林		33.33 (hm^2)	2011—2012	91.07	73	27	项目办、县财政
	谷坊		50（座）	2011—2012	77	73	27	项目办、县财政
	沟头防护		50（m）	2011—2012	0.035	73	27	项目办、县财政
	通乡公路改造		7（km）	2009—2012	120	0	100	省"村村通"
	畜棚		100（座）	2011	70	75	25	项目办、县财政、中上户自筹部分
	养畜	牛	100（头）	2011	60	75	25	项目办、县财政、中上户自筹部分
		羊	300（只）	2011	9	75	25	项目办、县财政、中上户自筹部分

（注：具体投资额及融资细目见表 3-4）

如表 3-9 所示，本项目拟在尔麻村植树造林 33.33 公顷，重点治理水土流失比较严重、对上尔麻居民安全已形成现实威胁的尔麻沟沟底部位。同时，在原有工程治理基础上，增加尔麻沟、赞仓沟谷坊密度，新增谷坊 50 座。与项目相配套的扶持性项目活动主要是改造现有通乡公路、修建 100 座畜棚，扶持农户发展奶牛等养殖业。

植树造林的沟底是沟侧两面斜坡，原有部分坡地已经纳入先期实施的退耕还林项目，本项目主要是种植柏、杨等耐寒耐旱树种，增强水土保持能力。根据该村居民的经验，当地新造林木一般要 8 年以后才能放牧。因此，这一项目措施需要对居民的放牧活动进行一定限制。

需要说明的是：

(1) 尔麻村现有羊 190 只，大牲畜 300 头/匹；全村现有荒山荒坡地 2476.95 亩，除去本项目规划造林地 495 亩，还剩余荒山荒坡面积 1981.95 亩；

(2) 尔麻村现有土地资源可产干草量计算：

a. 秸秆产量：现有耕地 2482 亩，按每亩秸秆产量 200 公斤（保守产量）计算，年产秸秆总量 500 吨；

b. 麸皮产量：现有耕地 2482 亩，按每亩麸皮产量 40 公斤（保守产量）计算，年产麸皮总量 100 吨，按 1∶3 折算成干草产量为 300 吨；

c. 天然草场：剩余荒山荒坡面积 1982 亩（132 公顷），每公顷产干草量 2000 公斤计算，年可产干草量 260 吨。

综上，尔麻村现有土地资源可产干草量共计 1060 吨，按每个羊单位需干草量 610 公斤计算，理论可供 1740 只羊单位。目前，尔麻村存栏 190 只羊、300 头大牲畜（1500 只羊单位），现有土地资源可产干草量能满足现有牲畜的需草量。所以，本项目没有给社区居民的固有生计活动造成明显影响。

社评组调查发现，村民目前所担忧的并不是限牧等措施对牧业的影响，与之相反，由于国家对退耕还林采取补偿政策，该政策目前已产生一定的生态效应，而且居民能够得到钱粮等补贴，所以他们很支持项目采取的治理措施。当地居民比较担忧的是本项目所种植的树木维护成林后的所有权问题。部分居民提出，植树造林带来的收益应该是整个村落集体所有的。产权应该属于村落本身，而不是国家或个人。借款方认为，本项目所种植树林主要是生态林，居民对于林权的主张有一定道理。当前项目区和全国一样，也即将进行林权改革，这一建议将作为一种考虑。但无论林权归属于谁，保护林木使其持续发挥生态效益才是根本的。

该村分别在 20 世纪 50 年代和 80 年代发生过洪水灾害，由于资金问题，目前除了修建 10 多处谷坊和 1 处挡墙以外，尚没有根本解除水患的措施。村民们希望通过此次项目的实施能够彻底治理洪水问题。因此参与项目的热情比较高。

村民们还希望此次项目的实施对于整个村落的发展有所帮助。他们认为，最重要的问题是水源问题，目前村民引用的水是从下游的河道用水泵抽取上来的，不仅要耗费电能，还非常不方便，引来的水源也不如上游的泉水优质。尔麻村坡上有一处水源，水质优良但却不能合理利用，雨季暴雨时水位上升，还对处于下游的村子造成威胁。村民提出，如果能够在上游砌坝取水，不仅解决了水源问题，而且解决了水患问题，还节省了供水设备和能源。

村民另有一个比较强烈的愿望，就是修通从上下尔麻径直到县乡公路的村道，这样可以缩短约1公里的路程，可以免受现有村道通过出口处的衙门庄村时，车辆吨位所受的限制（衙门庄村民集资修建的村庄道路，路面窄，水泥层薄，只能允许借道的尔麻村通行5吨以下的车辆）。

6.4.4 效益分析

经过社会评价专家、项目办的实地调查及与尔麻村居民进行反复协商，又经过与县政府相关部门沟通，目前确定该村的少数民族发展计划方案如下：

A. 基础设施项目

（a）饮用水源：该村提出改从村头水源取用给水的要求，由于水源出水稳定、洁净，取用方法节能，而且兼有避免雨季大量溢水冲刷沟道的作用，因此决定给予支持。

县水务局决定：将在2009—2010年为该村安排人畜饮水项目，满足村民要求。项目经费约5万元，由水务局自行解决。

（b）村道改造：该村现有一条7公里的环村公路，将本村3个自然村串联并连通东峡镇街道。但路面尚未硬化，部分路段坡度较大，晴天尘土飞扬，雨季泥泞难行；而且道口需要借道衙门庄，通行车辆吨位受限。村民要求村道硬化、改直。

县交通局确认：这一要求在2007年即已被纳入省交通厅2007年"村村通"计划，并有120万元项目专款，2009年即可动工。

上述两个项目将较大程度改善村民的生产生活条件，使村民用水质量得到保证，农用车辆、摩托车等也可保四季畅通，尔麻村的生产生活条件将得到较大改善。

B. 生计扶持项目

该村目前有60户已先期获得县扶贫办扶持，修建了新式畜棚，造价在5000—7000元之间。部分村民开始养奶牛。4—12岁奶牛平均每年的产奶量在400公斤左右，利润在500元左右；最有利可图的是繁育牛仔，每头牛仔现在的售价是1800元，至少有1200元的利润。因此，保守估算，养殖一头奶牛每年可以给养殖户至少增加1000—1500元收入。生猪养殖近年行情也看涨，肉猪每头利润约200元，养母猪最有利可图，每仔利润在400元左右。现有几户农户养殖山羊和藏绵羊，考虑到当地居民年节需要吃牛羊肉，支持适度扩大养藏绵羊的规模，提供300只种羊。村民通过近几年来的实践，对发展奶牛和生猪养殖比较有信心。

农牧局确认：2009年将支持该村100户新建100间新式畜棚。

借款方确认：这100户将在自愿原则下尽可能覆盖该村的贫困农户；为了使畜棚真正发挥效用，县政府将统筹农业和扶贫等专项资金，按照每棚至少配一头种畜的配置标准，为农户提供种畜，并联系奶产品企业与村民建立可靠的供销关系；此外，农牧局将联系畜草专家考察尔麻村的水土和气候条件，推荐适宜的畜草品种给养殖户种植，保证牲畜有优质高产的鲜草料。

该村养殖户表示，这几年他们利用土豆、玉米及庄稼秸秆作饲料，降低了饲养成本，效果不错，而且耕地较多，荒坡面积也大，种植畜草不会影响到口粮。从这些养殖户的经验以及湟源县胡思洞等村子的实践情况看，可以肯定这个项目的前景是比较可观的。

表3-10 尔麻村少数民族发展计划项目活动分配表

页号	畜棚（户）				牛（户）				羊（户）			
	好	中	差	小计	好	中	差	小计	好	中	差	小计
1			6	6	2	7	9	2	1	4	7	
2			8	8		1	6	7		1	8	9
3			7	7		2	4	6		1	3	4
4			9	9		5	4		1	2	4	7
5			2	2		2	2	4	1			1
6		2	6	8		5	4	9	3	2	2	7
7			9	9		1	5	6	6		4	10
8		1	9	10	1							8
9		5	7	12	1	3	4		3	2	3	8
10		1	8	9		3	4		1	3	4	8
11			5	5		3	4		7		2	9
12			5	5		3	3					10
13			6	6		2	5	7			3	3
14			4	4		1	6		2	2	5	9
合计	9	91	100	2	33	65	100	35	16	49	100	

C. 技术培训项目

（a）养殖技术培训：包括奶牛等畜种的饲养、护理、防疫，鲜奶保存和运输，草料加工，饲料搭配等；这些技术和知识的培训由县乡农牧局专家、奶制品企业技术人员提供，还将邀请该村有经验的养殖户参与，项目办提供经费支持，方式以进村入户现场指导为主。

借款方意识到：妇女、老人和青少年的培训有特殊重要性，因为在男性精壮劳动力大量外出的情况下，他们是家庭经营的主要力量。因此，项目培训中将注意吸纳这些人员参加。

（b）务工技术培训：该村目前外出人员就业领域比较宽，餐饮、挖矿、建筑等行业都有。其中到牧区帮牧民围栏、建房的比较多。因此，重点在提高建筑技术方面。对在校的初中、高中学生，将通过学校提供技术培训课程，提高他们今后就业的技能。

（c）本项目施工参与培训：本项目的植树造林、谷坊等公益性工程活动，技术难度不高，可在技术人员的现场监督指导下，由村民自愿参与实施。施工前技术人员将对村民给予必要的技术培训。

D. 项目后期管理维护

本项目所营造的林木需要长期管护；谷坊等工程设施需要村民代为照管，尤其是雨季时节，观察和及时排除险情等更需要村民履行相应职责。这些参与活动，由社区规划小组或村委会组织安排，本项目提供部分经费，补贴村民、村干部的投入。需要指出的是，由于项目后期维护对技术要求不高，因此，要求多考虑由贫困家庭具备相应能力的人员参与，特别是听力、视力、行走等能力允许的老人、妇女，使之可以从项目运营维护经费中得到一定的补贴。

总之，通过上述措施，本项目对尔麻村藏族等各族居民潜在的负面影响将完全能够得到缓解和弥补，不会使居民生活水平和生存条件因为本项目实施而变差。借款方相信，本项目的各项活动将使尔麻村各族居民持久受益，生产生活条件将得到较大改善。

E. 经费预算

尔麻村全部工程投入约427万元，加上水务局自筹的饮水工程经费5万元，人员培训经费约6万元（全村劳动力人均约100元），预计总额约440万元人民币。除了针对本项目的核心目标所采取的植树造林、谷坊、沟头防护3项措施以外，其余均属于少数民族计划的活动内容。即本项目在尔麻村投入的少数民族发展计划资金约272万元人民币。其中村道改造、饮水工程的125万元由项目外经费解决，其余则按照本项目融资计划由各方分担。

6.5 融资计划

6.5.1 基本原则

(a) 资金筹措根据项目建设内容的不同分别采用不同的筹措方案；

(b) 对于公益性项目，由市、县政府全额配套本级实施项目所需内配资金，确保项目按规划设计意图全面实施；

(c) 对于生计类项目，世行贷款由各级政府统借统还；

(d) 为了充分体现"参与式"的理念、达到帮助弱势群体和加强项目管理的目的，依据各流域内社区确定的贫富分级标准，确定农户自筹资金承担比例，即富裕户承担全部内配自筹资金（即除了项目办承担的75％以外的25％），中等户承担内配自筹资金的50％（占项目总投资的12.5％），贫困户不承担自筹资金。中等户的另50％自筹资金和贫困户的全部自筹资金由本级政府从内配资金中解决；

(e) 市县两级政府将积极统筹扶贫、农村基础设施建设等国家专项转移支付资金，优先用于本项目；

(f) 为保证自筹资金能够及时足额到位，由市项目办与各县项目办签订社区生计自筹资金目标责任书，由各县项目办监督项目区各社区参与式管理小组落实自筹资金的归集工作，自筹资金交由县项目办统一管理、支付。

6.5.2 各项目融资比例

项目资金筹措比例为公益性项目世行73％、各县（区）内配27％；生计类项目世行75％、各县（区）内配25％；办公设备世行75％、各县（区）内配25％；培训费世行100％，基本预备费各县（区）内配100％。

具体到项目区各类农户参与项目活动的实际投入，参见上节6.5.1（d）。

需要说明的是：由于本项目所安排的农户参与活动中，只有私人受益项目（畜棚改建、太阳灶/沼气池）需要农户承担部分费用，即富裕户承担全部内配资金（亦即项目投资的25％—27％）、中等户承担50％的内配资金（亦即项目投资的12.5％），因此，即使农户同时选择畜棚改建（每棚全部投资在5000—7000元）、太阳灶/沼气池（每池/灶全部投资在2000—3000元），富裕户的实际负担也只有2500—2700元，中等户负担少于1500元，这是当地一般家庭都能够承受的支出；而且是否参与项目，完全由农户依据自身条件和意愿来做出选择，这就可以避免给农户造成经济压力。从社会评价、参与式小流域规划等团队实地调查掌握的情况以及地方政府职能部门了解的情况来看，项目区社区居民普遍表示能够接受这样的参与成本。

6.5.3 资金概算

全部17条小流域的项目活动投资共约11636万元（人民币），其中工程建设投资5400万元，生态工程建设投入2300万元，植被恢复相关措施（包括宣传、教育、培训等）投入136万元，生计恢复和改善项目投入约3600万元。

旨在帮助项目区内21个含有少数民族人口的社区缓解本项目负面影响的项目，包括公益性项目（主要是乡村道路改造）和农户私人受益项目（包括畜棚改建、太阳灶、沼气池、畜种改良等）两大项，投资概算约为2026万元。现按项目活动统计如表3-11所示：

表3-11　少数民族发展计划投资构成表　　　　　　　　（单位：万元）

范围	活动内容		资金来源			
			总投资	项目投资	内配资金	
					县财政投入	农户投入
3县项目区内少数民族社区及含有少数民族人口的全部21个社区	总计		2026	1429	434	162
	道路		407	215	191	0
	养畜	牛	305	229	46	31
		羊	262	197	39	26
	畜棚		970	728	146	97
	沼气池		30	22	4	4
	太阳灶		52	39	8	5

注：少数民族发展计划按社区、分具体项目活动及执行年度的详尽融资计划请参见表3-4。

7　监测与评估

7.1　实施主体

监测评估是确保少数民族发展计划得到认真实施的重要环节，同时也是本项目重要的纠错机制和参与机制。为了保证监测评估的周延性和客观性，本计划建议：建立分别由政府、世行、项目办和居民代表组成的四个彼此独立、但又相互沟通的评估和监测小组。它们各自有监测和评估的侧重点：

政府监评小组主要关注EMDP是否得到贯彻执行、少数民族/族群农户是否碰到问题，并帮助解决可能出现的问题，避免问题积累起来。其成员要包括农、林、牧、科技、民族宗教、扶贫等部门的官员。

世行监评小组主要关注项目进度、少数民族发展计划执行效果、少数民族社区和居民的参与情况及满意度、规章制度执行情况、经费使用是否合理、其他三个监测评估小组工作开展情况等。世行监评小组由世行聘请社评、移民、小流域参与式管理、财务、农林等方面的专家组成。

项目办监评小组主要是敦促政府相关部门和社区及居民落实责任制，推动政府、居民代表监评小组开展工作，并提出完善EMDP的具体建议。

居民代表监评小组主要是对村级项目管理小组执行EMDP的情况、项目实施效果、项目目标是否如期实现等进行监测和评估。他们应当由参与项目的农户中选举产生，有各族群代表，敢于说话，且不要与村管小组成员重叠。

7.2 指标体系

7.2.1 重点内容

（a）少数民族和少数族群平等参与项目的权利是否得到切实保障？

（b）少数民族社区和居民是否确实从项目建设和项目安排中受益？

（c）地方项目办采取了哪些具体措施来保障少数民族居民和社区的参与？这些措施的效果及灵活性如何？

（d）多部门参与项目组织、指导、实施的机制是否有效？有无改进措施？

（e）少数民族居民对于这些措施评价如何？主体人群对于这些措施有什么具体评价？

（f）有没有建立EMDP监测和评估机制？是否有效？

7.2.2 基线信息

对少数民族发展计划实行监测与评估所需的详细基线数据，包括社区居民家庭生产生活资料拥有情况、收入来源、收入水平、消费水平等，目前已经有社会评价小组对项目区10个社区进行的130户问卷调查统计数据和从乡镇政府收集到的2006/2007年社区及农户经济状况报表等。从2008年2月开始，市县项目办根据社评组提供的问卷调查表，对项目区进行社区居民基线调查。借款方郑重承诺：2009年3月以前，即本项目全面展开之前，将动员县、乡两级政府配合项目区各社区的村委会，全面详尽地统计农户的基线情况，为项目的监测与评估提供可靠的参考依据。

7.3 申诉机制

借款方意识到：尽管本项目在项目准备和项目实施各阶段非常注意贯彻无限制性的前期知情协商原则，但要确保这种机制运行灵活、反应敏捷，同时在遇到一些无法通过无限制性的前期知情协商机制化解的问题时（如施工过程中因疏忽、违规操作等给当地社区居民生命财产造成损害等），也能够寻求妥善的解决途径，最大限度保护项目区少数民族居民的权益，必须建立少数民族社区和居民的申诉机制。

（a）针对项目活动安排的申诉机制：社区和居民对在本社区实施的项目活动安排感到不满意；社区居民感到自己或亲友在本社区项目活动安排中受到歧视或不公正待遇，而在无限制性的前期知情协商过程中没有得到妥善解决的，可以向乡镇政府或县政府的信访机关进行举报；相关部门接到举报信息后，即须责令项目办停止项目活动；信访机关通过调查核实，确认事实确凿，即敦促相关各方重新进行无限制性的前期知情协商，直至形成各方都能接受的行动方案；

（b）针对施工的申诉机制：项目施工方未按照协商好的施工步骤、施工方式、施工时间、施工路线或其他相应的施工规程，甚至未经协商即擅自开始施工，村委会和社区居民均可随时向受理机构举报，相关机构接到举报信息当日或次日即须赶赴现场，对违规行为进行制止，或召集相关各方商讨相应的解决办法；发生施工造成的人身伤害或给社区居民财产造成损失的，根据情节，由县、乡镇政府部门出面主持协调，无法协调交由司法机关处理；本项目通过动员国家司法援助程序为社区居民提供免费的司法服务；

（c）针对社区居民之间矛盾的申诉机制：社区居民之间在坡改梯、畜棚改建等项目活动中发生矛盾的，由社区规划小组或村委会出面协调；

（d）乡镇、县、市信访部门，市县项目办，村委会，社区规划小组是本项目社区居民申诉的受理机构或组织；中国政府为维护弱势群体权益而设立的法律援助机构将为少数民族计划提供法律援助保障。

7.4 信息公开

EMDP监测和评估包括年度评估和不定期评估两种基本形式。四个监测和评估小组既可以各自开展工作，也可以联合开展评估。最好是每年共同开展一次会诊性的监测与评估。监测和评估的根本目的，不是挑毛病、出难题，而是通过发现问题、寻找原因，提出解决问题或者减少问题的对策和措施。因此，监测和评估是一种建设性的机制。会诊性的监测评估由项目办组织与协调。所需经费应当纳入项目预算。

监测评估工作要形成报告，分别提交给项目办、项目区政府、世界银行、社区，并在世行、政府网站、社区村务公开栏等平台和场所公开，接受各方面的监督，特别是要确保项目区居民知情。

鉴于项目区少数民族不使用民族语言文字，因此，监测评估报告的国内文本只需要提供中文版。

第四章 城安乡睦：西宁河道治整中的社会关怀

1 "中华水塔"

1.1 自然地理

青海省位于青藏高原东北部，介于东经 89°35′—103°04′，北纬 31°39′—39°19′之间。东西长约 1200 公里，南北宽 800 公里，面积 72.12 万平方公里，占中国总面积的 7.51%，仅次于新疆、西藏、内蒙古居全国第四位。它东连秦岭山地，东北接黄土高原，东南与横断山脉相连，西南与青藏高原腹地羌塘高原连片，西北和北部隔阿尔金山和祁连山俯瞰塔里木盆地和河西走廊相望。

全省山脉高耸，昆仑山横贯中部，唐古拉山峙立于南，祁连山矗立于北，山脉之间，镶嵌着高原、盆地和谷地，地势自西向东倾斜。地形复杂多样，河流纵横交错，湖泊星罗棋布，草原起伏绵延。平均海拔 3000 多米，最高点昆仑山的布喀达板峰为 6860 米，最低点在民和下川口村，海拔为 1650 米。青南高原超过 4000 米，面积占全省的一半以上，河湟谷地海拔较低，多在 2000 米左右。在总面积中，平地占 30.1%，丘陵占 18.7%，山地占 51.2%，海拔高度在 3000 米以下的面积占 26.3%，3000 米—5000 米的面积占 67%，5000 米以上占 5%；水域面积占 1.7%。海拔 5000 米以上的山脉和谷地大都终年积雪，冰川广布。全境有集水面积 500 平方公里以上的河流 276 条，水面积大于 1 平方公里以上的湖泊 266 个，其中淡水湖 151 个，咸水湖 85 个，盐湖 30 个。这里孕育了长江、黄河的源头，涵养着中国最大的内陆高原咸水湖——青海湖。境内黄河流域面积占全流域面积的 18.7%，出省多年平均径流量占流域总径流量的 49.2%；长江流域面积占全流域面积单位 9%，澜沧江 16%的水量从青海流出，发源于祁连山脉的黑河是我国第二大内陆河，40%的水量从青海流出。因此，青海省素有"江河之源"、"中华水塔"之美誉，是中国生态环境建设的战略要地。

青海省植被类型多样，以草甸植被为主，其次为荒漠植被和草原植被，森林植被很少。2006年，全省森林面积317.2万公顷，森林覆盖率4.4%，人均森林面积0.66公顷。森林蓄积量3592.6万立方米，活立木蓄积量4101.4万立方米。全省湿地面积412.6万公顷，占国土面积的5.7%，其中自然湿地408.8万公顷，沼泽274.8万公顷。

西宁市地处青海东部，黄河支流湟水河中游，四面环山，三川会聚，扼青藏高原东方之门户。地理坐标为东经101°49′17″，北纬36°34′3″。湟水河、南川河、北川河分别由西、南、北三个方向汇合于市区，后东流至小峡出境，形成东、南、西、北向河川谷地及东北、西北、西南、东南向山岭交叉的"四山夹三河"十字形谷地。地势由北向南倾斜，西北高，东南低，东西狭长，形似一叶扁舟。西宁位于河谷地带，全市总面积7665平方公里，市区面积350平方公里，建城区面积75平方公里。市区坐落在河漫滩的一、二级阶地上，境内最高海拔4394米，市区中心海拔2275米，平均海拔2295米。

1.2 气候条件

青海全省属于高原大陆性气候，有以下特点：（1）太阳辐射强、光照充足。年日照时数在2500小时以上，是中国日照时数多、总辐射量大的省份。（2）平均气温低，境内年平均气温在零下5.7℃—8.5℃之间，全省各地最热月份平均气温在5.3℃—20℃之间；最冷月份平均气温在零下17℃—5℃之间。（3）降水量少，地域差异大。境内绝大部分地区年降水量在400毫米以下。（4）雨热同期，青海属季风气候区，大部分地区5月中旬以后进入雨季，至9月中旬前后雨季结束，这期间正是月平均气温≥5℃的持续时期。（5）气象灾害多，危害较大。主要气象灾害有干旱、冰雹、霜冻、雪灾和大风。

西宁属大陆性高原半干旱气候。其特点是：气压低、日照长，雨水少，蒸发量大，太阳辐射强，昼夜温差大，无霜期短，冰冻期长。全市年均降水量380毫米，蒸发量1363.6毫米，年平均日照1939.7小时，年平均气温7.6℃，最高气温34.6℃，最低气温零下18.9℃。但因周围群山环抱，冬无严寒，夏无酷暑，夏季平均气温17—19摄氏度，气候宜人，是消夏避暑胜地，有"中国夏都"之称。

1.3 人文地理

青海北、东与甘肃省相邻，东南接四川省，南与西藏自治区相连，西北同新疆维吾尔自治区紧邻，是连接西藏、新疆、内蒙古和中国内地的纽带，地理位置十分重要。

全省现有1个省辖市（西宁），6个自治州，51个县级行政单位（2个州属市、7个民族自治县、5个市辖区、30个县、7个行政委员会），114个镇，285

个乡(其中民族乡30个)。2007年末全省总人口551.6万人。其中,城镇人口221.02万人,城镇人口比重为40.07%;乡村人口330.58万人,乡村人口比重为59.93%。① 以日月山为天然分界,东部湟水流域为农业区,占全省面积的4%,西部、南部、北部为牧业区,占全省面积的96%。

西宁市现辖有5区(城东、城中、城西、城北和城南)3县(大通、湟中、湟源)、50个乡镇(27个镇,23个乡,其中有6个民族乡镇)、934个村(牧)委会、165个社区居委会。全市总人口212.73万,占全省总人口的38.84%,其中回、土、藏、蒙古、满、撒拉等少数民族占全市总人口的23%,尤其以回族和藏族为多。是黄河上游第一个百万以上人口的中心城市,也是全省政治、经济、文化、科技、教育、交通和商贸中心。作为一个历史文化名城和旅游城市,西宁名胜古迹众多,著名的有北山寺、东关清真大寺、马步芳宅邸等;湟中县的塔尔寺是藏传佛教圣地;著名的青海湖距西宁市290公里。

城东区位于西宁市区东部、湟水河下游,面积114.59平方公里,人口30万,其中回族占总人口的32.4%。是西宁重要的盐化工、中藏药、畜产品、房地产、旅游餐饮基地。

城中区位于西宁城区的中心,省、市党政机关集中于此,面积约20平方公里,人口约15万。是第三产业发展最快、服务行业最集中的地区。

城西区位于西宁市版图的中心位置,南接湟中县,西靠风景秀丽的湟源峡,面积82.9平方公里,人口24万多。是集科研、文化、教育、商贸、旅游为一体的城区。

城北区位于西宁市北部,面积137.7平方公里,人口23万多。是西宁市主要的城郊农业区,也是全市的高效农业示范区和标准化蔬菜基地。

大通回族土族自治县位于西宁市北郊、祁连山南,面积3090平方公里,人口45万多。是青海省重要的商品粮基地和全国500家粮棉大县之一,也是青海重要的电力、建材和电解铝工业基地。

湟中县位于青海省东部农业区,地处湟水河支流南川河中上游,面积2700平方公里,人口约48万。著名的塔尔寺、湟中县农民画和手工编织的藏毯驰名中外。

湟源县位于青藏高原的东部,面积1509平方公里,人口约14万。是内地通往青海牧区、西藏的必经之地,素有"海藏咽喉"、"海藏通衢"之称。

城南新区位于西宁市南郊水磨地区以南、湟中县徐家寨三岔路口以北,南北

---

① 青海省统计局、国家统计局青海调查总队:《2007年青海省国民经济和社会发展统计公报》,2008年2月22日。

长约 11.3 公里，东西宽约 2.3 公里，面积 30 平方公里。2001 年 4 月 25 日正式开工奠基。拟建成一个集房地产业、商业贸易、信息产业、行政办公、观光旅游、文化娱乐、生态园林、青藏高原特色资源精深加工的现代化生态城区。

西宁（国家级）经济技术开发区位于城东区内，于 2000 年 7 月由国务院正式批准成立。西起青海民族学院东侧，东至小峡口，北起湟水河，南至南山，第一期开发面积 4.4 平方公里，控制面积 8 平方公里。开发区实行"三为主、一致力"的办区方针，即以工业项目为主、以利用外资为主、以出口创汇为主，致力于发展高新技术产业。目标是要建设成青海改革开放的试验地、工业经济的聚集地、高新技术的孵化器、经济发展的排头兵。

1.4　经济社会概况

青海地广人稀，人口仅多于西藏。青海省统计局公布的 2007 统计数据：全省实现生产总值 760.96 亿元，人均生产总值 13836 元。第一、第二和第三产业对 GDP 的贡献率分别为 4.3％、59.4％、36.3％。三次产业结构由 2006 年的 10.9：51.6：37.5 转变为 11.3：52.1：36.6。年末全省就业人员 312.44 万人，比上年增长 2.8％。其中，城镇就业人员 109.17 万人，比上年增加 5.82 万人，增长 5.6％。城镇登记失业率为 3.77％。

截至 2006 年底，西宁市实现生产总值 281.61 亿元，按可比价格计算，比上年增长 14.5％，较上年提高 0.3 个百分点。人均生产总值 13326 元，按可比价格计算，增长 12.9％。第一产业实现增加值 12.37 亿元，增长 5.6％；第二产业实现增加值 137.86 亿元，增长 19.9％；第三产业实现增加值 131.38 亿元，增长 10.4％；一、二、三产业增加值占地区生产总值的比重由上年 4.84：45.71：49.45 调整到 4.40：48.95：46.65。全年实现财政总收入 30.42 亿元，增长 20.0％，其中：地方一般预算收入 14.15 亿元，增长 20.1％。完成财政支出 35.14 亿元，增长 29.8％，其中地方一般预算支出 34.29 亿元，增长 30.2％。

西宁市现有常住人口 212.73 万人，比上年增加 2.83 万人，增长 1.35％；人口出生率为 11.22‰，死亡率为 4.97‰，自然增长率为 6.25‰，分别比上年下降 1.38、0.45 和 0.93 个千分点，人口发展初步进入"低出生、低死亡、低增长"的发展时期。在总人口中，城镇人口 126.77 万人，乡村人口为 85.96 万人，城镇化水平达到 59.59％，提高了 0.77 个百分点。

目前，全市已全面实现了"两基"目标，基本普及了九年义务教育。共有小学 679 所，普通中学 145 所，职业中学 4 所，特殊学校 4 所，幼儿教育 216 园（所）。小学学龄儿童入学率 99.9％，小学毕业生升学率 100％，初中毕业生升学率 81％。接受基础教育的男女差别基本消除。6 岁以上人口人均受教育年限达到

8.25年，成人识字率达到90.54%。据2006年人口抽样调查数据显示：6岁以上具有大专以上文化程度的人员占8.04%，具有高中文化程度的人员占14.28%，具有小学及初中文化程度的人员占68.81%，文盲及半文盲占8.87%。

全市就业人员达118.22万人，比上年增加2.82万人。其中城镇就业人员52.83万人，占就业总数的44.69%；第一产业就业人员33.42万人，占28.27%，比上年下降6.23个百分点；第二产业就业人员30.81万人，占26.06%，提高2.39个百分点；第三产业就业人员53.99万人，占45.67%，提高3.84个百分点。城镇登记失业率为4.04%，比上年下降0.11个百分点。

全市城镇居民人均可支配收入9334.63元，比上年增长11.16%；农村居民人均纯收入2950.99元，增长13.82%。在岗职工年平均工资20984元，增长18.23%。城镇居民家庭人均消费支出6722.54元，比上年增长4.91%。其中食品支出2463.71元，增长4.26%；娱乐教育文化服务支出788.99元，增长1.03%。农村居民家庭人均生活消费支出1604.59元，同比增加177.10元，增长12.41%。其中食品支出447.16元，同比增加54.04元，增长13.75%；文化教育娱乐用品及服务支出165.08元。城市居民最低生活保障人数7.36万人，农村特困户救济人数5.53万人。

城镇居民人均住房建筑面积24.72平方米，比上年增加0.62平方米；农村人均居住面积27.5平方米，与上年持平。城市人均公共绿地面积7.38平方米。农村改水受益率94.6%，农村卫生厕所普及率82.4%，农村粪便无害化处理率9%，城市污水处理率38%，城市生活垃圾无害化处理率91.54%。困扰人民群众的住房、出行、饮用水等居住环境的矛盾有所缓解，城乡居民生活状况得到改善，广大农村地区自来水普及率提高，增加了饮用水安全性，有效地改善了农民的生活质量。

全市有卫生机构453个，床位8534张，每千人拥有医院床位4.04张；卫生技术人员9345人；基本实现村村有卫生室。新生儿死亡率由上年的22.81‰下降到21.08‰；五岁以下儿童死亡率由上年的28.49‰下降到27.89‰；孕产妇死亡率大幅下降，由79.33/10万下降到60.8/10万；传染病发病率由630.37/10万下降到615.65/10万。

广播人口覆盖率为96.09%，电视人口覆盖率98.72%，广播电视发射传输网络基本覆盖了全市。

1.5 生态形势

青海省地处高原，地形复杂，植被类型多样，以草甸植被为主，其次为荒漠植被和草原植被，森林植被很少，森林覆盖率仅为4.4%。受特殊自然条件限制，省内生态系统及其生态类型构成均呈现出特有的复杂性和脆弱性。对气候变化和人为干扰的抗逆性、承受能力相对较差。生态环境的敏感性和不稳定性突出。由于近几年降水量的增加和青海三江源自然保护区生态保护和建设项目、退耕还林（草）、退牧还草、人工造林、天然林保护和水土保持等一系列生态工程实施，全省局部地区的生态环境质量有所改善，但生态环境总体恶化的趋势仍未得到有效遏制。

近年来，随着国家对西部地区发展战略的部署，西部地区得到了长足的发展。尤其是在基础设施建设和经济建设方面取得了很大成就。为了促进西部地区的经济发展，中央政府在工业发展方面的投资力度加大，出现了众多大型企业集团，也使西部的发展有了经济支撑的基点。青海作为国家西部开发计划的省份之一，在开发过程中获得了空前的发展机遇。各个产业在此发展计划中均获得了收益，尤其是工业得到了长足发展，为省内各族人民提供了许多就业和提高技能的机会，各族人民的生活水平也因此得到提高。然而，随着工业的迅速发展和城市的迅速扩张，生产生活给土壤、水、空气等自然环境造成的污染日益严重，对青海的生态环境提出了严峻挑战。青海地处青藏高原，堪称中华民族的"水塔"，是我国主要大江大河的发源地，又是生态环境比较脆弱的地区，其生态环境自我修复周期长，区域经济发展和国家生态安全之间形成了尖锐的矛盾。

西宁市水资源量来源于大气降水，形成了时空分布不均特有的降水特点，降水量年内分配极不均匀，6—9月降水量占年降水量的70%以上，11月份至次年5月份降水量为年降水量的30%；降水地区分布不均，出现了降水量为大通县大于湟中县大于湟源县大于市区。西宁市水资源量为降水补给型，受降水特点的影响，使水资源量时空分布变化明显，径流深为大通县大于湟中县大于湟源县大于市区，同时在汛期6—10月径流量占地表水资源量的63%，而11月份至次年5月份径流量仅占37%，水资源年际变化与降水年际变化同步，变化幅度较大。西宁市地下水富水区仅分布于河谷平原区内的大通县石家庄、塔尔地区和湟中县丹麻寺、哆吧、杜家庄等地区，其开采量占西宁市地下水开采量的60%以上。水资源量时空分布不均，形成工农业生产、城市居民生活用水季节性缺水矛盾突出，开发利用较困难。

相对全国平均水资源拥有量来说，西宁市水资源量严重匮乏，人均水资源量只有527m³，只有全国人均占有水资源量2200m³的24%，资源型缺水十分严重，属于重度资源型缺水城市。此外，西宁市上游入境客水量为2.9亿m³，在水资源量中起着一定的作用，但是随着上游经济快速发展，其对水资源需求迅速增长，造成实际入境客水量连续减少，局部地区水资源量也会出现从富到贫的演变。

根据青海省环保局 2007 年 6 月发布的《2006 年青海省环境状况公报》，湟水干流及主要支流水质状况好于 2005 年。湟水干流总体为中度污染。出省界民和桥断面为劣Ⅴ类水质，主要污染因子为氨氮。一级支流北川河为轻度污染，沙塘川河为轻度污染，南川河为重度污染。17 个监测断面达标率比 2005 年提高 23.5 个百分点，主要污染因子为氨氮、高锰酸盐指数、五日生化需氧量和石油类，呈有机污染型。

2006 年，西宁市南川、西纳川、西川及平安等地设 5 个地下水监测点，除西纳川丹麻寺五水源 1 号井和南川一水源 4 号井 2 个测点地下水水质达到Ⅲ类标准外，其余 3 个测点水质均有不同程度超标，主要超标因子为总硬度和硫酸盐指标。

湟水是青海省水污染防治的重点流域，2006 年排入该流域污水总量约 14110 万吨，占全省总量的 72.7%，其中：工业废水量 4906 万吨，占流域总量的 34.77%；生活污水量 9204 万吨，占流域总量的 65.23%。COD 排放总量 52314 吨，占全省总量的 69.9%，其中：工业 COD 排放量 24971 吨，占流域总量的 47.73%；生活 COD 排放量 27343 吨，占流域总量的 52.27%。氨氮排放量 5152 吨，占全省总量的 74.2%，其中：工业氨氮排放量 1049 吨，占流域总量的 20.36%；生活氨氮排放量 4103 吨，占流域总量的 79.64%。排入该流域的工业废水达标率为 69%，比上年提高 8 个百分点。

生态条件先天脆弱，既往发展模式的生态代价沉重，未来发展对恢复生态要求迫切，这就是当前西宁面临的严峻挑战。

2 修塔治水

2.1 一揽子计划

西宁是青海省省会，人口占全省的 38.84%，是全省政治、经济、文化、科技、教育、交通和商贸中心。西宁经过近 50 年的建设，特别是改革开放以来，经济发展步入了崭新的阶段。2005 年全市生产总值为 206 亿元，其中第一产业实现增加值 11.50 亿元，第二产业实现增加值 109.78 亿元，第三产业实现增加值 84.99 亿元。人均生产总值 9906 元。国民生产总值占全省的 43.93%，固定资产投资占全省的 33.61%，地方一般预算收入占全省的 33.5%，社会消费品零售总额占全省的 66.35%。全省 90% 的调入商品和 80% 的调出商品经西宁中转，对全省其他州、地、市、县有较强的吸引力和辐射力。多重中心的重要地位和城市及其辖区可持续发展面临的巨大生态挑战，促使省市政府下决心治理湟水流域。这就是"西宁城市防洪及流域管理项目（以下简称西宁项目）"出台的背景。

西宁项目是青海省西宁市政府在前期防洪治污、美化市容工程取得一定成果的基础上，为进一步提高城市防洪能力和优化排水系统，改善湟水流域生态，保障居民生命财产安全而拟利用世界银行贷款，对市辖4区3县（城北、城中、城西、城南新区及湟源、湟中和大通回族土族自治县）的3川1河（西川即湟源方向湟水干流，北川即大通方向湟水支流，南川即湟中方向湟水支流，加北川河支流东峡河）及其28条山沟进行小流域综合生态治理的大型综合水政项目。根据西宁市项目办与世界银行准备团磋商结果，明确该项目包括防洪工程及小流域综合治理工程、污水收集系统工程三部分构成：

防洪工程包括：河道及沟道防洪治理工程（治理河道总长度为53.763公里，山洪沟道28条，合计治理长度35.006公里。）、湿地及河道绿化工程和防洪预警系统（支持西宁市防洪预报、预警和紧急预案系统的发展，其中包括加强西宁市防洪、抗旱办公室的机构能力）。

小流域综合治理工程包括：坡耕地治理工程、坡面拦蓄工程、沟道治理工程及辅助措施建设4大类。涵盖三县17条流域，土地总面积284.94km^2，其中水土流失面积250.98km^2，占土地总面积的88.1%。

废水收集系统建设包括：①西宁市河道截污干管工程；②西宁市小桥地区暴雨积水改造工程大通县北川河和东峡河城区段11公里的废水拦截、收集工程；③湟中县排水截流干管改建工程；④大通县桥头镇给排水管网改（扩）建工程的污水干管工程。

为实现上述三个方面的目标，项目还包括加强机构能力和项目管理的内容：①项目管理。包括所有项目管理办公室和其相关的专家组的项目管理活动，如最初和最终设计的编制；招标文件的准备和编制；工程监理；质量控制；项目监测与评估；发展管理信息系统（MIS），以便提高项目管理；财务管理，以及财务管理监测与评估。②移民。实施移民行动计划。③环境管理。即环境管理计划（EMP）的实施、管理。

2.2 项目区概况

项目工程主要集中在3川1河（西川即湟源方向湟水干流，北川即大通方向湟水支流，南川即湟中方向湟水支流，加北川河支流东峡河）及其28条山沟，涉及的土地面积约250km^2，河道治理总长度为53.763km^2，山洪沟道治理长度35.006km，合计治理面积约250.98km^2。从行政区域看，项目区没有越过西宁市辖属范围，具体涉及西宁市城北、城西、城中、城南新区，以及市属大通、湟源、湟中三县的16个乡镇/街道办事处、53个行政村、约200个村民小组。区域内乡村居民2007年人均年纯收入约3158元。

在西宁市区，共治理7条沟道（火烧沟、鲍家沟、大崖沟、杜家沟、吊沟、大草沟、细沟），城北区涉及2镇（大堡子、二十里堡）1街道办（小桥）的9个行政村，其中7个行政村属于二十里堡镇；城西区涉及彭家寨镇和南川西路办事处的4个行政村；城中区涉及南川东路办事处的2个行政村；城南新区涉及总寨镇4个行政村。城区共有7429户、30885人，农业人口28232人，少数民族1058人，其中回族796人，藏族37人，土族16人，其他民族209人。少数民族中，除了回族形成小聚居以外，藏族等或者是通过通婚进入社区，或者是城镇户口。

大通县治理河道、沟道共6条（东峡沟、胡积沟、庙沟、毛家沟、桥尔沟、大煤洞沟），涉及3乡镇（东峡镇、桥头镇、良教乡）14个行政村53个村民小组，共有4288户、18607人，均为农业人口，少数民族9434人，其中回族7886人，藏族1391人，土族88人，其他民族69人。在14个行政村中，有5个为回族小聚居的单一民族村；5个有藏族杂居，藏族居民超过40人，其中以东峡镇的尔麻村（749人）、元墩子（224人）、刘家庄（240人）分布相对集中。

湟源县治理4条沟道（波航沟、拉萨沟、泉尔湾沟、河拉大沟），涉及4个乡镇（城关、波航、和平、升中）9个村61个村民小组，项目区内有居民2155户、8721人，少数民族877人，其中回族355人，藏族417人，其他民族5人。9个行政村中，7个有藏族居民，其中5个有藏族居民40人以上，以波航乡的胡思洞（134人）、纳隆（80人）人数较多；3个有回族居民。

湟中县治理3条沟道（火烧沟、丰台沟、鲁沙尔沟），涉及2个镇（鲁沙尔、西堡）、11个村、54个村民小组，有居民2453户、10030人，少数民族1636人，其中回族1578人，藏族58人。11个行政村中，3个有藏族居民，鲁沙尔镇昂藏村有藏族42人，是藏族居民最多的村；回族居民主要集中在鲁沙尔镇的清泉一村、二村。

3 学术介入

3.1 世行政策[①]

根据世界银行的社会政策，所有建议由世行资助、影响到少数民族的项目，

[①] 参见"世界银行业务手册"之《少数民族政策》（业务政策OP4.10及附件世行程序BP4.10。2005年7月版。

世行要求借款人要采取无限制性的前期知情协商程序,只有通过这种无限制性的前期知情协商程序而获得受影响的少数民族社区对项目的广泛支持后,世行才会对项目提供资助。世行政策同时规定:在项目准备初期,世行进行筛查工作以确定项目区内是否存在少数民族或少数民族是否集体依附于项目区。开展筛查工作,世行聘用合格的、具备项目区社会和文化群体专业知识的社会科学家来提出专家意见,世行也征询有关少数民族和借款人的意见。2007年11月,西宁市世行项目办(以下简称委托方)根据世界银行准备团的推荐意见,确定委托中央民族大学西部发展研究中心主任张海洋教授、副主任贾仲益副教授(以下简称执行方)对项目进行社会影响评估。12月2日,执行方正式接受委托。

根据西宁项目办的任务大纲(TOR),执行方承担如下任务:

第一,对项目(包括工程治理和生态管理)给西宁项目区3县1市、3川1河及28条冲沟居民的经济、社会、文化所造成的正负面影响做出整体评估;

第二,对项目、项目区,特别是区内受影响居民的规模、分布、行政建制、生计方式、民族构成、文化特点和经济社会发展现状做出基线描述;

第三,识别项目对少数民族居民及其社区文化带来的机会和风险(包括移民征地、生计变化和民族文化)的类别、方式和程度,并提出居民以社区组织方式参与管理为要点的改进建议;

第四,在上述基础上撰写社会评估报告,并在报告中就项目是否专门制订少数民族发展计划做出评估建议。

3.2 团队工作

2007年11月下旬至2008年1月中旬,执行方根据评估工作的需要,组成了包括张海洋、贾仲益(苗族,副教授)、拉毛措(女,藏族,研究员)、鲁顺元(藏族,副研究员)、鄂崇荣(土族,副研究员)以及研究生李建明(青海土族)、妥延青(青海回族)、刘雪丽(女,土家族)、鄢莹(女,满族)在内的9人评估组,对项目区进行了两次实地调查。

评估调查和报告依据的文献概有三类:一是中国中央和各级地方政府关于少数民族权益保护以及关于土地、森林、水等资源开发利用和保护的政策法规;二是世界银行安全保障政策特别是少数民族政策;三是由西宁市项目办提供的《项目可行性研究报告》(FS),并充分参考了《环境影响评估报告草案》、《移民行动计划草案》、流域管理部分的《参与式规划手册草案》以及项目区15米以上大坝情况简介等相关资料。

3.2.1 评估资质和调查方法

执行方具有多次参与由世界银行提供贷款的中国水库、公路、造林、流域治理、铁路等项目的社会评估经验，熟悉世界银行规范和中国相关政策法规，熟悉中国少数民族处境和需求，了解当地民族语言文化特点。4位研究生来自中央民族大学，具有多民族文化背景，受过人类学、社会学、历史学等学科训练，有田野调查经验，熟悉项目区环境，能独立开展社区调查工作。整个队伍含人类学（民族学）、社会学、历史学、宗教学等多学科背景，有8名少数民族成员，3位女性，5位来自青海本地；充分考虑到性别、族群、知识背景、项目经验等因素，完全能够满足本项目社会评估的资质要求。

评估调查中，执行方主要采用了参与式农村评估PRA方法，根据人类学和社会学的整体论理念和比较研究规范，用实地调查方式收集资料，用参与观察、焦点访谈、焦点群体座谈、通过资料清单收集统计资料等方法，加上历史文献和政策法规分析，应能满足社会评估和少数民族发展计划编写需求。

评估调查覆盖整个项目区，重点在基层社区，突出关注民族和宗教敏感点。与移民、参与式管理两个小组形成分工协作关系，分享相关数据。

县级评估调查主要与项目办、民族宗教局、教育局、妇联、扶贫办、民政局、农业局、统计局等座谈并向他们收集资料。乡镇一级主要通过收集资料及与领导干部访谈，了解其所辖各村经济社会发展状况，并考察当地民族文化资源和发展需求。社区调查主要包括村民代表座谈会、社区基线数据调查和入户调查两个层次。村级座谈会邀请村干部、妇女、青年、老年、乡村教师、宗教人士等参加，重点了解社区概况、发展思路、敏感问题、既往项目经验、针对本项目的需求和建议等，并由村干部和村民代表协助完成社区基线调查表。入户调查包括家庭问卷调查和深度访谈，样本考虑了经济状况、生计结构、家庭规模及成员结构、民族成分、受项目影响程度等。

3.2.2 调查过程

执行方先后两次进入实地。2007年11月29日—12月3日，张海洋、贾仲益先到大通回族土族自治县桥头镇元树尔村，湟源县波航沟流域，市区南川河流域的火烧沟、鲍家沟、解放渠，西川河的大崖沟，北川河城区段实地考察目标流域生态状况、自然地理环境、社区布局、既往工程措施及效果，并与市县两级项目办沟通，收集民族、统计、地理、地方史、项目材料等方面信息；与市项目办就社会评估工作的目标、任务、协调配合等事宜进行了初步协商。

2008年1月4日—15日，执行方全体9名成员在西宁会合，展开正式野外调查。此次调查在市项目办全力协调下，与小流域参与式管理组、移民组同期开展工作。三组相互沟通协商协作。执行方成员参加了参与组在市区南川河流域火烧沟火西村（汉族）、火东村（汉族）的参与式管理的现场活动；派员参加移民组在城南区的社区调查；对湟源县泉尔湾沟的万丰村回民新村（城关镇，回族）、大通县胡基沟小流域（汉族）、东峡河朔北乡代同村（藏族）进行了一般性考察。对大通县东峡镇尔麻村（藏族）、桥头镇元树尔村（回族）、良教乡桥尔沟村（回族），湟中县鲁沙尔镇清泉一村（回汉杂居）、清泉二村（回汉藏杂居），西堡镇青山村（汉族），湟源县波航乡纳隆村（汉藏杂居）、波航村（汉藏杂居），城南新区总寨镇上野村（汉族）、杜家沟村（汉族）等11个不同类型社区做了深入调查。本组还在湟中县政协、项目办陪同下，与著名藏传佛教寺院塔尔寺藏族僧人代表、寺管会负责人、活佛座谈。

上述调查涉及3县2区、8乡镇、17社区，基本覆盖了项目区内的民族乡镇，藏族、回族聚居社区，多民族杂居社区和重要宗教场所等；共有130户各族居民接受了家庭基线调查，70多位各族各类居民接受了深度访谈，8个社区接受了参与式的需求调查评估。

具体调研情况介绍如下：

（一）根据调查对象的特征采用灵活的调查方法

此次调研活动采用了人类学整体论的研究视角。考虑到目标社区的分布特点，执行方以项目区内的村落为研究单位，主要采用的研究方法有：人类学的参与观察、深度访谈、社会学问卷等。由于研究社区居民状况是"大杂居、小聚居"，执行方的问卷和访谈都以半结构方式进行。执行方成员中有土族、藏族、回族、苗族和汉族，因而能够针对不同社区居民特点配置研究成员。比如，青海社科院的拉毛措研究员是藏族，进入藏族社区时就以她为主，运用藏语语言优势进行深度访谈。执行方在调研中也分别使用了不同的研究方法和问卷设计。比如，执行方充分考虑不同民族社区的宗教信仰，在问卷设计上根据实际情况即时添加和删减与调研社区少数民族特征或禁忌有关的问题，避免敏感字眼出现在调查过程中。

（二）分步进行，层层深入

为了配合此次项目的整体评估，执行方与参与此次项目评估的其他两个小组展开合作与交流以期达到互相学习和补充，在合作的基础上展开独立的调研活动。[①]

执行方的工作步骤是：课题组主要成员走访项目办及相关部门，进行工作协调，收集相关数据和资料；学术助手们则跟随小流域参与式管理规划组与移民组，对其调研工作进行全程学习与观察，同时也对目标社区进行初步探访，以把握该区的地方性特征；每天汇总当日调研情况，消化相关资料，整理调查记录，

---

① 社评组将对调研的主要社区调研情况进行汇报，对于调研结论相似的村落以典型村落为代表进行讨论汇报，因此社评组调研的范围和村落远远多于汇报结果中的村落。

第四章 城安乡睦：西宁河道治整中的社会关怀

并就调查发现和存在问题进行讨论，不断完善调查方法，以提高次日调研效果。

2008年1月5日，执行方主要人员分两组，一组前往大通县、一组前往湟源县进行初期调研，了解项目区各流域少数民族的分布情况，以便确定调研的主要目标社区。同时，派出1名助手随同参与式规划组前往西宁市西城区火西村进行参与式管理技术的学习与社区调研，了解参与式管理组的现场调查操作方法。当晚，执行方与参与式管理规划组就调查研究方法、项目经验等进行了较为深入的研讨，并明确了将参与式管理规划组的参与动员方法与人类学方法相结合的调研思路，这在后来的研究中被证明是非常有效的。

2008年1月6日，执行方又派4名助手随同参与式管理规划组与西宁市城西区农牧局工作人员前往城西区彭家寨火东村进行参与式管理规划的学习与社区调研，在配合参与式管理规划组工作的基础上，执行方成员与火东村的村民进行了座谈；以性别、年龄、职务和收入等指标为依据，采用分层抽样的调查方法对火东村村干部、村民5人（3男2女）分别进行了深度访谈。初步了解了火东村村民的生活现状和对项目的态度和愿望。执行方了解到：该村目前退耕还林土地面积比较大，村民的基本收入为退耕还林补偿款，大部分村民在西宁市市区务工，很多居民都有迁移的打算。火东村与火西村属于城郊汉族社区的典型，其特点是：处于城乡结合部，因常年缺水，村民的生计经营方式比较多元，但农民还是希望获得更多的耕地。对于此次洪水项目治理，村民最大的愿望就是能够促进生态恢复和稳定水源供应。

2008年1月8日到9日，执行方正式对重点社区开展调研。全体成员深入大通县对桥头镇代同村、东峡镇尔麻一村、二村、三村展开调查工作。尔麻村是藏族居民比例最高的村落，因而是社评的典型藏族社区。为了深化调研，执行方全体成员住进村里，利用夜间入户访谈。

该村共有200多户，936人，其中藏族749人、土族11人，其余为汉族。三个自然村总面积9000亩[①]。藏族居民以从事农业活动为主，牛羊养殖在2000年实行退耕还林后已普遍改为圈养。当地汉人的养殖和一般习俗与藏族相似。本项目在该地主要是用生态方式治理尔麻冲沟，治理面积为5km×25m，项目计划治理面积500亩，村民要求增加荒山荒坡900亩。

尔麻村参与座谈的村干部和村民代表12人（7男5女，均为藏族），获取有效问卷30份；深度访谈16人，调研时间为一天半。执行方结论如下：

该村居民以藏族为主，汉藏杂居，族际关系融洽。它紧邻寺院（广惠寺），藏族的语言文化特点不突出，但民族意识清晰，问卷显示96%的藏族居民都有

---

① 相关换算单位为：1亩=1米²

明显的民族认同感；生计上农牧结合，农业全属旱地种植，耕地分布在沟谷两侧斜坡上，有必要采取水土保持措施。村民们对于项目的参与热情高。村民回忆该村在20世纪50年代和80年代发生过数次山洪灾害，由于缺乏资金，山洪防治一直无法解决。村民们希望借助本项目彻底治理洪水问题，并且要求增加轮牧面积。访谈中，部分藏族群众提出轮牧森林的产权问题，希望轮牧后的森林资源归村集体所有，其收益作为集体经济来源。

2008年1月9日，执行方对大通县桥头镇元树尔村和良教乡桥尔沟村两个回族村进行了调研。两村调查实施情况见表4-1。

表4-1 元树尔村和桥尔沟村调研情况

时间	调查地点		社区特征	调查方法			用时/天	人员投入/人	收获
				座谈	问卷/份	访谈/人	参与			
2008年1月8日—9日	大通	元树尔	回族社区；项目区；人均耕地少；副业人口比例较大；城郊	村民代表8人	10	4		1.5	4	居民及宗教人士欢迎项目；生计转型需引导
1月9日		桥尔沟	回族社区；项目区；耕地少，无水浇地，贫困面较大；有年久失修的小水利工程，水利需求强烈	村镇干部4人	14	4	√	1	5	小水利只有纳入本项目才能从根本上解决问题

需要强调的是，这两个社区属典型的单一民族小聚居形态的村落。村里建有清真寺，村民基本上都是环清真寺居住，宗教活动场所即清真寺处于村落的中心位置，因此村民们比较关注项目建设是否会占用或破坏宗教场所；而对于项目的实施，村民比较欢迎。

2008年1月10日，执行方一行对湟中县项目区内下辖村落进行了社会评估。在该县鲁沙尔镇角木沟治理沟道范围内的清泉一村、清泉二村、塔尔寺；西堡镇的青山村（火烧沟治理范围内）、丰台沟村（丰台沟治理范围内）进行了社会评估调查。湟中县是执行方非常重视的调查点之一，对该县境内著名的塔尔寺进行了重点调查。

塔尔寺是藏传佛教格鲁派六大寺院之一，是格鲁派创始人宗喀巴大师的出生地，也因此蜚声海内外，每年吸引大量的佛教信徒前来朝拜。塔尔寺正好地处角木沟项目治理区的附近，但有一小山相隔。执行方在县政府协调安排下，专门拜访塔尔寺寺管会主任上僧夏格日活佛、西纳活佛，并与塔尔寺的高僧们进行了两小时座谈。课题组解释了到访来意和西宁市洪水防治项目的相关安排及措施，认真听取塔尔寺寺管会及诸位高僧的意见。塔尔寺寺管会明确表示：西宁市防洪项目的治理范围和塔尔寺的物理及宗教空间范围均无冲突，并肯定项目的实施对于改善塔尔寺周边的生态环境有非常大的益处，因此真诚欢迎本项目的实施。

2008年1月11日调研组分两组分别对湟源县下辖项目区内的波航、纳隆、光华、万丰4个村落进行调研。① 一组4人在纳隆村进行调查。该村所在沟道为波航沟，治理总面积为26.87hm²，红线内村组数6个，红线内人口总数为1900人，少数民族人口（藏族）为80人。全村土地面积为12294.9亩，其中耕地8257.8亩，林地及森林覆盖面积2271亩，退耕还林745亩。② 该村村民主要从事农业，其他产业为副业。对于项目建设，92%的居民表示欢迎，认为该项目有利于当地生态环境的改善，也有利于有效防御当地生产生活资源遭受自然灾害的破坏。该村尽管只有80余人、20余户人口为藏族，但在民族认同上依然保持着自己的民族边界；汉族居民对他们的"他称"和藏族居民对自己的"自称"有区别；他们有自己的历史记忆，比如该村杨氏藏族有"兄弟祖先"记忆；在宗教信仰方面，该村落呈现出汉藏两种"文化并接"的状况。通过深入调查，执行方对当地人的人观获得了深层的文化解码。尽管该地区是一个村落，但对于研究和了解整个河湟谷地的历史过程起着至关重要的作用，而这样的文化理解对于执行方项目建设中如何处理民族关系问题具有重要的启示。该地区在历史上是藏族居住地区，在河湟谷地汉人和藏族互动的过程中（即汉进藏退），部分藏族居民留居此地，改变生计方式，从牧业转为经营农业，汉藏之间的文明接触并不是表现为冲突，而是以各自的信仰体系互相并接来实现互相包容。该村的一位文化经纪人讲述了这一过程中汉人和藏人如何通过用自己的信仰体系来记忆同一个英雄人物或山神来互相融合，理解了这一点也就能够明白为何这里的汉藏关系如此融洽。因此，在项目执行的过程中，应充分考虑项目实施对该地信仰的空间体系是否有所破坏，如何修补等问题。所幸，执行方通过调研，确认项目的开展并没有对该村居民的信仰空间体系造成破坏。

在整个社评调研的过程中，执行方非常重视每个地区的文献资料收集。执行方收集的文献和资料包括：县志、民族志、政府工作报告、发展规划、统计年鉴、报表、专题研究报告、地图，项目办提供的各类资料和数据，相关课题组收集的资料，地方学者研究著述等。执行方收集的第一手资料包括座谈会记录、社区基线调查表、村民参与式现场绘制填写图表以及家庭调查问卷、个人访谈资料、现场拍摄的大量照片等。

---

① 在代表性上纳隆村对于该区的社会文化状况有典型的代表性，调研组在这里仅以纳隆村为分析对象。

② 本文如无特别说明，数据来源均取自项目区调查村落村委会的统计数值，对于这一数据的真实性调研组在调查中分别对不同收入水平的村民进行过核实，基本无误。

执行方认为，上述实地调查充分考虑到民族及宗教敏感性、行政区域、经济状况、项目治理措施、社区类型、项目经验等多重因素，所选调查点能够集中反映项目区的基本情况。同时，市县两级项目根据执行方委托，对项目区所有治理的20条沟道及全部行政村进行了社区基线调查，为执行方提供了项目区比较完整的数据和情况。因此，执行方是在充分掌握了项目区全面信息基础上做出的，具有可靠性。

4 政策审查

4.1 中国政府的政策精神

1949年成立的中华人民共和国和执政的中国共产党始终倡导人民利益和为人民服务的执政宗旨。2000年以来，国家丰富了为人民服务理念的内涵，提出"以人为本"和科学发展观，努力建设和谐社会。这些思想和理念，成为各级政府制定社会政策、处理社会事务的指导原则。

在民族和宗教问题上，中国共产党和中国政府都按照国际流行价值，主张民族不分大小平等、宗教信仰自由的原则，坚持"三个离不开"（汉族离不开少数民族，少数民族离不开汉族，少数民族相互离不开）和"民族宗教无小事"的思想，把"共同团结奋斗、共同繁荣发展"作为基本方针，努力建设"平等、团结、互助、和谐"的社会主义民族关系。在政策层面上，中央政府立足于中国地区、城乡和民族发展不平衡的基本国情，强调先进帮助后进、汉族帮助少数民族、发达地区对口支援贫困落后地区。自20世纪80年代以来，先后实施扶贫攻坚、西部开发等战略。1998年以来，为了根本扭转国土生态环境不断恶化的趋势，国家强力推行退耕还林、退牧还草政策，作为中国生态屏障的西部地区更是退耕还林、退牧还草工程实施的重点地区。近年来，国家大力改善城乡居民的社会保障状况；对国家级贫困县、少数民族人口比重较大的八省区（含青海）以及全部民族自治地方实行中央财政转移支付等制度；通过实施社会主义新农村建设，加快乡村物质文明和精神文明建设。这些指导思想、政策和措施，体现了中国共产党和中国政府为人民服务、对社会负责、关心帮助少数民族加快发展的决心和诚意。

4.2 中国现有相关法律法规

青海省是中国多民族聚居杂居的省份，也是享受少数民族自治地方待遇、西

第四章 城安乡睦：西宁河道治整中的社会关怀

部地区待遇的省份，同时还是中国藏传佛教、伊斯兰教影响很深，政府开展民族宗教工作的重点地区。因此，本项目涉及环境、社会、民族、宗教等多个方面，适用的法规广泛。在此重点对民族宗教和一般性法规进行简要评估。

4.2.1 民族宗教法规

中国政府为保障国内少数民族实行区域自治的权利，帮助少数民族加快发展，于 1984 年制订了属于基本法性质的《民族区域自治法》，其地位低于宪法但高于刑法，并于 2001 年得到修正。《民族区域自治法》除重申《宪法》赋予少数民族及少数民族地区的各项权利以外，还特别以法条明确：

第六章第五十四条：上级国家机关有关民族自治地方的决议、决定、命令和指示，应当适合民族自治地方的实际情况。

第六十五条：国家在民族自治地方开发资源、进行建设的时候，应当照顾民族自治地方的利益，做出有利于民族自治地方经济建设的安排，照顾当地少数民族的生产和生活。国家采取措施，对输出自然资源的民族自治地方给予一定的利益补偿。

第六十六条第三款：任何组织和个人在民族自治地方开发资源、进行建设的时候，要采取有效措施，保护和改善当地的生活环境和生态环境，防治污染和其他公害。

为保障民族区域自治法实施，中国国务院于 2005 年特别颁布了《国务院实施〈中华人民共和国民族区域自治法〉若干规定》，其中特别强调：

第五条：上级人民政府及其职能部门在制订经济和社会发展中长期规划时，应当听取民族自治地方和民族工作部门的意见，根据民族自治地方的特点和需要，支持和帮助民族自治地方加强基础设施建设、人力资源开发，优化经济结构，合理利用自然资源，加强生态建设和环境保护，加速发展经济、教育、科技、文化、卫生、体育等各项事业，实现全面、协调、可持续发展。

为保障公民的宗教信仰权利，中国政府制定颁布了《宗教事务条例》，该条例自 2005 年 3 月 1 日起施行。

为了确保城市少数民族居民的合法权益，中国政府还制定了《城市民族工作条例》，1993 年 8 月 29 日由国务院批准，由国家民委发布施行。

此外，本项目区内的大通回族土族自治县依据《中华人民共和国民族区域自治法》，结合地方实际情况，于 1990 年制定颁布了自治条例。它与中央政府及上级机关所制定颁行的各项法律法规一起，共同构成了维护少数民族各方面权益的法规体系，也是本项目建设应当遵循的基本规范。

4.2.2 一般法律法规

本项目建设所涉及利益相关群体各方权利和义务的，各级政府及职能部门都有比较健全的法律法规进行规范。如：

项目立项和招投标方面，有《中华人民共和国招标投标法》（2000年1月1日）等；

征地、拆迁方面，有《中华人民共和国土地管理法》（2004年8月28日）、《中华人民共和国农村土地承包法》（2003年3月1日）、《中华人民共和国物权法》（2007年3月16日）、《西宁市城市房屋拆迁管理条例》（2002年9月20日）、《西宁市城市规划管理条例》（1998年7月24日）等；

环境安全与生态保护方面，有《中华人民共和国环境保护法》（1989年12月26日）、《中华人民共和国环境影响评估法》（2003年9月1日）、《中华人民共和国森林法》（1998年）、《中华人民共和国水土保持法》（1991）、《中华人民共和国水污染防治法》（1996年5月15日）及《中华人民共和国水污染防治法实施细则》（2000年3月24日）、《中华人民共和国文物保护法》（2002年10月28日）及《中华人民共和国文物保护法实施细则》（1992年5月5日）、《退耕还林条例》（2003年1月20日）、《青海省人民政府关于进一步加强节能减排工作的若干政策措施》（2007年7月19日）、《西宁市水土保持管理办法》（2001年8月27日）、《西宁市居民居住环境污染防治办法》（2001年7月1日）等。

4.2.3 移民安置的政策措施

（1）移民安置原则

为配合本项目的实施，西宁市政府制定了如下移民安置原则：

①正确处理国家、集体和个人三者之间的关系，移民安置应当在国家政策范围内统筹安排。

②移民安置应当与当地的经济发展、资源开发、水土保持相结合，努力确保防洪工程项目区的群众生活水平达到或超过原有水平，并创造发展条件。

③移民安置规划应贯彻"开发性移民"方针、"以大农业为主、以土为本"方针，移民的生产恢复和生活设施配套应全面论证、统筹规划。

④移民安置方案应当综合考虑防洪工程项目区内以及当地的资源情况，优先优择"后靠、防护"安置方案。

⑤坚持开发性移民方针，增强移民自我发展能力，在国家的帮扶下，动员移民群众自力更生、艰苦创业，合理开发利用资源，增强自我积累、自我发展的能力。

⑥坚持保护生态环境，节约利用土地，严格保护耕地的方针，按照建设资源节约型社会的要求，促进人与自然和谐，实现经济发展与人口、资源、环境相协调和社会经济可持续发展。

⑦坚持与区域经济发展规划相结合，在本地区经济社会发展规划的基础上，

制定本规划,加快库区和移民安置区经济社会的发展速度。

(2) 移民安置依据

① 《中华人民共和国土地管理法》(1998年8月29日修订);
② 《中华人民共和国环境保护法》(1989年12月12日);
③ 《中华人民共和国水土保持法》(1991年6月29日);
④ 《中华人民共和国森林法》(1998年4月修订);
⑤ 《中华人民共和国文物保护法》(2002年10月28日);
⑥ 《中华人民共和国土地管理法实施条例》(1998年12月27日);
⑦ 《村镇规划标准》(GB 50188—1993);
⑧ 《堤防工程设计规范》(GB 50286—1998);

(3) 移民安置规划目标

① 规划水平年

2007年为规划基准年,近期规划水平年为2010年,中长期规划水平年为2020年。

② 规划目标

近期目标:通过加大投入,解决防洪工程项目区和移民安置区经济发展的突出问题,使防洪工程项目区和移民安置区的经济社会发展基本达到当地"十一五"末的平均水平。

中长期目标:结合建设社会主义新农村和全面建设小康社会的要求,进一步加强防洪工程项目区和移民安置区基础设施和生态环境建设,生活水平逐步达到当地农村平均水平,实现防洪工程项目区和移民安置区的经济社会与当地农村同步发展。

(4) 规划实施的保障措施

① 明确规划实施管理工作的组织领导机构,提出各级机构的工作职责和管理权限。提出为保障规划顺利实施拟制定的规章制度名称及主要内容。

② 落实规划实施管理工作的机构经费和工作经费;提出落实资金筹措方案中地方配套资金的措施。

③ 明确监督监管机制,提出移民监督、行政监管、监测评估的主要内容。

(5) 项目移民安置计划方案

为了尽最大可能保护耕地,以便减少土地流失,减轻移民安置难度,根据防洪工程项目区的特点、地形、地貌、地质等情况进行选择安置。

西宁市城区项目区:该项目区计划占用耕地1380.4亩,拆迁房屋面积62919.91平方米,涉及搬迁人口1880人。由于该拆迁范围位于城区中心河道两侧,搬迁人口属城市居民,均纳入了城镇社会保障体系。根据市政府有关规定,本项目拆迁占地采用一次性货币安置办法，搬迁户住房由个人用补偿资金进行商品房购买或租赁。

　　大通县项目区：占地拆迁及搬迁安置采用资金补偿原则处理。由于本项目为社会公益性项目，根据《中华人民共和国土地法》，参照国务院第74号令，参照《大中型水利水电工程建设征地补偿和移民安置条例》进行补偿。项目区建设的原则为：坚持以人为本、科学规划、合理布局的原则，严格按规划建设的原则，坚持因地制宜、实事求是、国家扶持和自力更生相结合的原则；坚持项目建设与迁出地生态恢复并重，移民新村建设与社会主义新农村建设相结合的原则，坚持先建房、后搬迁的原则。

　　湟源县项目区：该项目区涉及河道两侧拆迁占地的搬迁人口属城镇居民，均已纳入城镇社会保障体系，根据有关规定，本项目拆迁占地采用一次性货币安置办法，搬迁户住房由个人用补偿资金购买或租赁商品房。工程搬迁安置以充分尊重当地搬迁户的意愿为前提，采取相对集中安置及分散安置相结合的原则，由当地政府出台住房方面的优惠政策，并给予一定的补助、资助，鼓励、引导项目区人员迁出。项目占地采用资金补偿的原则处理，除资金补偿外还应做好后期扶持工作，解决好项目区搬迁安置人员的就业问题，这既是增加收入的前提，也是维护项目区稳定的关键所在。在搬迁户就业方面，政府出台相应的就业优惠条件。对有劳动能力的由当地再就业部门提供就业信息服务，并进行相应的就业职能培训及就业指导。由当地政府出面对吸纳这部分搬迁户就业的企业给予税收等方面的优惠政策。对具有自主创业能力的搬迁人员，给予税费方面的优惠及减免。对不再具有劳动能力的，纳入城市最低生活保障给予资金补助。

　　湟中县不涉及占地拆迁补偿问题。

　　(6) 移民搬迁及安置费用

　　经初步估算，加上其他费用后，移民搬迁及安置费用为23131.1万元。

4.3　世界银行政策

　　世界银行在全球范围、众多领域实施发展援助项目，拥有广泛国际背景和多学科训练背景的一流专家团队和管理队伍，积累了持续半个多世纪的丰富项目经验，形成了科学规范的项目立项审批程序，并拥有先进的发展理念。它制订的业务政策对众多国家和地区特别是发展中国家和地区具有重要的指导价值。本项目适用世行业务政策OP 4.01（环评）、OP 4.10（少数民族）、OP 4.11（文物）、OP 4.12（非自愿移民）等。

4.4 小结

通过比较分析，本课题组认为：世行相关业务政策与中国现有政策法律框架在促进欠发达地区经济和社会发展、增进居民权益、维护弱势群体利益、保护少数民族文化和可持续发展基础等方面目标一致。由于世行政策要面对广大的发展中国家和地区，因此它在实践层面属于指南性质，而中国政策法规则更具针对性和可操作性。但是，世行政策强调无限制性的前期知情协商（free, prior, and informed consultation）和社区及居民充分的决策参与，这对于本项目具有重要的实践指导作用。中国相关政策法规造福社会、追求可持续发展、促进社会公平与和谐、帮助少数民族加快经济社会发展的决心、善愿和诚意，与世界银行政策的规范性、严密性、审慎性高度统一，足以确保项目设计方案得以优化、项目建设顺利进行、居民权益得到保护，从而使项目立项目标得以实现。因此，执行方认为，本项目实施无需另行制定专门的配套政策。

5 利益相关者

5.1 相关者识别

执行方根据"西宁城区及三县防洪工程利用世行贷款项目协调领导小组"编制的可行性研究材料，识别与本项目相关的各利益方/群体如下：

业主：经与世界银行协商，西宁市政府同意成立具有独立法人地位的"西宁项目办公室"（以下简称"项目办"），具体负责本项目的建设和后期运营业务。

青海省人民政府：本项目出资方之一。

西宁市及下属区县人民政府，本项目出资方之一。

世界银行：世界银行是本项目的投资贷款的主要提供方。

项目区居民：包括汉族居民、少数民族居民、移民等。

项目区企事业单位：指受项目施工影响及项目工程关联的企业、机关、事业单位等。

西宁市居民：污水处理费用变动涉及居民利益。

施工方：承担项目施工任务的工程承包方。

5.2 相关者分析

5.2.1 项目业主

为了避免部门利益对项目的干扰，提高项目的专业化水平，使项目能够在利益相关各方的监督之下顺利推进，西宁市政府与世界银行达成一致意见，拟专门成立具有独立法人地位的项目办，专门负责项目的前期运作、建设施工、后期维护管理。项目办有独立的人事、财务、决策等权力，其人员与政府部门脱钩，或者直接向社会招聘。其所提出的工程规划、项目设计、经费预算、工作方案等，接受世界银行和西宁市人民政府的监督审查；其能力建设将得到世界银行的具体指导。目前已经开展了前期工作的项目办属于临时机构，俟其人员与现在供职的政府相关部门脱离关系以后，经世行和西宁市政府确认，才能成为真正具有独立法人资格的项目执行方即业主。按照世行专家要求，项目办必须吸收水务、农林、财务、计算机、工程等各方面的专业人员，而且人员来源不一定限于西宁市及青海省。

为了保证项目能够顺利推进，建议尽早完成项目办的组建，明确其责、权、利，明确其法律地位及其与市县政府之间的关系，并在市县政府支持及世界银行指导下，一边接续目前项目办的各项工作，一边加强机构设置及能力建设，不断完善自身功能。

5.2.2 人民政府

西宁市人民政府及其下辖三县人民政府是本项目的申请方、主要受益者、还贷责任者，同时对项目办的工作负有全程指导、监督、支持的责任。依据备忘录，西宁市各级人民政府还需承担部分项目配套资金，总额约3.81亿元人民币，占全部投资的32%左右。

由于本项目投资较大、影响长远，西宁市及三县人民政府的责任重大，一方面要保证资金足额、及时到位，注意加强项目监控，以确保工程建设进度和质量；另一方面，又要尊重项目办独立法人的地位，对其指导和监督不能越位，以避免影响项目办正常开展工作。

5.2.3 世界银行

世界银行是本项目的贷款提供方。根据备忘录，世界银行确认向西宁市提供总额为6.15亿元人民币的项目贷款，约占项目全部投资的52%。世界银行对于本项目的贡献，并不限于提供贷款。为了帮助西宁市顺利开展本项目建设，世界银行专门成立项目团队，给西宁市的项目申报、项目设计、项目评估、参观考察、机构能力建设等提供重要指导和支持。同时，世行坚持其安全保障政策在项目全过程必须加以贯彻落实，对于提高本项目的政策规范性、操作规范性，减少项目潜在风险也有重要价值。

5.2.4 设计和施工方

本项目的主要设计方为甘肃设计院。该设计院与青海省及西宁市相关部门有多年的业务合作关系，彼此有互信关系。该设计院具备防洪预警系统设计以外的其他项目工程设计资质。经世行确认，该设计院不具备本项目由于本项目防洪预警系统设计资质，需要另行物色具备相应资质的机构来承担防洪预警系统可行性研究报告。

施工方：项目办明确将以公开招标方式产生具体施工单位。由于目前项目还处在报审阶段，施工单位尚未确定。根据项目工程内容及技术要求，小流域治理的绝大多数工程以主要吸收当地劳动力参加为宜。

5.2.5 项目区居民

项目区居民主要是指分布在项目区内、属于本地常住人口的城乡各类居民，包括汉族居民、少数民族居民、工程非自愿移民等。从执行方对三县两区实地调查、移民组对市区的调查以及小流域参与式管理组的参与评估调查掌握的情况看，项目区居民对本项目普遍知情、认同并表达了参与的愿望，对项目在水土保持、生态恢复、美化环境、防洪防灾等方面的功能有良好预期。

项目区少数民族居民：对于项目在带动社区发展、改进传统生计、改善基础设施、提高个人及家庭发展能力等方面有热切期望，希望项目强化其扶持功能，创造更多参与机会。对于制定少数民族发展计划表示欢迎。

项目非自愿移民：主要分布在市区和城乡结合部，都是汉族居民，没有藏族、回族等少数民族居民。非自愿移民对于土地征用、房屋拆迁的补偿标准、补偿款能否及时足额落实深表关切，对于安置计划也非常关心。希望有关方面制定移民行动计划和出台相关政策时能够有机会平等参与协商。

5.2.6 项目区其他弱势群体

项目区的穷人、老人、妇女、儿童及残障人员受到本项目的特殊负面影响不大，但是，仍有一些问题需要引起本项目关注：

本项目以退耕还林、限牧还草作为重要的措施之一，将不可避免地刺激精壮劳动力外流量的增加，使老人的赡养、妇女的负担、儿童看护和教养、危重病人的照料等问题更加突出。为了更好地维护他们的权益，建议项目区政府及相关部门，统筹民政、扶贫、教育、农业、医疗卫生、基础设施建设等资源，本项目再投入适当经费，帮助项目区改善灌溉、引水、医疗、集市、学校、交通、通讯等生产生活条件，给居民发展种养、看病吃药、购物交易、对外联络、学童就学等提供更多方便和安全保障。同时，要加强对劳动年龄妇女和在学青少年的科技知识和生产技能培训，提高他们的劳动能力和生产效率。省、市、县政府要加强领导、统筹和协调，保证上述增进项目社会效益的措施能够落实。

5.2.7 相关利益主体关系分析

可以肯定，本项目旨在双赢，利在长远。应注意协调好各利益群体间的关系，确保各方均有获益机会。为了深入分析利益相关各方的复杂关系，以进一步明确确保双赢的对策，这里将采用 SWOT 分析方法对上述各个利益群体进行分析，以便展现各利益群体之间的关联和需要避免的潜在利益关系风险，为对策分析提供必要的背景。

表 4-2 项目相关利益主体的 SWOT 分析

利益主体	青海省人民政府（A）	西宁市及下属三县人民政府（B）	世界银行（C）	设计和施工方（D）	项目区居民（包括其他弱势群体）（E）
优势	（1）很强的行政能力；（2）得天独厚的本土资源调控能力；（3）丰富的本土经验。	（1）较强的行政能力；（2）得天独厚的本土资源调控能力；（3）比较丰富的本土经验。	（1）充裕的资金能力；（2）丰富的办事经验；（3）较强的调控能力；（4）较强的监督力度。	（1）很强的业务能力；（2）成熟的施工经验；（3）较好的社会声誉。	（1）项目的直接受益人；（2）很强的能动性；
劣势	（1）建设资金相对缺乏；（2）洪水治理方面的经验缺乏；（3）较弱的自我监督力度。	（1）建设资金相对缺乏；（2）洪水治理方面的经验缺乏；（3）较弱的自我监督力度。	（1）较少的本土知识；（2）有限的监督力度；（3）项目后果的不可预期性。	（1）较少的资金；（2）较弱的监督管理力度；（3）潜在的施工质量问题。	（1）较少的自我决定能力；（2）较少的问题分析能力；（3）组织比较松散。（4）项目负面效应的直接承担者。
机遇	（1）获得世行项目的投资；（2）彻底解决西宁及三县洪水隐患；（3）良好的合作基础及声誉；（4）更多的投资项目和合作机会。	（1）获得世行项目的投资；（2）彻底解决西宁及三县洪水隐患；（3）良好的合作基础及声誉；（4）更多的投资项目和合作机会。	（1）更多的合作机会；（2）促进发展中国家的发展；（3）加强发展中国家公民的公益事业参与意识。	（1）经济效益；（2）经验积累；（3）更多的合作机会。	（1）彻底解决洪水隐患；（2）改善生活环境；（3）增加就业机会；（4）促进当地经济发展；（5）消除贫困。
挑战	（1）协调各方的利益，有效整合资源；（2）如何实现参与式规划与政府规划之间的平衡；（3）如何使项目区内的居民获益；（4）如何消除各方之间的利益争斗。	（1）如何实现参与式规划与政府规划之间的平衡；（2）如何使项目区内的居民获益；（3）如何消除各方之间的利益争斗。	（1）如何有效地将资金用到治理项目上；（2）如何有效监督各个利益群体有效地进行合作；（3）如何帮助发展中国家的居民改善条件；（4）如何与当地政府处理好关系。	（1）如何使工程质量达到最优；（2）如何有效利用现有资源；（3）如何与施工区的居民搞好社会关系；（4）如何协调各方的利益。	（1）如何保障自己的合法权益；（2）如何利用有利的机遇促进自身的发展；（3）如何使自身成为项目的真正受益者。

从表 4-2 可以看出，各个利益群体之间既存在利益一致性，也有潜在的利益冲突。

（1）利益主体 A 与利益主体 B 有着共同之处，区别在于二者在各项指标中的强度有所不同。这是由于利益主体 A 的行政级别高于利益主体 B 的原因。不过，利益主体B也因此而降低了劣势和挑战。

（2）利益主体A与利益主体C之间存在着很强的合作关系，同时互相之间也有较强的依赖关系。这是由于利益主体A是本次项目的部分投资者和获益者，利益主体C是本次项目的主要投资者。而在本土经验和资源上要依赖于利益主体A。二者之间的优势与劣势其实是一种互补关系，而二者之间的机遇有很多相同之处。因此，二者如能采取积极的合作态度，彼此都将获得更多的机遇。

（3）利益主体B与利益主体C之间的关系类似于利益主体A与利益主体C之间的关系，区别在于强度。

（4）利益主体A、B、C与利益主体D之间是雇佣与被雇佣的关系，可以说利益主体D是前三者的实际执行方。因此，如何有效地监督利益群体D，使之更好地完成任务是前三个利益群体共同面对的挑战。

（5）利益主体E是前面几个利益主体的目标最终体现者。其中，A、B、C三者对于E的目标有重合之处，均在于通过项目改善E的生活环境，避免E所遭遇的潜在挑战和劣势。而D与E存在施工期内如何协调关系的问题，并且D所执行的操作成为E的生活环境和洪水治理能否得到有效保障的关键。

6　土地利用模式

6.1　土地制度变迁

20世纪50年代以来的半个多世纪，中国的土地制度历经了三次重大变革：第一次是20世纪50年代初，这次土地改革废除了封建土地所有制，实行"耕者有其田"的小农所有制，广大农民获得土地使用自主权。第二次是20世纪50年代中期至70年代末的农业集体化，农民集体所有制取代小农所有制，土地使用支配权集中在社队。第三次是20世纪70年代末80年代初，在不改变土地集体所有制性质的情况下，实行家庭联产承包责任制，农民获得了对所承包土地的经营自主权。1995年以后，为了进一步稳定农民经营的积极性，增强农民对国家农村政策的信心，全国又陆续进行了以土地承包现状为基础、根据各地实际小范围面积微调的第二轮承包，并将承包期限延长至30—50年。

青海各地的土地制度变迁与全国大抵同步。从1998年起，项目区在1980—1982年的家庭联产承包制基础上，又开展第二轮土地承包，即通过集体与农户正式签订承包合同的方式，将农户承包土地的期限延长为30年。而这一阶段的土地制度也就成为本项目和本计划实施过程中涉及土地问题时的制度基础。

6.2 政策框架

《中华人民共和国农村土地承包法》（2003年3月1日起施行）规定：

第四条：国家依法保护农村土地承包关系的长期稳定。

第九条：国家保护集体土地所有者的合法权益，保护承包方的土地承包经营权，任何组织和个人不得侵犯。

第十条：国家保护承包方依法、自愿、有偿地进行土地承包经营权流转。

第二十条：耕地的承包期为三十年。草地的承包期为三十年至五十年。林地的承包期为三十年至七十年；特殊林木的林地承包期，经国务院林业行政主管部门批准可以延长。

第二十四条：承包合同生效后，发包方不得因承办人或者负责人的变动而变更或者解除，也不得因集体经济组织的分立或者合并而变更或者解除。

第二十六条：承包期内，发包方不得收回承包地。

第二十七条：承包期内，发包方不得调整承包地。

第三十二条：通过家庭承包取得的土地承包经营权可以依法采取转包、出租、互换、转让或者其他方式流转。

第四十二条：承包方之间为发展农业经济，可以自愿联合将土地承包经营权入股，从事农业合作生产。

除了《中华人民共和国农村土地承包法》以外，项目区各级政府也出台了相关的土地管理规定，如《青海省实施〈中华人民共和国土地管理法〉办法》（2006年修订）、《西宁市集体土地征用管理暂行办法》（2001年2月16日）、《西宁市城镇国有土地使用权划拨管理办法》（2001年10月1日）、《西宁市闲置土地处理办法》（2001年10月1日）等，对农村土地资源的权属、开发利用方式、征用、补偿标准等做了明确规定。

上述法律法规的基本精神就是确保农民对承包土地拥有长期使用权，保护农民农业经营的积极性和自主性，避免土地浪费，保护有限耕地，使农民拥有基本的生活来源，最终保障农民安居乐业、社会和谐有序。

6.3 土地利用方式

尽管青海省地广人稀，但受到高原的高寒气候影响，大部分地区仅适合牧草生长，宜林面积不大，适宜农耕的土地更少。耕地只占土地面积的0.85%，林地（包括林地、疏林地和灌木林地）也仅占4.68%，草场占50.5%，其余则是戈壁、荒漠等人类很难生存的环境。全省现有耕地总量51.56万公顷，人均耕地面积仅1.5亩左右。项目区所在的湟水谷地只占青海国土面积的4%左右，却集中了全省现有耕地的72%，供养了全省约85%的人口，造成了人多地少、耕地紧张、后备土地资源严重不足的局面。

居住在项目区乡村的各族居民都是以农业为生计基础。藏族集中的社区都远离人口密度较大的城镇和城郊，通常在农牧区结合部山区，所以村落境域广，土地面积宽，人均耕地多，土地类型丰富。如大通东峡镇尔麻村、湟源波航乡纳隆村等，人均耕地面积2亩以上（纳隆村主要是水浇地，尔麻村则只有坡地），人均荒山草场4—5亩，还有部分林地。所以传统上种养兼顾，以农为主，有少量采集资源。回族社区多在城郊、交通沿线，社区密度大，村落境域狭小，人均耕地普遍不足1亩，有的社区还没有水浇地，而且荒山草场少，很少成片的林地。所以形成了以种植业为基础，农业与商贸、餐饮、皮毛加工、屠宰、贩运等相结合的生计经营方式。

藏族所在地区海拔相对比较高，多在2700—3000米左右。耕作制度一年一熟。每年3—4月耕地、施肥、播种，9月前后收割庄稼、打碾，11月前后翻地。农作物有小麦、大麦、土豆、青稞、油菜、蚕豆等。一般家庭以粮食种植为主，基本农田主要种小麦、土豆、油菜；脑山地种青稞、蚕豆等。土豆亩产约1000公斤，麦类亩产在150—200公斤，青稞亩产约100公斤，油菜亩产约150公斤，蚕豆亩产200公斤左右。除了联产承包之初所承包的耕地以外，部分人口较多、劳力富裕的家庭还陆续在荒山荒坡上开垦了一些荒坡地。10余年来，因为青壮年外出务工比较多，在外就业相对比较稳定的少数家庭还将自家耕地无偿转让给亲友耕种，以致有的家庭实际种植面积达到20—30亩，而一些家庭则基本上不事种植，靠外出务工谋生。荒山荒坡属村社集体所有，主要作为公共牧场，人口多、有能力的家庭可以根据需要开垦种植，不需要给集体缴纳租费。阴坡地带则种植桦树、云杉等，一些水土流失比较严重的地带近年来也停止耕垦，植树种草以图恢复。

回族多在海拔2700米以下的区域。耕作制度也是一年一熟。一般家庭都争取口粮自给，耕地主要用于种小麦、土豆，兼种少量油菜、蚕豆。由于耕地大多位于缓坡地带，土肥流失少，加上化肥等农资投入较多，亩产比较高，土豆约在1200—1500公斤，小麦、油菜约200—300公斤，蚕豆200—250公斤。由于荒坡荒山少，缺少可耕地储备，人均耕地也在随着人口增加而逐年减少。向非农领域转移就业越来越成为回族生存发展的必要选择。

汉族是项目区居民的主体，大部分相对集中，形成连片的单一民族聚落；一部分与回族和藏族杂居。汉族分布的区域，与回族比较相似，聚落密度大，人多地少，主要以种植业和圈栏养殖为主。耕作制度也是一年一熟，土地利用方式与回族基本相同。公共荒山草坡面积小，可以自由利用的后备耕地少。所以劳动力外出务工创收也是增加家庭收入、解决生计困难的主要选择。

6.4 项目影响

本项目对项目区各族居民生计及现行土地制度的影响，有正负两个方面。正面影响主要有如下几个方面：

第一，对小流域采取植树种草、减少放牧的轮牧措施，有利于水土保持，有利于项目区生态状况的逐步改善。执行方通过对多个典型调查点的调查和了解，分析结论如下：对这一措施及其预期效益，尔麻的赞同率是96%，在桥尔沟和元树尔村（这两个村落都是回族村落，社会结构有着很强的相似性，故统计上合并到一起）的支持率达到94%；而在湟中、湟源则分别是95%、94%。上述数据充分说明，项目区居民高度肯定项目有利于改善当地生态环境。

第二，对沟谷两侧及坡度较大的耕地进行培基加固和改坡为梯的工程措施，有利于保持水土和土地肥力，巩固可耕面积。执行方在项目区内各个社区的调查表明，很多村落都发生过类似的山洪灾害。以尔麻村为例，在尔麻村的调查表明，尔麻村在20世纪50年代发生过几次较大的山洪，其中有两次直接给当地藏族居民造成经济损失，水土流失的严重趋势使耕地肥力日趋下降，生活水平增长也呈以二阶导数为负的趋势（即生活水平在增长的过程中是以较慢的速率增长的，到一定的阶段就会出现零增长）。

第三，在冲沟地段增建谷坊、防洪墙体、拦水坝等，可有效减少雨季山洪对耕地、村庄的威胁，有利于防止沟道进一步深切，减少泥沙生成，还方便村民利用积水进行灌溉，增加水浇地面积。这样的结论出自当地居民的生活实践，很多村落的居民肯定，政府部门几十年来特别是近十余年来，在大通县的尔麻、桥尔沟、元树尔等村，湟源的涌兴、光华、波航等村，湟中的清泉一二村等，陆续修建的一些拦水坝、防洪墙体等，的确起到了平时蓄水、洪水期行洪减灾的作用。

第四，植树造林的长远效益是增加当地活立木储量和木材储量，如果经营合理还可增加当地社区的收入。尔麻村的实践证明：当地居民在初次实施封山育林时不愿意多报面积，但是经过一段时期的封山育林后，当地居民发现生态环境恢复得比较迅速，而且带来了很多实际的和预期的收益，如蘑菇等林下产品增多了；预期的如夏秋自然风光旅游的机会增加了。因此，在此次调查中，居民纷纷表示，他们愿意将那些原来没有上报的轮牧面积增补上，以进一步增加森林覆盖率，使周围的植被更加繁茂，风景更加宜人，以吸引外来的旅游观光者。

第五，随着生态环境的逐渐恢复，林地人工与非人工采集产品甚至野猪等害兽也将增多，在社区参与管理得到加强的前提下，农户四季餐桌上也可增加一些久违的山珍野味而不必给生态造成负面影响。

第六，由于部分居民实际上已经具备向城镇或者非农产业转移的能力，而且也有这样的意愿。在项目征地、拆迁过程中，如果协商得宜，可将现金补偿给这部分居民，而将其土地置换给需要土地的农户，使各得其所。调查当中，村干部和农户对此表示赞同，而且认为协商方面没有困难。

负面影响则可能包括：

第一，项目工程建设需要占用少量耕地，致使耕地总量进一步减少，长远看会影响到居民的收入和生活，刺激劳动力外出和人口外流。因此，尽量减少土地征占、临时用地及时清理并恢复功能，应成为项目设计施工的重要原则。在火西村与火东村的访谈中，村民对于上次的退耕还林还草项目心存疑虑。尽管政府目前仍然有定期的补偿政策，但村民普遍认为，从长远看，失去土地依然会使他们的生活面临更多不确定性，使他们对未来有许多忧虑。不过，少数民族社区和少数民族居民没有受到征地影响。

第二，小流域实行轮牧措施，使社区公共牧场面积减少，放牧活动受限，圈栏养殖势在必行，但建盖圈棚、饲料、劳动力等负担相应增加。一部分受访居民还表示，假如没有地方放牧，就不再养牛养羊了。可是，执行方通过调查了解，那些不养牛、马等力畜的家庭，在耕种那些坡度比较大、无法实行机械作业的耕地时，冬春两次的翻地犁田都必须租用别人的力畜（40—50元/亩）；即使坡度平缓的耕地，也需要用拖拉机耕犁，成本还是比较高的。而不养奶牛、绵羊等，自有副食来源缺乏，养殖收入也断绝，年节及平时吃肉、喝奶都依赖市场，现金需求也会增加。[①]

第三，实行轮牧以后，荒山荒坡的垦殖活动被严格限制，少数原来从这种轮歇性垦殖方式获益的农户，其收入也将相应减少。从资源空间上来看，农民的生产生活空间并不仅仅限于耕种的土地，以前没有限制耕种的土地并不是荒地，村民会充分利用这些空间来获益；如果严格限制则可能会减少他们的活动空间，资源也会相应的减少。

第四，沟谷两侧及社区周围坡度稍大但耕作近便的耕地实行坡改梯，如果按照"谁受益、谁分担"的投入原则，土地承包农户的负担会加大。

第五，本项目除了湟中、大通已排除出现非自愿移民的可能之外，城区、湟源都有少量移民。移民的绝大多数都分布在城乡结合部，大部分属于城镇户口。不过，就民族、宗教和文化敏感性而言，移民中没有藏族、回族等少数民族居民，所以不需要特别的措施。

[①] 调查中我们发现：大多数农户除了油、盐、酱、醋、茶等日常生活必需品不得不从外面购买以外，粮食、肉食主要靠自产。近两年由于畜瘟、无法放牧、肉价上涨、婚嫁开支增大等原因，大多数居民平时几乎吃不上肉，生活水平有所下降。

针对土地利用方式的项目影响（征地），本项目应当予以关注，并通过与受影响居民的充分知情协商，形成妥善的应对措施，以最大限度降低项目对居民的不利影响。

7 少数民族

7.1 项目潜在影响

7.1.1 少数民族概况

截至 2006 年底，西宁市总人口 212.73 万，占全省总人口的 38.84%，其中回、土、藏、蒙古、满、撒拉等 37 个少数民族有 543385 人，占全市总人口的 25.55%。市辖 5 区（城东、城中、城西、城北和城南）3 县（大通、湟中、湟源）、50 个乡镇（27 镇、23 乡）中，有 1 个民族自治县（大通回族土族自治县）和 6 个民族乡镇。在项目区及项目影响区中，有 1 个自治县、3 个民族乡镇（大通县东峡镇、朔北乡、良教乡）。在实施生态工程治理的大通、湟源、湟中三县各小流域，均分布有少数民族。其中含少数民族分布较集中的社区有大通县东峡镇、良教乡、桥头镇，湟源县城关镇、波航乡，湟中县的鲁沙尔镇等，比例较高的少数民族主要是回族和藏族。土族、撒拉族、蒙古族等虽然在统计上也有反映，但主要分布在城区，以城镇居民为主，个别因为工作、通婚等见诸乡村人口统计中。

7.1.2 项目潜在影响

项目区少数民族人口及分布的总体情况已如前述。从项目实际影响的地域和流域看，上述少数民族中只有藏族和回族相对集中地分布于项目区内，并受到项目的辐射和明显影响。具体说，藏族主要分布在大通县东峡河流域（东峡镇的尔麻、元墩子、刘家庄），湟源县的波航沟（波航乡的胡思洞、纳隆），湟中县的火烧沟（鲁沙尔镇的昂藏村）；回族主要分布在大通县良教乡的桥尔沟和桥头镇的元树尔沟、大煤洞沟（包括小煤洞沟），湟源县的拉萨沟（城关镇），湟中县的火烧沟（鲁沙尔镇）。从分布格局看，回族以自然村、行政村为单位，围绕清真寺形成小聚居，尤以大通、湟中两县最突出，湟源县的回族多与汉族杂居；藏族很少形成单一民族社区，但是大通县东峡镇尔麻村藏族比例高达 80% 以上；湟源县波航乡胡思洞村有藏族居民 134 人，纳隆村藏族有 80 多人，他们与当地汉族居民混杂居住。从城乡布局看，回族多分布在城乡结合部、交通沿线；藏族则多分布在山区，即农区与牧区的过渡带上，离城镇和交通要道较远，这一点以东峡镇藏族最为典型。

本项目采取的工程措施，包括谷坊、拦沙坝、挡墙、坡改梯等，将有利于减少项目区水土流失，增强包括少数民族居民在内的当地居民防洪减灾的能力；本项目将占用少量耕地、拆迁少量房屋及附属设施，不过，需要强调指出的是，项目区少数民族社区和少数民族居民基本没有受到拆迁、征地和移民等负面影响。本项目采取的生物措施，如退耕还林、限牧还草、植树造林等，在封育（closure）期（一般为八年）内将会给乡村少数民族居民的生产活动造成一定影响，产生资源利用制度变化、生计调整、劳动力转移、重新学习以提高技能和适应能力等需求和压力。通过制定和实施少数民族发展计划，落实相关政策和措施，上述负面影响将大大减少，并创造出有利于少数民族居民恢复和提高生活水平、增强适应能力、增加生存与发展的可持续性等机遇。

7.2 项目区民族关系

项目区汉族、藏族、回族相互之间，以及回族新老教派穆斯林之间，民族和族群关系历来都比较亲密和谐。表现之一是回汉、藏汉乃至回藏汉相互杂居、相互毗邻，成为湟水流域的一般居住格局。这种杂居局面不仅是不同民族社区之间的壤地相接，而且很多社区就是多民族共同聚合而成。表现之二是民族之间的通婚十分普遍，尤其是汉族和藏族之间；回族虽然受到宗教信仰和生活习俗的约束，较少主动与外族通婚，但是近十余年来情况有较大变化，回族与汉族、藏族之间的通婚也逐渐增加。表现之三是多民族社区干部选举和村务管理中，没有出现过族际争权夺利、明争暗斗的情况，执行方在实地调查中发现，村干部对不同民族村民的个人和家庭情况了如指掌，反映了干部和村民之间极少存在民族隔阂。表现之四是回族对藏族、汉族居民蓄猪养猪、食用大肉及吸烟喝酒等习惯泰然处之，极少因为彼此不尊重对方风俗习惯而发生矛盾和冲突。表现之五就是藏传佛教与伊斯兰教之间、伊斯兰教新老教派之间和睦相处，没有发生过宗教冲突或教派冲突。表现之六是各级学校的各民族在校学生、社区中不同民族青少年之间交往自由、关系和谐，没有打群架、语言歧视、以民族或族群为交往界限等现象。表现之七是各级政府部门和机构当中的各民族干部关系融洽、合作无间、相互尊重。

鉴于项目区各民族关系融洽，少数民族发展计划面对多民族社区时，必须尽量避免将少数民族即回族、藏族与汉族区隔开来，应通过增加公益性项目、适当减少特别针对少数民族个体农户的发展支持项目，降低项目措施对族际关系的负面刺激。

7.3 小结

本项目涉及的世居少数民族主要是藏族、回族。他们的主体主要集中在若干小聚居的少数民族社区，少部分则与汉族等混杂居住。回族和藏族居民仍然有清晰的民族意识，但项目区各民族日常交往密切，关系融洽，经济社会发展水平大体相当。前面所列本项目的正面影响，对于少数民族社区和少数民族居民也是适用的。需要明确指出的是，少数民族社区和少数民族居民没有受到征地、拆迁、移民等负面影响。但小流域斜坡的封育治理措施将使他们在封育期内（一般是8年）不能自由放牧。对此，少数民族发展计划应当就如何抵消或免除这种影响提出相应的解决办法。

8 贫困与社会性别

8.1 项目区贫困状况

8.1.1 概况

2001年年末，青海省总人口516.5万，其中贫困人口197.69万，贫困人口占全省总人口比例高达38.27%。到2005年底，根据《关于青海省国民经济和社会发展第十一个五年规划纲要的报告》提供的数据，当年全省总人口为518万，农牧区贫困人口减少了77万，贫困人口比例下降为23.3%。

根据执行方实地调查所掌握的数据，项目区贫困人口约有4500人，约占社区各族居民的8%，最低贫困率约为3%，最高贫困率不超过10%。

8.1.2 贫困原因分析

项目区属于青海省经济比较发达的地区，其居民总体贫困程度较全省低近14个百分点。但是，还有约8%—10%的人口生活在贫困之中，其中99%已经列入乡村低保对象，享受政府的低保补贴，年补贴额从150元/人到500元/人不等，每年由民政部门落实。

这部分人口之所以贫困，其原因主要有：

（1）耕地少，口粮不能自给，更没有余粮发展家庭养殖等经营来增加收入，造成粮少钱少、钱少粮更少的恶性循环。即：耕地少——口粮缺——养殖难——田间投入少——产量低——粮食缺口进一步扩大——这部分居民以人均耕地较少的回族比例最高。从调查数据统计分析看，项目区居民家庭食物消费开支平均达到总收入的40%左右[①]，因此，即使有外来收入，大部分也用于解决口粮，无法增加再生产投入。

（2）劳动力缺乏。造成贫困的另一个重要原因是家庭劳动力缺乏。项目区居

[①] 资料显示，2003年、2004年，西宁市城乡恩格尔系数分别为0.40、0.35。

民家庭收入的35%左右来自劳动力外出务工收入，部分家庭因为家庭成员多老弱病残障，精壮劳力少，不仅无人外出打工挣钱，甚至连自家的土地都无法精细地经营。这种家庭几乎每个社队都有2~3户，是最困难的人群。

（3）因病致贫和因学致贫。项目区居民家庭的消费支出中，医药、教育两项开支平均约占25%，而且都是现金支出，对居民造成很大负担。贫困家庭中，约有15%左右是因为求医求学而贫困。由于国家正在大力推行新型合作医疗，并抓紧落实"普六"、"普九"，因此，因病、因学致贫的情况在近期可望有所缓解。

8.1.3 应对之策

本项目对于贫困人群的正面影响与一般人群大致相同。潜在的风险及对策是：

（1）耕地及可利用土地减少，会使劳动力缺乏、不能通过劳动力转移增加收入的家庭的基本生存保障出现困难。对于这部分人群，如果项目占用其耕地，建议采取村社内部土地置换的办法保证其基本收入的稳定，因为现金补偿无法根本解决他们的问题；同时，项目在提供生计转型扶持时，最好能够通过自愿或者协商，采取富户带贫户、强户带弱户、亲友互相扶助等多种组合形式，给这些家庭提供发展生产的依托，以保证所扶持的项目能够见效。根据对项目区各调查点的实地调查与观察，当地社区内部居民之间、族群之间关系比较融洽，因此，这种亲戚、朋友、邻里等初级群体之间的互相帮扶是可以组织起来的。此外，村社参与部分项目管理（如新造林木的管护、限牧区的巡查等）时，其所需人员也可以考虑从这些家庭中产生，用集体荒山荒坡退耕还林所获得的部分钱粮补偿作为这些人员的劳动报偿，以增加这些家庭的收入。

（2）因病致贫、因学致贫人群所受到的影响，主要来自外出务工就业机会、新型生计扶持项目效益的不确定上。降低风险比较可靠的办法是加强劳动力技能培训，增强其就业竞争能力和经营操作能力。

8.2 社会性别

8.2.1 传统分工

根据实地调查所掌握的居民家庭成员基线数据，项目区女性特别是在业女性受教育程度普遍较低，文盲半文盲及小学教育程度的比例超过80%。她们往往只掌握传统的劳作技术，很少有机会接受新知识、学习新技术。

项目区各族女性的传统角色是操持几乎全部家务、照顾老人孩子，农忙时节下地帮忙，农闲时间做些针线活。对于家庭以外的事务参与少，村社各种事务性集会，只要有男人在，妇女几乎不参与。十余年来，随着劳务经济的兴起，男性劳力及未婚女性或者全年外出打工，或者在农闲时节外出挣钱，大多数女性在承担更多家务和照顾老人孩子的同时，劳作负担逐渐加重，女人种地管家、男人出门找钱成为一般家庭的性别分工模式。

8.2.2 项目与女性

"男主外女主内"的分工模式，决定了本项目的社区参与和居民参与将主要以女性参与为主。为了提高妇女参与度和参与效果，并通过项目提高妇女的经济与社会地位，执行方建议：

（1）加强项目宣传动员，提高妇女参与意识，创造妇女参与机会。项目宣传动员务必保证居家女性到场，必要时可以专门召集妇女开会（这一点对回族社区尤其需要），使之了解项目的目的、意义、内容、参与方式和要求，提高她们参与的自觉性。

（2）吸收妇女参与社区项目管理组织，保证妇女的组织参与和决策参与。

（3）加强妇女技能培训。针对妇女受教育少、自学能力差、领会慢等弱点，组织相关知识和技能培训时，必须设专门的班组和轮次，给妇女更周到、细致的指导和培训。

（4）为了使女性树立项目参与的信心，除了集中进行相关技能培训之外，还应增加参观学习、操作实习的机会，开阔其眼界，激发其热情。

（5）建议设计妇女参与的项目时，除了吸收妇女参与决策和组织管理之外，妇联等熟悉乡村妇女情况的部门的参与也非常重要。在组织培训时，建议增加女性专家、技术人员，以方便当地女性，这一点对回族妇女的培训尤为重要。

9 机构能力建设

9.1 机构现状

本项目目前的主要执行机构是"世行项目西宁防洪及流域管理项目办公室"。计划编制 140 人左右。

项目领导小组有分管副市长、水务局局长及市发改委、水务局两位副局长组成。领导小组主要发挥关键决策、宏观协调等作用。项目管理办公室是具体执行机构，其成员主要来自西宁市水务系统。根据世行要求，随着项目的推进，在正式实施之前，该办应当从水务局脱离出来，成为具有独立法人资格的专门机构，并应被赋予与其职能相适应的人、财、物权。

9.2 机构完善

从实地调查的感受来看,项目办主要存在两方面的问题:一是人员来源比较单一,基本上都是来自水务系统,团队知识面比较狭窄,与本项目所覆盖的领域特别是涉及民族、社会、性别、宗教、农牧业生计转型等因素所应具有的敏感性不够;二是项目办得到市县人民政府及相关部门的支持和配合不够,这种情形会影响到本项目统筹各种资源,落实相关项目配套措施的能力。

执行方理解,造成目前这种部门参与现状的主要原因,是项目还在立项报审阶段,工作任务尚不具体,责任也未明确,因此,各部门及领导的主要精力都放在既定的工作计划上。不过,本项目的前期准备,对于正式立项以后各方面工作的顺利推进影响很大,特别是项目内容及方案设计最为关键,将直接影响到项目成效。所以,解决参与不足的问题,已经成为目前项目区各级政府应当着力加强的工作。

执行方建议:

(1) 项目区各级政府主要领导或者分管领导要更加重视本项目,不仅在本级人民政府横向发挥统筹和协调作用,而且也要在上下级政府及部门之间发挥出协调作用,为项目办与其他部门的合作牵线搭桥,扫除障碍,为项目区各种资源的统筹利用创造条件。

(2) 明确民族、宗教、妇联、扶贫、民政、教育、卫生、农业、林业、畜牧、环保、交通等部门为项目办的业务支持单位,最好将上述部门中经验丰富的资深领导作为咨询专家,参与项目设计及方案评估,以提高项目的可靠性、可行性,并在统筹利用相关资源时能求得更多的理解和支持。

9.3 能力建设

9.3.1 加强学习

本项目是西宁市乃至青海省申报的第一个世行项目,因此,熟悉世行政策和相关程序的人才比较缺乏。项目涉及的防洪和洪水管理、流域治理和废水收集、机构能力建设、项目管理等多方面内容,对相关部门而言,虽非全新业务,但毕竟与既往由政府或职能部门主导的项目和相关业务有很大差别。这就需要项目办抓紧学习,尽快熟悉世行规程,理解世行项目的理念,了解世行项目的程序并形成与之相适应的机构、团队、能力及工作计划。

学习内容应当包括:世行相关政策;世行项目的理念、项目程序;财务管理;项目执行机构的定位;项目参与要求与实质;项目管理的目标和方法;项目相关配套政策的制定和完善;多部门、多层次的协调与合作;项目宣传与动员;

农民培训的组织；对民族、宗教、社会性别等因素的敏感性，等等。

上述内容的学习，可通过两个基本途径来解决：一是有针对性地从省内外招聘有相关经验的资深专家进入项目办，充实人员队伍，以加强相关方面的业务能力，其中不可忽视的是农业、林业、畜牧等方面专家的配备和作用；二是通过世行专家指导、合作专家的支持与配合，帮助项目办人员提高认识、进入角色。

从执行方的实地考察来看，西宁项目办现有人员学习自觉性、工作主动性和积极性都是值得赞许的。但由于人员配备还不到位，现有人员的工作负担过重，工作交叉、临时补位比较频繁，不利于学习和提高专业化水平。同时，项目办的基干人员必须保持相对稳定，才有利于保持工作的连续性和高效性。

9.3.2 经验借鉴

与青海省相邻的甘肃省是与世界银行有长达十多年项目合作经验的西部省份。甘肃省先后实施的世行贷款项目涉及水土保持、水电、农业、牧业、卫生、农民培训等，领域广，范围及层次多，积累的经验丰富，在世行项目中培训成长起来的本土专家多。甘肃省的自然环境、民族宗教等人文与社会状况与青海省有很多相似性。两省的各级政府及部门间的横向合作开展得比较好，关系融洽。而且西宁与甘肃壤地相接，非常近便。这一切，决定了作为缺乏世行项目经验的青海省，将主要以甘肃省作为取经对象。目前，西宁市项目办已经聘请甘肃省设计院承担项目可行性研究，聘请小流域参与管理方面的专家负责典型小流域参与管理试点，并对市县项目办人员进行相关培训。

执行方注意到，经过世行专家的审查，本项目防洪预警系统的可行性研究是甘肃省现有的专家团队既有资质所无法胜任的。对此，世行专家协助西宁市项目办与安徽省蚌埠市有关机构联系，西宁项目办官员在2008年1月中旬已前往接洽。

执行方同时还注意到，世界银行对本项目非常关心和支持，世行所指定的各方面专家对本项目相关方面的指导既严格又周详，这一点，不仅可以帮助西宁项目办顺利开展各方面工作，也有利于增强项目办的信心，并增进借贷双方的信任关系。

10 公众参与

10.1 信息公开

本项目自立项以来，项目区各级政府及部门通过会议、文件等途径已经了解项目基本情况。由于项目仍处于立项和审批阶段,因此,尚未通过电视、广播、报纸等公共媒体向社会公众广而告之。

但是,在项目区各个小流域,由市、县项目办及地方政府部门组织的宣传、动员工作在2007年10月以来就已陆续进行。市县项目办的目标是在2008年3月前对全部小流域的所有社区进行基线调查并开展宣传动员。

由合作专家主持的典型小流域参与管理调查,覆盖了城南及三县的3条小流域、6个社区;移民小组在西宁市区开展了部分调查;由社评专家主持的社区及农户基线调查覆盖了7条小流域15个不同类型社区,包括民族社区、宗教寺院,不仅向当地居民作了项目宣传和需求调查,而且也了解到市县项目办前期宣传动员工作的确比较深入,社区层次召开了村民大会,因此居民知情度比较高。

信息公开是公众参与的前提,随着项目正式评估日期的日益临近,希望项目办及项目区各级政府加强信息公开,拓宽信息公开渠道,建立有效的信息沟通平台,最大限度确保公众的知情权。

10.2 居民需求

通过对实地调查社区进行的开放式参与调查,项目区居民对项目提出如下需求:

表4-3 项目区居民项目参与需求统计表[①]

居民项目参与需求	集中度/%
改善道路设施,道路硬化扩宽,方便居民和车辆通行。	100
改善学校设施,增加师资力量,提高教学质量,解决上学难的问题。	77.8
修建水渠,解决人畜饮水问题。	66.7
进行技术培训,修建暖棚设施,引进良畜进行繁育,发展养殖业。	66.7
政府加强务工信息服务和技能培训,解决农村劳力打工难的问题。	55.6
建正规医疗所,配备有技术的医生和必要的医疗设备。	55.6
治理沟道脏、乱,解决沟道渗透等问题。	44.4
修通讯塔,改善通讯设施。	33.3
搞日光温室种植蔬菜,发展多种经济作物的种植。	33.3
荒山造林,减少水土流失,改善生态环境。	33.3
改善住房条件,解决住房困难。	33.3
实行新农村建设项目。	33.3
治理乱倒垃圾问题。	22.2
对贫穷老人加大"五保"力度,设立养老机构。	11.1
修建文化活动中心,丰富村民文化生活。	11.1

---

① 数据来源:根据执行方对尔麻、青泉、桥尔沟、光华、纳隆、涌兴、火东、火西、上野等村所进行的参与评估调查及基线调查汇总。

表 4-3 数据反映，居民对项目有很高期待，最集中的需求是希望项目能够帮助解决基础设施问题，其次是希望项目增加培训机会，帮助居民提高生产技能。这些需求信息说明，项目区居民的关注焦点是在如何提高社区、家庭和个人的发展能力上。居民对宗教、文化等问题关注不多，需求的区域和族群差别也不明显。

执行方主要关注项目区中的乡村社区，乡村各族居民对项目在防洪减灾、减少水土流失、改善生态和优化环境等方面的效益，予以充分肯定。认为本项目对国家有利，对自己也有利。同时也积极表达了参与项目建设、通过项目参与而受益的愿望。藏传佛教寺院、清真寺的宗教人士对于本项目的负面影响没有担心，欢迎项目在当地开展。

执行方确认，到 2008 年 11 月，本项目县市 PMO 在世界银行和国内社评、移民、参与式小流域管理、环评等多方面专家的帮助下，已经对项目区全部小流域和各个社区的项目活动内容、具体规模、涉及范围、活动周期、资金来源及融资计划等作出了确认，县级项目办和乡镇、村委会干部以及各村参与式小流域管理小组通过村民大会等形式与社区和居民进行了双向沟通，社区居民对项目活动、参与安排及融资计划等关键性内容都已知情并高度认同。

10.3 参与计划与机制

10.3.1 参与计划

（一）参与途径

组织途径：各族居民应主要以现有的村民小组、自然村为依托参与到项目中。因为除了征地、移民涉及居民个体以外，工程项目和生物措施往往是在村社公有的沟道、荒山荒坡上实施。无论是前期的组织发动、知情协商，还是后期的维护管理，都比较适合以村组为基本单位来进行。根据项目办、参与式小流域管理专家及社区居民共同协商，确认在项目区各个社区普遍建立由村民推选代表组成的"参与式小流域管理小组"，作为社区居民参与本项目的主要组织形式。

措施途径：为了避免居民的项目参与徒具形式，甚至仅仅是执行指令，必须在项目准备阶段，通过召开居民大会或者居民代表会议等形式开展充分的知情协商，使项目内容安排、方案设计和实施办法，吸纳居民的意见和智慧，得到居民的理解和认可。

（二）参与类型

居民参与的层次可以考虑三种形式：基础设施、生态项目主要以村组集体的形式参与；技能培训、生计转型、扶贫济困等项目则主要以个体家庭的形式参与；同时，为了减小生计转型项目的贷款风险，增加贷款项目的带动效应，可以鼓励农户自由结合成帮扶或互助小组，集体提出项目计划。

居民参与必须是自愿的和自主的，各级政府部门和项目办不能把组织模式、参与方式、资金类型和数额等强加给各族群众。但是，政府部门和项目办需要提供相关信息服务，保障群众的知情权，并尽量简化参与的要求。

由于项目区绝大多数乡村属于多民族杂居社区，为了给项目实施提供良好的社会基础，应当鼓励各民族共同参与，鼓励组成跨民族的项目合作小组，使项目的实施进一步密切民族关系，而不是破坏民族或族群关系。

（三）过程决策参与

本项目建设周期比较长，后期运营时间更长。在此期间可能会出现一些预先估计不到的情况，需要修正原有计划和方案。因此，项目建设、运行全程都需要保持决策的开放性和信息的透明度，保证相关社区居民对涉及自身利益的任何决策变动的知情权和充分参与权。

10.3.2 保障措施

（1）市、县、乡镇的民族宗教、妇联、民政、扶贫、农业、林业、畜牧等部门应当参与到项目机构当中，并在项目实施全过程充分发挥相关政策咨询、提供民族社区项目经验、提供相关知识和技术指导等作用。

（2）应当从来自项目区的各相应民族的县乡干部中选出熟悉情况、有经验者各1名加入到项目办中，相关部门经验丰富人员中有相关民族干部的，最好就由这些人员代表本部门进入项目管理团队，以提供咨询、沟通等服务，并起到一定的监督作用。

（3）在乡镇一级成立服务于农户生产经营的协会，其成员应当包括乡镇农技、畜牧兽医、林业等科技干部以及各村有经营经验的代表，他们将成为乡村农户、县乡技术支持机构、县乡项目办进行沟通的重要桥梁，并直接参与生产项目的规划设计、实施、评估等活动，以保证农户在乡镇一级的参与得到落实。

（4）村组要选举出村民代表组成项目管理小组，具体组织居民参与活动；管理小组的人员要考虑性别、民族、宗教等因素，避免考虑社区成员需求和意愿时出现重大疏漏。

（5）在多民族杂居的村组，如果项目不能够全部覆盖，至少要确保各民族按照相同的比例、并依据自愿原则参与项目；零散的少数民族农户在其愿意的前提下，则应直接纳入参与范围。

（6）市、县项目办要按照项目内容和实施步骤，根据项目内容本身的需要，有目标、有安排地与项目区群众保持经常性联系和密切的沟通，并且尽量将协商现场安排在村寨当中，以方便群众参与。

（7）通过相关培训，尽量吸收当地居民参与项目实施过程。

（8）最后，作为基本的参与保障，项目办应当为宣传、动员、参与等活动提供必要的经费支持。

为了使上述咨询和参与的安排更加简明,特制表 4-4 说明如下:

表 4-4 组织社区及居民参与项目的实施步骤表

阶段	主要任务	具体内容	目标	组织者	经费来源	时间
第一阶段	项目设计论证及宣传、动员	组织专家开展基线调研和小流域参与式规划,了解居民需求、愿望及地方知识,向项目区居民提供指南性宣传资料,通过开会、广播、告示等形式宣传项目计划	保障社区各类居民的知情权、参与的自主性和积极性;形成比较具体可行的项目方案	市县项目办	项目办	2007 年 5 月至 2008 年 3 月
第二阶段	收集整理各方面的反馈意见,进一步完善项目方案设计	确定各个项目社区的具体参与方式,建立必要的组织机构或明确组织职能,确定家庭参与计划,组织相应培训,明确相关经费来源	确保方案具体可行;确保社区居民充分参与;保证经费	市县项目办及乡镇政府、村两委	项目办	2008 年 4 月至 12 月
第三阶段	项目具体实施	继续开展培训,执行参与方案,完成部分项目任务	使居民掌握相应技能;生产生活方式与项目相调适;	市县项目办、乡镇政府及村两委	项目办	2009 年 1 月至 12 月
第四阶段	继续实施项目,开展中期评估,并根据可能出现的问题进行方案微调	社区和农户对项目建设及参与受益情况进行评估,提出改进建议;项目办及独立专家评估,并提出改进建议,继续接受相关培训,按照确认的方案继续实施项目计划	保持项目方案的动态优化;促进社区和居民适应调整后的生产生活方式,形成可持续的发展能力;化解项目风险	市县项目办;世界银行;社区及居民代表或村两委	项目办	2010 年 1—3 月
第五阶段	继续实施项目计划,并对工程实施结果进行评估和验收	社区与居民对项目及工程效益进行自主评估;组织专家对项目进行评估和验收	确保项目任务如期完成;确保项目多赢并得到社区及居民普遍认同	项目办;世行;社区及居民代表或村两委	项目办	2010 年 3 月至工程竣工
第六阶段	项目后期运行及维护	基础设施的维护、生态建设成果的维护、生计方式的持续改进等相关制度的完善	确保项目成果的可持续性,并持续造福社区和居民	项目办;世行;居民代表或村两委	项目办	预计 2013 年以后

11 监测评估

11.1 主体与任务

监测评估是确保本项目的经济社会效果的重要环节，同时也是本项目重要的纠错机制和参与机制。对于基层社区居民而言，监测评估更是他们的参与得到保证和体现的重要安排。为了保证监测评估的周延性和客观性，本计划建议：建立分别由政府、世行、项目办和居民代表组成的四个既彼此独立、又相互沟通的评估和监测小组，其各自监测和评估的侧重点是：

政府监评小组：主要关注项目办的执行能力和工作效率，项目的环境、生态、社会效益，社评报告建议和少数民族发展计划是否得到贯彻执行，农户是否碰到问题，并帮助解决可能出现的问题，避免问题积累起来。其成员要包括农业、林业、畜牧、科技、民族宗教、扶贫、妇联、民政等部门的官员。

世行监评小组：主要对项目设计、相关技术指标、配套政策、相关部门对项目参与程度、项目进度、少数民族发展计划执行效果、社区和居民的参与情况及满意度、规章制度执行情况、经费使用是否合理、其他三个监测评估小组工作开展情况等。世行监评小组由世行聘请社评、移民、小流域参与式管理、财务、水土保持、农林等方面的独立专家组成。

项目办监评小组：主要是敦促政府相关部门和社区及居民落实责任制，协助并推动政府、居民代表、世行三个监评小组开展工作，并提出完善少数民族发展计划的具体建议。在这里，少数民族发展计划的绝大部分内容对于其他社区也是适宜的。

居民代表监评小组：主要是对村级项目管理小组执行 MEGDP 的情况、项目实施效果、项目目标是否如期实现等进行监测和评估。他们应当由参与项目的农户中选举产生，有各族群代表，敢于说话，且不要与村管小组成员重叠。

11.2 主要内容

本项目的监测与评估，主要依据：
中国国家与地方相关的法律、行政法规和技术标准；
世界银行有关业务导则；
本项目的相关法律文件，包括技术文件、项目计划报告、评估报告、贷款协定等；

本项目实施计划、报表及有关报告。

本项目监测与评估应当遵循如下原则：

在项目实施前选择项目样本农户和样本村，调查基底年份的社会经济信息，建立基底数据库；

在项目实施后，定期或者不定期地开展跟踪调查，监测样本农户和样本村在项目实施后的社会经济情况；

准确地进行数据采集和资料分析，科学、客观、公正地评价项目实施前后的经济社会效益；

及时向项目管理机构、世界银行报告监测评估情况，以便它们及时掌握项目的社会经济后果，并进行动态决策；

本项目监测评估的重点是经济社会效益，分社区和居民户两个层次，主要内容有：

项目方案的合理性及相关配套服务的提供情况；

项目社区与居民是否获得并如何使用这些服务；

项目直接提供的服务所产生的即时影响。

上述监测评估既要关注过程，包括社区与居民参与的程序、组织的有效性等，同时也要关注结果，如生态环境是否得到改善，旱涝灾害、水土流失是否有明显缓解，交通、灌溉等基础设施是否得到明显改善，作物、畜种是否相宜，居民就业机会是否有所增加，劳动力转移是否顺畅，农户收入是否增加，居民吃药看病是否方便，等等。

11.3 基底调查

执行方在开展社评调查的过程中，根据经济发展程度、居民民族构成、生计类型、行政区域等因素，选择了15个社区进行调查，对其中10个社区、130户各族居民进行了问卷调查。同时，执行方也责成三县项目办，根据执行方提供的调查工具，协助对项目区各流域的全部社区进行了调查。加上项目区各村每年都例行向乡镇上报农村居民户基本情况，因此，项目区社区及农户的基底情况是比较清楚的。

11.4 监评指标

11.4.1 社区指标

社区的监测评估，包括基础设施、生态环境、经济发展、参与与认同等几个方面。建议采用如下具体的指标：

（1）基础设施

通村公路的等级及四季通达情况

灌溉设施及效用

"四通"（水、电、电视、电话）情况及比率

卫生室设置及医药服务能力

校舍状况及学龄少年儿童入学、毕业及升学率等

(2) 生态环境

有效轮牧的面积及植被恢复

林下产品是否增加

沟道径流可否利用

山洪暴发次数及耕地、房屋等受损和人员伤亡等

(3) 经济发展

是否形成新的产业

劳动力外出规模变化

居民人均收入和支出变化

贫困家庭及人口的变动

居民住房类型、面积的变化

农用机械、耐用消费品的增量等

(4) 参与和认同

社区参与方式

参与与受益居民人数

项目工程维护情况

毁坏项目设施，盗伐、偷牧情况等。

11.4.2 农户指标

农户监测与评估，可以考虑参与和受益两个方面。具体指标建议如下：

(1) 参与情况

参与工程施工

参与生态林等植造

提供地方知识

接受培训次数及培训内容

获得经费支持

参与项目设施或成果维护等

(2) 受益情况

家庭收入来源变化

人均纯收入（元）

生产生活支出（元）
房屋类型及人均住房面积（平方米）
家用电器等耐用消费品（件）
农用车辆（辆）
伤病是否能够及时救治
参与项目的直接收益等

11.5 信息公开

监测和评估包括年度评估和不定期评估两种基本形式。四个监测和评估小组既可以各自开展工作，也可以联合开展评估。最好是每年共同开展一次会诊性的监测与评估。监测和评估的根本目的，不是挑毛病、出难题，而是通过发现问题、寻找原因，提出解决问题或者减少问题的对策和措施。因此，监测和评估是一种建设性的机制。会诊性的监测评估由项目办组织与协调。所需经费应当纳入项目预算。

政府、项目办、世行的监测评估工作要形成报告，分别提交给项目办、项目区政府、世界银行、社区，并在世行、政府网站、社区村务公开栏等平台和场所公开，接受各方面的监督，特别是要确保项目区居民知情。居民代表监评小组的监评意见首先与本社区居民见面，得到认可后，由项目办委托专人代为形成文字，由社区居民代表审查后提交项目办、政府、世行。鉴于项目区少数民族不使用民族语言文字，评估报告的国内文本只需提供中文版。

12 结论与建议

12.1 项目的必要性和社会适宜性

青海是中国少数民族人口比例较高、经济欠发达的省份之一。西宁市是青海省的政治经济文化交通对外交流的中心，其经济总量约占全省的 2/5，对全省经济社会发展所产生的辐射作用、牵引作用巨大。由于特殊的地理结构，西宁市处于湟水谷地狭长地带，湟水干流及主要支流南川河、北川河在市区交汇，加上这里的雨季集中、多大雨暴雨，极易引发洪水灾害，给西宁乃至全省比较脆弱的经济造成灾难性破坏。同时，传统农业社区主要分布在湟水流域大小沟道两侧，就地表水源发展灌溉农业，山洪等自然灾害给乡村居民财产和生命安全也造成严重威胁。本项目旨在加强项目区的防洪、流域治理及水患预警能力，同时兼有增强项目区工业及生活污水处理能力的功能，对于项目区经济社会发展完全适切。

项目区在实施本项目之前，已经对市区集散县城区实施了河道治理及美化、沟道排洪、小流域退耕还林等相关工程及生态项目，其生态和经济社会效应已初步显现，得到城区项目区居民的欢迎。由于有上述项目经验，项目区居民对本项目有相应的参与经验和合理的项目预期，对于项目的负面影响也有心理准备。根据社评、小流域参与管理、移民等独立第三方调查队伍的实地调查，可以确认：城乡各族居民对于本项目是欢迎的，对项目工程措施和非工程措施也是理解和支持的。既往项目的正面效益明显，本项目的负面影响已可控制和防范，民族、宗教、文物等敏感点均可排除，因此，项目实施具备相宜的社会条件，不存在不可预见的社会风险。

12.2　项目参与的设计

在无限制性前期知情协商的原则下，经过项目办、专家团队、社区及居民长达一年半的反复磋商和设计，到2008年11月底，项目活动内容、范围和规模、时间周期、投资与融资计划、社区及居民参与安排等都已明确，项目办已予以确认，社区和居民也表示了高度认同。

12.3　性别、贫困与发展

项目区"男主外女主内"的分工模式、女性受教育程度普遍低于男性等情形，容易使女性对项目参与的需求被忽略。而目前男性精壮劳动力大量外出务工，一般家庭对务工收入形成越来越大的依赖，妇女不仅逐渐主导了家庭生活，在社区公共事务中也逐渐成为主体力量。因此，本项目的社区和居民参与的状况，直接受女性参与能力、程度的影响。希望在项目宣传动员、知情协商、组织参与等方面，要特别注意保护女性的权益，注意针对女性的特点组织知情协商活动和技能培训。如果本项目能够有效推动女性参与，她们在家庭和社区中的地位将得到提高，能力和信心也会明显增强。

贫困群体由于劳动力、基本生产资料缺乏，劳动技能较差，自有资金等项目参与条件差，因此，在项目参与中容易被边缘化。为此，建议在社区和农户的知情协商环节中，专门针对如何帮助贫困人群进行讨论，形成党员户、富裕户等与贫困户结对帮扶等机制，将贫困户吸纳到项目活动中来。同时，尽管项目区在青海省属于相对发达地区，但是，青海省整体的经济社会发展程度比较低，基础设施的匮乏是社区和居民谋求发展遇到的普遍性障碍。因此，本项目要争取得到项目区各级政府和相关部门的大力支持，统筹资源，以项目建设为契机，推进基础设施的建设和完善，为社区、居民发展创造条件，并为以社区为主导的扶贫济困行动奠定基础。

12.4 少数民族

项目区的少数民族居民主要是回族和藏族,除了回族形成较多的单一民族社区外,藏族多与汉族、回族杂居,这种格局由来已久。各民族关系比较融洽。针对相对聚居的族群,执行方提出了《少数民族发展计划》,这一计划对于增强项目对少数民族群体的发展带动、正面提高项目的政治和社会影响,是必要的,在项目实施全过程中必须得到遵循。同时,执行方建议,对于少数民族与汉族混杂居住、生计和发展程度差异不明显的社区,应根据当地的实际情况,强调社区的整体利益和共同发展,否则反而会引发新的矛盾与冲突。

12.5 移民及土地政策框架

本项目在市区和湟源县有征地拆迁和部分移民,大通、湟中没有移民;城乡移民都是汉族居民,没有回族、藏族等少数民族居民。针对移民受到项目征地、拆迁等负面影响的防范,移民行动计划和程序框架已经做了周密安排(参见项目文件 RAP&PF)。需要特别考虑承包户的实际情况,被征农户如果愿意种地或者实际对土地依赖较多,建议通过协商在社区内部进行土地置换,并考虑移民安置与城镇化的结合,其中的重要条件是移民生计的可持续性和融入城镇生活的机会安排。无论如何,关键是要就安置方案与居民进行充分的知情协商,尽量尊重他们的意愿。

对公共荒山荒坡采取的植树造林保持水土和恢复生态措施,需要解决好新造林木的产权归属和效益分配政策。建议项目办在开展社区及居民的知情协商中,将这一内容作为重点之一,并形成明确的政策性意见。

12.6 文化遗产

本项目在民族和宗教文化敏感性方面,有两点需要澄清:

第一,位于湟中县鲁沙尔镇的塔尔寺是著名的藏传佛教寺院,国家级文物保护单位。执行方在实地调查过程中,专门到塔尔寺拜会寺管会负责人和驻寺高僧大德,通报项目情况并征询意见。寺方明确表示:了解本项目情况,项目建设对于改善塔尔寺周边环境有积极意义,没有负面影响。位于大通县东峡镇的藏传佛教另一重要寺院广惠寺,经执行方实地勘查和向项目办、当地居民征询意见,本项目施工区域离寺院安全控制范围及神圣空间有较大距离,也不存在敏感性问题。

第二,本项目在回族社区内部没有拆迁活动,不会影响到清真寺和回族居民的宗教活动。

12.7 机构能力建设与公众参与

机构能力建设与公众参与有四点需要注意：

（1）目前项目的公众宣传还没有普遍开展，需要及早开展相关的工作。宣传的目的不单纯是为了确保各种利益群体的知情权，更是为了保证社会公众的参与权。

（2）市县项目办要通过向社会招聘等方式，吸纳专业人才，使队伍的知识结构和能力结构与项目的综合性相适应。

（3）项目办要争取得到各级政府领导及相关职能部门的支持和参与，以提高工作效率和效能。

（4）社区参与要根据项目内容和实际需要，建立相应的组织，以组织形式来推动居民参与和增强参与的可持续性。

第五章 异同之辨：项目影响视角下对桂东南汉壮民族的再认识

1 两广连线

改革开放以来，广东经济发展迅速。比较而言，广西的发展速度要慢得多。为了更多地争取广东的辐射和带动，广西一直设法改善两广之间的交通状况。南宁至广州新建铁路（以下简称南广铁路）项目就是在这个背景下酝酿出来的。

南广铁路是广西、云南至华南沿海地区铁路通道的骨干线路，跨桂、粤两省区，自拟建的柳南客专新黎塘站引出，经贵港，跨郁江，通过桂平、平南、滕县至梧州，出梧州进入广东省，经云浮，跨西江，至新肇庆站接拟建贵广铁路。正线全长399.8公里。其西端通过拟建的柳南客专和既有的南昆铁路可直达贵州西部和云南地区；东端经拟建贵广铁路、广深港客运专线、沿海快速通道深入珠江三角洲和闽台经济区，是铁路"十一五"规划中广西至珠三角地区最便捷铁路通道，也是云南和黔西地区通达珠江三角洲地区、闽台经济区的便捷、快速、大能力新通道。

珠江三角洲、港澳和闽台地区有资本、产业基础和服务、管理及外向型经济优势，广西、云南有优越的资源优势和承接珠三角产业转移的区位优势，是珠三角地区与东盟合作的经济走廊节点，区域间具有极强的互补性。南广铁路建设将经济发达的珠江三角洲、港澳和闽台地区与西部经济欠发达的广西乃至云南紧密联系起来，是区域经济合作的桥梁，对提升"泛珠江三角洲"的影响力和辐射力，打造北部湾（广西）经济区成为我国经济发展新的增长极，加快"泛珠江三角洲"经济一体化进程，促进两地区间经济与资源优势的交流融合，实现区域优势互补和共同发展，构建和谐社会，实施西部大开发具有重要的意义和作用。

第五章 异同之辨：项目影响视角下对桂东南汉壮民族的再认识

2 任务和过程

2.1 任务及依据

2.1.1 主要任务

南广铁路项目计划利用世界银行部分贷款。根据世行要求，需要对项目进行社会影响评估，以确定该项目是否满足世行相关政策的要求。为此，2008年8月底，中国铁道部利用外资与引进技术中心（以下简称委托方）根据世界银行专家的推荐意见，确定委托中央民族大学西部发展研究中心副主任贾仲益副教授（以下简称执行方）对本项目进行社会影响评估。9月2日，双方签订合同，执行方正式接受委托。

双方经过协商，并向世界银行有关专家进行咨询后，明确了执行方将承担如下任务：

（a）根据世界银行业务政策OP4.10及附件，对南广铁路项目沿线进行筛查，以确认少数民族在项目区的实际分布状况，以及本项目对少数民族可能产生的潜在正负面影响；

（b）通过深入的实地调查，了解项目沿线少数民族的经济社会发展状况和社会文化特点，判断项目区少数民族是否与世界银行业务政策OP4.10所定义的"少数民族"相符，并结合项目影响分析，确定是否需要针对项目区少数民族编制《少数民族发展计划》；

（c）对相关行动方案（RAP）的适宜性进行分析；

（d）编制能够满足世界银行进行项目审查要求的《新建南广铁路项目社会评价报告》中英文版；如有必要，协助委托方编制《新建南广铁路项目少数民族发展计划》中英文版；

（e）配合本项目准备阶段的工作进度，适时开展实地调查并及时完成本项目《社会评价报告》（必要时，包括《少数民族发展计划》）。上述任务期于2008年9月初开始，2009年2月中旬完成。

2.1.2 基本依据

本次社会评价调查和报告撰写所依据文献主要有三类：

（a）中国中央和各级地方政府关于少数民族权益保护、土地等资源开发利用和重大基础设施项目建设等相关的政策法规；

（b）世界银行安全保障政策特别是少数民族政策（OP4.10）；

(c) 由委托方提供的《可行性研究报告》（FS），并充分参考了本项目《移民行动计划》（2009年1月版）等。

2.2 评估资质

执行方团队构成及资质信息如下：

（Ⅰ）项目负责人

贾仲益：男，广西苗族，副教授，民族学博士，中央民族大学西部发展研究中心副主任，主要研究领域为中国南方少数民族历史与文化，族群关系。

项目负责人有丰富的基础与应用研究经验，多次主持或参与由世界银行提供贷款的中国流域治理、铁路等项目的社会评价，并协助相关业主编制少数民族发展计划，熟悉中国相关政策法规和世界银行规范，熟悉中国少数民族处境和需求，了解当地民族语言文化特点。近期主持完成的相关研究项目包括：

(a) 长江/珠江上游水土保持项目少数民族发展计划（2004.5—2005.3）；

(b) 中国人口较少民族文化保护与发展研究（2006.7—2006.8）；

(c) 新建贵广铁路项目社会评价暨编制少数民族发展计划（2007.5—2008.12）；

(d) 西宁市防洪及流域管理项目社会评价暨编制少数民族发展计划（2007.11—2009.1）；

(e) 中国少数民族地区水电移民安置补偿补助体系研究（2008.4—2008.11）。

（Ⅱ）项目组成员

赵建利：女，湖南苗族，副教授，中国农业大学人文与发展学院民族地区农村社会保障问题研究专家，在广西、湖南、云南等地开展过多项农村问题科研项目调研；

胡英姿：女，广西壮族，中央民族大学民族学专业本科、硕士，社会学专业在读博士研究生，有多个NGO供职经历；

魏　霞：女，内蒙古蒙古族，中央民族大学社会学硕士，社会学专业博士研究生，在NGO兼职，在广西瑶族地区开展过乡村调查研究；

梁西宁：男，广西壮族，中央民族大学民族学与生态学双学士，民族学专业在读硕士研究生，参与过水电移民项目调研和报告撰写；

刘　柳：女，广西壮族，中央民族大学民族学专业硕士，助教，在广西、贵州开展过实地调查研究；

刘逢时：男，河南汉族，中央民族大学社会学专业硕士研究生。作为助手参与过贵广铁路项目和西宁市防洪项目；

贾　桢：女，广西苗族，信阳师范学院历史系学生，参与过广西苗族、侗族、壮族、瑶族乡村调查。

（Ⅲ）团队优势

本执行团队的组建，突出考虑以下因素：

第一是熟悉当地的语言文化。项目沿线的少数民族主要是壮族，他们除了普遍使用母语——壮语以外，无论壮族还是汉族，日常生活用语都习惯使用粤语（当地俗称"土白话"）。因此，本团队吸收了5名来自广西的调查研究人员，他们主要来自项目区，熟练掌握粤语，也听得懂壮语，保证了本团队与村庄居民无障碍的沟通交流，提高了调查效率。

第二是便于与弱势群体交流。为了更好地接近村庄中的妇女、老人、青少年，本团队吸收了5名女性调查研究人员。在村庄座谈和入户访谈过程中，她们发挥了很好的作用，增强了整个团队的亲切感和受纳性。

第三是专业结构多元化。本团队的成员以民族学、社会学专业背景为主，还兼有历史学、生态学等学科背景，有利于避免单一学科可能存在的盲点。

第四是项目经验比较丰富。除项目负责人有丰富的相关项目经验外，其他成员基本都多次参与实地调查，能够较好地领会项目意图，并能熟练使用调查工具。

（Ⅳ）工作分工

(a) 由贾仲益副教授设计调查研究方案和编制调查工具，由张海洋教授负责审定；

(b) 由张海洋教授、贾仲益副教授共同负责队伍培训；

(c) 由贾仲益任执行组长，和赵建利副教授共同负责率队开展实地调查，研究生协助进行文献资料收集、摄影摄像、座谈会记录、入户访谈和问卷调查；

(d) 由贾仲益、赵建利负责研究报告的编写，研究生协助进行资料整理与统计分析；

(e) 由张海洋教授对研究报告中英文稿进行写作指导和质量把关。

2.3　调研方法

评估调研过程中，执行方主要采用了参与式农村评估PRA方法。根据人类学和社会学的整体论理念和比较研究规范，用实地调查方式收集资料，即用参与观察、焦点访谈、焦点群体座谈、典型村庄及各类农户抽样调查等方法收集第一手资料，通过资料清单收集地方文献及统计资料等。同时，辅以历史文献研究方法和政策法规分析方法，以加强研究的深度和广度，增强论证的说服力与结论的可靠性。

2.3.1 调查重点和层次

2.3.1.1 调查范围

执行方按照与委托方达成的工作任务共识，综合考虑：（a）本项目的项目区是以广州和南宁为端点、东西延伸的线型地带；（b）项目对项目区村落的潜在影响，最主要、最直接的是路基、桥梁、隧道、车站和各种附属设施建设以及设置铁路安全保障控制线等所造成的征地、拆迁，其次是施工活动对工地周边村落居民生产生活造成的干扰；（c）施工刺激的人员流动，还可能给沿线村落造成行为、观念、人际关系等影响，以及传播疾病等隐患，所以，确定以线位两侧各约10公里为范围，进行全面筛查。

根据执行方实地调查和多年积累的相关知识和前期文献研究所掌握的情况，同时充分吸收本项目勘测设计、移民安置等团队的相关调研成果，确认：

（a）广东省项目区不存在少数民族村落，不列入社会评价调查范围；

（b）广西项目区3市7县区有壮族和瑶族两个世居少数民族，但瑶族村落均分布在线位两侧各10公里范围之外，所以瑶族也不在社会评价调查范围之内；

（c）桂平至梧州区间线位两侧各10公里范围内均没有壮族村落，所以这个区间不是社会评价实地调查的重点区域；

（d）在南宁市宾阳县至贵港市港北区区间线位两侧各10公里范围内，共有22个壮族或壮族与汉族杂居的少数民族村落。

执行方即以宾阳至贵港区间这22个少数民族村落作为展开社会评价的调查重点。

2.3.1.2 调查层次

执行方对目标区域展开了村庄和政府两个基本层次的调查。村庄层次包括行政村、自然村、农户及个人调查；政府层次包括自治区、市、县/区、乡镇的调查。同时，走访了广西民族研究所等相关科研机构的专家学者。

（Ⅰ）村庄层次

村庄调查包括村民代表座谈会、村庄基线数据调查和入户问卷及个人访谈两个层次。村庄调查集中在西起宾阳县和吉镇，东至贵港市覃塘镇的地域范围，项目沿线受影响的22个少数民族村庄全部分布在这一区间之内。执行方在综合考虑行政区划、生计类型、经济发展水平、民族构成、受项目影响程度及方式、既往项目经验等因素之后，参考地方政府陪同人员的推荐意见，对其中的8个村（即和吉镇大邦村、三民村，黎塘镇凤鸣村、启明村，黄练镇黄练村、张团村，覃塘镇大郭村、龙岭村）进行了实地调查。召开村民代表座谈会8次，参加座谈会村民代表94人。

村级座谈会邀请村干部、妇女、青年、老年、乡村教师、村寨长老、宗教人士等人员参加，重点了解村庄资源条件及生计方式、人口规模及结构、社会结构及族群关系、社会制度和风俗习惯、经济状况及发展思路、本项目规划设计和准备阶段居民知情情况、既往项目经验、针对本项目的需求和建议等，并由村干部和村民代表协助完成村庄基线调查表。

入户调查包括家庭问卷调查和个人深度访谈，样本户和受访个人考虑了其家庭结构、谋生手段、经济状况、民族成分、性别、生活经历、对本项目的态度等，共计进行了91户问卷调查，有91人次接受了个人访谈。

（Ⅱ）政府层次

政府层次调查的主要形式是召集职能部门、相关工作机构负责人座谈，这些职能部门和相关工作机构主要有：自治区、市、县、区政府办、发改委/局、民族（宗教）委/局、妇联、扶贫办；各级政府配合铁路建设项目专门成立的铁路建设办公室[①]。对乡镇政府的调查主要是访谈专门负责属地铁路建设工作的各乡镇领导。政府层次调查的主要内容包括：

（1）本级政府所承担的铁路建设任务及履行属地责任的难点；

（2）地方发展需求、发展规划与本项目的关系；

（3）本级政府为实施本项目所开展的相关工作的进展情况，包括相关政策法规的制定、机构建设、社会宣传与动员、与设计单位和业主的沟通协商等；

（4）既往项目的经验教训和针对本项目的相应防范措施；

（5）本级政府收集到的少数民族及沿线村庄居民的意见和要求；

（6）根据执行方提供的资料收集清单，协助收集相关政策法规文本、统计数据和文献资料。

执行方调查覆盖了南宁、贵港、梧州3市，宾阳、覃塘、桂平、平南、藤县、苍梧6县/区，宾阳县的黎塘、和吉，覃塘区的覃塘、黄练，桂平市的西山，平南县的武林、大安、镇隆，藤县的天平、藤州、塘步，苍梧县的大坡、龙圩等13个乡镇。

2.3.2 调查操作过程

执行方分两个阶段展开社会评价调查。

2.3.2.1 村庄调查

（Ⅰ）过程与程序

2009年1月20—25日，执行方深入基层，针对22个受本项目潜在负面影响

---

① 为了推进湘桂铁路复线、南宁—柳州城际铁路、新建贵阳—广州铁路以及南宁—广州铁路等铁路建设项目，广西壮族自治区政府及沿线各级政府，抽调了来自政府办、发改委/局、交通局、国土局、林业局等相关职能部门的精干人员，分别成立了铁路建设工作办公室，负责协调铁路建设的相关工作。

的少数民族村庄开展实地调查。本次调查的目的，是通过无限制性的前期知情协商，检验筛查阶段所掌握情况是否真实可靠，并更全面详尽地了解受影响村庄的基线信息、项目区少数民族社会及文化特点、村庄居民对项目知情程度及支持度、针对项目建设不同阶段提出的意见和要求，等等。

在充分考虑行政区划、生计类型、经济发展水平、民族构成、受项目影响程度及方式、既往项目经验等因素之后，参考地方政府陪同人员的推荐意见，执行方选择了其中8个村作为样本，并逐一进行了入村入户调查。调查顺序、形式、结果等详见表5-1：

表5-1 南广铁路项目沿线少数民族村庄调查执行情况一览表

县区	乡镇	社区	民族构成	时间	代表座谈	入户调查	个人访谈	样本特点
覃塘区	黄练镇	黄练社区	壮族占4%	21日 上午	村干5 村民5 妇女1 青年0	上3 中4 下2	男6 女3 村干2 移民5	城乡结合部，信息灵通；项目经验多；受本项目征地/占道等影响。
		张团村	壮族占100%	21日 下午	村干5 村民7 妇女2 青年2	上2 中5 下2	男6 女3 村干3 移民4	受征地、拆迁、施工占道路/河道等多重影响；生计较单一，生活条件较差；有相关项目经验。
	覃塘镇	大郭村	壮族占98%	22日 上午	村干3 村民7 妇女1 青年1	上3 中5 下3	男10 女1 村干1 移民5	生计多元，生产生活条件较好；受征地和施工影响；项目经验多。
		龙岭村	壮族占15%	22日 下午	村干1 村民13 妇女1 青年3	上4 中7 下3	男13 女1 村干1 移民3	城乡结合部；农业商品化程度高；比较富裕；受征地/拆迁/施工等多重影响；有相关项目经验。
宾阳县	黎塘镇	凤鸣村	壮族占50%	23日 上午	村干3 村民10 妇女1 青年1	上3 中8 下2	男12 女1 村干2 移民3	生计以种植/养殖/外出务工为主；受黎湛铁路分割/设站影响大，有遗留问题；受本项目征地/施工影响。
		启明村	壮族占85%	23日 下午	村干6 村民11 妇女0 青年3	上3 中12 下2	男17 女0 村干3 移民7	没有项目经验；受本项目征地/施工影响。

第五章 异同之辨：项目影响视角下对桂东南汉壮民族的再认识

续表

县区	乡镇	社区	民族构成	时间	调查手段			样本特点
					代表座谈	入户调查	个人访谈	
宾阳县	和吉镇	三民村	壮族占30%	24日 上午	村干2 村民6 妇女0 青年2	上4 中3 下1	男8 女0 村干2 移民3	耕地较多；生产生活条件较好；受征地/拆迁/穿越村庄及施工/运营等影响；有相关项目经验。
		大邦社区	壮族占37%	下午	村干2 村民8 妇女0 青年1	上4 中4 下2	男10 女0 村干2 移民3	生计多元；1个纯汉族自然村（215户）受项目征地及施工影响；有相关项目经验。
合计	4	8	52%	4	94人，其中村干27人，村民67人，妇女6人，青年13人	91户，其中收入层次上等户26，中等户46，下等户19	共91人；其中男83人，女8人；村干16人，非自愿移民33人	覆盖了不同经济状况、项目经验类型、民族结构比例、项目影响程度、人口规模、受本项目影响程度的各种类型村庄。

村庄调查的基本程序是：

（1）向乡镇干部和村干部说明调查意图，由他们协助召集包括村干、受影响农户代表、上中下三类不同收入层次家庭代表、妇女代表、村寨长老、青年代表等各类村庄居民10名左右，在村委会办公室或条件较好的村民家中召开座谈会；会场保持开放，以便其他村民随时反映情况或表达意见；

（2）执行方为代表准备纸、笔等会议用品；备好糖果、香烟等供代表消遣，营造轻松气氛；

（3）组长贾仲益根据与会代表的语言能力和习惯，以相宜的语言介绍调研成员，说明开展本项调查的原因、目的、内容、方式，调研成果的用途，居民通过何种途径可以看到调研成果；特别告知与会人员不会因为所反映的情况、意见、建议而承担任何法律责任；

（4）以灵活的方式，从代表们关心或感兴趣的话题切入，渐次了解村庄基线信息、风土人情、习俗制度，了解村民知情情况，听取代表们讲述既往项目经验，分析本项目潜在的正负面影响，介绍应对负面影响的办法和设想，倾听居民讨论问题、表达不同意见甚至彼此争论；

（5）认真记录会议内容并请代表们审查、核对、补充，直至他们认可执行方对他们所提观点、意见、建议等的表述；

（6）代表在与会记录单上签名，并领取误工补贴；

（7）执行方给村干和代表们留下联系方式；

（8）请代表们帮助确定有代表性的受访农户和个人，并带路入户。

（9）向代表致谢，结束座谈。

（Ⅱ）入户访谈

入户调查和个人访谈的基本程序是：

（1）由村干、村民代表或青少年带路入户；

（2）向户主或受访人介绍来意，赠送礼品；

（3）说明问卷内容、用途，征询农户对接受调查的语言、环境等要求，并申明保护农户及个人隐私的保密原则；

（4）由农户独立填答问卷，或由调查人员协助农户填答问卷；凡是由调查人员填答的问卷，均由农户审查、核对、予以认可；

（5）与农户进行半结构访谈，了解其对本项目的知情情况、意见和建议，倾听农户对项目负面影响的应对办法或设想；

（6）倾听农户关于生产生活的倾诉，包括婚姻、家庭、邻里关系、干群关系、外出务工经历见闻等；

（7）留下联系方式，与农户道别。

执行方在 8 个行政村一共对 91 个各种类型农户进行了问卷调查，对 91 名各类居民个人进行了访谈。

（Ⅲ）村庄调查结论

根据村庄调查和入户及个人访谈，执行方形成如下结论：

（1）项目区沿线确有 22 个汉、壮杂居的行政村，壮族所占比例从贵港市黄练镇张团村的 100% 到黄练村庄约 4% 不等。根据村寨长老回忆，这种杂居格局至少有五六代人（唯一例外是覃塘镇大郭村，原来是纯壮族村，20 世纪 50 年代接纳了本地平龙水库建设产生的 10 多户汉族移民而新形成杂居）；

（2）这 22 个村庄的生产生活条件及居民生活水平存在一定差距，最低的张团村人均年纯收入约 2100 元，中等的大郭村、三民村 4000 多元，中上等龙岭村 5000 多元；村庄内部农户间经济状况也各不相同；但不论是村庄间差距，还是农户间差距，与民族因素不存在因果关联，而是自然地理环境、区位、资源条件、基础设施状况等因素制约的结果；

（3）壮族居民普遍兼用壮语和本地汉语方言，在家庭内部、壮族占主体的村落内部多使用壮语交流，对外交往则习惯使用土白话、客家话或普通话；除了语言之外，同一村庄的壮族和汉族之间，在衣、食、住、行和节庆、风俗、信仰、

第五章 异同之辨：项目影响视角下对桂东南汉壮民族的再认识

观念等各方面没有明显区别；

（4）壮族与汉族长期杂居共处，往来密切，关系和谐，彼此通婚；

（5）各村庄无论壮族还是汉族，都有以 3~5 代为大致范围、内部个体小家庭联系比较紧密的父系世系群，其内部成员在婚嫁、丧葬、盖房等活动的操办上有更多的互助义务，但这种互助关系同时向邻里开放，没有严格的血缘、族群排他性；此外没有其他基于民族或族群的社会组织；

（6）村庄内没有以基于血缘或族群的人们共同体集体占有山林、坟地等自然资源或文化地理空间的传统；20 世纪 50 年代以来，耕地、荒坡、水塘等生产性资源属于全体村民集体享有，所有权属于国家；自 1980 年起，有农村户籍的村民即以个体小家庭为单位，由户主向集体承包经营权，并享有由国家政策法规保障的长期自主使用权（详见"土地制度"等相关章节）；

（7）村庄居民受本项目征地、拆迁等影响，因其耕地、房屋等与铁路线位和铁路设施关系的不同而有差异，不会给壮族造成特别的影响；

（8）相关村庄的壮族居民在语言、受教育程度、维权意识和能力、社会资本等方面与当地汉族没有明显差别；同时，由于中国现行政策法规特别注意在语言、文化、升学、干部培养等方面维护少数民族权益，壮族在广西又是享有自治权利的主体民族，因此，她不是政治、文化和社会生活中的弱势或边缘群体；

（9）所调查村庄的壮族居民，无论在座谈会或接受访谈的私下场合，均没有受歧视、被孤立、整体比汉族居民贫困等倾诉，也没有提出需要特别针对本族群采取特殊的缓解或补偿项目负面影响的要求；

（10）所调查村庄的壮族和汉族居民表示：南广铁路建设的消息至迟在 2008 年 10 月，通过政府宣传、村委会开会通报、设计部门实地勘测和移民安置团队进村入户调查等途径，已经为沿线村庄居民所知晓；至本执行团队 2009 年 1 月开展第二阶段调查时，本项目已经在沿线挖沟放线完毕，部分村民参与其事，所以村庄居民已普遍知情；

（11）受访村庄及居民还表示：南广铁路是国家重大建设项目，能够改善本地方大交通，带动外来投资，促进地方经济发展，也方便年轻人出远门，虽然会造成一定负面影响，但相信政府会做出合理补偿安排，所以能够接受和支持。座谈会反馈的支持度达到 100%，户访和个人访谈反馈的支持度达到 96%；其中壮族居民的支持度均达到 100%。

2.3.2.2 筛查

（Ⅰ）筛查过程

2008 年 9 月 4—10 日，贾仲益副教授、赵建利副教授赴广西项目区对沿线进行筛查。目的是了解本项目区内少数民族人口及其分布、与本项目关系、少数民族社会文化特点和经济社会发展状况、族群关系、本项目对当地少数民族的潜在正负面影响，判断当地少数民族是否具备世行少数民族政策（OP4.10）所强调的关键特征，以及是否需要针对少数民族编制少数民族发展计划。表5-2是调查的具体操作情况：

表5-2 项目筛查阶段调查情况一览表

时间		地点	部门及人员	调查手段	调查收获	关键反映
9月5日	上午	南宁	自治区发改委交通处卓副处长（女）	访谈并收集资料	材料2份；工作联系人名单	南广铁路是2008年广西一号工程，地方政府高度重视。
	下午		南宁市发改局工业科张闻科长（女）	同上	材料1份；向下工作交接	地方对南广铁路期盼已久，希望早日动工。
9月6日	上午	宾阳	政府办周副主任、民委肖主任（女，壮族）、发改局韦主任；黎塘镇黄副镇长（壮族），和吉镇黄副镇长（壮族）	座谈会	材料1份；了解地方对项目要求及沿线乡村及民族情况	欢迎项目；希望黎塘站有客运功能；壮族世居且分布沿线，但汉壮杂居，关系和谐，发展水平一致；壮族社会文化特点不明显。
	下午	贵港	发改局工业科黎科长；市民委谢副主任（覃塘壮族）	访谈	材料5份；了解地方对项目要求及沿线乡村及民族情况	地方与业主、设计部门沟通协商富有成果；沿线汉壮杂居，关系和谐，生产生活习俗及水平基本一致。
9月7日	上午	桂平	发改局李副局长，民委谢主任，建设局江副局长，西山镇黄副镇长（石龙镇壮族）	座谈会	材料5份；沿线施工范围无世居少数民族	希望设计部门及业主为地方留足未来发展空间；适当提高补偿标准；另批专门用地指标用于拆迁安置。
	下午	平南	政府办陆副主任，发改局李局长，民委卓主任（瑶），武林镇朱泽生，大安镇刘辉权，镇隆镇陈庆茂	座谈会	材料1份；沿线施工范围内没有世居少数民族分布	县政府欢迎项目，希望设计部门及业主为地方留足未来发展空间；希望补偿标准统一。

第五章 异同之辨：项目影响视角下对桂东南汉壮民族的再认识

续表

时间	地点	部门及人员	调查手段	调查收获	关键反映
9月8日 上午	藤县	政府办兼铁建办韦副主任，发改局唐副局长，政协（民委）黄副主席（女）、天平镇朱副镇长（女）、藤州镇黄副镇长、塘步镇徐副镇长	座谈会	材料3份；沿线没有世居少数民族分布	县政府与业主和设计部门协商沟通富有成效；希望"空降"拆迁安置用地指标，沿线补偿标准基本统一。
9月8日 下午	苍梧	政府办兼铁建办林副主任，发改局徐副局长，民委李主任，大坡镇人大黎主席、龙圩镇人大童主席	座谈会	沿线没有世居少数民族分布	对项目欢迎；近年建设项目多，征地拆迁多，大坡镇有3个村已整体"失地"，居民长远生计需安排好。
9月9日 上午	南宁	广西民族研究所副所长俸代瑜（瑶族），副研究员刘家柳（梧州，壮族）	访谈	地方民族史研究资料；了解地方学者对桂中、桂东民族关系的基本判断	壮、汉、瑶3族是沿线世居民族，明中叶以来互动密切，互相融合，关系融洽，杂居共处，发展水平及习俗、制度接近。

如表5-2所示，本次筛查主要采取与项目区各级政府相关部门及沿线乡镇干部座谈的方式展开调查。在地方政府配合下，共召集项目沿线5个县市相关部门和乡镇干部座谈会，进行了4次访谈。参加座谈会的政府部门主要是负责本项目前期准备工作的发改委/局领导、铁建办（政府办）负责人、民委领导、沿线乡镇具体负责本项目前期准备工作的领导干部，其中有6位是当地世居少数民族出身的部门或乡镇干部。执行方听取了他们对南广铁路项目建设的意见和建议，并通过他们了解辖区居民对本项目的看法、评价，了解沿线乡镇、村落少数民族分布及本项目可能对他们造成的影响，针对沿线世居少数民族应当注意的问题，既往交通基础设施项目建设中少数民族居民的态度和反应，本项目应当汲取的既往相关建设项目的经验教训，以及当地存在哪些可能对本项目建设造成影响的遗留问题等。在与会和受访人员的协助下，收集了有关文字资料。

（Ⅱ）筛查结论

经过筛查，执行方掌握到如下情况：

（1）本项目所经广西区间行政区内的世居民族是汉族、壮族和瑶族，其中本项目征地、拆迁及施工活动可能波及的线位两侧各10公里左右范围内，没有瑶族村庄及世居人口，壮族是项目区唯一的世居少数民族；

(2) 以线位两侧各10公里为考察范围，可以确定贵港市以东区间没有少数民族（壮族）村（即以壮族为主体居民，或壮族与汉族世代杂居共处，壮族人口占全村总人口比例不低于5%，且至晚从1950年代实行户籍制度以来即居住在村落当中）；贵港市至宾阳县区间共有22个少数民族（壮族）村，其中，宾阳县和吉镇有5个村，黎塘镇有5个村；贵港市覃塘区黄练镇有5个村，覃塘镇有7个村。这22个行政村将程度不同地受到本项目的征地或拆迁等负面影响；

(3) 项目区壮族与汉族以不同比例混居在22个村，这种混居状况至少已持续了一个世纪以上。由于长期混居，这两个族群的族际融合程度比较深，社会文化混容现象突出，共享生产生活习俗，彼此通婚，同一村庄的族群间生产生活条件基本一致，族群关系融洽；

(4) 壮族居民基本上还保留有自己的母语即壮语，在家庭、其人口占主体的部分自然村、本民族乡邻之间使用壮语交流，但日常社交活动多用汉语方言（"土白话"或"客家话"），青少年则习惯使用汉语方言；

(5) 村庄内部无论壮族还是汉族，都存在以父系血缘为纽带的近亲世系群，其范围一般不超过5代，这种父系世系群的功能是内部的小家庭之间在婚嫁、丧葬、盖房等事务上的义务性互助，但这种互助关系并不是封闭性的，而是向全村友邻开放，且没有族群界限；而公共事务、邻里纠纷、个人权益维护等则由村委会或政府的信访、公安、司法等部门处置，民间组织不予染指；

(6) 村庄居民所赖以生存的土地、山林、河道等自然资源所有权属于国家和村民集体，集体所有的耕地、林地、水塘等土地资源由具有村民身份的个人向集体承包，按承包合同享有使用权；项目区内没有属于某一族群或血缘群体的祖传土地或坟山等。

3 政策法规审查

3.1 民族识别

中国疆域之内自古就有许多民族共同生活。早在先秦时期，就形成了以诸夏居中，戎、狄、夷、蛮居于西、北、东、南的民族分布格局。由于中国历代中央王朝对周边各民族采取安抚、包容的政策，在非汉民族地区长期实行"因俗而治"的间接统治，元、明两朝及清朝前期，更把"因俗而治"的怀柔政策发展为以确保非汉民族领袖在其本民族聚居区内拥有政治、经济、文化等多方面权力的"土司制度"，使非汉民族的政治、经济、文化、社会特点得以传承延续。清朝中

第五章 异同之辨：项目影响视角下对桂东南汉壮民族的再认识

后期，虽然中央政府试图加强对边疆地区的直接统治而推行"改土归流"政策，但由于近代欧美资本主义列强武力侵犯中国，中央王朝疲于应付外患，对疆域内非汉族地区的治理力度并未得到加强。这样，就造成了中国境内民族多元、经济文化类型多样的社会结构特点。

1949年中华人民共和国成立后，执政的中国共产党根据马克思主义的民族理论与政策主张，结合中国历史经验及现实国情，在与其他民主党派和社会各团体、各阶层代表举行政治协商的基础上，制定了新中国的民族政策。新中国民族政策明确写入新中国第一部具有宪法性质的文件即《中国人民政治协商会议共同纲领》(1949年9月29日通过，以下简称《共同纲领》)。其中第九条规定："中华人民共和国境内各民族，均有平等的权利和义务"；《共同纲领》第六章"民族政策"共4条，即第50、51、52、53条，其中第51条明确规定："各少数民族聚居的地区，应实行民族的区域自治，按照民族聚居的人口多少和区域大小，分别建立各种民族自治机关。凡各民族杂居的地方及民族自治区内，各民族在当地政权机关中均应有相当名额的代表"；第53条规定："各少数民族均有发展其语言文字、保持或改革其风俗习惯及宗教信仰的自由。人民政府应帮助各少数民族的人民大众发展其政治、经济、文化、教育的建设事业"。

民族政策已经确立，但是由于中国历史上从未真正对境内的民族进行过定义、确认或识别，究竟什么样的人们共同体叫"民族"？除了"汉族"之外，中国究竟还有多少个民族？各个民族有多少人口？分布在什么地方？他们各自有什么样的特点？这些是知识上、理论上、政策上都急需解决的问题。因此，中国政府随即开始着手民族识别工作。从1950年起至1990年前后，民族识别断断续续进行了近40年。

中国的民族识别由政府组织，由民族学、人类学、社会学、历史学、语言学等学科的专家学者具体执行。确定"民族"所依据的标准，首先是斯大林的民族定义："民族是人们在历史上形成的一个有共同语言、共同地域、共同经济生活以及表现于共同文化上的共同心理素质的稳定的共同体。"但是，中国学者在民族识别过程中，并不是机械地照搬斯大林的定义，而是根据实际情况，灵活地进行判断。概括地说，中国民族识别是通过对那些自认为是一个人们共同体的族群的分布地域、族称、历史来源、语言、经济生活、物质文化、精神文化以及民族归属感或认同感等特征进行广泛的调查，并参照历史学、语言学等资料，作综合研究，来判断待识别的各个族体的民族归属。调查研究结论及具体的民族名称经过与本民族代表讨论协商，得到普遍同意后，由中央政府最后予以确认。

通过民族识别，首先区分了"汉族"和"少数民族"；其次是将"少数民族"进一步识别为具有明确族称的55个单一"民族"。尽管包括汉族在内的中国56

个"民族"人口多寡不一,经济、社会发展水平不同,但是中国政府一律采用"民族"这个概念来指称它们,表示对各个民族一视同仁。

那么,在中国的语境中,"少数民族"的含义究竟是什么?

概括说来,所谓"少数民族",第一就是那些长期以来自认为或被认为不是"汉人(汉族)"的人们共同体;第二,其非汉人的渊源是可以考证的,或者其语言、宗教等特征与汉族是明显不同的。这些不是汉族的其他民族,虽然各自有被本民族成员所接受的自称或他称,并且这种民族名称被中央政府确认为其法定族称,但是,由于汉族人口占全国总人口的90%以上,非汉族的各民族人口所占比例不及总人口的10%,所以相对于汉族而言,所有非汉族的各个民族无论个别还是整体都属于"少数",习惯上统称为"少数民族"。这个概念在中国没有任何歧视、不平等的含义,只是约定俗成、用于指称不是汉族的其他各民族的一个泛称。

3.2 中国民族政策法规

中国少数民族相对聚居的区域,由于自然地理条件限制、起点低、基础条件薄弱等复杂原因,经济上相对落后;加上他们在人口数量上属于少数,在政治上和社会生活中容易被边缘化。为了确保他们不仅在法律上,而且在政治、经济和社会生活中能够与汉族处于平等地位,中华人民共和国成立以后,中国政府针对少数民族及其所相对聚居的区域,制定了一系列特殊政策和法律法规,旨在为少数民族充分享受国家赋予的平等权利提供可靠的政策法律保障,并帮助少数民族更快地发展。这些政策在半个多世纪的实践中取得了举世瞩目的成就。

中国现行法律法规体系有宪法、基本法及相关法规条例三个组成部分。

(I)《宪法》(1954年制订,2004年修订)

宪法序言定义:中华人民共和国是全国各族人民共同缔造的统一的多民族国家。国家保障各民族公民的平等权利并尽一切努力促进各民族共同繁荣。

第一章第四条强调各民族一律平等。国家保障各少数民族合法权益,维护和发展各民族平等、团结、互助关系。禁止对任何民族的歧视和压迫,禁止破坏民族团结和制造民族分裂。同时强调国家根据各少数民族特点和需要,帮助少数民族地区加速经济文化发展。各少数民族聚居地方实行区域自治,设立自治机关,行使自治权,但不能与国家分离。各民族有使用和发展自己语言文字的自由,有保持或者改革自己的风俗习惯的自由。

第三十条行政区划原则,规定全国分为省、自治区、直辖市;省、自治区分为自治州、县、自治县、市;县、自治县分为乡、民族乡、镇。自治州分为县、自治县、市。其中的自治区、自治州、自治县都是有立法权的民族自治地方。

第三十六条宗教，规定全国公民有宗教信仰自由。国家机关、社会团体和个人不得强制公民信仰宗教或不信仰宗教，不得歧视信仰宗教的公民，反之亦然。

第四十八条妇女，规定妇女在政治、经济、文化、社会和家庭生活等方面享有同男子平等的权利。国家保护妇女权益，实行同工同酬，培养和选拔妇女干部。

第一百一十二条，规定民族自治地方的自治机关是自治区、自治州、自治县的人民代表大会和人民政府。

第一百一十三条和一百一十四条：规定自治区、自治州、自治县的人民代表大会常务委员会应由实行区域自治的民族公民担任主任或者副主任。自治区主席、自治州州长、自治县县长由实行区域自治的民族的公民担任。

第一百一十五条：规定自治区、自治州、自治县的自治机关在本地行使国家机关的职权，同时依照宪法、民族区域自治法和其他法律规定的权限行使民族区域自治权，并根据本地方实际情况贯彻执行国家的法律、政策。

第一百一十六条：规定民族自治地方的人民代表大会有权依照当地民族的政治、经济和文化的特点，制定自治条例和单行条例。

第一百一十八条：规定民族自治地方的自治机关在国家计划的指导下，自主安排和管理地方经济建设事业。国家在民族自治地方开发资源、建设企业的时候，应当照顾民族自治地方的利益。

第一百一十九条：规定民族自治地方行政机关自主管理本地方的教育、科学、文化、卫生、体育事业，保护和整理民族的文化遗产，发展和繁荣民族文化。

第一百二十一条：规定民族自治地方行政机关在执行职务的时候，依照本民族自治地方自治条例的规定，使用当地通用的一种或者几种语言文字。

第一百二十二条：规定国家从财政、物资、技术等方面帮助各少数民族加速发展经济建设和文化建设事业。国家帮助民族自治地方从当地民族中大量培养各级干部、各种专业人才和技术工人。

第七节第一百三十四条：规定各民族公民有用本民族语言文字进行诉讼的权利。人民法院和人民检察院对不通晓当地通用语言文字的诉讼参与人提供翻译。在少数民族聚居或者多民族共居地区，应当用当地通用语言进行审理。起诉书、判决书、布告和其他文书应当根据实际需要使用当地通用的一种或者几种文字。

（Ⅱ）《民族区域自治法》和相关条例

1949年《中国人民政治协商会议共同纲领》和1954年《中国宪法》都规定中国少数民族聚居地区实行"民族区域自治"。这项制度于1947年率先在内蒙古试行。20世纪50年代中期在中国少数民族地区全面实施。结果，今日中国内地有5个民族自治区、30个自治州、120个自治县和1200多个民族乡。1984年，中国全国人民代表大会制订了《民族区域自治法》并于2001年修订。这部自治法的地位低于宪法，高于刑法和其他法规，具有基本法性质。中国政府认为它与全国人民代表大会和中国人民政治协商会议一起，构成今日中国的三大基本制度。《民族区域自治法》除重申和细化《宪法》赋予少数民族及少数民族地区的各项权利以外，还特别强调了少数民族地方的原住民权益，其中最重要的是：

第五十四条：上级国家机关有关民族自治地方的决议、决定、命令和指示，应当适合民族自治地方的实际情况（否则民族自治地方得申请暂时停止实施）。

第六十五条：国家在民族自治地方开发资源进行建设时，应照顾民族自治地方利益，照顾当地少数民族的生产和生活。国家对输出自然资源的民族自治地方给予一定的利益补偿。

第六十六条第三款：任何组织和个人在民族自治地方开发资源进行建设时，要采取有效措施，保护和改善当地的生活环境和生态环境，防治污染和其他公害。

中国国务院为保障民族区域自治法的实施，还于2005年颁布了《国务院实施〈中华人民共和国民族区域自治法〉的若干规定》：

第五条 上级政府及其职能部门在制订经济和社会发展中长期规划时，应听取民族自治地方和民族工作部门意见，根据民族自治地方的特点和需要，支持和帮助民族自治地方加强基础设施建设、人力资源开发，优化经济结构，合理利用自然资源，加强生态建设和环境保护，加速发展经济、教育、科技、文化、卫生、体育等各项事业，实现全面、协调、可持续发展。

上述两部法规赋予中国少数民族及少数民族自治地方如下权利：

1. 少数民族自治地方行政首长必须由当地少数民族出任。多民族自治地方的行政首长按该地方名称中排列的民族名次或人数顺序安排。

2. 少数民族自治地方享受中央政府在行政资金、发展资金、建设项目、扶贫基金和其他经济补贴上提供的优惠待遇。

3. 少数民族自治地方的教育和医疗机构可向当地民委申请资金帮助。少数民族居民子女在高等教育方面享受录取分数上的政策优惠。当地居民在教育和医疗两个领域遇到特殊困难可向当地民委申请补助。

4. 少数民族自治地方的政府有权且有责任推行当地民族语言文字。少数民族居民有权坚持民族宗教信仰和使用本民族语言文字。这项权利在法律诉讼中落实得最好。

5. 少数民族居民在结婚年龄、计划生育、语言文字、宗教信仰和生活习俗，包括民族节假日方面享受的权利最为实在。

第五章　异同之辨：项目影响视角下对桂东南汉壮民族的再认识

广西是中国 5 个自治区之一，壮族是在广西壮族自治区实施自治的主体民族；项目区所覆盖的 3 市 7 县区以壮族、汉族为人口的主体，壮族在这些地方也同样享有自治权利。

3.3　世界银行政策中的"少数民族"

世界银行一直十分重视投资项目的社会效益，特别是高度重视受项目影响居民尤其是少数民族和其他弱势群体权益的维护，并为此专门制定了世行业务政策 OP 4.10（少数民族）。OP4.10 基于广大第三世界国家"少数民族"情况的复杂性，以及各国对"少数民族"定义的分歧，没有给"少数民族"一个明确、统一的定义。但是，该政策指出：

在本政策中，"少数民族"一词作为其一般意义上使用，即独特的、弱势的社会文化群体，它不同程度地具有如下特征：

(a) 自我鉴定为某一独特的少数民族文化群体的一员，且该认定也为他人所认同；

(b) 集体依附于项目区内具有独特地理特征的居住区或祖传领地，并依附于这些居住区和领地的自然资源；

(c) 具有区别于主流社会和文化的传统文化、经济、社会或政治制度；

(d) 拥有区别于本国或本地区官方语言的少数民族语言。

某一群体由于"强制性隔离"失去了"他们集体依附的位于项目区内具有独特地理特征的居住区或祖传领地"，那么他们就适用于本政策的规定。确定某一群体是否属于本政策下所指的"少数民族"也许需要专家的意见。

根据以上表述，世界银行政策所关注的"少数民族"，具有三个方面的重要特征：一是主观认定，即"少数民族"必须有把自己与主体民族区别开来的族群意识，而且他们所在国家或地方的其他人/族群也认可这种区分；二是客观差别，即"少数民族"必须具有不同于主流社会和文化的传统文化及经济、社会和政治制度，并有非官方的独特语言；三是"少数民族"必须集体依附于某一具有独特地理特征的居住区或祖传领地及其自然资源禀赋，这是他们维持其传统文化及经济、社会和政治制度的基础，触动、占用它就容易使少数民族失去保持其独特性的根基。

3.4　两种政策框架下"少数民族"的比较

中国和世行政策中关于少数民族的确认，有一致之处：即少数民族身份首先必须是一种主观认定，这种主观认定不是少数民族单方面的主张，而是同时为其他社会成员所认同。但是，两者有一些重大区别：

· 247 ·

(1)世行政策中的"少数民族"有一个客观的根本区分特征,即他们是独特的社会文化群体,具有区别于主流社会和文化的传统文化、经济、社会或政治制度,而且很显然的,它强调的这种区分特征是当下的现实和事实。而在中国,少数民族之所以是少数民族,有可能是因为他们客观上依然程度不同地保持着不同于汉族的社会文化特征,如维吾尔族、藏族、彝族、苗族等;也可能是因为他们曾经具有独特的社会文化,而且那些特征是可以凭借历史文献、文物、民间口传资料等加以考证的,但现实生活中已不明显,甚至几乎完全消失,如土家族、满族、畲族以及因为长期散居、杂居而逐渐失去民族特点的少数民族成员,如东南沿海地区的回族,城市中的少数民族,等等。简言之,世行政策关注的"少数民族"是基于现实的特点,突出其特殊境遇,而中国确认的"少数民族"是基于历史事实,是通过国家法律明确并可以世代延续下去的身份,与少数民族集体和个体的当下实际境遇无关。

(2)世行政策强调"少数民族"具有弱势性,这种弱势性可能因为他们人数少,具有不同于主流社会的经济、社会、政治制度,一方面难于顺利从主流社会中分享各种机会,另一方面又容易被主流社会和文化所同化,所以在保持自身特点和获得发展机遇的能力上表现出弱势性和脆弱性。而中国的少数民族,则依据中国《宪法》和《民族区域自治法》,在国家政治生活的各个层面都有本民族代表,在其相对聚居的省(区)、州、县(旗)、乡镇普遍实行民族自治,按照本民族意愿发展经济和文化,并从上级政府和国家获得政策倾斜和财政支持,因此,中国少数民族无论在国家还是地方的政治、经济和社会生活中,并非弱势群体。

(3)世行政策强调"少数民族"集体依附于具有独特地理特征的居住区或祖传领地及其自然资源禀赋,换言之,少数民族聚居于具有独特地理特征的居住区或祖传领地,依靠其中的自然资源维持生计、共同生活,并因此得以保持其独特的传统文化和社会、经济或政治制度。在中国,少数民族与汉族、少数民族彼此之间不仅在国家疆域内自然形成"大杂居、小聚居"的分布格局,而且在省(区)、州、县(旗)、乡镇不同层次和范围的区域之内,也很少出现单一民族或族群单独居住和生活的情形,甚至在大多数村落当中,往往也是不同民族混杂居住在一起。而且中国大多数少数民族地区至晚在清代就实行了土地等基本生产资料的地主(个体)所有制,仅有部分荒山荒坡和河湖、水源林地以及一些被视为神山圣水而禁止开发的区域为村社集体所有。1950年代,国土资源实行国家所有和集体所有。属于集体所有的土地,其经营权也曾由村社集体支配,直到1980年代以后才以承包方式将土地经营权交给农户。也就是说,一个多世纪以来,中国少数民族并不是以民族或族群为单位集体地占有和使用居住区的自然资源。

(4) 世行政策还指出，"少数民族"往往"拥有不同于本国或本地方官方语言的少数民族语言"，而且使用非官方语言不是过去的事实，而是当下的语言状况。这种语言状况有复杂的含义，它不仅意味着，少数民族语言是少数民族成员沟通交流的重要工具，维系认同的重要纽带，族群文化的重要载体，因而需要少数民族共同生活来加以维系和传承的传统文化的重要内容；而且还意味着，由于对民族语言的依赖，少数民族中的大多数人或一部分人缺乏学习、使用官方语言的机会，因而与主流社会难以顺利地进行沟通，其知情权、参与权的维护存在语言障碍，语言障碍使少数民族成员相互间的依存性增强，面对外部世界特别是主流社会则凸现出弱势性。在中国，是否拥有（使用）区别于国家和地方的官方语言的少数民族语言，固然也是认定少数民族的一个依据，但不是必要条件，也不必是当下的事实，绝大多数民族如满、畲、土家、回、仡佬、白、赫哲、达斡尔等，一部分蒙古、苗、壮、瑶、布依族等，特别是杂居、散居的少数民族，基本上不是以少数民族语言为识别的依据。

3.5 小结

综上所述，世界银行所关注的"少数民族"和中国的少数民族存在着许多重大差别。中国政策框架下的"少数民族"比世界银行政策框架下的"少数民族"要宽泛得多，中国很多少数民族并不具备世界银行政策所关注的那些特征。因此，不能直接简单地将世界银行的少数民族政策普遍地套用于中国的少数民族。究竟中国的哪些少数民族，或哪些少数民族的特定族群符合世行政策 OP4.10 的要求，需要深入的调查研究和分析论证。

4 土地制度

4.1 国家基本土地制度

中国的基本土地制度，集中体现于《中华人民共和国土地管理法》（以下简称《土地管理法》）。《土地管理法》于 1986 年 6 月制定颁布执行，迄今已经过 1988 年、1998 年、2004 年三次修订。最新版《土地管理法》（2004 年修订）明确规定：

第二条 中华人民共和国实行土地的社会主义公有制，即全民所有制和劳动群众集体所有制。

全民所有，即国家所有土地的所有权由国务院代表国家行使。

任何单位和个人不得侵占、买卖或者以其他形式非法转让土地。土地使用权可以依法转让。

国家为了公共利益的需要，可以依法对土地实行征收或者征用并给予补偿。

国家依法实行国有土地有偿使用制度。但是，国家在法律规定的范围内划拨国有土地使用权的除外。

第三条 十分珍惜、合理利用土地和切实保护耕地是我国的基本国策。各级人民政府应当采取措施，全面规划，严格管理，保护、开发土地资源，制止非法占用土地的行为。

第四条 国家实行土地用途管制制度。

国家编制土地利用总体规划，规定土地用途，将土地分为农用地、建设用地和未利用地。严格限制农用地转为建设用地，控制建设用地总量，对耕地实行特殊保护。

前款所称农用地是指直接用于农业生产的土地，包括耕地、林地、草地、农田水利用地、养殖水面等；建设用地是指建造建筑物、构筑物的土地，包括城乡住宅和公共设施用地、工矿用地、交通水利设施用地、旅游用地、军事设施用地等；未利用地是指农用地和建设用地以外的土地。

使用土地的单位和个人必须严格按照土地利用总体规划确定的用途使用土地。

第五条 国务院土地行政主管部门统一负责全国土地的管理和监督工作。

县级以上地方人民政府土地行政主管部门的设置及其职责，由省、自治区、直辖市人民政府根据国务院有关规定确定。

第八条 城市市区的土地属于国家所有。

农村和城市郊区的土地，除由法律规定属于国家所有的以外，属于农民集体所有；宅基地和自留地、自留山，属于农民集体所有。

第九条 国有土地和农民集体所有的土地，可以依法确定给单位或者个人使用。使用土地的单位和个人，有保护、管理和合理利用土地的义务。

第十条 农民集体所有的土地依法属于村农民集体所有的，由村集体经济组织或者村民委员会经营、管理；已经分别属于村内两个以上农村集体经济组织的农民集体所有的，由村内各该农村集体经济组织或者村民小组经营、管理；已经属于乡（镇）农民集体所有的，由乡（镇）农村集体经济组织经营、管理。

第十一条 农民集体所有的土地，由县级人民政府登记造册，核发证书，确认所有权。

农民集体所有的土地依法用于非农业建设的，由县级人民政府登记造册，核发证书，确认建设用地使用权。

单位和个人依法使用的国有土地，由县级以上人民政府登记造册，核发证书，确认使用权；其中，中央国家机关使用的国有土地的具体登记发证机关，由国务院确定。

确认林地、草原的所有权或者使用权，确认水面、滩涂的养殖使用权，分别依照《中华人民共和国森林法》、《中华人民共和国草原法》和《中华人民共和国渔业法》的有关规定办理。

第十二条　依法改变土地权属和用途的，应当办理土地变更登记手续。

第十三条　依法登记的土地的所有权和使用权受法律保护，任何单位和个人不得侵犯。

第十四条　农民集体所有的土地由本集体经济组织的成员承包经营，从事种植业、林业、畜牧业、渔业生产。土地承包经营期限为三十年。发包方和承包方应当订立承包合同，约定双方的权利和义务。承包经营土地的农民有保护和按照承包合同约定的用途合理利用土地的义务。农民的土地承包经营权受法律保护。

在土地承包经营期限内，对个别承包经营者之间承包的土地进行适当调整的，必须经村民会议三分之二以上成员或者三分之二以上村民代表的同意，并报乡（镇）人民政府和县级人民政府农业行政主管部门批准。

第十五条　国有土地可以由单位或者个人承包经营，从事种植业、林业、畜牧业、渔业生产。农民集体所有的土地，可以由本集体经济组织以外的单位或者个人承包经营，从事种植业、林业、畜牧业、渔业生产。发包方和承包方应当订立承包合同，约定双方的权利和义务。土地承包经营的期限由承包合同约定。承包经营土地的单位和个人，有保护和按照承包合同约定的用途合理利用土地的义务。

农民集体所有的土地由本集体经济组织以外的单位或者个人承包经营的，必须经村民会议三分之二以上成员或者三分之二以上村民代表的同意，并报乡（镇）人民政府批准。

第十六条　土地所有权和使用权争议，由当事人协商解决；协商不成的，由人民政府处理。

单位之间的争议，由县级以上人民政府处理；个人之间、个人与单位之间的争议，由乡级人民政府或者县级以上人民政府处理。

当事人对有关人民政府的处理决定不服的，可以自接到处理决定通知之日起三十日内，向人民法院起诉。

在土地所有权和使用权争议解决前，任何一方不得改变土地利用现状。

4.2 农村土地制度

中国农村土地制度在《土地管理办法》中已经明确规定，即农村土地资源属于集体所有。农村土地所有权属于村民集体，但土地使用权自1980年前后就以联产承包的形式让渡给个体农户，中国政府通过立法来保障农民对农村土地使用权的长期合法占有。《中华人民共和国农村土地承包法》（2003年3月1日起施行）规定：

第四条：国家依法保护农村土地承包关系的长期稳定。

第九条：国家保护集体土地所有者的合法权益，保护承包方的土地承包经营权，任何组织和个人不得侵犯。

第十条：国家保护承包方依法、自愿、有偿地进行土地承包经营权流转。

第二十条：耕地的承包期为三十年。草地的承包期为三十年至五十年。林地的承包期为三十年至七十年；特殊林木的林地承包期，经国务院林业行政主管部门批准可以延长。

第二十四条：承包合同生效后，发包方不得因承办人或者负责人的变动而变更或者解除，也不得因集体经济组织的分立或者合并而变更或者解除。

第二十六条：承包期内，发包方不得收回承包地。

第二十七条：承包期内，发包方不得调整承包地。

第三十二条：通过家庭承包取得的土地承包经营权可以依法采取转包、出租、互换、转让或者其他方式流转。

第四十二条：承包方之间为发展农业经济，可以自愿联合将土地承包经营权入股，从事农业合作生产。

4.3 项目区土地制度

广西壮族自治区是以壮族为主体民族实行民族区域自治的省级行政区。《民族区域自治法》第四条明确规定：

"民族自治地方的自治机关行使宪法第三章第五节规定的地方国家机关的职权，同时依照宪法和本法以及其他法律规定的权限行使自治权，根据本地方的实际情况贯彻执行国家的法律、政策。"

根据相关法律，围绕土地资源管理，广西壮族自治区自治机关先后制定颁布了《广西壮族自治区实施〈中华人民共和国土地管理法〉办法》（2006年修订）、《广西壮族自治区农村集体经济承包合同管理条例》（1999年5月29日颁布实施）、《广西壮族自治区农业环境保护条例》（2004年6月3日修订）、《广西壮族自治区土地监察条例》（1996年5月28日颁布实施）等，对农村土地资源的权属、开发利用方式、征用、补偿标准及行政监督管理等做了明确规定。这些规定都是对国家相关法律条文的重申和细化，其原则和精神不变。

4.4 小结

认真审查中国现有的关于土地制度的法律文件，可以看到，中国实行统一的土地公有制度，不存在祖传领地，也没有土地及其他自然资源的民族或族群占有形式。农村土地属于集体所有，在单一民族或族群自成聚落的地方，集体占有和族群占有自然重合，但族群占有只是表象和形式，村社集体占有、经营权由个体依法长期承包才是事实。况且中国的民族分布具有"大杂居、小聚居"的特点，在乡镇和行政村、自然村当中，多民族杂居的情况占多数，所以，集体所有的土地及自然资源是由村社的成员所共享，不存在民族或族群排他性。

5 少数民族

5.1 少数民族概况

5.1.1 广西少数民族概况

广西是中国5个省区级民族自治地方之一。全区有14个地级市，113个县（市、区），其中12个民族自治县，3个享受自治县待遇县；1321个乡镇，其中民族乡58个。广西是以壮族为主体的少数民族自治区，也是全国少数民族人口最多的省区，境内居住着汉、壮、瑶、苗、侗、仫佬、毛南、回、京、彝、水、仡佬等12个世居民族。2003年末，全区总人口4857万人，其中少数民族人口1852.14万人，占38.13%。少数民族中，壮族有1589万人，占少数民族人口85.79%，主要聚居在南宁、柳州、崇左、来宾、百色、河池6个市。瑶族150.02万人，占全区少数民族人口8.10%，主要分布在柳州、桂林、贺州、百色、河池、来宾6个市。苗族47万人，占少数民族人口2.54%，主要分布在融水、隆林等县（自治县）。侗族32万多人，占1.73%，主要聚居在三江、融水、龙胜3个自治县。仫佬族17万多人，占全区少数民族0.92%，主要聚居在河池市。毛南族7万多人，占0.38%，主要聚居在河池市。回族3.1万人，主要分布在南宁、柳州、桂林3个市。京族2.15万人，主要聚居在东兴市江平镇的万尾、巫头、山心三岛，是广西独有民族。彝族0.72万人，主要分布在隆林、那坡和西林县（自治县）。水族1.35万人，主要分布在融水、宜州、环江和南丹县（自治县、市）。仡佬族0.28万人，主要聚居在隆林各族自治县。

5.1.2 项目沿线少数民族概况

在项目经过的宾阳、贵港、桂平、平南、藤县、苍梧、梧州等市县，世居少数民族只有壮族和瑶族。而统计资料上所显示的其他少数民族成分，都是通过工作、婚嫁进入项目区的，不是世居族群。

宾阳县少数民族近20万人，约占总人口20%，其中98%是壮族，主要分布在黎塘、和吉、王灵等乡镇。在项目施工区域范围内（即铁路线位两侧各10公里左右），没有世居瑶族分布；铁路经过黎塘、和吉两乡镇，黎塘镇的帽子村、凤鸣村、启明村、新圩村、龙胜村等5村，和吉镇的平桥村、大邦村、三民村、新安村、燕山等5村，有世居壮族与汉族混杂居住。瑶族4千多人，聚居于邹圩镇白莲行政村，不在项目区范围内。

贵港市区世居少数民族只有壮族，分布在项目沿线的覃塘区覃塘镇、黄练镇，铁路行经的12个行政村基本上都是汉壮杂居的村落。

桂平市世居少数民族约12万人，其中壮族约占95%，瑶族约有6千人。瑶族集中分布在施工区域以外的紫荆镇木山、元安2个行政村；壮族主要分布在市境北部山区的石龙、蒙圩2个乡镇。在项目沿线8个乡镇约30个行政村中，没有世居壮族分布其间。

平南县有少数民族92596人，其中瑶族81463人，壮族10800人，其他因婚嫁、工作等进入的少数民族333人。世居少数民族即瑶族、壮族集中分布在北部大瑶山南侧的马练瑶族乡、国安瑶族乡、大鹏镇（享受民族乡待遇）；镇隆镇有一个壮族自然村。平南县项目沿线施工区域内没有世居少数民族村落。

藤县有世居少数民族6千余人，主要分布在大黎镇，其中壮族400多人，其余是瑶族。项目沿线没有世居少数民族分布。

苍梧县全县少数民族5000人左右，瑶族、壮族属于世居民族，集中在4个行政村：六堡镇的山坪，狮寨镇的岛朝、木皮，是瑶族村；广平镇的思化村为壮族村。其他零星通过婚姻、工作进入的还有10个民族成分。少数民族均不在项目施工影响区域范围内。

5.2 项目区农村居民生计

项目区是广西重要农业区。农村居民主要靠土地谋生，长期以种植、养殖为主要生计，采集、渔猎资源缺乏，林业资源也很少。由于农业生产条件比较好，人口增长快，外来移民多，人口密度大，人地关系比较紧张。目前人均耕地在0.5—0.8亩之间。因各乡村区位不同，耕地拥有量有差别，水田、旱地比例也不同，总体上水田约占60%，旱地占40%，少数农户在房前屋后或田边地角辟有一小块园地，种葱、姜、蒜、瓜等；未开发的荒山荒坡等可利用土地资源储量

第五章 异同之辨：项目影响视角下对桂东南汉壮民族的再认识

不多。

种植业分水田、旱地来确定农作物。水田普遍以杂优水稻种植为大宗，一年两熟，单产平均400—600公斤，大米市场价格1.8—2元，亩均生产成本500元左右（包括种子、化肥、农药、机耕费、灌溉费等）；部分农户春季种一季水稻保口粮（一般人均年口粮需求为400斤大米），夏季种一季经济作物，有荸荠、莲藕、蔬菜等，产值比种水稻稍高。旱地一般以种甘蔗、玉米为大宗，种少量黄豆、花生等榨油自用或出售，少数农户还种有土豆、木薯等。由于项目区是重要蔗糖产区，地方政府鼓励农户种甘蔗，由糖厂与农户签订合同，亩均纯收入在600元左右。

沿线村庄的农时安排（农历）一般是：正月元宵节后至二月初，种花生、玉米、甘蔗；2月犁田、耙田、播秧；3月中旬至4月中旬插秧；5月田间护理；6月份夏收夏种（俗称"双抢"）；7月至9月：剥甘蔗叶，田间护理，剩余劳力在附近城镇打零工；10月秋收；11月至次年2月左右砍甘蔗，剩余劳力在11月至12月外出打零工。

养殖业一直普遍以生猪养殖为主，分肉猪和母猪。由于饲料、仔猪价格上涨，照料上投入人工较多，而项目区有大量精壮劳动力外出务工，农户人手普遍缺乏，尤其是农忙季节非常繁忙，所以近半数农户已有多年不再养猪，只有劳力比较富裕的家庭才能常年畜养。约1/4农户养有役畜，以水牛为主，少数养黄牛或马匹。多数家庭养鸡、鸭、鹅等家禽，多留作年节菜肴，少数农户也出售家禽应付家庭临时开销。

20世纪80年代中后期，项目区农村剩余劳动力开始大量到广东一带打工。外出务工成为一般农户主要现金收入来源。外出人员年龄在17、18岁至40岁左右。务工地以广东最集中，约占90%，其余到上海、浙江等长三角地区。多选择民营、外资企业，在电动玩具、服装、食品加工、建筑等行业居多，人均月工资在1500元左右，没有经验的年轻人、女性收入相对较低。约有5%左右的外出人员，通过承包工程、承包耕地、批发小商品等方式取得收益，这类人员的年收入一般在3—5万元，个别成为有上百万家底的富裕户。

农户的收入构成大约是：种植占30%—50%，务工占40%—50%，养殖占5%—10%，其他经营占5%—10%。村庄之间、农户之间情况差别比较大。靠近城镇、交通方便的村庄多发展商品农业，外出人员比较少，种植、养殖和其他经营的收入比例大，如覃塘镇的龙岭、大郭，和吉镇的大邦等；远离城镇、比较闭塞的村庄，主要靠外出务工，如黄练镇的张团村，黎塘镇的启明村；而和吉镇的三民村、黎塘镇的凤鸣村则因为耕地比较多，种植、养殖占农户收入比重大。

农户的支出，生活消费约占收入的40%左右，生产投入约占收入的20%，

255

人情开销约占5%—10%；教育投入差别很大，有些家庭几乎没有投入，而部分家庭约占到50%，个别家庭甚至因为孩子上高中、上大学而举债度日；医疗开支约占10%，项目区农户都参加了由政府主导的新型农村合作医疗基金，大病医治已基本有保证。农户最主要的负担主要是住房和子女婚嫁，往往要靠十多年的长期积攒才能建房，而子女婚嫁尤其是儿子结婚往往也要耗掉一家人数年的积蓄。

5.3 壮族社会文化与生计

5.3.1 壮族概况

根据中国2000年第五次全国人口普查资料，壮族总人口为1617.88万人。其中，城镇人口361.97万，占总人口的22.37%；乡村人口1255.92万，占77.63%。

壮族在全国的31个省、自治区、直辖市中均有分布，除广西外，壮族人口在10万以上的还有云南、广东两省，壮族人口超过1万的还有贵州、海南、湖南和河北省。

2007年末，广西约有壮族1650万人，约占全区总人口的33%，占全国壮族人口的90%以上。主要分布在南宁、柳州、百色、河池、来宾、崇左、防城港、贵港、钦州等市。

壮族历史悠久，是华南地区重要的原住民。学术界主流意见认为，壮族源于中国南方古老民族"越人"，尤与越人中的"西瓯"、"骆越"等支系有密切的渊源关系。自称有"布壮"、"布农"、"布依"等20多种。

传统上，壮族以农业为主要生计，善于种植水稻和家畜家禽养殖，渔猎采集经济不发达。生计模式和经济发展水平与同一地区的汉族相差不大。多选择自然灌溉条件较好的平原、低山或依山傍水的河谷地带居住。在平原与低山地区多与汉族杂居，局部以自然村为单位形成小聚居；在山区多与瑶族、侗族、苗族杂居，但局部也形成自然村或行政村的小聚居格局。

同一村落的人们往往兼有血缘和地缘双重联系，彼此之间在生产生活上守望相助，家族、宗族组织不发达。婚姻实行一夫一妻制，民间盛行"不落夫家"的婚俗，即婚后新娘常住娘家，怀孕临产才正式到婆家生活。与汉族及相邻其他民族之间保持通婚关系，以核心家庭和扩大家庭最为普遍。

壮族有本民族语言，但日常族际交往多用汉语方言。壮语属汉藏语系壮侗语族壮傣语支，分北部方言和南部方言。其先民历史上曾仿汉字创造了方块壮字，称"土俗字"，主要用于记录歌词等。1950年代中央政府授命专家创制了拉丁字母壮文。在广西，有固定的壮语电视和广播节目，有壮文报纸、图书等出版物。

壮族文化艺术内容丰富、形式多样。左江崖壁画是两千年前壮族先民创造的艺术瑰宝。男女老少年节和日常歌会俗称"歌圩",闻名遐迩。

传统民居有吊脚楼、砖瓦平房,民族特点不突出。1980年代以来混砖小洋楼比较时兴。壮族传统服饰是用自纺自织自染的深青色布制作的长裤和有领短上衣。现在普遍从市场上购买成衣。民族服饰已经很少见。

重大节日有农历春节、三月三、中元节(俗称"鬼节")等。

信奉多神,主要是鬼神崇拜和祖先崇拜。丧葬多实行二次葬,民间重视风水。道教和佛教在民间也有一定影响。

表5-3 实地调查村庄资源与生计方式一览表

村庄	全村人口(人) 总人口	户数	劳力	壮族比例	外出劳力	资源(亩) 耕地	水田	旱地	产业 种植	养殖	其他经营	收入(元) 月劳务收入	人年均纯收入
黄练	5170	1100	2400	4%	1100	2300	1700	600	水稻、甘蔗、玉米	生猪、仔猪	做生意	1400	2250
张团	2590	440	1300	100%	400	1200	800	400	水稻、甘蔗、玉米	生猪	/	1300	2100
大郭	6400	1450	3200	98%	1800	4200	3200	800	水稻、甘蔗、马铃薯	生猪、仔猪、黄牛、水牛	手艺、做生意	1500	4000
龙岭	6337	1520	3500	15%	1000	3650	3500	150	水稻、莲藕、马蹄、蔬菜	立体养殖:猪、鸭、鱼	手艺、做生意	1600	约5000
凤鸣	6580	1370	4000	50%	1370	5800	3700	2100	水稻、甘蔗、莲藕	/	/	1500	2400
启明	4258	990	1800	85%	500	6100	2100	4000	水稻、甘蔗、蔬菜	生猪、仔猪	/	1600	3800
三民	5326	1200	2700	30%	2000	7200	3600	3600	水稻、甘蔗、蔬菜、龙眼	生猪、水牛	/	1500	5000
大邦	3051	725	1600	37%	400	3056	1800	1250	水稻、甘蔗、蔬菜、烟叶	生猪、仔猪、黄牛、水牛	做生意	1300	3056

5.3.2 项目区壮族生计方式

本项目区壮族人口约33万,绝大多数与汉族混杂居住,只在10多个自然村形成小聚居。生产生活习俗、经济状况与生产技能与本地汉族基本相同。

下面以大郭村和凤鸣村为例说明项目区壮族的经济和社会文化现状。

(I) 大郭村[①]

【人口与社会】

大郭村由 8 个自然村组成，共有 1450 多户、6400 多人，分为 42 个生产小组。全村有约 3300 个劳动力，63 个党员。全村原来都是壮族，由于平龙水库（1958 年修建）有水利移民安置在这里，现有 80 多名汉族移民杂居。

村里有黄、韦、曾、易、陈、李、蒙、何、陆、覃等姓氏，黄姓人口最多，有 16 个生产队都姓黄；蒙、何、韦姓次之。全村没有一所宗族祠堂，也没有家族组织。清明节都是各家各户自己祭祀祖先，没有家族祭祀活动；同姓同宗的各个小家庭之间，在红白喜事上互相帮忙要更主动一些，但有事村里乡邻都会来帮忙。

现在年轻人结婚都比较晚，不愿意多生多养，不管生男生女，生一到两个孩子就自己去绝育。一般家庭都是 3—4 或 5—6 口人，老人跟着子女过。结婚对象不管是哪个民族，谈得来、会过日子就行。

村里的公共事务由村民委员会来负责，村民之间的纠纷也由村委会来调解。村民委员会是根据国家《村民组织法》（1998 年制定颁布）的有关规定、由村民代表大会民主选举出来的。村委会处理不了的事务，交由乡镇政府处置，当事人不愿接受调解的，可以选择向乡镇、县（市、区）司法机关申请法律诉讼。

【资源与生计】

全村土地有 5000 多亩，分水田、旱地，没有林地、荒坡和草场。其中水田 4200 多亩，旱地 800 多亩。周围有几座石山，草木很难生长，前些年有外地老板要挖石头烧石灰和水泥，村民讨论同意后就包给老板做采石场了。

1950 年前，村上的土地多数是几户大地主的。一般村民有的有点土地，但仅能糊口；有的没有土地，只能给别人当长工。中华人民共和国成立后，政府把土地均分给农民，搞单干。1957 年以后搞合作社，土地收归集体。1980 年秋后，开始丈量土地，分配到户，搞联产承包。按照各家各户在农村吃粮的人口，不论男女老幼，平均分配土地。从此各家管理自己的田地，没有再调整过。原来老人、女孩多的人家，老人去世、女儿出嫁到外村，土地都留下来，这些家庭人均土地就增加了；那些儿子多、没有老人的人家，等儿子们长大娶媳妇、生孩子，添丁加口，分家分蘖，土地就越来越少。

水田主要种水稻，果蔬也主要种在水田里。旱地种玉米、花生、瓜类。水稻一季单产 1000—1400 斤左右（有早籼稻、油籼、桂华籼、泰国 18 等优质品种），一年两熟。干谷市场价格每市斤 1.4 元，大米 2 元。收完稻谷后种马铃薯，亩产

[①] 根据执行方 2009 年 1 月 22 日实地调查所掌握的第一手资料整理。

3000—6000 斤（用免耕技术；市场价 0.8—1.0 元）。种水田每亩成本：每季农药 80—100 元，化肥 100 元，种子 50 元左右，机耕费 80—100 元，水费按年度交 28 元，收割费 80—100 元；旱地：用农药少一些，每季 40 元左右，其他与水田差不多。种玉米耗用农资少，种花生易出现病虫害，投入也多。

一般家庭都养猪，养母猪的多一些。由于侍弄猪需要人手，那些劳动力比较少的农户就没办法养猪。肉猪 4—6 个月出栏，净收入几百元。猪仔 90 天出栏，每头约 50 斤左右，每市斤价格约 6 元（2007—2008 年）；一般每窝 10—12 头，收入 1500 元左右。本村农户还养牛，水牛多一些，黄牛也有，都是用来耕地犁田。此外养鸡、鸭、鹅等也比较普遍。

本村人均纯收入大约在 4000 元左右，主要依靠外出务工。务工月收入平均 1500 元左右，一般男的收入稍高一些，但花销也多；女的收入少一点，但比较节省。

村民现在多住楼房，但还有约 15% 的家庭住瓦房。低保户有 60 户左右，五保户 10 多户，孤儿 5 人，共约 100 人享受最低生活保障。实际需要照顾的约 300 人。

全村有 1800 多人外出务工，分田到户以后逐渐外出，1990 年以后外出更多。从事的行业比较多，有进厂、建筑、运输、帮人种菜等。

【文化与习俗】

本村重视教育，大学生每年都有 10 来个，2004 年一年有 15 个，是历年最多的。年轻人中学毕业占 60% 以上；全村基本扫除了文盲。

本村的节日主要是春节。节庆活动就是看年轻人打篮球比赛，本村内部自己打，也跟邻村比赛。其他时间因为年轻人不在家，很少有活动，也不热闹。村民比较看重的还有"七月半"（中元节），也比较隆重。

本地的生产活动一般按农历来推算。正月春节一过，年轻人就开始外出找工作，留在家里的人准备春耕，种甘蔗；2 月种花生、黄豆、玉米；3 月初播种，月底栽秧；4 月至 6 月，田间管理，算是农闲，在家的青壮年也有在附近打短工的；6 月底至 8 月初：抢收（拔花生、收玉米、割水稻等）抢种；8 月中旬至 10 月中旬：农闲，田间管理，空闲的时候在附近找工做；10 月底：收割，部分冬种（种蔬菜、马铃薯）。11 月中旬到春节前又比较闲，可以打零工。

村里没有人穿民族服装，大约民国时期就没有了。

村里人平时说壮话，但是本地的壮话，跟武鸣、柳州的壮话不一样，不过能听得懂。

村里没有信奉各种宗教的教徒，没有神庙等宗教设施。家家户户在自家堂屋都设有祖先牌位，逢年过节要上香、供奉祭品；清明节各家各户扫墓、祭祖。老人过世后土葬，第一次下葬是暂时的，三四年后拾骨再葬才是永久性的。遇到工程建设，就重新选择墓地。村上没有固定的坟山，都是在周围找风水相宜的地方作墓地。

（Ⅱ）凤鸣村[①]

【人口与社会】

全村1370户、6580人，劳动力占60%左右。有6个自然村、35个村民小组。壮族、汉族各占50%。姓氏有卢、刘、古、巫、张、韦、黄、覃、苏、陆、石、陈，大姓有卢姓（200户左右）、刘姓（150户左右）、古姓（150户左右）、巫姓（150户左右）。全村汉族、壮族都没有祠堂。2000年以后各自然村自发组织理事会，同村各个姓氏都参加，理事会主要是张罗公益事业，如修路、架桥、通水以及操办红白喜事等。对外交涉等事宜一般由村委会来沟通解决。

【资源与生计】

全村耕地5800多亩，其中水田3700多亩，其余是旱地；林地属于生态公益林，现在已经纳入林业局管理。每村有一、两个鱼塘，合计约几十亩。

水田主要种水稻、莲藕、大葱（一部分家庭在下半年种），一年两季，水稻单产400公斤左右，莲藕亩产3000斤左右（2008年市场批发价1元钱左右，一年一收）；大葱亩产4000斤左右（2008年老板来收购每市斤8角；按照本地的经验，每市斤3角钱小赚不赔）；旱地种玉米（亩产700斤左右，一年两熟；一斤市价7角5分）、花生（少量种植，主要用于榨油，亩产500—600斤干花生，花生油市场价格每斤8—10元）、糖蔗（平均亩产4吨，收购价每吨280元）。每亩投入成本：水稻约450元（化肥、农药、机耕、种子、地膜、水费，还有部分人工费）；莲藕约2000元；花生约200元；玉米约150—200元。

生产季节：春节过后开始种花生、玉米、甘蔗；2月份播秧，3月中旬至4月中旬插秧；6月份"双抢"；7月至9月剥甘蔗叶；10月秋收；11月至次年2月砍甘蔗。种甘蔗一年四季都要料理，基本没有清闲的时候。

外出务工：平均每户有1个人在外务工，但是这几年不是很稳定。外出收入每月一般在1500元左右，老出门、有经验的人收入高一些。农民人均纯收入2000多元。

【文化习俗】

村里汉族和壮族混杂在一起生活了很多年，互相通婚，彼此不是亲戚就是朋友。壮族在自己家里讲壮话，出门一般讲客家话，年轻人土白话、客家话、普通话都会讲，壮话讲得少。生产生活习俗大家都一样，分不出哪个民族有特殊的地方。

[①] 根据执行方2009年1月23日实地调查所掌握的第一手资料整理。

村里没有信仰基督教、天主教或者是佛教、道教的人,也没有什么宗教设施。各家各户在自家堂上供奉祖先牌位,年节的时候上香、供奉时鲜水果和饭菜酒肉。清明节到自家祖坟上扫墓、放鞭炮、献祭品。人死入土为安,对风水比较在意,不能随便迁坟;不得已的时候,要选好新的墓地,举行仪式之后才能动。村里和周围地方差不多都是一样的习俗。

5.4 汉壮民族比较

项目区壮族是当地土著民族,汉族则是自秦汉以来历代中央王朝开发岭南地区的中原移民,以及经商、谋生等各种内地移民的后裔。两个族群在当地混杂居住由来已久,至晚在清末民初就形成了目前杂居共处的分布格局。综合民间口碑、地方文献、学者研究和现场观察等多方面信息来判断,当地的族群关系向来和谐,村庄之间、居民之间生产生活上的互惠往来十分密切,彼此通婚,族群意识比较淡漠,人们很少把村庄、家庭、个人的境遇与族群背景联系起来,不存在族群歧视或偏见。族群之间在社会文化方面的融合程度比较高,族际差别已很模糊。

从比较的角度看,壮族和当地汉族最大的区别,就是壮族普遍拥有本民族语言即壮语,壮语一般在壮族家庭内部、壮族占多数或纯壮族的自然村内使用。壮族对外交往一般使用当地的土白话、客家话或普通话。而在生计方式、生活习俗、宗教信仰等方面,壮族与当地的汉族基本相同;在土地制度、基层社会的政治制度和组织形式等方面,当地壮族和汉族完全一致。简言之,半个多世纪以来,项目区壮族已经融入当地主流社会和文化当中,民族特征正趋于消失。

5.5 小结

综上所述,执行方认为:项目区壮族在中国被确认为少数民族,但他们在生计方式、人员素质、社会结构、政治制度、文化习俗等方面,与本地汉族没有明显区别,已经与当地的主流社会和文化相融合,不属于世行 OP4.10 所定义的"少数民族";也不会因本项目而受到不同于汉族居民的特殊负面影响。

6 贫困与社会性别

6.1 贫困状况

6.1.1 概况

广西是中国经济发展相对滞后的省区,全区有 28 个国家扶贫工作重点县,

21个自治区扶贫工作重点县,整体性贫困问题突出的主要分布在桂北、桂西、桂西北的各个民族自治县及百色、河池等地区的岩溶山区各县。截止2005年底,全区尚有86万人没有解决温饱,有326万低收入贫困人口,贫困人口占全区总人口的7%。2008年,全区纳入农村低保①范围的对象共162.8万人,占全区农业人口的4%;据各级政府排查统计,全区符合农村五保供养条件的对象有33.98万人②。

项目区是广西农村居民生产生活条件比较优越的地区,农村居民基本解决了温饱。尽管有少数村庄的人均收入水平在2000元左右,但绝对贫困和没有解决温饱问题的农户比较少。根据RAP团队实地调查掌握的数据,项目区共有贫困户10395户,约5万人;贫困人口占农村总人口的比例不足万分之一。所以,贫困问题不突出。

表5-4　南广铁路沿线受影响村弱势群体情况一览表

省区	地区(市)	县(区)	五保户(人)	残疾人(人)	贫困户(户)	妇女当家(户)
广西	贵港市	港北区	274	581	1479	1287
		桂平市	844	1201	2940	3033
		平南县	353	295	984	775
		覃塘区	199	405	1600	494
	南宁市	宾阳县	135	281	582	525
	梧州市	苍梧县	243	389	702	983
		藤县	1598	2317	2108	804
累计	3	7	3646	5469	10395	7901

注:表5-4根据承担本项目移民安置调查任务的西南交通大学专家组实地调查收集整理。特此说明并致谢!

6.1.2 贫困原因分析

根据执行方实地调查了解的情况,这部分人口之所以贫困,其原因主要有:

(1) 家庭人均耕地少,口粮不能自给,更没有余粮发展家庭养殖等增加收入,造成粮少钱少、钱少粮更少的恶性循环。即:耕地少——口粮缺——养殖难——田间投入少——产量低——粮食缺口进一步扩大。这部分居民耕地之所以少,是由于实行联产承包责任制以后,家庭人口增长较快,而新增人口没有赶上

---

① 区农村低保标准为人均年纯收入低于683元/年,即2005年全国温饱线水平。月人均获得补助20元。
② 为保障农村五保对象的基本生活,自治区规定按每人每月15公斤米、30元钱、0.5公斤食用油的标准,对全区五保对象实行供养。

土地再分配的机会造成的。这在农村是比较普遍的现象。从调查数据统计分析看，项目区居民家庭食物消费开支平均达到总收入的20%—30%，因此，即使有外来收入，大部分也用于解决口粮，无法增加再生产投入。

（2）劳动力缺乏。项目区居民家庭收入的30%—50%来自劳动力外出务工收入，部分家庭因为家庭成员多老弱病残障，精壮劳力少，不仅无人外出打工挣钱，甚至连自家的土地都无法精细地经营。这种家庭几乎每个村组都有2—3户，是最困难的人群。

（3）因病致贫和因学致贫。项目区居民家庭的消费支出中，医药、教育两项开支平均约占25%，而且都是现金支出，对居民造成很大负担。由于国家正在大力推行新型合作医疗，并抓紧落实"普六"、"普九"，因此，因病、因学致贫的情况在近期可望有所缓解。

6.2 贫困的民族关联性

在项目区，贫困与少数民族不存在关联性。

整体上，村庄的民族结构与村庄的经济发展水平、居民收入没有内在联系。从执行方所调查的8个行政村的情况看，贵港市覃塘区黄练镇的张团村基本上是一个纯壮族的行政村，农民人均收入2100元左右；该镇的黄练村庄居民以汉族为主，农民人均收入也仅有2200元左右。相邻的覃塘镇大郭村基本上都是壮族，人均收入则在4000元左右；邻村龙岭村汉族占主体，人均收入也接近5000元。2镇4村的差距主要是由区位差异造成的。黄练镇是覃塘区几乎没有工矿企业、仅有2万多人、一条二级公路通过的小镇，辐射带动能力小，全镇农民人均纯收入仅2200元左右。所以，城镇边缘的黄练村庄和离小镇3公里的张团村，都以传统种植业为基本生计，靠外出务工增加收入，而且由于长期经营传统种植业，人员现代素质相对较差，外出务工也多从事技术含量低、收入低的行业，如在服装加工、电动玩具的生产链上从事简单劳动，或者在建筑行业从事重体力劳动，收入不高。而覃塘镇是覃塘区政府所在地，铁路、公路、水运十分便利，城市人口超过10万，厂矿、企业比较多，第二、第三产业比较发达，带动了农业的商品化，全镇农民人均纯收入在4500元左右。大郭村、龙岭村利用其地处城郊的区位优势，发展商品农业，效益好；部分农户在城里开饭馆、小商店、贩运蔬菜、跑运输、开出租车等等，收入渠道多；外出务工人员在广东等地主要是租用当地农田种植水果、蔬菜供应市场，或者在大城市开出租车、经营商铺、承包工程，所以收入普遍比较高。因此，同样是壮族村庄，大郭村的人均收入是张团村的2倍；作为汉族村庄，黄练村庄的人均收入也只有大郭村的1/2左右；而大郭村和龙岭村虽然民族构成比例不同，收入则比较接近。

从个体农户的情况看,同一村落的汉族农户与壮族农户,在全村的收入分层中没有明显差别。座谈会上,村干部和村民代表提到富裕户、中等户和贫困户的情况时,都表示两个民族的情况差不多,没有明显差别。而分析贫困户的贫困原因时,谈到的基本上都是上一节即6.1.2归纳的几种情况,与民族没有必然联系。

6.3 妇女

6.3.1 传统分工

根据实地调查,项目区女性特别是在业女性受教育程度普遍比男性低。女性的传统角色是操持家务、照顾老人孩子,同时与男性成员共同参加生产劳动。对于家庭以外的事务参与少,村社各种事务性集会,只要有男人在,妇女几乎不主动参与。二十多年来,随着劳务经济的兴起,青壮年男性及未婚女性或者全年外出打工,或者在农闲时节外出挣钱,居家女性不仅承担了几乎全部家务,而且还负担了大部分农事。女人种地管家、男人出门找钱成为一般家庭的性别分工模式。

在项目区,壮族女性与汉族女性在个体素质、整体素质、劳动分工、家庭角色、社会地位等方面没有明显差别。

6.3.2 项目与女性

"男主外女主内"的分工模式,使本项目各个阶段的无限制性前期知情协商,必须特别重视和强调居家妇女的参与。这不仅是因为她们受地方分工习俗的影响,缺乏参与主动性和自觉性,而且因为她们居家务工,对本项目潜在负面影响,如施工干扰,铁路及其附属设施对生产生活通道改变所带来的不便,老人、孩子的安全等,感受更细微、更直接也更强烈。为了提高妇女参与度和参与效果,执行方建议:

(1)加强项目宣传动员,提高妇女参与意识。项目宣传动员务必保证居家女性到场,必要时可以专门召集妇女开会,使之了解项目的目的、意义、内容、参与方式和要求,提高她们参与的自觉性;

(2)项目准备、执行和后期营运各阶段的协商、监督与评估,必须确保有项目区社区妇女参与,参与方式上要尊重她们的意见;

(3)加强妇女技能培训。属地各级政府在项目区开展的各类技能培训,要特别考虑妇女的需求,作出有针对性的安排,必要时可为妇女安排专门培训班次。

(4)各级地方政府在考虑项目区女性参与框架时,应注意听取妇联等熟悉乡村妇女情况的部门的意见。

由于项目区壮族与汉族妇女的社会角色、人员素质等方面没有差别,因此,

第五章 异同之辨：项目影响视角下对桂东南汉壮民族的再认识

上述关于项目区妇女与项目关系的描述，以及为保障妇女参与权利而提出的建议，对于壮族妇女同样适用。

6.4 小结

综上所述，项目区壮族与汉族的生产生活技能、家庭经济状况大致相当，反映到人均收入、贫困人口的多寡等方面也基本相同。两个民族的女性在家庭和社会生活中的地位、角色、处境等也没有显著差别。可以肯定，壮族已经基本融入当地主流社会与文化之中，使壮族成员容易陷入弱势处境的独特的社会、文化、制度、经济以及政治因素是不存在的。

7 项目影响分析

7.1 项目效益

通过实地调查，项目区农村壮族居民和汉族居民都肯定本项目对本地方可能具有如下积极效益：

（1）本项目是以客运为主、客货兼顾的大能力、高速度的铁路，沿线均设有客站，它将为沿线农村富余劳动力东出广东及沿海地区务工谋生，提供快捷、安全、畅通、可及性强的交通手段，从而缓解项目区人口与土地关系紧张的局面；

（2）便捷的交通使外出人员可以在农忙时节返乡帮忙，避免一些家庭因为人手紧缺而缩耕或季节性弃置耕地，或因赶不上农时而误了生产安排，保证有限土地能够得到充分利用；

（3）畅通便捷的交通有利于拉动更大规模的人流物流，增加商机，吸引投资，推动地方经济发展，拓展第二、第三产业，提供更多就业、创业机会，使更多农民能够进一步摆脱对有限耕地的依赖；

（4）交通改善和市场繁荣，有利于进一步刺激沿线农业的商品化和专业化，使农户耕种土地便能就地增加收益；

（5）基础设施的逐步配套完善和地方经济的发展繁荣，还能够使农民手中有限的土地持续升值，增加他们的财富。

此外，随着耕地变得更加有利可图，农民探索更加高效、合理地利用土地的积极性、创造性也会得到激发。发达地区、城郊地区农村的发展和农民的富裕已提供了带有普遍性的成功经验。

在实地调查过程中，无论是在村民代表座谈会上，还是在入户调查和个人访谈当中，项目区的壮族居民对于项目可能带来效益的预期，与当地汉族居民基本一致。这种预期一致性也正反映了他们在生存条件、生活经验和文化背景上的接近性。

7.2 负面影响

在与乡村壮族和汉族居民的广泛接触当中，他们也提出了如下担忧：

(1) 本项目将永久性征用项目区部分耕地，同时安置拆迁户还需要占用部分土地作为宅基地，这些都会使本地可利用土地的绝对量减少，人口与耕地的紧张关系将进一步凸现；

(2) 本项目征用的耕地已经由各家各户承包，被征地的农户对土地的依赖程度不同，但补偿政策在操作上灵活性有限，村庄集体也不能随意通过重新调整土地来分摊风险，这就使得那些主要靠土地为生的农户的谋生风险增大；

(3) 项目区目前经济发展程度偏低，耕地的产值有限而增值空间很大，但是补偿是依据既往收成来计算，而且受地方财政现有承受能力局限，这就使得农户所获得的补偿偏低而不得不承受一定损失；

(4) 随着耕地总量的减少，项目区农户通过劳务输出和非农就业以增加生活来源的压力进一步加大，而劳务市场对经济景气反应灵敏，本项目区农民工主要就业的低技术含量企业和行业尤其如此，因此，耕地减少就意味着受影响农户生存风险增大；

(5) 耕地减少将使农户对有限耕地的维护及其产出更加关心，耕地边界、灌溉水源等将会越来越成为容易引发农户之间、村庄之间矛盾和纠纷的敏感问题，处置不当就会直接影响居民正常的生产生活；

(6) 本项目临时占用的耕地如果清理不善，复耕效益不佳，也会给农户造成损失；

(7) 本项目在施工过程中及项目竣工之后，如果对受项目损毁的村庄农用基础设施不能合理修复或提供可替代的设施，会直接影响到农户生产活动及收益；

(8) 本项目基于节约用地的原则，将尽量减少征地量；但是，铁路穿越耕作区不可避免出现农户整块耕地被征用大部分而剩下不便经营管理的边角，或整块耕地被横切而不得不跨铁路两侧往返耕种管理等情况，如果对类似情形不考虑合理补偿，农户也会蒙受损失；

(9) 项目区洪涝灾害比较频繁，本项目的弃渣和其他设施如果处置不当，可能影响行洪、排水、灌溉，影响到耕地及庄稼收成。

上述关于本项目潜在负面影响的担忧，由于项目区各村庄的既往经验不完全一样，居民关注的问题和重点存在地方性差别，但是同一村落居民，无论是汉族还是壮族居民，所反映的意见基本相同，说明壮族已经融入当地的主流社会和文化之中，与汉族居民在感受和预判外来影响方面的能力没有差别。

表5-5 沿线少数民族村庄受项目永久性征地影响情况一览表　　单位：亩

市	县区	乡镇	村	合计	耕地面积 小计	水田	旱地	菜地	园地	林地	牧草地	水塘	其他	建设用地	未利用地
南宁市	宾阳县	黎塘镇	新圩村	355.2	130.85	32.95	95.4	2.5	0	184.95	41.8	0.95	0	6.15	2.5
			帽子村	78.144	28.79	7.25	20.99	0.55	0	40.69	9.20	0.21	0	1.35	0.55
			启明村	85.248	31.40	7.91	22.90	0.6	0	44.39	10.03	0.23	0	1.48	0.6
			凤鸣村	92.352	34.02	8.57	24.80	0.65	0	48.09	10.87	0.25	0	1.60	0.65
			龙胜村	99.456	36.63	9.23	26.71	0.7	0	51.79	11.70	0.27	0	1.72	0.7
			小计	710.4	261.7	65.9	190.8	5	0	369.9	83.6	1.9	0	12.3	5
		和吉镇	燕山村	149.141	99.03	27.81	70.36	0.85	0	38.28	1.58	3.25	0	0.95	6.05
			三民村	157.914	104.85	29.45	74.50	0.9	0	40.54	1.67	3.44	0	1.01	6.41
			惠良村	166.687	110.68	31.08	78.64	0.95	0	42.79	1.77	3.63	0	1.06	6.76
			大邦村	193.006	128.15	35.99	91.06	1.1	0	49.54	2.05	4.20	0	1.23	7.83
			平桥村	210.552	139.8	39.26	99.34	1.2	0	54.05	2.23	4.58	0	1.34	8.54
			小计	877.3	582.5	163.6	413.9	5	0	225.2	9.3	19.1	0	5.6	35.6
		合计		1587.7	844.2	229.5	604.7	10	0	595.1	92.9	21	0	17.9	40.6
贵港市	覃塘区	覃塘镇	大郭村	422.55	335.34	201.04	134.3	0	17.76	0	27.95	0	0	20.51	20.98
			姚山村	225.36	178.85	107.22	71.63	0	9.47	0	14.91	0	0	10.94	11.19
			龙岭村	239.445	190.02	113.92	76.10	0	10.07	0	15.84	0	0	11.62	11.89
			谷罗村	253.53	201.20	120.62	80.58	0	10.66	0	16.77	0	0	12.31	12.59
			六务村	267.615	212.38	127.32	85.06	0	11.25	0	17.70	0	0	12.99	13.29
			小计	1408.5	1117.78	670.12	447.67	0	59.21	0	93.18	0	0	68.38	69.94
		黄练镇	葵新村	110.67	83.90	44.05	39.85	0	1.18	0	5.58	0	0	0.21	19.80
			镇水村	102.765	77.91	40.90	37.01	0	1.09	0	5.18	0	0	0.19	18.38
			潘陈村	118.575	89.90	47.19	42.70	0	1.26	0	5.98	0	0	0.22	21.21
			黄练村	86.955	65.92	34.61	31.31	0	0.92	0	4.39	0	0	0.16	15.56
			居仕村	94.86	71.92	37.76	34.16	0	1.01	0	4.78	0	0	0.18	16.97
			姚岭村	134.385	101.88	53.49	48.39	0	1.43	0	6.79	0	0	0.25	24.04
			张团村	142.29	107.87	56.63	51.24	0	1.51	0	7.18	0	0	0.27	25.46
			小计	790.5	599.30	314.63	284.67	0	8.41	0	39.87	0	0	1.50	141.42
		合计		2199	1717.09	984.75	732.34	0	67.62	0	133.05	0	0	69.88	211.359

表 5-6　沿线少数民族村庄受项目临时性征地影响情况一览表　　　单位：亩

市	县区	乡镇	村	合计	耕地面积				园地	林地	牧草地	水塘	其他	建设用地	未利用地
					小计	水田	旱地	菜地							
南宁市	宾阳县	黎塘镇	新圩村	260.55	88.95	0	88.95	0	0	171.6	0	0	0	0	0
			帽子村	62.532	21.348	0	21.348	0	0	41.184	0	0	0	0	0
			启明村	67.743	23.127	0	23.127	0	0	44.616	0	0	0	0	0
			凤鸣村	57.321	19.569	0	19.569	0	0	37.752	0	0	0	0	0
			龙胜村	72.954	24.906	0	24.906	0	0	48.048	0	0	0	0	0
			小计	521.1	177.9	0	177.9	0	0	343.2	0		0		0
		和吉镇	燕山村	52.479	12.257	0	12.257	0	0	0	0		0		40.222
			三民村	55.566	12.978	0	12.978	0	0	0	0		0		42.588
			惠良村	58.653	13.699	0	13.699	0	0	0	0		0		44.954
			大邦村	67.914	15.862	0	15.862	0	0	0	0		0		52.052
			平桥村	74.088	17.304	0	17.304	0	0	0	0		0		56.784
			小计	308.7	72.1	0	72.1	0	0	0	0		0		236.6
		合计		829.8	250	0	250		0	343.2		0			236.6
贵港市	覃塘区	覃塘镇	大郭村	53.24	47.608	25.058	22.55	0	0	5.632	0	0	0	0	0
			姚山村	58.08	51.936	27.336	24.6	0	0	6.144	0	0	0	0	0
			龙岭村	41.14	36.788	19.363	17.425	0	0	4.352	0	0	0	0	0
			谷罗村	43.56	38.952	20.502	18.45	0	0	4.608	0	0	0	0	0
			六务村	45.98	41.116	21.641	19.475	0	0	4.864	0	0	0	0	0
			小计	242	216.4	113.9	102.5			25.6					
		黄练镇	葵新村	96.6	32.802	0	32.802	0	0	3.304	0		0	0	60.494
			镇水村	103.5	35.145	0	35.145	0	0	3.54	0		0	0	64.815
			潘陈村	89.7	30.459	0	30.459	0	0	3.068	0		0	0	56.173
			黄练村	69	23.43	0	23.43	0	0	2.36	0		0	0	43.21
			居仕村	110.4	37.488	0	37.488	0	0	3.776	0		0	0	69.136
			姚岭村	138	46.86	0	46.86	0	0	4.72	0		0	0	86.42
			张团村	144.9	49.203	0	49.203	0	0	4.956	0		0	0	90.741
			小计	690	234.3		234.3			23.6					432.1
		合计		932	450.7	113.9	336.8		0	49.2		0			432.1

第五章 异同之辨：项目影响视角下对桂东南汉壮民族的再认识

表 5-7 沿线少数民族村庄受项目拆迁影响情况一览表

市	县区	乡镇	村		拆迁户数（户）	拆迁人数（人）	农村普通房屋拆迁面积（平方米）					厂矿企业房屋	学校房屋	商铺商住楼	城镇房屋	合计
							合计	砖混	砖木	土木	简易					
南宁市	宾阳县	黎塘镇	新圩村		2	7	188	159.8	9.4		18.8					188
			帽子村		20	65	4166	3541.1	208.3		416.6					4166
			凤鸣村		11	40	2998	2548.3	149.9		299.8					2998
			龙胜村		1	4	96	81.6	4.8		9.6					96
			小计		34	116	7448	6330.8	372.4	0	744.8					7448
		和吉镇	燕山村		10	36	1451	1233.35	72.55		145.1					1451
			惠良村		12	42	4089	3475.65	204.45		408.9					4089
			三民村	新马香	2	7	1128	958.8	56.4		112.8					1128
				老石碑	7	25	1283	1090.55	64.15		128.3					1283
				老马香	23	72	7438	6322.3	371.9		743.8		646			8084
			小计		54	182	15389	13080.65	769.45	0	1538.9	0	646	0		16035
	合计				88	298	22837	19411.45	1141.85	0	2283.7	0	646	0		23483
贵港市	覃塘区	覃塘镇	大郭村		26	83	4686	3983.1	234.3		468.6					4686
			姚山村		20	65	2772	2356.2	138.6		277.2					2772
			龙岭村	桐岭屯	22	71	4908	4171.8	245.4		490.8					4908
				龙鹅屯	20	73	4693	3989.05	234.65		469.3					4693
				六村屯	10	42	2756	2342.6	137.8		275.6					2756
				庞屋屯	11	43	1707	1450.95	85.35		170.7					1707
		黄练镇	潘陈村	李屋屯	17	56	4514	3836.9	225.7		451.4					4514
				官铺屯	6	20	947	804.95	47.35		94.7					947
				长塘屯	4	18	1207	1025.95	60.35		120.7	7669		2591	100	11567
			张团村	回里屯	5	23	505	429.25	25.25		50.5					505
	小计				141	494	28695	24390.75	1434.75	0	2869.5	7669	0	2591	100	39055

注：表 5-5 至 5-7 根据承担本项目移民安置调查任务的西南交通大学专家组实地调查收集整理。特此说明并致谢！

7.3 项目影响的族际效应分析

对于项目区的壮族和汉族居民而言，上述项目潜在影响无论是正面的还是负面的，也不论是程度、范围还是方式，并不存在明显的民族差别。

从项目的潜在负面影响看，项目的征地、拆迁与铁路线位和走向有直接关系，沿线居民的房屋坐落、耕地位置与线位的关系具有偶然性，而且沿线壮族和汉族居民混杂居住，房屋彼此错杂，农户承包的耕地也是相互交错，因此，壮族和汉族居民受征地、拆迁影响的概率是相同的。同时，由于沿线实行统一的土地制度，壮族、汉族的生计方式、生产生活技能大体相同，收入水平、经济实力相当，所以，征地、拆迁带来的负面影响也不可能出现明显的族际差别，居民克服项目负面影响的能力和办法同样也不会存在民族差异。至于项目对村庄的交通、水利等基础设施造成的影响，以及项目施工可能造成的环境影响和对居民生产生活秩序造成的干扰，由于当地居民在风俗习惯、活动方式等方面基本一致，所以这些潜在的负面影响也不会出现民族差别。执行方在实地调查当中发现，无论是村民代表座谈会，还是入户调查和个人访谈，居民对本项目提出的愿望、要求、建议和担心等等，基本上都是相同的，这也正印证和反映了当地壮族与汉族没有明显民族差异的事实。

同样道理，本项目可能给沿线村庄和农户带来的正面效应，包括交通条件改善提供的便利、地方经济发展提供给个人的机遇等等，对壮族和汉族居民具有同样的意义和价值。前述黄练镇黄练村（汉族）、张团村（壮族）因为缺乏区位条件而相对贫困，而覃塘镇大郭村（壮族）、龙岭村（汉族）因为区位条件优越而获得较快发展就很好地说明，当地壮族和汉族在利用外部条件谋求发展方面并没有民族差别。

7.4 小结

本章就项目潜在的正负面影响对壮族和汉族可能造成的效应及居民的反映进行了比较分析，认为：由于中国实行统一的土地制度，项目区壮族和汉族在土地制度、生计方式、经济发展水平、生产生活技能、风俗习惯等方面基本一致，所以在承受项目潜在的负面影响、利用项目带来的机会、应对项目不利影响的能力和办法等方面，也具有同样的潜力。壮族不会因为是少数民族而必然表现出弱势性。

8 利益相关者

8.1 项目相关群体识别

本报告根据中国中铁二院工程集团有限责任公司、中铁工程设计咨询集团有限公司和中铁第四勘察设计院集团有限公司共同编制本项目可行性研究文件，识别与本项目相关的各利益方/群体如下：

铁道部：本项目业主，出资方，世行贷款借款人；

南广铁路有限责任公司（以下简称"南广公司"）：铁道部针对本项目建设需要专门组建的项目执行机构；

广西壮族自治区：本项目业主之一，以属地项目区内的征地和拆迁安置所投入的地方财政资金作为本项目投资；

项目区市、县/区、乡镇政府：承担属地征地、拆迁和移民安置的具体实施；

世界银行：是本项目投资贷款的主要提供方；

项目区居民：包括项目区汉族和少数民族居民以及移民等；

施工方：承担项目施工任务的工程承包方。

8.2 利益相关者分析

8.2.1 铁道部

铁道部是中国全国铁路交通事业建设发展和经营管理的最高行政主管部门。在本项目中，铁道部是主要出资方、世行贷款的借款人，同时承担本项目建设的监督管理责任。它将组建南广公司来具体承担南广铁路项目的施工建设和运营管理职能。

铁道部作为国家行政机关，其行政行为体现和代表国家意志，同时也受到国家法律制度的规范。中国《宪法》和《民族区域自治法》是其在项目区行使行政管理职能的依据和规范，它关心的是如何在国家政策法律框架下科学、合理地开展项目建设，不会对项目区不同民族居民做出厚此薄彼的政策和措施安排。

8.2.2 南广公司

该公司是铁道部针对南广铁路项目施工建设和后期运营管理需要而专门成立的机构，它将承担：本项目的工程招投标；工程承包单位施工活动的监督管理；与地方各级政府和相关机构协调配合，共同完成本项目征地、拆迁、移民安置等任务；工程竣工投入运营以后，负责南广铁路的经营管理和维护。

从社会评价角度来审视，本项目的征地、拆迁、移民安置、施工建设等属于它职能范围的重大活动，都直接关系到项目区村庄居民的福祉。一方面，它必须认真履行督管职能，严格监督工程承包单位安全、规范施工，保护好沿线村庄和居民的生产生活设施，如有占用要合理补偿并及早归还地方，如有损坏要及时、保质予以恢复；要与地方政府一道，妥善开展征地、拆迁和安置工作，及时、足额将补偿款发放到受影响农户手中。另一方面，要自觉接受铁道部、属地政府、沿线居民的监督；确保按照国家和地方政策法规行使职能；并自觉按照"无限制性的前期知情协商"原则，处理好项目施工建设和运营等不同阶段可能发生的关系到沿线居民权益的问题，切实维护好项目区居民权益，维护好项目形象。

南广公司的活动将受到铁道部和地方各级政府的监督，受到沿线居民的监督；妥善处理好项目建设与沿线居民生产生活的关系，维护沿线正常的社会秩序，是南广公司顺利推进项目建设的前提条件。由于本项目对沿线壮族和汉族居民可能造成的影响特别是潜在负面影响基本相同，壮族和汉族居民在维护自身权益方面的组织形式、法律手段、实际能力等方面没有民族差别，因此，南广公司在补偿和移民安置等方面不会做出带有民族歧视的政策安排。

8.2.3 广西壮族自治区政府

自治区政府是本项目的投资方，以属地项目区内征地、拆迁和移民安置所投入的地方财政作为项目投资，同时也是本项目效益的受益者。它们不仅要承担征地、拆迁、移民安置等建设成本，保障施工队伍在属地范围正常施工建设，而且还肩负着维护和发展属地村庄和居民权益的重要职责。因此，它必须注意协调好施工单位与沿线居民的关系，妥善化解可能出现的纠纷和争端；及时、足额将征地、拆迁和安置补偿款发放给受影响农户；及时为拆迁户安排好宅基地。自治区政府要加强沟通协调，对项目建设中十分敏感、关系到受影响企业和居民切身权益的补偿标准问题，应妥善协商出解决方案。对于既往项目可能遗留的、并有可能在属地造成干扰本项目推进的问题，自治区政府要高度重视，通过会商有关各方，拿出解决方案，为基层政府开展工作减少障碍。

执行方通过实地调查了解到，自治区政府近二十年来在属地实施或配合实施过多项铁路、公路、高压输电线路、输油管道等重大工程，拥有丰富的项目经验；因前期工作需要而设立的省/区铁路建设办公室，也有利于形成熟悉相关工作的队伍和相关工作经验持续发挥作用。

8.2.4 沿线地方政府

沿线市、县区和乡镇政府既是本项目建设的受益者，又为本项目准备、施工建设和投入运营等各阶段承担着重大的属地责任。包括征地、拆迁和移民安置的具体实施，补偿款的发放，确保属地工程建设的正常秩序，调解因项目建设可能带来的各种矛盾和纠纷，维护地方社会秩序和属地受影响企业及居民权益等。可谓权小责重。因此，一方面要依据国家和地方政策法规，公正履行职责；另一方面，要利用既熟悉地方民俗民情、又熟悉法律法规和掌握政策尺度的优势，发挥协调关系、沟通情况、化解矛盾等居间作用。

执行方通过实地调查接触，发现本项目区沿线各级政府，特别是受本级政府委派协助本项目工作的干部，对项目情况都非常了解，对项目潜在风险及履行职责的难点有很好的预见，他们对属地民情民意体察很深，与辖区各阶层居民特别是受项目潜在影响村庄居民非常熟悉,并且得到居民信任。这是保证他们能为本项目做出积极贡献的重要条件。

沿线各级地方权力机关是自治区管辖下的下级机关,依照国家法律行使权力,受到自治区政府的辖制,同时权力机关各部门都有壮族代表,他们能够反映本民族的意愿和要求,维护本民族居民的权益,不会使项目区壮族居民边缘化。

8.2.5 世界银行

世界银行是本项目的贷款提供方。但世界银行对于本项目的贡献,并不限于提供贷款。为了帮助业主顺利开展本项目建设,减少贷款风险,世行专门成立项目团队,依据世行相关业务政策和丰富的国际项目经验,对项目的准备、实施、后期运营管理各阶段实行严格的监控和专业的指导。世行坚持其安全保障政策在项目全过程必须加以贯彻落实,对于提高本项目的政策规范性、操作规范性,减少项目潜在风险具有重要价值。

世界银行的少数民族政策充分体现了世行及其专家团队高度重视维护少数民族的权益,它本身不会在本项目中坐视民族不平等现象的出现,更不会造成民族问题。

8.2.6 项目区居民

项目区居民主要是指分布在项目区内、属于本地常住人口的城乡各类居民,可分为城镇/乡村居民、城镇普通居民/企事业单位干部职工、汉族/少数民族居民、工程非自愿移民等。他们能持续分享到本项目建设带来的交通便捷和地方发展等好处。同时,也是本项目各种潜在负面影响的直接承受者。

执行方通过实地调查发现:项目区沿线居民特别是乡村壮族与汉族居民普遍拥有前期相关项目经验,对本项目活动及其潜在的正负面影响普遍知情,对地方政府和负责干部有信任感,希望通过平等协商方式解决可能产生的矛盾和纠纷,认为村委会能够代表社区民意,了解向政府或法律机构申诉等必要维权途径,普遍理解和支持本项目建设。他们普遍关心的问题是:受影响农户能否及时、足额得到补偿,拆迁户的宅基地能否及时、合理安排,今后的生活水平能否保持和提升,相关信息能否及时公开,农村居民的意见是否会受到尊重和采纳,本项目是否会给社区居民生产生活留下各种隐患,等等。

宾阳县黎塘镇凤鸣村、贵港市黄练镇张团村分别提出了应当引起高度重视的问题。现据现场调查记录整理如下:

(Ⅰ)凤鸣村(汉壮民族杂居村)

1970 年建黎湛铁路,并在本村修建凤鸣车站(越停站)。黎湛铁路从本村中央穿过,不仅村子被切割成两半,生产生活区也被一分为二。要过到对面只有一个道口,宽仅 1.8 米。每天几十列火车来往,道口大多数时候是红灯,24 小时让人提心吊胆。这个道口不仅是本村铁路两侧村民生产生活的唯一通道,而且周围几个村子也要借用这个通道才比较近便,否则要绕行几公里。在每天可通行时间短促的情况下,每次放行,两边的车流、人流都争先恐后,互不相让,经常造成堵塞和混乱。孩子到对面上学,经常穿越铁路,有时候还从列车底下爬过去,非常危险;农忙季节,铁路交通不考虑沿线村民的实际情况,车次不会减少;有时进站列车停靠后,因车身太长,车尾挡住了通道口,无法通行,村民个个心急如焚。提速以后,火车加长,速度加快,影响更大。历届村委通过各种途径,找铁路和政府部门反映了20多年,问题至今没有得到解决。

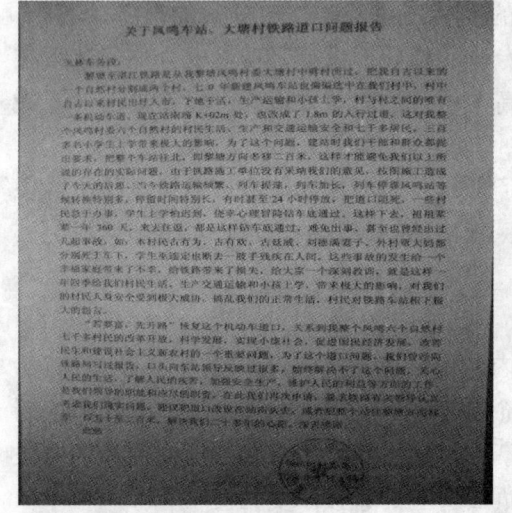

村委会给玉林车务段的报告　　　　　村委会给南宁铁路局的报告

（Ⅱ）张团村（壮族村）

张团村头的这条张团河,别看现在水流不大,雨季的时候洪水又大又猛,村子和两岸的田地经常受到威胁。大水进村经常能没过膝盖,是我们的心头大患。但是,听说南广铁路的跨河大桥的一个桥墩正好横在河道中央,我们很担心这样的设计会严重影响到行洪。镇政府和我们村委会都已经反映过这个问题,不知道设计方案是不是已经做了调整?全村人都非常关心这个问题。希望能够妥善解决。

需要说明的是,张团村所反映的桥墩选位上存在的问题在本项目中并不具有普遍性,但足以引起重视,随同入村调查的乡镇干部也表达了与村民相同的担忧。如果设计部门已经获知类似的意见反馈,希望能及时与村民沟通,协商完善设计或防范风险的办法,化解居民的忧虑。凤鸣村所反映的情况,根据执行方所了解的信息,在1980年代以前设计和建设的铁路项目中屡有发现,沿线居民反

第五章　异同之辨：项目影响视角下对桂东南汉壮民族的再认识

横穿凤鸣村大塘自然村的黎湛铁路及村民每天往返的唯一通道。（SA团队现场拍摄）

进站停运列车的尾部正好挡住了道口，村民正在艰难地通过。（SA团队现场拍摄）

映强烈，应当引起业主的高度重视，也是本项目应当从既往项目中充分汲取的教训。业主如能高度重视并及时、妥善地处理类似的遗留问题，将能为本项目及以后的项目建设赢得良好的信誉。

8.2.6.1　壮族居民

壮族居民的意见、愿望和要求与其他社区居民没有明显不同。他们并不强调自身有需要特别引起业主、政府和专家重视的特殊问题，不认为本项目给其造成了族群集体性的特殊利益影响，也不认为在社区、本地方的政治和社区生活中具

· 275 ·

和在多赢——西部民族地区发展项目的人文关怀

张团村村头的张团河。村干部反映,听说铁路桥的一个桥墩将横在河中央,村民们很担心会影响行洪,给村子和两岸的耕地造成威胁。希望设计和建设单位能够避让河道。

张团村村干部与社评组在河道作现场考察。

有弱势性。

8.2.6.2 非自愿移民

即项目沿线受征地、拆迁等潜在负面影响的城乡居民,执行方特别关注乡村少数民族社区的非自愿移民,按照无限制性前期知情协商的原则,通过座谈会、户访和个人访谈,对非自愿移民代表进行了比较充分的访问。非自愿移民除了关注一般社区居民所提出的问题以外,尤其关心补偿标准、补偿金能否及时足额发放;宅基地能否及时合理(面积、位置、费用、手续)安排;能否留足时间,保证拆迁户先盖房再拆迁;今后生活能否保持或改善等。壮族非自愿移民所提出的问题和要求与汉族没有差别,没有基于族群背景的特殊要求或暗示。

8.2.6.3 其他弱势人群

即项目区的贫困人口、老人、妇女、青少年及残障人员。他们受到执行方的关注。需要说明的是:

(1)由于项目区农村青壮年普遍外出,所以执行方在部分社区未能见到青壮年代表;

(2)同样由于青壮年大量外出务工的缘故,参加社区居民代表座谈会的村民约50%是中老年人,所以本报告没有专门统计老年人数;

(3)项目区妇女一般不当家,加上家务负担比较重,所以部分社区没有妇女代表参加座谈会。但执行方注意到,参加座谈会和接受访谈的女性所反映意见、愿望和要求,基本上都被男性村民的意见所涵盖。

执行方通过实地调查发现,老人、妇女所特别关注的问题是:本项目征地、拆迁和施工及今后铁路运营,会不会给他们在社区内的生产生活造成不便;重新安置以后会不会远离社区亲友;孩子上学、玩耍有没有危险;耕地减少会不会影响家庭尤其是后代的生活;孤寡老人从征地中得到的补偿无法维持今后的生活,问题如何解决?等等。

执行方注意到,业主及地方政府对上述问题都有考虑:对于受征地影响较大(即剩余耕地不足以解决口粮)的非自愿移民的安置策略之一,是实行非农化安置并提供城镇居民所享受的各种社会保障[参见本项目 RAP 和《广西壮族自治区被征地农民社会保障试行办法》(2008年1月22日)];铁路施工建设和运行的安全风险将通过技术设计、施工规范、监督管理、加强警示手段和护栏、属地政府宣传教育等多种手段尽可能降至最低;拆迁安置也将尽量在村落内部安排重建的宅基地。

在调查过程中,弱势群体所反映的情况和要求没有明显的民族差别。

8.2.7 施工方

目前项目尚处于前期准备阶段。业主表示,将严格依据国家和部门的相关政策法规,公开进行项目工程的招投标,确保资质合格的建设单位承担项目工程;将加强对工程承包单位的监督和管理。业主还表示,将本着努力增加项目区村庄和居民受益的原则,提请项目承包单位在招工时优先吸纳项目区符合条件的剩余劳动力,在原材料选用上也优先考虑沿线村庄或企业的资源或产品。

施工方的项目施工活动受到铁道部、项目区各级政府的监督，受到中国相关政策法规的约束，同时也受到沿线居民的监督。由于项目区壮族居民和汉族居民受到项目施工可能造成的潜在正负面影响相同，提出权利诉求、维护自身权益的能力、方式和途径一致，所以施工方与壮族和汉族居民的潜在利益关系也基本一致，既不必要、也不可能在处理与沿线居民关系时采取区分族别的策略。

8.3 小结

结合利益相关群体分析，执行方认为：尽管围绕本项目，项目区居民与外部诸多利益相关主体形成了复杂的利益关系，但是，这些外部相关利益主体并不具有损害壮族居民权益或陷壮族居民于弱势处境的动机或倾向，中国有关法律和政策也不可能允许这种情形发生。

9 结论与建议

9.1 公众知情参与以及支持度

广西各级政府和沿线居民对本项目盼望已久。2007年1月铁道部、广西壮族自治区、广东省联合形成《新建南宁至广州铁路预可行性研究审查意见》后，自治区各级政府即通过电视、广播、报纸和各级政府门户网等多种途径向社会宣传本项目。2008年，勘测设计、移民安置、社会评价等团队也以各种形式与沿线村庄和居民广泛接触，属地政府和移民团队、社评团队普遍采用无限制性的前期知情协商办法与受影响村庄进行沟通，使项目区广大居民对本项目有了更深入的了解。项目区村庄和居民对本项目表示了高度认同和广泛支持。社会评价执行方在实地调查中，通过村庄居民代表座谈会得到的支持反馈是100%，通过户访和个人访谈得到的支持率是96%。

9.2 本项目不适用世行少数民族政策

本报告通过分析中国认定"少数民族"的政策和依据，并与世行少数民族政策的相关规定相比较；通过对项目区壮族的土地制度、文化传统与现状、生计方式、社会和政治制度及其与主流社会和文化的关系进行比较分析；通过对贫困与社会性别、项目潜在影响的族际效应、项目区居民与项目相关利益主体的关系等进行讨论分析，认为：本项目区壮族与主流社会和文化融合程度高，民族特点不明显，在本项目中不具有弱势性，不符合世行政策OP4.10所描述的"少数民族",因此,建议本项目不宜针对壮族制定《少数民族发展计划》。

9.3 移民安置计划(RAP)适用于壮族

本项目 RAP 对项目潜在的正负面影响进行了深入调查与研究,结合项目区经济社会发展现状、国家有关政策法规、沿线居民的愿望和要求,提出了补偿和移民安置的政策措施。执行方认为,RAP 所依据的数据信息可靠,分析问题合理,基本结论可信,所提出的缓解或补偿项目负面影响、增强项目正面效益等一系列对策措施具有针对性和可行性。RAP 也同样适用于项目区的壮族居民。

后　记

　　我的应用研究生涯始于 1994 年冬。当年夏天我硕士研究生刚毕业，对于学术生涯还完全没有任何自觉的规划。蒙张海洋、陈长平、潘蛟等恩师推荐，有机会跟随农业部农研中心的杜鹰、白南生、赵长保等老师，到四川渠县（现属重庆市）开展输入地农民工流动个案调研，时间正好跨了当年的春节。那一次，我没有跟随大队，自己坐火车取道湖南怀化，再由怀化经重庆转渠县。尽管年轻，一路的拥挤和长站少坐和无眠也把我折腾得身心疲惫。尤其是从怀化到遵义，所在的民工车厢不仅座位、过道、座位底下和厕所都挤满了人，而且行李架上也都"挂"满了人。虽在冬天，车厢里却是热气腾腾，各种气味熏得人几乎无法呼吸。刚挤进车厢的时候，因为有列车员带路，他在前面踩出一个脚窝，我们就跟着朝前迈出一步；走了十几步，一不留神没跟上步伐，前脚抬起来却再也踩不下去——地板上横竖都是卷曲着疲惫身躯的返乡民工，他们稍一伸展肢体，地板就全无空隙了，下脚之处可都是活生生的血肉之躯啊——就这样开始"金鸡独立"，一直到遵义，一些民工到站下车，才终于给悬空的那只脚找到了立锥之地。我这个自小在偏远的山区农村长大的农民娃子，做梦也没有想到自己的父老兄弟，是以这样一种方式返乡过年！为了给家中的老人、孩子带去欢乐，他们不仅在外含辛茹苦，就连回家与亲人团聚的时候，还要忍受这种炼狱般的煎熬！

　　作为年轻的少数民族学人，我还感到，中国一般农民有农业部农研中心一干精英如此舍身忘命，呼号请命，又有党中央、国务院如此关怀备至，在 30 年中做出了三次中央全会级的重大改革决策，还有 11 个 1 号文件的夹持护卫，尚且要经历如此深重的"民瘼"，那些与主流社会有着语言、宗教和生活习俗差异的少数民族，特别是少数民族农牧民更将情何以堪？他们对国家民族宗教政策的改革创新又会有多么深切的期待？

　　这一次经历让我迄今依然刻骨铭心。我明白了身处底层的中国农民在做着怎样的挣扎！也对"热点"、"难点"问题有了初步的认识。也是从这个时候开始，我爱上了应用研究这一行，对满心景仰的费孝通先生何以到耄耋之年还要执著地"行行重行行"有了更深的理解。

　　十多年来，我利用寒暑假时间，先后参与过中国人口较少民族经济社会发展现状、民族地区毒品艾滋病危害与防控、民族地区贫困与反贫困、中国边疆地区民族关系、民族地区退耕还林工程实施状况、民族地区资源开发与少数民族发展等问题的调查研究，到过大半个中国的城市乡村。每一次调查，对我个人都是一种身心的砥砺。我深深明白了"纸上得来终觉浅，绝知此事要躬行"的道理。

在应用研究这条路上，由于选择的领域和研究角度的关系，我几乎没有体会到什么叫"快乐"，因为看到太多的民生多艰。如果说还有什么值得欣慰的，就是因为通过大量的调查研究，耳闻目睹了许多难以忘怀的严酷现实，使我大抵还保持着一个农村娃子的性情，没有"忘本"。

能够在没有"快乐"的情况下坚持了这么些年，我要感谢很多师长的教诲、提携、爱护和鞭策。我的导师杨策先生、马启成先生、白振声先生、宋蜀华先生，在我求学期间和工作以后，以他们高尚的人格、严谨的精神和正直的品德，时刻给我以无声的敲打，让我不敢稍有怠惰。我大学时代的班主任潘蛟教授，以他的深刻和审慎影响我，使我在面对问题的时候，能够保持冷静和清醒。我很庆幸进入民族学系，留在民族学与社会学学院。从做学生到当老师，22年来，前辈导师和领导待我情同亲子，爱惜呵护和包容有加；同事们待我如同手足，关心帮助，无时或止。这是一个令我感恩、催我进取的集体。在应用研究这条路上，我特别要感谢堪称师长的张海洋教授和亦师亦友的侯远高老师，他们的胸怀和人格，始终让我清楚地照见自己的缺点和不足；因为有他们一路的照应，我从未感到前行的孤独。

我能够保持走向田野的热情，还要感谢一大批进了民族学与社会学学院而又无怨无悔的学生。他们的清纯、朴实和勤奋，让我始终对教学充满责任感和激情；他们的信任、认同和随行，让我总有不竭的动力。

汇编在这个集子中的文字，是集体心血的结晶。太多的幕后英雄，我在此无法一一具名道谢。参与项目调研和报告撰写的同事和学生，我在每一章都对具体分工作了注明。我想特别提及的是：世界银行北京代表处的社会评估专家林宗成博士，对我们完成西宁项目提供了理论政策指导和现场调研示范，并亲自帮助修改报告，其耐心和细致，不啻老师之对学生。社会评估专家姚松龄教授对贵广铁路项目提供了周详的指导和帮助。社会评估专家张朝华教授在我们完成南广铁路项目的前前后后，通过电话、邮件和会议等多种形式，为我们提供极有价值的指导和鼓励。我们之所以有机会承担这些项目，还要感谢以下单位和领导的信任：铁道部引进外资和利用技术中心的许峰处长、邵玉萍处长、朱东杰工程师，西宁市水务局的王建国副局长、徐进处长，中国水电顾问集团成都勘测设计院移民分院的郭万侦院长、张江平总工程师。

感谢各个课题团队成员的家属或未来的家属,他(她)们义无反顾地支持自己的亲人、爱人投身到民族学的应用研究之中,经年累月地默默承担繁重的家务,默默承受孤独和寂寞。没有他(她)们做出的牺牲和给予的理解,这些成果将很难完成。

编著者

2009 年 8 月 10 日于南宁